Großfeld
Unternehmens- und Anteilsbewertung im Gesellschaftsrecht

Unternehmens- und Anteilsbewertung im Gesellschaftsrecht

von

Prof. Dr. Bernhard Großfeld
Münster

4. völlig neu überarbeitete Auflage

2002

Verlag
Dr. Otto Schmidt
Köln

Die Deutsche Bibliothek – *CIP-Einheitsaufnahme*

Großfeld, Bernhard:
Unternehmens- und Anteilsbewertung im Gesellschaftsrecht / von Bernhard Großfeld. – 4. völlig neu überarb. Aufl. – Köln: O. Schmidt, 2002
ISBN 3-504-33052-X

Verlag Dr. Otto Schmidt KG
Unter den Ulmen 96–98, 50968 Köln
Tel.: 02 21/9 37 38-01, Fax: 02 21/9 37 38-9 21
e-mail: info@otto-schmidt.de
www.otto-schmidt.de

© 2002 by Verlag Dr. Otto Schmidt KG

Das Werk einschließlich aller seiner Teile ist urheberrechtlich geschützt. Jede Verwertung, die nicht ausdrücklich vom Urheberrechtsgesetz zugelassen ist, bedarf der vorherigen Zustimmung des Verlages. Das gilt insbesondere für Vervielfältigungen, Bearbeitungen, Übersetzungen, Mikroverfilmungen und die Einspeicherung und Verarbeitung in elektronischen Systemen.

Das verwendete Papier ist aus chlorfrei gebleichten Rohstoffen hergestellt, holz- und säurefrei, alterungsbeständig und umweltfreundlich.

Umschlaggestaltung: Jan P. Lichtenford, Mettmann
Satz: ICS Communikations-Service GmbH, Bergisch Gladbach
Druck und Verarbeitung: Bercker Graphischer Betrieb GmbH & Co. KG, Kevelaer
Printed in Germany

Vorwort zur vierten Auflage

Das Recht der Unternehmensbewertung ändert sich dramatisch schnell. Die Anlässe für Bewertungen nehmen rasch zu, die Bewertungsverfahren entwickeln sich stetig. Dazu tragen bei die internationalen Kapitalmärkte und die Gedanken, die mit der „Globalisierung" bei uns „eindriften". Die Veränderungen zeigen sich an neuen Sichten auf die persönlichen Steuern der Unternehmenseigner und daran, dass bei Aktiengesellschaften der Börsenwert in den Vordergrund tritt. Das vordringende Discounted Cashflow-Verfahren bringt neue Herausforderungen.

Daher war das Buch von Grund auf zu überarbeiten. Ich habe es weithin anders aufgebaut als die Vorauflage und den Text erheblich erweitert. Viele Teile sind aktualisiert, umformuliert und ergänzt, einige sind hinzugekommen. Neue Schwerpunkte liegen beim Discounted Cashflow-Verfahren, beim Börsenwert und bei der internationalen Unternehmensbewertung. Die Rechtsprechung habe ich sorgfältig beachtet.

Ich hoffe, dass ein benutzerfreundliches Buch entstanden ist. Es soll das Interesse an der Unternehmensbewertung wecken und helfen bei Bewertungsgutachten und in gerichtlichen Verfahren.

Münster, im Dezember 2001   Bernhard Großfeld

Vorwort zur ersten Auflage

Dieses kleine Werk hat ein begrenztes Ziel: Am Beispiel der Barabfindung für ausscheidende Gesellschafter soll es die Rechtsqualität der dabei auftretenden Bewertungsfragen aufzeigen. Da der Wert des jeweiligen Anteils aus dem Wert des Unternehmens abgeleitet wird, ergibt sich eine Auseinandersetzung mit Grundfragen der Unternehmensbewertung im Gesellschaftsrecht – wie es im Titel zum Ausdruck kommt.

Das Buch soll aus juristischer Sicht – in allgemein verständlicher Sprache – die Elemente der Bewertung darstellen. Die Schrift möge dazu beitragen, Juristen und Wirtschaftswissenschaftler in diesem wichtigen Gebiet zusammenzuführen.

Meinem verehrten Kollegen, Herrn Professor Dr. Ulrich Leffson, Münster, danke ich für vielfache Anregung, Ermutigung und Kritik.

Münster, im April 1983   Bernhard Großfeld

Inhaltsübersicht

	Seite
Vorworte	V
Inhaltsverzeichnis	IX
Abkürzungsverzeichnis	XXV
A. Einführung	1
B. Recht und Unternehmensbewertung	15
C. Substanz, Ertrag, Cashflow	36
D. Untaugliche Wertansätze	50
E. Methodische Grundlagen	54
F. Vergangenheitsanalyse	77
G. Zukunftsanalyse (Prognose)	80
H. Zukunftsüberschüsse und Steuern	100
J. Kapitalisierung	107
K. Kapitalisierungszinssatz	114
L. Ertragswertverfahren	152
M. Discounted Cashflow-Verfahren	159
N. Vom Barwert der Überschüsse zum Unternehmenswert	168
O. Vergleichswerte/Selbsteinschätzung	177
P. Börsenwert	180
Q. Liquidationswert	203
R. Besonderheiten bei bestimmten Unternehmen	209
S. Vereinfachte Verfahren	217
T. Substanzwert	220
U. Anteilsbewertung	227
V. Muttergesellschaften	238
W. Internationale Unternehmensbewertung	240
X. Gutachten	248
Y. Abfindungsklauseln	251
Z. Schluss	268
Literatur	271
Stichwortregister	289

Inhaltsverzeichnis

	Seite
Vorworte	V
Inhaltsübersicht	VII
Abkürzungsverzeichnis	XXV

A. Einführung 1
   I. Allgemeines 1
      1. Rechtsmaterie 1
      2. Anleitungen 1
      3. Mathematik 2
      4. Gutachter 3
   II. Problemumriss 4
      1. Personengesellschaften 4
      2. Gesellschaften mit beschränkter Haftung 5
      3. Aktiengesellschaften 6
         a) Anspruch 6
         b) Angemessenheit 7
      4. Umwandlungsgesetz 7
      5. Übernahmegesetz 8
      6. Übertragende Auflösung 8
      7. „Delisting" 9
      8. Einlage 10
      9. Zugewinnausgleich/Pflichtteil 10
   III. Verfahren 11
      1. Amtsermittlung 11
      2. Nachprüfung 11
      3. Vertrags- oder Verschmelzungsprüfer 12
      4. Kosten 12
      5. Auskunftsanspruch 13
      6. Verfahrensdauer 14

B. Recht und Unternehmensbewertung 15
   I. Rechtsproblem 15
      1. Allgemeines 15
      2. Wirtschaftswissenschaft 15
      3. Vorgaben 16
      4. Grundprinzip 17
      5. Verfassungsrecht – Art. 14 GG 18

Inhaltsverzeichnis

	Seite
6. Rechtsverhältnis	19
7. Wertungszweck	20
8. Rechtliche Aufgabe	20
9. Grenzen	21
10. Folgen	21
II. „Wert" des Unternehmens	22
1. „Als ob"-Wert	22
2. Zukunftserfolgswert/Barwert	22
3. Verfahren	23
4. Objektivierter Wert	24
a) Einführung	24
b) Objektive Bewertung	24
c) Grenzwerte	25
III. Entscheidungswert – Einigungswert	25
1. Unterschiedliche Aufgaben	25
2. Traditionelle Ermittlung	26
3. Parteienbezogener Wert	26
IV. Normwert	27
1. Individueller Ansatz	27
2. Gesetz, Vertrag, Satzung	28
3. Ergänzende Auslegung	29
4. Objektivierter Wert/Typisierung	29
5. Gutachter	30
6. Gleichbehandlung	30
7. Verfassungsrecht	31
V. Anteilswert	31
1. Methoden	31
2. Indirekte Methode	32
a) Allgemeines	32
b) Aufteilung	33
c) Subjektive Elemente	34
3. Direkte Methode	34
a) Allgemeines	34
b) Vermischung	35
C. Substanz, Ertrag, Cashflow	36
I. Einstieg	36
II. Substanz	36
1. Allgemeine Regel	36
2. Ausnahme	38

		Seite
III. Zukunftsüberschusswert		38
IV. Ertragswert		39
1.	Erträge	39
2.	Vereinfachung	40
V. Einnahmeüberschusswert (Cashflow)		40
1.	Grundlagen	40
2.	Kapitalflussrechnung	41
3.	Internationale Tendenzen	42
VI. Lehre, Praxis, Rechtsprechung		42
1.	Wirtschaftswissenschaft	42
2.	Praktikermethoden	42
3.	Gesetz	43
4.	Rechtsprechung	44
5.	Literatur	45
6.	Sonderfälle	46
VII. Bewertungsverfahren		46
1.	Überblick	46
2.	Ertragswertverfahren	47
3.	Discounted Cashflow-Verfahren	47
	a) Allgemeines	47
	b) Varianten	48
4.	Anforderungen	48
5.	Praxis	48
6.	Neue Sichten	48
VIII. Gang der Darstellung		49
D. Untaugliche Wertansätze		50
I. Buchwert		50
II. Betriebsvermögen		51
III. Stuttgarter Verfahren		52
1.	Ausgangslage	52
2.	Heutiger Stand	52
E. Methodische Grundlagen		54
I. Überblick		54
II. Verfahren		55
III. Zukunftswert		55
IV. Gesamtbewertung		55

Inhaltsverzeichnis

	Seite
V. Substanzbezogenheit	56
VI. Eigenständigkeit/Alleinstellung	56
VII. Stichtagsprinzip	57
1. Grundsatz	57
2. Verschiebung	58
3. Stichtagsbezogenheit	58
4. Wissensstand	59
5. Wurzeltheorie	59
a) Grundsatz	59
b) Indizien	60
c) Aufhellung	61
d) Beispiele	61
6. Plausibilität	62
7. Maß	62
8. Disziplin	63
9. Vereinbarungen	63
VIII. Verbundvorteile/Synergieeffekte	63
1. Begriff	63
2. Problem	64
3. Verschmelzung	64
4. Barabfindung	64
5. Echte Verbundvorteile	64
a) Bisherige Auffassung	64
b) Neue Diskussion	66
6. Unechte Verbundvorteile	66
7. Abgrenzung	67
8. Stand der Meinungen	67
9. Stellungnahme	67
10. Aufteilung	68
IX. Verbundnachteile	68
X. Vollausschüttung	68
1. Allgemeines	68
2. Freiwillige Rücklagen	69
3. Substanzerhaltung	69
4. Finanzierbarkeit	70
5. Rechtliche Schranken	70
6. Unternehmerische Freiheit	70
XI. Unternehmensleitung	71
1. Grundsatz	71
2. Managergeleitete Unternehmen	71

		Seite

- 3. Personenbezogene Unternehmen 71
- 4. Andere personenbezogene Faktoren 72
- 5. Liquidationswert 73
- XII. Mittlere Erwartungen (kein Vorsichtsprinzip) 73
- XIII. Substanzerhaltung 74
- XIV. Nicht betriebsnotwendiges (neutrales) Vermögen 74
- XV. Informationen 75
- XVI. Unterlagen 75
- XVII. Unsicherheit 75
  - 1. Nachvollziehbarkeit 75
  - 2. Abwägung/Schätzung 76

F. Vergangenheitsanalyse 77
- I. Grundlagen 77
- II. Analyse der Substanz 78
- III. Durchschnittliche Überschüsse 78
- IV. Wesentliche Positionen 78
- V. Verrechnungspreise 79
- VI. Gewichtung 79

G. Zukunftsanalyse (Prognose) 80
- I. Grundsätze 80
  - 1. Going Concern 80
  - 2. Objektive Sicht 80
- II. Abschlussanalyse 81
- III. Unternehmensanalyse 81
- IV. Einzelanalyse 82
- V. Plandaten 82
- VI. Nominalrechung/Realrechung 83
- VII. Sonstige Änderungen 83
- VIII. Einzelne Überschüsse 84
  - 1. Umsatzerlöse 84
  - 2. Weitere Einflussfaktoren 85
  - 3. Investitionen 85
  - 4. Beteiligungsergebnis 85
- IX. Eigenkapital/Fremdkapital 86

Inhaltsverzeichnis

Seite

 X. **Finanzplanung** 86
  1. Allgemeines 86
  2. Einzelheiten 86
 XI. **Perspektive** 87
 XII. **Schwebende Geschäfte** 87
 XIII. **Nachteile aus Leitungsmacht (Verbundnachteile)** 88
 XIV. **Neues Eigenkapital** 89
 XV. **Veränderung durch Ausscheiden** 90
  1. Abzug von Sachmitteln 90
  2. Finanzierung der Abfindung 90
   a) Beispiel 90
   b) Stellungnahme 91
 XVI. **Prognoseverfahren** 91
  1. Einführung 91
  2. Pauschalmethode 92
  3. Phasenmethode 93
   a) Allgemeines 93
   b) Zahl und Länge 93
  4. „From Here to Eternity" 94
  5. Kombinationsmethode 95
  6. Methodenwahl 96
 XVII. **Alternative Überschussreihen** 96
  1. Grundlagen 96
  2. Technik 97
  3. Börsenwert 98
 XVIII. **Grenzen** 98
  1. Ausgangslage 98
  2. Plausibilität 98

H. Zukunftsüberschüsse und Steuern 100
 I. **Unternehmensebene** 100
  1. Betriebssteuern 100
  2. Ertragsteuern 100
   a) Kapitalgesellschaft 101
   b) Einzelunternehmen/Personengesellschaft . . . 101
 II. **Eignerebene** 101
  1. Ansatz 101
  2. Früherer Stand 101
  3. Lösung 102

	Seite
4. Praxis	102
5. Stellungnahme	103
a) Halbeinkünfteverfahren/Steuerbefreiung	103
b) Globale Finanzmärkte	103
c) Steuerprognose	104
d) Kompromiss	104
6. Kapitalgesellschaft	104
7. Einzelunternehmen/Personengesellschaft	105
III. Intertemporales Bewertungsrecht	105
1. Konventionswechsel	105
2. Änderung des Steuersatzes	106

J. Kapitalisierung 107
  I. Alternativwert 107
  II. Einstufige/mehrstufige Kapitalisierung 107
    1. Einstufige Nettokapitalisierung
      (direkte Kapitalisierung) 107
    2. Mehrstufige Bruttokapitalisierung
      (indirekte Kapitalisierung) 108
  III. Rechenformel 108
    1. Rentenformel 108
    2. Begrenzte Lebensdauer 108
    3. Unbegrenzte Lebensdauer 109
    4. Phasenmethode 110
      a) Einzelne Jahresüberschüsse 110
      b) Fernere Jahresüberschüsse 111
      c) Schlussrechnung 112
      d) Gesamtformel 113

K. Kapitalisierungszinssatz 114
  I. Allgemeines 114
  II. Bedeutung 114
  III. Zinsmacht 115
  IV. Sorgfalt 116
  V. Basiszinssatz 117
    1. Ausgangslage 117
    2. Landesüblicher Zinssatz 117
    3. Laufzeitäquivalenz 118
    4. Zinsprognose 119

Inhaltsverzeichnis

		Seite
5.	Euroland	120
6.	Gleichbehandlung	120
7.	Interner Zinssatz	121
8.	Durchschnittliche Aktienrendite	121
9.	Branchenüblicher Zinssatz	121

VI. Veränderungen 122
VII. Risikozuschlag 122
    1. Ausgangslage 122
    2. Unternehmerisches Risiko 122
    3. Risikoaversion 123
    4. Methodenwahl 123
        a) Überschussabschlag 123
        b) Risikozuschlag 124
        c) Ausschließlichkeit 124
    5. Zuschlagsmethode 124
    6. Diskussion 125
        a) Kritik 125
        b) Stellungnahme 126
        c) Ergebnis 127
    7. Politische Risiken 127
    8. Wirkung 127
    9. Höhe 127
        a) Grundlagen 128
        b) Risiken *und* Chancen 128
        c) Außergewöhnliche Risiken 129
        d) Orientierung 129
        e) Neuanlagerisiko 129
        f) Rating 130
        g) Beispiele 130
        h) Verhältnis zum Basiszinssatz 131
   10. Unterschiedlicher Zuschlag 131
VIII. Weitere Zuschläge 132
    1. Besondere Risiken 132
    2. Immobilitätszuschlag 132
    3. Zugang zum Kapitalmarkt 133
    4. Unternehmerische Mitbestimmung 134
IX. Kapitalpreisbildungsmodell
(Capital Asset Pricing Model = CAPM) 134
    1. Anwendbarkeit 134
    2. Grundlagen 135

		Seite
3.	Bezug zum Aktienmarkt	135
4.	Beta-Faktor	136
5.	Ermittlung	137
6.	Beispiel	137
7.	Zukunftsaspekt	138
8.	Vereinfachungen	138
9.	Würdigung	138

X. Weighted Average Cost of Capital (WACC) ... 139
    1. Einführung ... 139
    2. Eigenkapital ... 140
    3. Fremdkapital ... 140
    4. Gewogener Kostensatz ... 140
    5. Gesamtwert ... 141

XI. Abschlag für persönliche Ertragsteuern ... 141
    1. Allgemeines ... 141
    2. Homogenitätsprinzip ... 141
    3. Höhe ... 142
    4. Einordnung ... 143

XII. Wachstumsabschlag ... 143
    1. Einführung ... 143
    2. Ansatz ... 144
    3. Höhe ... 144
    4. Verhältnis zum Ausgangszinssatz ... 145
    5. Reihenfolge ... 145

XIII. Zusammenschau ... 145

XIV. Abschlag für Geldentwertung ... 146
    1. Grundlagen ... 146
    2. Methodenwandel ... 146
    3. Vermischungsverbot ... 147
    4. Ausgangslage ... 147
    5. Begründung ... 147
    6. Stellungnahme ... 148
    7. Höhe ... 149
    8. Verrechnung ... 151

L. Ertragswertverfahren ... 152
    I. Wahlfreiheit ... 152
    II. Grundsatz ... 152
    III. Bereinigungen ... 153

Inhaltsverzeichnis

Seite

IV. Zukünftige Aufwendungen und Erträge 154
   1. Umsatzerlöse 154
   2. Aufwendungen 155
   3. Abschreibungen 156
      a) Reininvestitionsraten 156
      b) Technik 157
V. Finanzplanung 157
   1. Planung 158
   2. Zinsen 158
   3. Ertragsteuern 158
   4. Finanzierbarkeit 158

M. Discounted Cashflow-Verfahren 159
  I. Einführung 159
  II. Begriff 160
  III. Indirekte/direkte Ermittlung 160
  IV. Weighted Average Cost of Capital-Ansatz (Gewogene Kapitalkosten) 161
   1. Muster (indirekte Ermittlung) 161
   2. Ausschüttbarkeit (Free Cashflow = Freier Cashflow) . . 162
   3. Prognose 163
   4. Kapitalrendite 163
   5. Residualwert 164
   6. Kapitalkosten 164
   7. Weiteres Vorgehen 165
  V. Andere Discounted Cashflow-Verfahren 165
   1. Angepasster Barwert (Adjusted Present Value-Ansatz) 165
   2. Equity-Ansatz 166
  VI. Würdigung 166

N. Vom Barwert der Überschüsse zum Unternehmenswert 168
  I. Nicht betriebsnotwendiges (neutrales) Vermögen 168
   1. Teil des Unternehmenswertes 168
   2. Umfang 168
   3. Beispiele 169
   4. Bewertung 170
   5. Schulden 171
   6. Kreditsicherung 171

		Seite
	7. Höhe	171
	8. Steuern	172
	9. Verlustvortrag	173
	a) Ansatz	173
	b) Höhe	174
II.	Nichtfinanzielle Nutzenerwartungen	175

O. Vergleichswerte/Selbsteinschätzung 177
    I. Einführung 177
    II. Erlös 177
    III. Vergleichspreise 177
    IV. Verhalten der Beteiligten 178
    V. Bilanzwert 179

P. Börsenwert 180
    I. Geschichte 180
    II. Grenzpreis/Selbsteinschätzung 180
    III. Wende 181
        1. Bayerisches Oberstes Landesgericht 181
        2. Bundesverfassungsgericht 182
        3. Bundesgerichtshof 183
        4. IDW Standard 183
    IV. Börseneffizienz 183
        1. Volatilität 183
        2. Noise-Theorie/Chaos-Theorie 184
        3. Quellzeit/Insiderverhalten 184
        4. Unterschiedliche Märkte 185
    V. Zeichenwirkungen 185
    VI. Stellungnahme 186
        1. Grundsatz 186
        2. Gesetz 186
        3. Gutachter 187
        4. Gespräch 187
    VII. Marktenge/Manipulation 188
    VIII. Mindestwert 189
        1. Rechtsprechung 189
        2. Stellungnahme 190
    IX. Höchstwert 191

Inhaltsverzeichnis

	Seite
1. Allgemeines	191
2. Verschmelzungsrelation	191
3. Verkehrswert	192
4. Stellungnahme	192
X. Volatilität	192
1. Durchschnittskurs	192
2. Stichtagskurs	193
3. Referenzzeitraum	194
4. Vorwirkung der Abfindung	195
5. Mehrere Börsenplätze	196
XI. Abfindung durch Aktien/Ausgleich	196
XII. Gesamtwürdigung	197
1. Andere Märkte	197
2. Abstützung	197
3. Gesetzesbindung	197
4. Fazit	198
XIII. Bindung	199
XIV. Intertemporales Bewertungsrecht	199
XV. Methodenwechsel	200
XVI. Erwerb außerhalb der Börse	200
1. Rechtsprechung	200
2. Übernahmegesetz	201
3. Stellungnahme	202
Q. Liquidationswert	203
I. Allgemeines	203
II. Ansatz	203
III. Diskussion	204
IV. Ausnahmen	206
V. Höhe	206
VI. Latente Ertragsteuern	207
VII. Vertragsauslegung	207
R. Besonderheiten bei bestimmten Unternehmen	209
I. Wachstumsstarke Unternehmen	209
II. Ertragsschwache Unternehmen	210
III. Kleine und mittlere Unternehmen	210

	Seite
1. Allgemeines	210
2. Management	211
3. Abgrenzung	211
4. Eigenkapital	211
5. Rechnungslegung	211
6. Analyse	212
7. Kritik	212
IV. Junge Unternehmen	212
1. Cap-Sales-Ratio	213
2. Realoptionsmodell	213
V. Vorgesellschaften	214
VI. Gemeinnützige Unternehmen	215
VII. Gesellschaften in den neuen Bundesländern	216
S. Vereinfachte Verfahren	**217**
I. Einführung	217
II. Jahrkauf	217
III. Umsatzmethode/Produktmengenmethode	217
IV. Reichweite	218
V. Plausibilitätskontrolle	219
T. Substanzwert	**220**
I. Begriff	220
II. Bedeutung	220
III. Kritik	221
IV. Mindestwert	222
V. Ausnahmen	222
VI. Vereinbarter Substanzwert	222
1. Auslegung	222
2. Niedrigerer Überschusswert	223
3. Reinvermögen	224
4. Ermittlung	224
VII. Steuerrecht	225
VIII. Naturalrestitution	225
IX. Latente Ertragsteuern	226
U. Anteilsbewertung	**227**
I. Ausgangslage	227

Inhaltsverzeichnis

Seite

    II. Börsenkurs 227
    III. Gleichbehandlung 227
    IV. Treuepflicht 228
    V. Vollausschüttung 228
    VI. Abschlag/Zuschlag 229
        1. Problem 229
        2. Praxis/Steuerrecht 229
        3. Normwert 230
        4. Minderheitsaufschlag 230
    VII. Niedrigerer Wert für Übernehmer 231
    VIII. Höherer Wert für Übernehmer 231
    IX. Kosten des Ausscheidens/der Wiederanlage 231
    X. Atypische Anteile 232
        1. Problem 232
        2. Methode 232
        3. Gleichbehandlung 232
        4. Gleiche Beschränkungen 233
        5. Vinkulierte Namensaktien 233
        6. Mehrstimmrechte 234
        7. Stammaktien 234
        8. Vorzugsaktien (stimmrechtslose Aktien) 235
        9. Nicht notierte Aktien 236
    XI. Eigene Aktien 236
    XII. Abweichender Verteilungsschlüssel 236
    XIII. Abfindungsbeschränkungen 236
    XIV. Unterschiedlicher Liquidationserlös 237

V. Muttergesellschaften 238
    I. Anteile an Tochtergesellschaften 238
    II. Verfahren 238
    III. Wertansätze 238

W. Internationale Unternehmensbewertung 240
    I. Ausgangslage 240
    II. Anlegersicht 240

Seite

III. Abfindung im Ausland 241
    1. Internationales Gesellschaftsrecht 241
    2. Kulturunterschiede 241
    3. „Messlatten" 242
    4. Bewertungsfaktoren 242
    5. Bilanzansätze 243
    6. Kapitalisierungszinssatz 243
    7. Gutachter 244
IV. Einbeziehung ausländischer Töchter 244
    1. Ausländische Überschüsse 244
    2. Inlandswert 245
       a) Auslandsrisiko 245
       b) Länderrisiko/Währungsrisiko 245
       c) Internationales Steuerrecht 245
    3. Wahrscheinlichkeitsreihen 246
V. Grenzüberschreitende Verschmelzungen 246

X. Gutachten 248
    I. Stil 248
    II. Beschreibung 248
    III. Börsenkurse 248
    IV. Aufbau 249
    V. Muster 249
    VI. Vertraulichkeit 250

Y. Abfindungsklauseln 251
    I. Allgemeines 251
    II. Rechtsproblem 252
       1. Allgemeines 252
       2. Personengesellschaften 252
       3. Kapitalgesellschaften 253
    III. Wirksamkeit 253
    IV. Folgen der Unwirksamkeit 255
    V. Ideelle Ziele 255
    VI. Buchwert der Handelsbilanz 256
       1. Allgemeines 256
       2. Zweckmäßigkeit 256
       3. Niedriger Wert 256

Inhaltsverzeichnis

Seite

  4. Personengesellschaft 257
  5. Gesellschaft mit beschränkter Haftung 257
  6. Hoher Wert 258
  7. Schwebende Geschäfte 258
 VII. Buchwert der Steuerbilanz 259
 VIII. Substanzwert 259
 IX. Teilwert 260
 X. Einheitswert 260
 XI. Stuttgarter Verfahren 260
  1. Allgemeines 260
  2. Niedrigerer Wert 261
  3. Hoher Wert 261
  4. Ergebnis 261
 XII. Liquidationswert 262
 XIII. Mischmethode 262
 XIV. Multiplikationsmethode 262
 XV. Überschussmethode 262
  1. Allgemeines 262
  2. Zukunft 263
  3. Kapitalisierung 263
  4. Nicht betriebsnotwendiges (neutrales) Vermögen . . 264
 XVI. Personenbezogene Ergebnisse 264
 XVII. Begrenzungen 264
 XVIII. Stundung 264
 XIX. Verzinsung 265
 XX. Verfahren 265
 XXI. Beispiel 266
  1. Allgemeines 266
  2. Schwebende Geschäfte 266
  3. Zwei-Personen-Gesellschaft 267

Z. Schluss 268

Literatur 271
Stichwortregister 289

Abkürzungsverzeichnis

A. 2d	Atlantic Report, Second Series
a. A.	anderer Ansicht
a. E.	am Ende
a. F.	alte Fassung
Abl. EG	Amtsblatt der Europäischen Gemeinschaft
Abs.	Absatz
Abschn.	Abschnitt
AG	Aktiengesellschaft (Jahr und Seite)
AktG	Aktiengesetz
Aktz., Az.	Aktenzeichen
Am. J. Comp. Law	American Journal of Comparative Law
Anm.	Anmerkung
AO	Abgabenordnung
APV	Adjusted Present Value
arg.	argumentum
Art.	Artikel
Aufl.	Auflage
BAG	Bundesarbeitsgericht
BAnz.	Bundesanzeiger
BayObLG	Bayerisches Oberstes Landesgericht
BB	Betriebs-Berater (Jahr und Seite)
Bd.	Band
Beschl.	Beschluss
BetrVerfG	Betriebsverfassungsgesetz
BewG	Bewertungsgesetz
BFH	Bundesfinanzhof
BFHE	Sammlung der Entscheidungen und Gutachten des Bundesfinanzhofs (Band und Seite)
BFuP	Betriebswirtschaftliche Forschung und Praxis (Jahr und Seite)
BGB	Bürgerliches Gesetzbuch
BGBl.	Bundesgesetzblatt (Teil, Jahr und Seite)
BGH	Bundesgerichtshof
BGHZ	Entscheidungen des Bundesgerichtshof in Zivilsachen (Band und Seite)
BStBl.	Bundessteuerblatt (Teil, Jahr und Seite)
BVerfG	Bundesverfassungsgericht

Abkürzungsverzeichnis

BVerfGE	Entscheidungen des Bundesverfassungsgerichts (Band und Seite)
bzgl.	bezüglich
bzw.	beziehungsweise
ca.	circa
CAPM	Capital Asset Pricing Model
d. h.	das heißt
DB	Der Betrieb (Jahr und Seite)
Del.	Delaware
ders.	derselbe
dies.	dieselbe(n)
Diss.	Dissertation
DM	Deutsche Mark
DR	Deutsches Recht (Jahr und Seite)
DRiG	Deutsches Richtergesetz
Drucks.	Drucksache
DStR	Deutsches Steuerrecht (Jahr und Seite)
ebd.	ebenda
EDV	Elektronische Daten-Verarbeitung
EFG	Entscheidungen der Finanzgerichte (Jahr und Seite)
EG	Europäische Gemeinschaft
EGAktG	Einführungsgesetz zum Aktiengesetz
EGBGB	Einführungsgesetz zum Bürgerlichen Gesetzbuch
EGHGB	Einführungsgesetz zum Handelsgesetzbuch
EGV	EG-Vertrag
ErbStR	Erbschaftsteuerrichtlinien
EStG	Einkommensteuergesetz
EuGH	Europäischer Gerichtshof
evtl.	eventuell
EWiR	Entscheidungen zum Wirtschaftsrecht (Paragraf, Heft/Jahrgang, Seite)
EWIV	Europäische Wirtschaftliche Interessenvereinigung
EWS	Europäisches Wirtschafts- und Steuerrecht (Jahr und Seite)
f./ff.	Folgende
FamRZ	Zeitschrift für das gesamteFamilienrecht (Jahr und Seite)

Abkürzungsverzeichnis

FAZ	Frankfurter Allgemeine Zeitung (FN A 62)
FG	Finanzgericht
FGG	Gesetz über die freiwillige Gerichtsbarkeit
FGO	Finanzgerichtsordnung
FG Praxis	Praxis der Freiwilligen Gerichtsbarkeit (Jahr und Seite)
Fn.	Fußnote
FN-IDW	Fachnachrichten des Instituts der Wirtschaftsprüfer
FS	Festschrift
GAAP	Generally Accepted Accounting Principles
gem.	gemäß
GenG	Gesetz betreffend die Erwerbs- und Wirtschaftsgenossenschaften
GewStG	Gewerbesteuer
GG	Gundgesetz
GmbH	Gesellschaft mit beschränkter Haftung
GmbHG	Gesetz betreffen die Gesellschaften mit beschränkter Haftung
GmbHR	GmbH-Rundschau (Jahr und Seite)
HansOLG	Hanseatisches Oberlandesgericht
HFA	Hauptfachausschuss des Instituts der Wirtschaftsprüfer
HFR	Höchstrichterliche Finanzrechtsprechung (Jahr und Seite)
HGB	Handelsgesetzbuch
HRR	Höchstrichterliche Rechtsprechung (Jahr und Seite)
Hrsg.	Herausgeber
IAS	International Accounting Standards
i. d. F.	in der Fassung
i. S. d.	im Sinne der/des
i. S. v.	im Sinne von
IDW	Institut der Wirtschaftsprüfer
InsO	Insolvenzordnung
Int'l	International
IStR	Internationales Steuerrecht (Jahr und Seite)
J	Journal
JuS	Juristische Schulung (Jahr und Seite)
JZ	Juristen-Zeitung (Jahr und Seite)

Abkürzungsverzeichnis

Kap.	Kapitel
KG	Kommanditgesellschaft; Kammergericht
KStG	Körperschaftsteuergesetz
L. J.	Law Journal
L. R.	Law Review
LG	Landgericht
LPG	Landwirtschaftliche Produktionsgenossenschaft
m. abl. Anm.	mit ablehnender anmerkung
m. Anm.	mit Anmerkung(en)
m. Nachw.	mit Nachweisen
m. w. Nachw.	mit weiteren Nachweisen
Mio.	Million(en)
N. E. 2d	North Eastern Report, Second Series
n. F.	neue Fassung
Nachw.	Nachweis(e)
NJW	Neue Juristische Wochenschrift (Jahr und Seite)
NJW-RR	Neue Juristische Wochenschrift – Rechtsprechungs-Report
Nr.	Nummer
NZG	Neue Zeitschrift für Gesellschaftsrecht
NZZ	Neue Zürcher Zeitung
o. Ä.	oder ähnlich(es)
OHG	Offene Handelsgesellschaft
OLG	Oberlandesgericht
r. Sp.	rechte Spalte
RA	Rechtsanwalt
RabelsZ	Rabels Zeitschrift für ausländisches und internationales Privatrecht
RG	Reichsgericht
RGZ	Entscheidungen des Reichsgerichts in Zivilsachen (Band und Seite)
RIW	Recht der Internationalen Wirtschaft (Jahr und Seite)
Rspr.	Rechtsprechung
s.	siehe
S.	Seite

S. M. U.	Southern Methodist University
sog.	so genannt
Sp.	Spalte
st.Rspr.	ständige Rechtsprechung
str.	streitig
Tz.	Textziffer
u.Ä.	und ähnliche
u. a.	unter anderem und andere
u. a.	unter anderen, (-m)
U. S.	United States
u. U.	unter Umständen
UmwG	Umwandlungsgesetz
Urt.	Urteil
v.	vom, von
vgl.	vergleiche
VO	Verordnung
WACC	Weighted Average Cost of Capital
WM	Wertpapier-Mitteilungen (Jahr und Seite)
WP	Wirtschaftsprüfer
WPg	Die Wirtschaftsprüfung (Jahr und Seite)
WpHG	Wertpapierhandelsgesetz
WuB	Wirtschafts- und Bankrecht
z. B.	zum Beispiel
z.T.	zum Teil
z.Z.	zurzeit
ZEV	Zeitschrift für Erbrecht und Vermögensnachfolge
ZfB	Zeitschrift für Betriebswirtschaft (Jahr und Seite)
ZfbF	Zeitschrift für betriebswirtschaftliche Forschung (Jahr und Seite)
ZfgG	Zeitschrift für das gesamte Genossenschaftswesen (Jahr und Seite)
ZGR	Zeitschrift für Unternehmens- und Gesellschaftsrecht (Jahr und Seite)
ZHR	Zeitschrift für das gesamte Handels- und Wirtschaftsrecht
ZIP	Zeitschrift für Wirtschaftsrecht (Jahr und Seite)

Abkürzungsverzeichnis

zit.	zitiert
ZPO	Zivilprozessordnung
zust.	zustimmend
ZVglRWiss	Zeitschrift für vergleichende Rechtswissenschaft (Band, Jahr und Seite)

„Valuation is an art rather than a science."[1]

A. Einführung

I. Allgemeines

1. Rechtsmaterie

Lange meinte man, dass die Bewertung von Unternehmen und von Anteilen daran das Können von Juristen übersteige: „Die Materie wird von Juristen ... nicht mehr übersehen".[2] Die – gewiss nicht abschreckend gemeinte – Aussage machte bei Juristen Eindruck; sie fanden sich mit ihren angeblich mangelnden Fähigkeiten auf diesem Felde ab. Darüber vergaß man die große juristische Tradition bei der Lösung von Bewertungsfragen. Die moderne Unternehmensbewertung verdankt der Betriebswirtschaftslehre zwar viel; aber auch Juristen müssen heute oft Gesellschaften und Anteile daran bewerten, müssen auf Grundsatz- und Einzelfragen antworten.[3] Die Zahl der Gerichtsurteile zu diesem Thema wächst bei uns und im Ausland ständig.[4] Die Bewertungslehre ist daher ein fester Teil der Jurisprudenz.[5]

2. Anleitungen

Das stete Gespräch mit der Praxis, namentlich mit Wirtschaftsprüfern, ist unverzichtbar.[6] Das Institut der Wirtschaftsprüfer veröffentlichte im Jahr 2000 einen „IDW Standard: Grundsätze zur Durchführung von Unterneh-

---

1 In re Shell Oil Co., 607 A.2d 1213, 1221 (Delaware 1992).
2 *Moxter*, ZfbF 1968, 699, 700.
3 Bahnbrechend *Welf Müller*, JuS 1973, 603, 745; 1974, 147, 288, 424, 558; 1975, 489, 553; *Moxter*, Grundsätze ordnungsmäßiger Unternehmensbewertung, 2. Aufl. 1991. Zum Stand der Lehre heute *Drukarczyk*, Unternehmensbewertung, 3. Aufl. 2001. Zum allgemeinen Umfeld der Begegnung von Recht und Betriebswirtschaft *Hommelhoff* (Hrsg.), Gesellschaftsrecht, Rechnungslegung, Steuerrecht: FS für Welf Müller, 2001
4 *Großfeld*, Global Valuation; Geography and Semiotics, 55 SMU L. Rev. (2001), erscheint demnächst; *Helmut Schuhmann*, Abfindung von Gesellschaftern, 1996.
5 *Welf Müller*, FS Bezzenberger, S. 705.
6 *Großfeld*, Lawyers and Accountants: A Semiotic competition, 36 Wake Forest L. Rev. 167 (2001).

A. Einführung

mensbewertungen (IDW S 1)".[1] Dabei handelt es sich um einen Rahmen allgemeiner Grundsätze,[2] allgemein deshalb, weil jeder Bewertungsfall anders liegt. Bei Bewertungen innerhalb vertraglicher Beziehungen gehen die vertraglichen Regeln vor (in den Grenzen von §§ 138, 242 BGB).

Die Grundlagen der Betriebswirtschaft dazu vermittelt *Baetge* (Hrsg.), „Unternehmensbewertung im Wandel".[3] Praktisches Vorgehen zeigen das von *Peemöller* herausgegebene Werk „Praxishandbuch der Unternehmensbewertung"[4] und das Buch von *Wolfgang Schulze* „Methoden der Unternehmensbewertung".[5] Technische Hilfen findet man auf der CD-Rom von *Peemöller/Schlenker/Kunowski*, „Bilanz/Wert – Unternehmensbewertung am PC"[6] und bei *Nimmerrichter*, „Unternehmensbewertung direkt – Vorbereitete Schemata zur schnellen Unternehmensbewertung (Software)".[7] Den Übergang zur Rechtsbetrachtung bringt *Muche*, „Unternehmensbewertung unter Einbezug von Steuer- und Handelsrecht".[8] Die internationale Sicht schildern *Helbing*, „Unternehmensbewertung und Steuern",[9] *Mandl/Rabel*, „Unternehmensbewertung"[10] sowie die Website von *Palmiter*.[11]

3. Mathematik

Gewiss hat Bewertung mit Mathematik zu tun. Wir dürfen sie aber nicht zum Leitbild machen. Es ist zwar bequem, an geschlossene, lo-

---

1 FN-IDW Nr. 8/2000, S. 415 = WPg 2000, 825 ff. Dieser IDW Standard ersetzt die Stellungnahmen HFA 2/1983 und 6/1997 (Abs. 3). Erläuterungen dazu bei *Siepe/Dörschell/Schulte*, WPg 2000, 946; *Kohl/Schulte*, WPg 2000, 1147. Kritisch dazu *Westerfelhaus*, NZG 2001, 673; *ders.*, DStR 2000, 1449.
2 FN-IDW Nr. 8/2000, S. 417.
3 *Baetge* (Hrsg.), Unternehmensbewertung im Wandel, 2001. Sehr nützlich auch *Henselmann/Kniest*, Unternehmensrechnung und Unternehmenswert, 2. Aufl., 2001.
4 *Peemöller* (Hrsg.), Praxishandbuch der Unternehmensbewertung, 2001.
5 *Wolfgang Schulze*, Methoden der Unternehmensbewertung, 2001.
6 *Peemöller/Schlenker/Kunowski*, Bilanz/Wert – Unternehmensbewertung am PC, Version 2.0, 2001, www.nwb.de. Dazu *Großfeld*, Bespr., ZfgG 51 (2001).
7 *Nimmerrichter*, Unternehmensbewertung direkt – Vorbereitete Schemata zur schnellen Unternehmensbewertung (Software), 2001.
8 *Muche*, Unternehmensbewertung unter Einbezug von Steuer- und Handelsrecht, 2000.
9 *Helbing*, Unternehmensbewertung und Steuern, 9. Aufl., 1998.
10 *Mandl/Rabel*, Unternehmensbewertung, 1997.
11 http://www.law.wfu.edu/courses/law&value-palmiter/index/htm; www.Wiley Valuation.com. Siehe ferner *Großfeld*, Global Valuation: Geography and Semiotics, International Lawyer 34 (2001).

gisch scheinende semiotische Modelle zu glauben.[1] Sie sind aber nur Modelle und mitunter so komplex, dass Juristen sie kaum verstehen und die Entscheidung sich dann auf andere Disziplinen verlagert. Das lässt die Bewertung als Rechtsfrage leer laufen. Auch mathematischer Eleganz ist wenig zu trauen: Die Wirklichkeit der Wertbildung ist nun einmal nicht elegant.[2] Entscheidend ist es, sich von den Grundannahmen ein „Bild" zu machen.[3] Schon dabei gestaltet das Recht eine Menge mit.

4. Gutachter

Die Unternehmensbewertung ist ein weites Arbeitsfeld für Gutachter. Der Gutachter muss mehr wissen als mathematische Methoden der Bewertung. Er muss sich einarbeiten in die Besonderheiten des Unternehmens, in dessen Geschäftstätigkeit, Märkte und Risiken. Stromversorgungsanlagen etwa[4] sind anders zu beurteilen als Versicherungsunternehmen.[5] Internationale Erfahrung ist zumeist unerlässlich, weil sonst selbst für das Inland (als Teil von Euroland unter dem Einfluss globaler Märkte) keine sachgerechte Bewertung (zunehmend nach internationalen Bewertungslehren) zu erwarten ist.[6]

---

1 *Großfeld*, ZVglRWiss 101 (2002), 1.
2 Zur Manie und zur Begrenztheit des „Mathematischen" *Luttermann*, AG 2000, 459 (468 f.); vgl. *Großfeld*, Comparative Legal Semiotics: Numbers in Law, South African L. J. (2002), erscheint demnächst; *Großfeld*, Comparative Legal Semiotics and the Divided Brain: Are We Educating Half-Brained Lawyers, 49 American J. Comp. L. (2001), erscheint demnächst.
3 Cf. Peter Galison, The Suppressed Drawing: Paul Dirac's Hidden Geometry, 72 Representation 145 (2000).
4 BGHZ 143, 128; *Busse von Colbe*, Bewertung von örtlichen Stromversorgungsanlagen bei einem Wechsel der Versorgungszuständigkeiten, 1994; *Ballwieser*, Zur Ermittlung des Ertragswertes von örtlichen Stromnetzen, 2001; *ders.*, Ertragswert örtlicher Stromnetze – Anmerkungen zur aktuellen BGH-Rechtsprechung, BB 2001, 1519. Zum Ertragswert von landwirtschaftlichen Betrieben BGH, WM 1995, 198.
5 LG Hannover, Beschl. v. 16. 10. 2001 – 26 AktE 18/93; *Hartung*, Unternehmensbewertung von Versicherungsunternehmen, 2001, *Horst Richter*, FS Moxter, S. 1456; *Metzler*, Wertorientierte Jahresabschlussanalyse von Schaden- und Unfallversicherungsunternehmen in Deutschland, 2000.
6 *Großfeld*, BB 2000, 261 (266).

A. Einführung

II. Problemumriss

Bewertungen können aus vielen Gründen erforderlich werden.[1] Wir konzentrieren uns vor allem auf Abfindungen, die beim Ausscheiden an Gesellschafter zu zahlen sind.[2] Ich greife einige charakteristische Fälle heraus.

1. Personengesellschaften[3]

Die juristische Diskussion beginnt hier mit der Frage, welche Abfindung ein Gesellschafter beim Ausscheiden aus einer Personengesellschaft erhält.[4] Einschlägig ist § 738 Abs. 1 Satz 2 BGB; er gilt nach §§ 105 Abs. 2, 161 Abs. 2 HGB auch für die Offene Handelsgesellschaft und für die Kommanditgesellschaft.[5] Gemäß § 738 Abs. 1 Satz 2 BGB ist dem Ausscheidenden „dasjenige zu zahlen, was er bei der Auseinandersetzung erhalten würde, wenn die Gesellschaft zurzeit seines Ausscheidens aufgelöst worden wäre". Zu fragen ist dafür nach dem „wahren" Wert des Unternehmens und des Anteils daran.[6] Der Ausscheidende kann die dazu erforderlichen Auskünfte[7] und eine (Abfindungsbilanz, Abschichtungsbilanz) verlangen.[8]

Der Wert des Unternehmens bildet sich nicht aus der Addition der einzelnen Vermögensgegenstände; denn der Markt schätzt ein Unternehmen oft anders ein als nach der Summe der Gegenstände. Zu erfassen ist auch der Geschäfts-(Firmen-)Wert, der „Goodwill", d. h. die Wahrscheinlichkeit „that the old customers will resort to the old place".[9]

Bei § 738 Abs. 1 Satz 2 a. E. BGB ist daher für die Abfindung grundsätzlich anzusetzen der Wert, „der sich bei einer möglichst vorteilhaften Verwer-

---
1 Beispiele in IDW Standard S 1 Tz. 11, WPg 2000, 827.
2 Zu den Steuerfolgen BFH, BStBl. II 1993, 647.
3 *Henze*, FS Lutter, S. 1101, 1104.
4 *Aurnhammer*, Die Abfindung von BGB-Gesellschaftern, 1999; *Neuhaus*, Unternehmensbewertung und Abfindung, 1990.
5 Zur Auslegung von § 738 Abs. 1 Satz 2 *Ludewig/Ludewig-Husheer*, FS Großfeld, 1999, S. 713; *Ahrens*, FS Geiß, S. 219.
6 *Ludewig/Ludewig-Husheer*, FS Großfeld, S. 713.
7 BGH, NZG 2000, 780; WM 1999, 910.
8 Dazu BGH, WM 1999, 1213; OLG Karlsruhe, NZG 2001, 654; OLG Hamm, BB 1994, 1531. Kein Anspruch auf die Bilanz, solange keine Abfindung verlangt wird, OLG Köln, NZG 2000, 834, 835.
9 *Lord Eldon*, 1810, zit. bei *Viel/Bredt/Renard*, Die Bewertung von Unternehmungen und Unternehmensanteilen, 5. Aufl. 1975, S. 43.

tung des Unternehmens durch Veräußerung im Ganzen"[1] „als Einheit" erzielen lässt.[2] Der Liquidationswert des Unternehmens ist also normalerweise nicht maßgeblich.[3] Basis der Schätzung (§ 738 Abs. 2 BGB; § 287 Abs. 2 ZPO)[4] ist somit, dass die verbleibenden Gesellschafter das Unternehmen als lebendes fortführen, dieses also erhalten bleibt („going concern" – vgl. § 252 Abs. 1 Nr. 2 HGB).[5] Dadurch wird der volle Geschäfts- (Firmen-)Wert erfasst.[6] Schwebende Geschäfte sind zu berücksichtigen (§ 740 BGB).[7] Das gilt entsprechend für die atypische stille Gesellschaft.[8]

Der Abfindungsanspruch richtet sich gegen die Gesamthand (Gesamthandsverbindlichkeit). Die Gesellschafter haften nicht primär sondern allenfalls subsidiär mit ihrem Privatvermögen (gemäß einer ihrem Anteil entsprechenden Quote – str.).[9]

Für die Europäische Wirtschaftliche Interessenvereinigung bestimmt Art. 33 Abs. 1 EWIV-VO,[10] dass das Auseinandersetzungsguthaben zu ermitteln sei „auf der Grundlage des Vermögens der Vereinigung", „wie es im Zeitpunkt des Ausscheidens des Mitglieds vorhanden ist". Es gelten im Übrigen die oben genannten Grundsätze.

2. Gesellschaften mit beschränkter Haftung[11]

Juristen müssen auch bewerten, wenn bei Gesellschaften mit beschränkter Haftung die gesellschaftsrechtliche Bindung aufgehoben wird. Das geschieht bei der Einziehung von Geschäftsanteilen (§ 34 GmbHG) und beim Austritt oder Ausschluss von Gesellschaftern.[12] Gleiches gilt, wenn

---

1 RGZ 106, 128, 132; RG, DR 1941, 1301.
2 BGH, GmbHR 1992, 257, 261; OLG Naumburg, NZG 2001, 658; Zum Anspruch auf Einblick in die Unterlagen BGH, WM 1989, 878.
3 Einzelheiten unten S. 203.
4 Vgl. BGH, DB 2001, 969, 971. Zum Ansatz des Goodwill OLG Karlsruhe, NZG 2001, 654.
5 BGHZ 17, 130, 136.
6 Zur Behauptungslast BGH, NZG 1999, 937 m. Anm. *Eckardt*.
7 Zum Begriff BGH, WM 1986, 709, 967. Vgl. aber unten S. 87.
8 BGH, NZG 2001, 887.
9 OLG Köln, NZG 2001, 467. Revision unter BGH II ZR 58/01. A. A. OLG Oldenburg, NZG 2000, 542 m. Anm. *Michalski*; LG Saarbrücken, NZG 2000, 369 m. Anm. *Michalski*. Vgl. OLG Köln, NZG 2001, 1033.
10 EWIV-VO v. 25. 7. 1985, Abl. EG L 1991, 1; Deutsches Ausführungsgesetz v. 14. 4. 1988, BGBl. I 1988, 614.
11 *Henze*, FS Lutter, S. 1101, 1105.
12 OLG Köln, NZG 1999, 1222, 1223.

A. Einführung

bei Beherrschungs- und Gewinnabführungsverträgen analog §§ 304 Abs. 1, 305 Abs. 1 AktG ein Ausgleich[1] oder eine Abfindung zu zahlen ist.

Das GmbH-Gesetz schweigt zur Höhe der Abfindung. Wenn die Satzung nichts regelt, ist der volle Wert des Anteils zu suchen.[2] Wird § 305 AktG analog angewendet, ist – wie bei Aktiengesellschaften – ein Barangebot zu machen, ebenfalls nach dem vollen Wert.[3] Doch ist bei Einzelfragen die gegenüber der Aktiengesellschaft stärker personenrechtliche Prägung der Gesellschaft mit beschränkter Haftung zu beachten.[4]

3. Aktiengesellschaften

a) Anspruch

Bewertungsfragen ergeben sich oft bei Beherrschungs- und Gewinnabführungsverträgen i. S. d. § 291 Abs. 1 AktG. Den außenstehenden Aktionären ist nach § 304 Abs. 1 AktG ein angemessener Ausgleich[5] und nach § 305 Abs. 1 AktG eine angemessene Abfindung zu gewähren.[6] Im Mittelpunkt unserer Überlegungen steht die an ausscheidende Minderheitsaktionäre u. U. zu zahlende Barabfindung (§ 305 Abs. 2 Nr. 2, 3 AktG). Sie muss nach § 305 Abs. 3 Satz 2 AktG „berücksichtigen" „die Verhältnisse der Gesellschaft im Zeitpunkt der Beschlussfassung ihrer Hauptversammlung". Das Verfahren richtet sich nach § 306 AktG (Spruchverfahren[7]).[8] Ähnlich ist es bei § 320b Abs. 1 Sätze 3, 5 AktG (Eingliederung). Beide Gesellschaften sind nach den gleichen Grundsät-

---

1 Dazu LG Berlin, AG 2000, 284, 287; OLG Düsseldorf, NZG 2000, 323, 326. Zur Anwendung des § 30 Abs. 1 GmbHG LG Berlin, NZG 2001, 989, 900.
2 Allg. Meinung, BGH, GmbHR 1992, 257; OLG Dresden, NZG 2000, 1042, 1043; OLG Köln, NZG 1999, 1222, 1223.
3 Vgl. auch unten S. 30.
4 Unten S. 253.
5 Dazu OLG Düsseldorf, NZG 2000, 323, 325; LG Nürnberg-Fürth, NZG 2000, 89, 91. Zum Unterschied zwischen § 304 Abs. 2 Satz 1 AktG und § 305 Abs. 3 Satz 2 AktG in dem Beschluss des Landgerichts, NZG 2000, 90, 91.
6 Umfassend *Kort*, ZGR 1999, 403. Instruktiv LG Berlin, NZG 2000, 284. Zu Bewertungsunterschieden bei Ausgleich oder Abfindung LG Frankfurt, AG 1996, 187, 189 f.; *Lutter/Drygala*, AG 1995, 49. Zum Anspruch auf Ausgleich eines Jahresfehlbetrages BGH, NZG 2000, 139.
7 Der ursprüngliche Begriff ist „Spruchstellenverfahren". Ich spreche aber wie im Umwandlungsrecht durchgängig von „Spruchverfahren".
8 *Seetzen*, WM 1999, 565. Der Abfindungsanspruch besteht auch fort, wenn der Unternehmensvertrag während des Spruchverfahrens beendet wird, BGH, JZ 1997, 1181 m. Anm. *Luttermann*.

zen zu bewerten.[1] Ansprüche auf *Ergänzung* von Ausgleich und Abfindung sind durch Leistungsklage geltend zu machen.[2]

b) Angemessenheit

Die Barabfindung soll das Opfer des ausscheidenden Gesellschafters ausgleichen; denn die Vermögensinteressen des Ausscheidenden haben denselben Rang wie die der verbleibenden Gesellschafter. Die Barabfindung muss daher „angemessen" (§ 305 Abs. 1, Abs. 3 Satz 2 AktG), d. h. sie muss eine „volle Abfindung" sein[3] für die Aufgabe der Mitberechtigung und der anteiligen Nutzungen;[4] sie muss den vollen Wert der Beteiligung spiegeln. Der ausscheidende Aktionär muss das erhalten, was seine gesellschaftliche Beteiligung an dem arbeitenden Unternehmen wert ist.[5] Maßgebend ist also auch hier der Wert des lebenden Unternehmens,[6] das fortbestehen soll („going concern", vgl. § 252 Abs. 1 Nr. 2 HGB). Zu beachten sind alle wertbildenden Faktoren „gleich welcher Art";[7] das gilt selbst für Billigkeitsgesichtspunkte, die sich nicht zahlenmäßig klar fassen lassen.[8]

4. Umwandlungsgesetz

Große Bedeutung haben Ansprüche auf Barabfindung im Umwandlungsrecht. Hingewiesen sei auf §§ 15, 29, 30, 34 UmwG (Verschmelzung durch Aufnahme), § 36 UmwG (Verschmelzung durch Neugründung), § 125 UmwG (Spaltung), §§ 196, 207, 208, 212 UmwG (formwechselnde Umwandlung); §§ 305–312 UmwG (Spruchverfahren).[9] Die Antragsbe-

---

1 LG Dortmund, NZG 2001, 1145 (m. Anm. *Bauer*).
2 BayObLG, DB 1995, 2590, 2593; OLG Düsseldorf, NZG 2000, 323, 326; LG Nürnberg-Fürth, NZG 2000, 89, 91. Zu einer Staatshaftung wegen fehlender Sicherung der Erfüllung ablehnend OLG Köln, ZIP 2001, 967. Dazu *Luttermann*, EWiR § 305 AktG 2/2001, 699.
3 BayObLG, NZG 1998, 946, 947; BVerfGE 14, 263, 284.
4 BGH, JZ 1980, 105, 106.
5 BVerfGE 14, 263, 284; BayObLG, NZG 2001, 1033, 1034.
6 OLG Hamburg, AG 1980, 163 mit Bezug auf BGH, NJW 1967, 1464; 1973, 509; WM 1977, 781; 1978, 401, 405.
7 *Welf Müller*, FS Bezzenberger, S. 716.
8 OLG Hamm, in: *Koppenberg*, Bewertung von Unternehmen, S. 99, 106; vgl. auch OLG Hamm, in: Koppenberg, Bewertung von Unternehmen, S. 138, 145 ff. Zu einer Staatshaftung wegen fehlender Sicherung der Erfüllung ablehnend OLG Köln, ZIP 2001, 967. *Dazu Luttermann*, EWiR § 305 AktG 2/2001, 699.
9 *Seetzen*, Spruchverfahren, S. 565. Zum Verschmelzungsverhältnis OLG Düsseldorf, AG 1995, 85, 86 ff.; *Seetzen*, WM 1994, 45. Zu den Steuerfolgen umfassend *Prasse*, Die Barabfindung.

rechtigung richtet sich nach § 34 UmwG.[1] Die Barabfindung muss nach § 30 Abs. 1 Satz 1 UmwG „die Verhältnisse des übertragenden Rechtsträgers im Zeitpunkt der Beschlussfassung über die Verschmelzung" „berücksichtigen". Es gilt Ähnliches wie bei § 305 AktG.

5. Übernahmegesetz

Das Übernahmegesetz[2] verlangt eine „angemessene Gegenleistung" für die Aktionäre der Zielgesellschaft und bezieht sich dabei „grundsätzlich" auf den Börsenkurs. Es bringt ferner den „Zwangsausschluss" („squeeze out") von Minderheitsaktionären gegen eine „angemessene Barabfindung". Das macht es möglich bis zu fünf Prozent der Aktionäre gegen ihren Willen auszuschließen.[3]

6. Übertragende Auflösung

Die übertragende Auflösung gehört in den Bereich des § 179 a AktG, sie ist eine Variante des „squeeze out" Verfahrens[4] um sich unerwünschter Minderheitsaktionäre zu entledigen: Eine Gesellschaft überträgt ihr ganzes Vermögen an eine andere Gesellschaft und löst sich dann auf; der Liquidationserlös wird an die Aktionäre verteilt. Das ist einigermaßen unproblematisch, wenn das Gesellschaftsvermögen an einen unbeteiligten Dritten übertragen wird. Die Minderheitsaktionäre sind dann dadurch geschützt, dass der Großaktionär selbst einen hohen Preis erzielen möchte. Anders ist es, wenn das Vermögen an ein Unternehmen geht, das der Großaktionär beherrscht: Es entsteht ein Interessenkonflikt. Dann ist – trotz Schweigens des Gesetzes – den weichenden Minderheitsaktionären gemäß Art. 14 Abs. 1 GG eine volle Entschädigung zu sichern. Sie muss dem Wert der Unternehmensbeteiligung der Aktionäre entsprechen.[5]

---

1 LG Dortmund, DB 2000, 1164 m. Anm. *Götz*.
2 www.bundesfinanzministerium.de (Stand 7. 9. 2001).
3 Einzelheiten bei *Schüppen*, WPg 2001, 958; *Liebscher*, ZIP 2001, 853.
4 Überblick bei *Kossmann*, NZG 1999, 1198; *Halm*, NZG 2000, 1162; *Großfeld*, Global Valuation: Geography and Semiotics, 35 International Lawyer (2001), erscheint demnächst.
5 Zum Beginn der Verzinsung OLG Düsseldorf, DB 1998, 1454 = EWiR § 304 AktG 2/1998 (*Luttermann*); LG Frankfurt, AG 1996, 187.

Es war streitig, ob dafür ein Verfahren analog § 306 AktG gegeben ist oder ein Anfechtungsverfahren gem. § 246 AktG gegen den Zustimmungsbeschluss nach § 179a Abs. 1 Satz 1 AktG (gestützt auf § 243 Abs. 1, 2 Satz 1 AktG).[1] Eine Analogie zu § 306 AktG ließe die Übertragung unberührt, nur der Kaufpreis wäre u. U. neu festzulegen. Eine Anfechtungsklage wirkt stärker: Falls der Beschluss der Hauptversammlung für nichtig erklärt wird, ist die Übertragung rückabzuwickeln.[2] Das Anfechtungsverfahren animiert jedoch zu Störmanövern von „Berufsklägern". Deshalb lässt der Bundesgerichtshof bei „Strukturmaßnahmen" nur ein Verfahren analog § 306 AktG zu.[3]

7. „Delisting"

Mit der Wende vom Gesellschaftsrecht zum Börsenrecht[4] haben die Fragen der Abfindung inzwischen eine neue Dimension erhalten. Zieht sich eine Aktiengesellschaft von der Börse zurück (going private), so sind bei der Marktentlassung die Minderheitsaktionäre zu schützen (§ 43 Abs. 4 BörsenG, § 54a Abs. 1 Satz 2 Börsenordnung der Frankfurter Wertpapierbörse).[5] Deshalb bedarf es eines Beschlusses der Hauptversammlung mit qualifizierter Mehrheit. Ferner ist – analog § 207 Abs. 1 UmwG (formwechselnde Umwandlung) – eine angemessenen Barabfindung zu zahlen, weil die Aktien nach dem „delisting" schwerer zu veräußern sind.[6]

Die Frage der Abfindung ist indes streitig. Das Landgericht und das Oberlandesgericht München verneinen einen Eingriff in das Eigentum: Ein Sondervorteil für den Mehrheitsaktionär entstehe nicht; das Delisting treffe ihn ebenso wie die Minderheit. Die Möglichkeit, Anteile an der Börse zu verkaufen sei nicht „Kern" des Eigentums. Der Börsenkurs sei nur *ein* Instrument um den Wert zu ermitteln. Es gebe einen außerbörslichen Handel in „nennenswertem Umfang".[7]

Nach der Börsenordnung der Frankfurter Wertpapierbörse muss die Abfindung in einem angemessenen Verhältnis stehen zum höchsten Börsen-

---

1 *Bauer*, Anm. zu BVerfG, NZG 2000, 1117, NZG 2000, 1215.
2 Dafür BayObLG, NZG 1998, 1001.
3 BGH, NZG 2001, 574. Dazu *Kleindiek*, NZG 2001, 552.
4 *Ebke*, Unternehmenskontrolle, S. 7.
5 LG München, NZG 2000, 273 = AG 2000, 140.
6 *Zetzsche*, NZG 2000, 1065, 1068.
7 LG München, NZG 2000, 273, 275 = AG 2000, 140, 143; bestätigt durch OLG München, NZG 2001, 522.

kurs der letzten sechs Monate vor dem Antrag auf Widerruf der Börsenzulassung. Ungeklärt ist die Rechtsfolge, wenn eine Gesellschaft sich etwa in Frankfurt „abmeldet" und an die Börse in London „wandert" (außerhalb des Euro-Raums). Streitig ist, in welchem Verfahren die Abfindung überprüft wird[1] – nahe liegt das Spruchverfahren analog § 306 AktG.[2]

8. Einlage

Unternehmen sind auch zu bewerten, wenn sie als Einlage in eine Gesellschaft eingebracht werden (§§ 5 Abs. 4, 9 Abs. 1, 56 GmbHG; §§ 27, 36 a, 183 AktG). Die dann zu beachtenden Besonderheiten werde ich nur knapp erörtern.[3] Der Bundesgerichtshof stellt ab auf die allgemeinen Grundsätze und bewertet das Unternehmen als Einheit zum Ertragswert.[4] Denn entscheidend ist die Kraft Schulden zu begleichen und damit der Betrag, den ein Verkauf des Unternehmens im Ganzen erbringt.[5]

Ähnliche Fragen können entstehen bei Kapitalerhöhungen gegen Einlagen (§ 255 Abs. 2 AktG).[6]

9. Zugewinnausgleich/Pflichtteil[7]

Unternehmen und Anteile daran sind oft zu bewerten beim Zugewinnausgleich (§ 1373 BGB), weil Anfangsvermögen (§ 1374 BGB) und Endvermögen (§ 1375 BGB) miteinander zu vergleichen sind (§ 1376 BGB). Die Unternehmensbewertung ist jedoch „umfeldabhängig"; sie steht in einem *bestimmten* rechtlichen Rahmen (Normwert).[8] Die gesellschaftsrechtlichen Regeln über die Bewertung gelten nicht ohne weiteres, weil familienrechtliche Erwägungen hineinspielen können.[9] Auch können

---

1 *Tobias Kruse*, NZG 2000, 1112.
2 *Zetzsche*, NZG 2000, 1065, 1070; dagegen LG München, NZG 2000, 273, 275 = AG 2000, 140, 142.
3 Unten S. 214.
4 Dazu BGH, NJW 1999, 283 = NZG 1999, 70; zustimmend *Salje*, NZG 1999, 209; kritisch *Hennrichs*, ZGR 1999, 837.
5 IDW, FN-IDW 1997, Nr. 1–2, S. 34.
6 Dazu *Martens*, FS Bezzenberger, S. 267.
7 IDW-Stellungnahme HFA 2/1995, WPg 1995, 522.
8 Unten S. 20.
9 *Diederichsen*, FS Großfeld, S. 142; *Braunhofer*, Unternehmens- und Anteilsbewertung zur Bemessung von familien- und erbrechtlichen Ausgleichsansprüchen, 1995; *Friedrich-Wilhelm Meyer*, Unternehmensbewertung im Zugewinnausgleich bei freiberuflicher Praxis, 1996.

personenbezogene Faktoren ein größeres Gewicht haben. Schon länger ist anerkannt, dass hier der Börsenkurs des zu bewertenden Wertpapiers maßgeblich ist.[1]

Ähnliche Fragen ergeben sich im Erbrecht bei der Ermittlung des Pflichtteils (§§ 2303, 2311 BGB).[2]

III. Verfahren

1. Amtsermittlung

Nach §§ 320b Abs. 3 Satz 3, 306, 99 Abs. 1 AktG, § 307 Abs. 1 UmwG gilt in den dort behandelten Spruchverfahren der Grundsatz der Amtsermittlung gemäß § 12 FGG. Doch obliegt den Beteiligten eine Darlegungslast. Sie müssen die Tatsachen vortragen, die eine für sie günstige Rechtslage herbeiführen. Unterlassen sie das, so muss das Gericht nur weiter nachforschen, wenn ein Anlass dafür ersichtlich ist.[3]

2. Nachprüfung

Die hier geschilderten Bewertungen sind rechtliche Aufgaben und deshalb gerichtlich voll nachprüfbar. Das Gericht muss entscheiden, ob es ein Privatgutachten ausreichen lässt oder eine selbstständige Neubegutachtung anordnet.[4] Eine Ermessensüberprüfung genügt nicht. Das Gericht darf das Gutachten eines Sachverständigen nicht einfach übernehmen oder nur auf offenbare Unrichtigkeiten prüfen.[5] Das Gericht ermittelt den zutreffenden Unternehmenswert – nicht der Sachverständige. Deshalb muss das Gericht die maßgebenden Faktoren bestimmen, die Feststellungen und Schlüsse des Gutachters nachvollziehen und fragen, ob sie tragfähig und überzeugend sind. Der Sachverständige muss seine Grundlagen und Überlegungen darlegen.[6]

---

1 *Aha*, AG 1997, 26, 27. Dazu allgemein unten S. 180.
2 Vgl. BGH, NJW 1985, 192; BayObLG, NJW-RR 1996, 1125; *Aha*, AG 1997, 26, 27; *Reimann*, ZEV 1994, 7. Zur Erfassung des Geschäftswerts siehe schon RGZ 106, 132.
3 OLG Düsseldorf, NZG 2000, 1074, 1075.
4 OLG Düsseldorf, DB 2000, 81 = EWiR § 305 AktG 1/2000 (*Luttermann*).
5 OLG Celle, NZG 1998, 987, 988. Zur Offenlegung der Grundlagen BVerfG, WM 1995, 132.
6 LG Dortmund, AG 1998, 142.

A. Einführung

Das Gericht würdigt nach § 286 ZPO die Beweise frei und schätzt gegebenenfalls selbst nach § 738 Abs. 2 BGB, § 287 Abs. 2 ZPO[1] – davon entbindet keine Mathematik. Ausnahmsweise kann das Gericht sogleich schätzen, wenn die Kosten des Gutachters unverhältnismäßig hoch wären und das in der Verhandlung erörtert wurde.[2] Gerichtsverfahren führen oft zu höheren Ergebnissen für ausscheidende Gesellschafter.

3. Vertrags- oder Verschmelzungsprüfer

Bei Unternehmensvertrag und Verschmelzung kontrolliert ein gerichtlich bestellter Vertrags- oder Verschmelzungsprüfer die Bewertungen der vom Unternehmen bestellten Gutachter (Vertragsprüfer §§ 293b, c Abs. 1 Satz 1 AktG; Verschmelzungsprüfer §§ 9, 10 UmwG). Darf oder muss das Gericht auch deren Gutachten vollständig überprüfen? *Bungert*[3] möchte den Vertrags- und Verschmelzungsprüfern einen Ermessensspielraum und damit einen Bewertungsvorsprung gewähren. Der „Pferdefuß" des Vorschlags erscheint aber schon bei Bungert selbst: Er möchte verhindern, dass es „zwingend (quasi automatisch) zu einer erhöhten Abfindung oder Ausgleichszahlung durch das Gericht" kommt.[4] Das Bayerische Oberste Landesgericht meinte, dass das herrschende Unternehmen durch die Auswahl des Prüfers die Höhe der Abfindung beeinflussen könne.[5] *Bilda* lehnt den Vorschlag von *Bungert* ab.[6] Es mag aber genügen, den Prüfer mit einer ergänzenden Begutachtung zu beauftragen.[7] Ein Obergutachten ist dann nicht erforderlich.

4. Kosten

Bewertungen können teuer werden.[8] Die Gutachter verlangen im Allgemeinen weit mehr als §§ 3, 5 Zeugen- und Sachverständigen-Entschädigungsgesetz vorsehen. Höhere Sätze bedürfen nach § 7 des Gesetzes der

---

1 BGH, DB 2001, 969, 971; *Seetzen*, WM 1999, 565, 571.
2 BayObLG, ZIP 2000, 885 = EWiR § 320b AktG 1/2000, 701 (*Luttermann*).
3 *Bungert*, NZG 1998, 990, 991.
4 Kritisch auch *Wenger*, Anm. ZIP 1993, 1627.
5 BayObLG, AG 1999, 43, 45.
6 *Bilda*, NZG 2000, 296, 300; vgl. BVerfG, NZG 2000, 1117, 1119.
7 OLG Düsseldorf, NZG 2000, 1079 m. zust. Anm. *Behnke*, S. 1082.
8 Zu den Gerichtskosten OLG Düsseldorf, DB 2001, 1353; zu den Anwaltsgebühren *Erb*, NZG 2001, 161.

Zustimmung der Beteiligten, zu der sie nicht verpflichtet sind. Das Landgericht Köln lehnte wegen dieser Schwierigkeiten einen Antrag zur Bestimmung der angemessenen Abfindung ab.[1] Das Oberlandesgericht Düsseldorf wies darauf hin, dass der Sachverständige das Gutachten zu den gesetzlichen Beträgen erstellen müsse, wenn bei ihm die Voraussetzungen des § 407 ZPO vorliegen; das gilt auch für die freien Berufe.

Das Gericht musste daher einen Sachverständigen suchen, der das Gutachten zu den gesetzlichen Sätzen erstatten will oder muss.[2] Das ist oft eine „nuda spes". Das Bayerische Oberste Landesgericht[3] orientierte sich deshalb nach vergeblichen Bemühungen am Börsenkurs.[4] Die Orientierung am Börsenkurs kann sich heute auf das Bundesverfassungsgericht stützen[5] und auf den Bundesgerichtshof.[6] Das Oberlandesgericht Stuttgart hat jetzt für das umwandlungsrechtliche Spruchverfahren (§ 305 ff. UmwG) entschieden, dass das Gericht die Zustimmung der Antragsgegner ersetzen kann.[7]

5. Auskunftsanspruch

Zur Ermittlung des Wertes braucht man Auskünfte von der Gesellschaft.[8] Sie kann der ausscheidende Gesellschafter verlangen.[9] Dabei müssen u. U. Tatsachen mitgeteilt werden, die der Geheimhaltung bedürfen. Alle Beteiligten müssen dann das Gebot der Vertraulichkeit beachten.[10]

---

1 LG Köln, AG 1997, 187.
2 OLG Düsseldorf, AG 1998, 37, 38.
3 BayObLG, NZG 1998, 946 = ZIP 1998, 1872 = WuB II A. § 320 AktG 2. 99 (*Seetzen*).
4 *Großfeld*, FS Buxbaum, S. 205. Näheres dazu unten S. 180.
5 BVerfG, JZ 1999, 942 m. Anm. *Luttermann*.
6 BGH, DB 2001, 969 m. Anm. *Meilicke/Heidel*.
7 DB, 2001, 1926. Vgl. OLG Stuttgart, NZG 2001, 1097, 1098.
8 Zum Antrag bei einem unzuständigen Gericht BayObLG, NZG 2001, 608.
9 BGH, NZG 2000, 780; BGH, WM 1999, 210; BGH, WM 1999, 1213 = NZG 2000, 780; BGH, WM 1994, 1925, 1928. OLG Karlsruhe, NZG 2001, 654. Vgl. OLG Naumburg, NZG 1999, 780 m. Anm. *Behnke*. BGH, WM 1994, 311. Zu Umfang und Rechtskraft OLG Köln, NJW-RR 1989, 567, 568. Zu den Rechtsfolgen einer Verletzung der Informationspflichten BGH, BB 2001, 275 m. Anm. *Luttermann*, BB 2001, 382.
10 *Schlosser*, FS Großfeld, S. 997.

6. Verfahrensdauer[1]

Bewertungsverfahren dauern oft lange.[2] Das Bundesverfassungsgericht hält – auch wegen der notwendigen Gutachten – eine siebenjährige Dauer noch für unbedenklich.[3] Eine Reform ist dennoch nötig.[4]

---

1 *Bilda*, NZG 2000, 296; LG Dortmund, NZG 2001, 1145 (m. Anm. *Bauer*).
2 Zur Beendigung des Unternehmensvertrages während des Verfahrens BGH, JZ 1997, 1181.
3 BVerfG, WM 1999, 1012 = WuB II A. § 320 AktG 2.99 (*Seetzen*). Zu Verbesserungsvorschlägen *Bilda*, NZG 2000, 296.
4 *Lutter/Bezzenberger*, AG 2000, 433.

B. Recht und Unternehmensbewertung

I. Rechtsproblem

Die eingangs dargestellten Bewertungsanlässe ergeben sich alle aufgrund gesetzlicher Vorschriften oder (bei Personengesellschaften) aufgrund vertraglicher Regelungen.[1] Wie eingangs erwähnt, sind sie also Teil einer Rechtsbeziehung und damit Gegenstand der Jurisprudenz. Das möchte ich vertiefen.[2]

1. Allgemeines

In all diesen Fällen muss der Richter die Voraussetzungen der Bewertung und die Methoden auf ihre Schlüssigkeit hin prüfen, wobei die Abgrenzung zu betriebswirtschaftlichen Techniken unsicher ist.[3] Die damit verbundene „Rechnerei" und die (mitunter übertriebenen) mathematischen Darstellungen in der Literatur dürfen nicht schrecken: Die Zahlen sind nicht entscheidend; entscheidend ist, wie sie ermittelt werden. Wie die Zahlen der Bilanz keine absoluten Werte darstellen und Ertragsüberschüsse sich aus Bilanzregeln ergeben,[4] so folgen Bewertungsaussagen weithin aus Bewertungsmethoden. Sie bestimmen, wie welche Zahlen gewählt und behandelt werden. Aus vielen Zahlen lässt sich ein „gewünschtes" Ergebnis gewinnen.

2. Wirtschaftswissenschaft

Gewiss steht die Unternehmensbewertung der Wirtschaftswissenschaft nahe (es ist ein Fach „in der Mitte"), aber die Jurisprudenz spielt doch eine eigenständige Rolle. Das zeigt sich vor allem an zwei Punkten:

---

1 IDW Standard Abs. 9 f. S. 417.
2 Grundlegend zum heutigen Stand *Welf Müller*, FS Bezzenberger, S. 705; *Ammon*, S. 303; *Hüttemann*, ZHR 162 (1998), 563.
3 BGH, WM 1979, 432; 1991, 283, 284. In BGH, WM 1991, 283 284 heißt es zur Bewertungsmethode: „Sie sachverhaltsspezifisch auszuwählen und anzuwenden ist eine Sache des – sachverständig beratenen – Tatrichters. Seine Entscheidung kann vom Revisionsgericht nur darauf überprüft werden, ob sie gegen Denkgesetze und Erfahrungssätze verstößt oder sonst auf rechtsfehlerhaften Erwägungen beruht."
4 *Großfeld*, Comparative Accounting, Texas Int'l. L. J. 28 (1993) 233.

B. Recht und Unternehmensbewertung

Die Wirtschaftswissenschaft liefert Erklärungsmodelle, die einen Preis in einer bestimmten Bandbreite begründen, aber ihn nicht festlegen („Verhandlungssache"). Das ist schon deshalb so, weil Werte außerhalb der Bandbreite sich mit den Methoden der Wirtschaftswissenschaft nicht erklären lassen – aber dennoch angemessen sein können. Es gilt die Unwägbarkeiten einer komplexen Preisbildung zu erfassen die „ursachenvielfältig" ist und sich nicht auf finanzielle Faktoren beschränkt.[1]

Die Abwägung des Unwägbaren ist die „ars aequi et boni", ist das „Kunsthandwerk" der Juristen. Sie müssen die wirtschaftswissenschaftliche Methode messen an Wortlaut und Zweck des Gesetzes im Umfeld der geltenden Konventionen. Das Gericht muss dann den „Preis" festlegen. Jurisprudenz und Wirtschaftswissenschaft finden so zu fruchtbarer Zusammenarbeit.

3. Vorgaben

Dennoch wurde die Unternehmensbewertung oft allein wirtschaftswissenschaftlich gesehen – was jedoch einseitig war. Das Steuerrecht etwa hatte nie Bedenken Bewertungen als Rechtsfragen zu behandeln (vgl. nur §§ 9, 11 BewG).

Sie sind es auch im Zivilrecht. Gewiss sagt es uns nur gelegentlich, wie der Wert genau zu ermitteln ist; aber immerhin schließt § 305 Abs. 3 Satz 2 AktG den Börsenkurs als alleinigen Maßstab grundsätzlich aus.[2] Zu beachten ist ferner der Hinweis auf den Ertragswert in §§ 1376 Abs. 4,[3] 2049 Abs. 1, 2312 Abs. 1 BGB.[4] In § 2049 Abs. 2 BGB hat der Gesetzgeber sogar Einzelheiten festgelegt („Reinertrag", „bisherige wirtschaftliche Bestimmung" = Fortführung, „ordnungsgemäße Bewirtschaftung", „nachhaltig"). Das Bundesverfassungsgericht befasste sich mit dem Ertragswert in § 1376 Abs. 4 BGB;[5] der Bundesgerichtshof erörterte ähnliche Fragen zu § 2312 BGB.[6]

Die oben angeführten Bewertungsvorgaben stammen aus dem normativen Bereich. Sie bestimmen den Stichtag. Die Bewertung muss ferner

---

1 *Welf Müller*, FS Bezzenberger, S. 715.
2 *Kropff*, S. 399.
3 Dazu BVerfGE 67, 348.
4 Darauf nehmen Bezug Art. 137 EGBGB, § 16 Abs. 1 Satz 2 Grundstücksverkehrsgesetz.
5 BVerfGE 67, 348; BGH, WM 1987, 321; vgl. auch BVerfG, BStBl. II 1987, 240. Weiter unten S. 18.
6 BGH, WM 1987, 297.

„angemessen" (vgl. § 305 Abs. 1 AktG: „angemessene Abfindung", § 305 Abs. 3 Satz 2 AktG: „angemessene Barabfindung") sein. Sie muss zu einer „vollen Abfindung" führen und ausgerichtet sein an der Beteiligung am „lebenden Unternehmen" („going concern"); der „Goodwill" (Geschäfts- oder Firmenwert) ist zu erfassen. Die Wertungen des Art. 14 GG sind zu beachten.[1]

Inzwischen haben selbst „Feinheiten" der Unternehmensbewertung den Bundesgerichtshof[2] und das Bundesverfassungsgericht erreicht.[3]

4. Grundprinzip

Bewertungen können also zivilrechtlich oft Rechtsfragen sein. Sind das Einzelfälle oder steckt dahinter ein Prinzip? Wenn ja, welches?

Die Daten für eine Bewertung dürfen nur aus dem vom Recht gebilligten – jedenfalls nicht missbilligten – Bereich kommen; das Recht würde sich sonst infrage stellen. Vor allem gibt zu denken, dass Abfindungen „angemessen" sein müssen.[4] „Angemessen" ist ein unbestimmter Rechtsbegriff, dessen Ausfüllung – wie bei Treu und Glauben (§ 242 BGB) – Rechtsfrage ist. Niemand zweifelt daran etwa bei der „angemessenen Frist" in § 326 Abs. 1 Satz 1 BGB. Die „Angemessenheit" ist aus übergeordneten Gesichtspunkten des Verfassungsrechts und des Zivilrechts zu entfalten (z. B. Eigentumsgarantie, pacta sunt servanda, Wettbewerbsneutralität, Treuepflicht, Gleichbehandlungsgrundsatz).

Ob etwas „angemessen" ist, hängt davon ab, wie das Gesetz die Stellung des Gesellschafters zur Gesellschaft und zum Unternehmen sieht, ob es das Unternehmen vor dem Gesellschafter schützen will[5] und wie es die Verkehrsfähigkeit des Anteils beurteilt. Weiter: Wird ein niedriger Wert als „angemessen" angesehen, so sind Konzernierungen „billig" sonst „teuer". Die Bewertung kann also „Konzentrationshilfe" wie „Konzentrationsbremse" sein. Je nachdem, wie man die Stellung des Zivilrechts – namentlich des Gesellschaftsrechts – zu Konzentration und Wettbewerb sieht[6] und wie es die Interessen der Allgemeinheit und der Beteiligten an Konzertierung, Verschmelzung und Spaltung ansieht und abwägt (vgl.

---

1 BVerfG, JZ 1999, 942 m. Anm. *Luttermann*.
2 BGH, DB 2001, 969 m. Anm. *Meilicke/Heidel*.
3 BVerfG, JZ 1999, 942 m. Anm. *Luttermann*. Siehe unten S. 180.
4 BGH, NJW 1979, 104.
5 „Unternehmerischer Erbhof" – dazu: *Großfeld*, FS Kummer, S. 3.
6 Dazu *Großfeld*, Aktiengesellschaft, Unternehmenskonzentration und Kleinaktionär.

die Wertungen des Umwandlungsgesetzes, beachte aber auch Art. 14 Abs. 3 Satz 3 GG), können sich unterschiedliche Methoden und Werte ergeben. Hinzu tritt, dass das Gericht nach § 738 Abs. 2 BGB, § 287 Abs. 2 ZPO die Höhe der Abfindung zu schätzen hat. Da es nicht im freien Raum schätzen darf, ergeben sich rechtliche Anforderungen an die Bewertungsmethoden.

Aus alledem folgt: Bei der Bewertung müssen wir abwägen, müssen wir angemessen handeln; damit kommt die Gerechtigkeit ins Spiel. So wird die Bewertung in ihren Grundlagen normativ kontrolliert (Normwert).[1]

5. Verfassungsrecht – Art. 14 GG

Der Anteil an einem Unternehmen ist Eigentum i. S. d. Art. 14 Abs. 1 GG. Der Schutz daraus umfasst die Stellung als Mitglied; sie vermittelt das Anteilseigentum.[2] Art. 14 GG gibt daher heute im gesamten Gesellschaftsrecht den Rahmen für Ausgleich und Abfindung; im Aktienrecht wird das besonders bewusst.[3] Ausgleich und Abfindung sind dort nicht frei ausgehandelte kaufpreisähnliche Gegenleistungen für Herrschaftsmacht sondern eine Entschädigung für den Eingriff in das Eigentum der Gesellschafter.[4] Dieses Handeln von „privater hoher Hand" ist nur aus rechtstechnischen Gründen in eine Vertragsform gekleidet.[5]

Art. 14 Abs. 1 GG verlangt nun, dass die berechtigten Interessen des ausscheidenden Mitglieds gewahrt bleiben; das erfordert eine „volle Abfindung".[6] Der Ausscheidende muss erhalten, „was seine gesellschaftliche Beteiligung an dem arbeitenden Unternehmen wert ist"; deshalb darf die Abfindung nicht unter dem Verkehrswert liegen.[7] Sie muss den „wahren" Wert der Beteiligung widerspiegeln einschließlich der „stillen Reserven" und des „inneren Geschäftswerts". Sie muss dem Ausscheidenden ermöglichen, bei einer Neuanlage ebensolche Überschüsse zu erzielen wie er sie beim Verbleiben in der Gesellschaft erzielt hätte. Bei

---

1 OLG Köln, NZG 1999, 1222, 1224.
2 Umfassend BVerfGE 14, 263, 276 f.; 25, 371, 407; 50, 290, 339; BVerfG, JZ 1999, 942 f. m. Anm. *Luttermann*; NZG 1999, 931 m. Anm. *Behnke*.
3 BVerfG, JZ 1999, 942 m. Anm. *Luttermann*.
4 OLG Karlsruhe, NZG 1998, 379, 380.
5 BGH, NZG 1998, 379, 380; BayObLG, NZG 1998, 946, 947; *Röhricht*, ZHR 162 (1998), 249, 257.
6 BVerfG, JZ 1999, 943; NZG 2000, 1117.
7 BVerfG, JZ 1999, 943; NZG 2000, 1117.

einem zwangsweisen Ausscheiden muss der Gesellschafter den Betrag erhalten, den er bei einem freiwilligen Ausscheiden erlangt hätte (Mindestwert).[1]

6. Rechtsverhältnis

Um eine Rechtsfrage handelt es sich nicht, wenn losgelöst von jeder Rechtsbeziehung der Wert eines Unternehmens zu ermitteln ist; wenn sich etwa jemand beraten lässt, wie viel er für ein Unternehmen oder für Anteile daran verlangen oder bieten will. Das gehört zur wirtschaftswissenschaftlichen Investitionstheorie und zu der darauf aufbauenden Bewertungslehre.[2]

So liegt es aber in den hier behandelten Fällen nicht; und damit sind wir am Punkt: Wir suchen den Wert eines Unternehmens oder eines Anteils daran zwischen rechtlich verbundenen Partnern. Wir fragen daher nicht, was ein Unternehmen, was ein Anteil allgemein wert ist; vielmehr stellt sich die Frage innerhalb einer gesellschaftsrechtlichen Beziehung: Wir bewerten im Rahmen eines Rechtsverhältnisses zwischen den daran beteiligten Personen! Die Bewertung ist damit Teil der zuvor schon begründeten Rechtsbeziehung zwischen Gesellschaftern, zwischen Mehrheit und Minderheit; sie gehört zum gesellschaftsrechtlichen Interessenausgleich.[3] Es ist deshalb unwesentlich, ob „die" Unternehmensbewertung Rechtsfrage ist, es geht nur darum, ob sie Rechtsfrage ist innerhalb eines bestimmten Rechtsverhältnisses zwischen den daran beteiligten Personen.

Das ist zu bejahen.[4] Denn der rechtliche Zusammenhang prägt die Bewertung. Wir bestimmen die Methode und erfassen die wertbildenden Faktoren vom Rechtsverhältnis her, das den Zweck, die Funktion der Bewertung vorgibt. So arbeiten Juristen auch sonst: Wir definieren die „wesentliche Eigenschaft" i. S. d. § 119 Abs. 2 BGB aus der Sicht des Rechtsverhältnisses; ebenso verfahren wir beim „Mangel" in § 459 Abs. 1 BGB. Art. 1134 des französischen Code Civil drückt das schön aus: „Les conventions légalement formées tiennent lieu de loi à ceux qui les ont faites."

---

1 BVerfG JZ 1999, 943, 944.
2 *Schmidt/Terberger-Stoy*, Grundprinzipien der Investitions- und Finanzierungstheorie.
3 Vgl. *Wiedemann*, ZGR 1978, 477.
4 OLG Köln, NZG 1999, 1222, 1224.

7. Wertungszweck

Wert ist daher ein relativer Begriff, bezogen auf den jeweiligen Zweck – den das Rechtsverhältnis festlegt. *Welf Müller* sagt treffend, dass jede Bewertung einen bestimmten Zweck verfolgt[1] und die Regeln dafür aus der rechtlichen Zwecksetzung abzuleiten sind. Die Bewertung muss „dem Sinn der gesetzlichen Regelung",[2] muss normativen Anforderungen entsprechen[3] (Normwert).[4] Das Recht entscheidet, ob reale, typische oder gar fiktive Werte anzusetzen sind.

Deshalb muss der Richter zunächst die rechtlichen Bezüge feststellen. Er muss ermitteln, was Gesetz, Vertrag oder Satzung mit einer Bewertung, mit einer Abfindung im jeweiligen Fall erreichen wollen; es ist nach verfassungsrechtlichen Standards zu fragen. Es sind dann die Methoden daraufhin zu prüfen, ob sich das Ziel mit ihnen erreichen lässt.

Ferner sind die Bewertungselemente festzulegen.[5] Sie sind Rechtsfragen im Sinne von § 549 ZPO. Dabei sind die Wertungen zu beachten, die das *jeweilige* Rechtsverhältnis prägen (z. B. Treuepflicht, Gleichbehandlungsgrundsatz, Eigentumsgarantie). Nur dann sind die Bewertungen „aufgabenadäquat", entsprechen sie dem rechtlichen Zweck (Funktionenlehre der Unternehmensbewertung).

8. Rechtliche Aufgabe

Bewertungen bei Abfindung beruhen nach alledem nicht zuerst auf Rechenkünsten, auf wirtschaftswissenschaftlichen Theorien (so hilfreich oder sogar unentbehrlich sie oft sind), sondern auf normativen Wertungen, auf rechtlichen Vorgaben.[6] „Globalverweisungen auf eine angeblich gesetzes-unabhängige wirtschaftswissenschaftliche Terminologie verschleiern nur diesen Zusammenhang".[7] Die Sachverständigen weichen mitunter (sehr weit!) voneinander ab, weil sie die Rechtsfragen unterschiedlich beurteilen.[8] Sie muss der „gesetzliche Richter" (Art. 101 Abs. 1 Satz 2 GG) entscheiden; die Gerichte verlassen damit nicht den

---

1 *Welf Müller*, JuS 1973, 603, 605.
2 LG Hannover, AG 1977, 346.
3 LG Frankfurt, AG 1985, 310, 311.
4 OLG Köln, NZG 1999, 1222, 1224.
5 *Wollny*, BB 1991, Beilage 17.
6 Vgl. OLG Düsseldorf, DB 1973, 1391, 1393.
7 *Meincke*, S. 15.
8 Beispielhaft BVerfG, JZ 1999, 942.

„Pfad der Tugend", sondern erfüllen ihren verfassungsmäßigen Auftrag, ihre ureigenste Pflicht. Die Bestimmung der angemessenen Abfindung ist „vorrangig eine rechtliche" Aufgabe.[1]

9. Grenzen

Diese Überlegungen sind jedoch einzuschränken: Sie beziehen sich auf die Bewertungsmethoden und die tragenden Bewertungselemente. Es sind also nicht alle Bestandteile der Bewertung Rechtsfragen, so z. B. nicht Erfahrungssätze, Datenerfassung und Einzelheiten des Berechnungsverfahrens.[2] Es gilt „die Kirche im Dorf zu lassen", Augenmaß zu bewahren.

10. Folgen

Aus der Rechtsqualität der Bewertung ergeben sich zwei Folgen:

a) Die Bewertung muss rechtsgerecht sein. Gelegentlich liest man, die Bewertung müsse „realitätsgerecht" sein; unklar bleibt jedoch, was unter „Realität" zu verstehen ist. Gewiss: „Facts are sacred!"; die genaue Erfassung der Umstände „reigns supreme!". Im Übrigen ist aber zu bedenken: Ist real ein Wert, wie er sich im Leben bildet, oder ist real ein Wert, der sich bilden würde, wenn die Praxis dem Recht folgte? Die Frage spielt z. B. eine Rolle bei der Bewertung von Minderheitsanteilen. Was bedeuten dabei die §§ 53 a, 60 Abs. 1, 117, 243 Abs. 2, 311 AktG, Art. 14 GG? Die Antwort ist klar: Nicht entscheidend ist das im Verkehr „Übliche", sondern das vom Recht her „Erforderliche" (vgl. § 276 Abs. 1 Satz 2 BGB). Die Bewertung muss zunächst „rechtsgerecht" und in diesem Rahmen „realitätsgerecht" sein.

b) Bewertungen bei den hier behandelten Abfindungen sind an ein Rechtsverhältnis gebunden. Der für eine Beziehung gefundene Wert kann nicht ohne weiteres in eine andere übernommen werden (Funktionenlehre der Unternehmensbewertung). Es ist vielmehr zu prüfen, ob die Methode in ihren Grundannahmen und in ihren Einzelheiten zum jeweiligen Rechtsverhältnis „passt". Gewiss sind die Grundannahmen recht allgemein, sie können aber von Sonderwertungen überlagert werden, sodass anzupassen ist. So gelten z. B. die Treuepflicht

---
[1] OLG Celle, NZG 1998, 987, 988.
[2] BGH, WM 1991, 283, 284; 1982, 17, 18; BB 1991, 312; OLG Düsseldorf, WM 1984, 732, 738.

und der Gleichbehandlungsgrundsatz zwischen Gesellschaftern, nicht aber im Verhältnis zu Dritten. Es kann etwa auch notwendig sein, einmal auf den ausschüttungsfähigen (z. B. zwischen Gesellschaftern oder bei Enteignungen), ein andermal auf den ausgeschütteten Ertrag (z. B. für den Zugewinnausgleich oder das Pflichtteilsrecht)[1] abzustellen.

Diese Aussagen lassen sich erhärten, wenn wir uns die Grundprinzipien der Bewertung ansehen.

II. „Wert" des Unternehmens[2]

1. „Als ob"-Wert

Bei den Barabfindungen ist der Wert des Unternehmens im Verhältnis der Gesellschafter zueinander zu ermitteln. Gesucht ist damit der Preis, der bei einer Veräußerung erlöst werden kann.[3] Da tatsächlich nicht veräußert wird müssen wir einen Blick werfen in eine nicht gegebene Realität ohne zu wissen, ob das Leben (der Markt) ihn annimmt. Wir setzen also einen „Als ob"-Wert an, der aber nicht fiktiv sein darf.[4] Wir müssen eine Marktsituation realistisch simulieren – was nur begrenzt möglich ist.[5] Jedenfalls müssen wir wissen, welche Faktoren den Wert im Verkehr bilden.

2. Zukunftserfolgswert/Barwert

Ein Unternehmen verfolgt finanzielle Ziele; es soll – nach der bei uns herrschenden Konvention – finanzielle Überschüsse für die Unternehmenseigner erwirtschaften (vgl. „shareholder value"). Daher leiten wir den Wert des Unternehmens grundsätzlich[6] allein ab aus seiner Fähigkeit Überschüsse für die Unternehmenseigner zu erzielen.[7]

---

1 Vgl. BGH, BB 1988, 429 für Erbersatzanspruch; WM 1991, 283 für Zugewinnausgleich.
2 *Kraus-Grünewald*, BB 1995, 1839.
3 BGH, JZ 1980, 105.
4 Zu diesem Unterschied *Kupisch*, FS Seiler, S. 431.
5 *Welf Müller*, Die Unternehmensbewertung, S. 716.
6 Zu Ausnahmen unten S. 175, 215.
7 Diese Annahme ist bestritten, vgl. *Ireland*, Company Law and the Myth of Shareholder Ownership, Modern Law Review 62 (1999) 32. Das Thema kann ich hier nicht weiter verfolgen.

Das richtet sich auf die Zukunft; deshalb ist der Unternehmenswert der jetzige Wert (Barwert) der Überschüsse, die den Eignern in Zukunft aus dem Eigentum am Unternehmen zufließen (zukünftige Nettoeinnahmen der Unternehmenseigner).[1] Gemeint ist der jetzige Wert der finanziellen Überschüsse, die sich bei Fortführung des Unternehmens (Fortführungswert) ergeben. Wir sprechen vom Zukunftsüberschusswert (Schlüsselbegriff).[2] Die Zukunft aber ist ungewiss; das ist *das* Problem der Unternehmensbewertung.

Gelegentlich mag es günstiger sein Einzelne in sich geschlossene nicht betriebsnotwendige Teile zu veräußern (neutrales Vermögen), wenn die Veräußerung den wirtschaftlichen Bestand des Unternehmens als Ganzen nicht beeinträchtigt.[3] Den zu erwartenden Erlös beziehen wir dann mit ein.[4]

Es kann auch sein, dass es finanziell mehr bringt (höherer Barwert) das Unternehmen gleich zu liquidieren. Dann kommt in Betracht der Liquidationswert.[5] Der Substanzwert (Nachbaukosten des Unternehmens) hat dagegen grundsätzlich keine selbstständige Bedeutung.[6]

Wir sahen schon, dass finanzielle Erwartungen nicht allein stehen. Auch nichtfinanzielle Aspekte können unter Umständen eine Rolle spielen.[7] Es kommt auf eine Gesamtschau an. Immer sind zu beachten die Liquidität des Marktes, die Seltenheit des Gutes, der Sammlerwert, die Markt- und Machtstellung, der Goodwill in den Medien, die Einschätzung durch Analysten.[8]

3. Verfahren

Den Zukunftsüberschusswert können wir auf zwei Weisen ermitteln: Nach dem Ertragswertverfahren oder nach dem Discounted Cashflow-Verfahren.[9]

---

1 IDW Standard S 1 Tz. 4, WPg 2000, 826.
2 IDW Standard S 1 Tz. 5, WPg 2000, 826.
3 OLG Düsseldorf, WM 1995, 757, 761.
4 IDW Standard S 1 Tz. 5, WPg 2000, 826; unten S. 168.
5 IDW Standard S 1 Tz. 5, WPg 2000, 826; unten S. 203.
6 IDW Standard S 1 Tz. 6, WPg 2000, 826.
7 Unten S. 175.
8 *Welf Müller*, Unternehmensbewertung, S. 716.
9 IDW Standard S 1 Tz. 7, WPg 2000, 826; *Mandl/Rabel*, FS Loitlsberger, S. 205.

B. Recht und Unternehmensbewertung

4. Objektivierter Wert[1]

a) Einführung

Früher ging man aus von einem objektiven Unternehmenswert, weil man an einen „normalen", einen „gemeinen" für jedermann maßgeblichen Unternehmenswert glaubte. Dem widersprechen Juristen sogleich. Sie lernen schon im ersten Semester, dass der „Wert" keine objektive Eigenschaft des Gegenstandes ist;[2] ein Irrtum über den Wert berechtigt daher nicht zur Anfechtung nach § 119 Abs. 2 BGB. Juristen erinnern sich ferner, dass dem § 249 BGB ein subjektbezogener Schadensbegriff zugrunde liegt. Denn der Wert hängt ab von den äußeren Umständen und von der Konvention (was wird als Wert empfunden?): In der Wüste kann ein Glas voll Wasser mehr wert sein als ein Glas voll Brillanten! Der Wert des Unternehmens ist – wie jeder Vermögenswert – abhängig von dem Nutzen, den das Unternehmen dem Eigentümer in *seiner* Lage stiftet; er ist als Nutzwert subjektbezogen.[3] Es kommt darauf an, was *dieser* Interessent mit dem Unternehmen machen kann und machen will.

Der Unternehmenswert kann daher für verschiedene Personen unterschiedlich hoch sein. So sinken z. B. für den alternden Unternehmer die Nutzungsmöglichkeiten; der jüngere Erwerber hat dagegen oft Vorstellungen, wie er das Unternehmen erfolgsteigernd in seine Pläne einbauen kann. Werden Anlagen für neue Zwecke umgewidmet, so sind einige Anlagen nützlicher als andere.

b) Objektive Bewertung

Die Wirtschaftswissenschaft vertritt daher die Lehre vom subjektiven Unternehmenswert;[4] er bestimme sich nach den Vorstellungen der Personen, die das Unternehmen erwerben möchten.[5] Das müssen wir aus rechtlicher Sicht qualifizieren. Denn der notwendige Ausgleich zwischen den Parteien gebietet nach objektiven Kriterien zu bewerten.[6] Wir müssen also die subjektiven Kriterien objektiv werten[7] – sie „bepreisen" – d. h.

---

1 *Kraus-Grünewald*, BB 1995, 1839.
2 RG, HRR 1932, 224; BGHZ 16, 57 f.
3 *Welf Müller*, JuS 1973, 603, 604.
4 *Welf Müller*, JuS 1973, 603, 604; *Matschke*, Der Entscheidungswert der Unternehmung, S. 23.
5 LG Dortmund, AG 1981, 236, 238.
6 BGH, JZ 1980, 105; BGHZ 68, 163, 166.
7 *Münstermann*, Wert und Bewertung der Unternehmen, S. 26.

aus der Sicht eines unabhängigen Dritten einschätzen. Auch das kennen Juristen von der Auslegung von Willenserklärungen: Wir legen dort aus nach objektiven Maßstäben, aber berücksichtigen die Sicht von Erklärendem und Erklärungsempfänger (normative Erklärungsbedeutung, objektivierter Erklärungsempfänger – parteienbezogene Auslegung).

c) Grenzwerte

Die Subjektbezogenheit des Unternehmenswertes bewirkt, dass wir für Veräußerer und Erwerber unterschiedliche Werte ermitteln können. Wir sprechen von Grenzwerten und meinen damit den Mindestverkaufspreis einerseits und den Höchstkaufpreis andererseits.[1] Wie viel muss ein vernünftiger Veräußerer mindestens erlösen, was ist seine Preisuntergrenze (Mindestverkaufspreis)? Welchen Preis wird ein vernünftiger Erwerber höchstens zahlen, was ist seine Preisobergrenze (Höchstkaufpreis)? Wir finden so zwei Grenzwerte, einen für den Veräußerer (seine Preisuntergrenze) und einen anderen für den Erwerber (seine Preisobergrenze). Es ist dann zu prüfen, wo sich Veräußerer und Erwerber einigen können oder müssen.

III. Entscheidungswert – Einigungswert

1. Unterschiedliche Aufgaben

Die Tragweite des „subjektiven Unternehmenswerts", der Einfluss im Einzelnen hängt ab von dem Bewertungsauftrag, von dem Zweck (Funktionenlehre der Unternehmensbewertung). Dabei müssen wir unterscheiden:[2]

1. Bewertungen, die eine Anlageentscheidung vorbereiten (z. B. Kauf eines Unternehmens oder eines Anteils daran),
2. Bewertungen, die zu einem für mehrere Beteiligte verbindlichen Wert führen (z. B. Abfindung eines Gesellschafters).

Im ersten Fall entscheidet eine Person *für sich allein*, im zweiten Fall ist ein Ausgleich zu finden zwischen *zwei oder mehreren Personen*. Die Bewertung wird damit im zweiten Fall intersubjektiv – wie wir es oben bei der Auslegung einer Willenserklärung sahen. Die Unterschiede wirken sich aus auf die Bewertung. Schauen wir uns das an.

---
[1] Vgl. *Matschke*, BFuP 1972, 146.
[2] Dazu *Welf Müller*, JuS 1973, 745; *Busse von Colbe*, Gesamtwert, S. 55.

Bei einer Anlageentscheidung (Fall 1) sprechen wir vom Entscheidungswert.[1] Er stand lange im Vordergrund der wirtschaftswissenschaftlichen Bewertungslehre (Investitionstheorie); der für sie typische Vorgang ist der Kauf oder Verkauf des Unternehmens.[2] Dabei ist in der Tat auf die subjektive Sicht abzustellen, auf den individuellen Entschluss.

Anders ist es, wenn ein Wert für mehrere Beteiligte festgestellt werden soll, etwa bei einem Schiedsgutachten, bei einer Vermittlung oder bei einer Gerichtsentscheidung[3] (Fall 2); es sind dann die Vorstellungen mehrerer auszugleichen. Wir sprechen vom Einigungswert (auch Vermittlungs-, Schieds- oder Arbitriumwert).[4] Ihm begegnen wir im Ausgangspunkt bei Abfindungen. Hier genügt die Sicht nur eines Beteiligten nicht; die Bewertung wäre dann eine „Selbstveranlagung". Deshalb gelten die Regeln für den Entscheidungswert beim Einigungswert nicht ohne Weiteres.

2. Traditionelle Ermittlung

Die wirtschaftswissenschaftliche Bewertungslehre geht beim Einigungswert aus von der Sicht Erwerber/Veräußerer und damit von der subjektiven Bewertungslehre. Sie beginnt mit den Grenzwerten für den Veräußerer und den Erwerber. Die Grenzwerte bestimmt sie aus der Sicht des jeweiligen Beteiligten; sie steckt damit den Raum für Veräußerer und Erwerber ab, innerhalb dessen der Einigungswert liegt.

Gelegentlich unterscheidet die Wirtschaftswissenschaft zwischen zwangsweisem Ausschluss und freiwilligem Austritt. Beim Ausschluss richte sich die Höhe der Abfindung nach dem Grenzwert des ausgeschlossenen Gesellschafters, beim Austritt sei maßgebend der Grenzwert der verbleibenden Gesellschafter.[5]

3. Parteienbezogener Wert

Diese Verfahren von unterschiedlichen Entscheidungswerten zum Einigungswert zu gelangen sind aber einzuschränken und zu ergänzen. Denn der Entscheidungswert ist ein subjektiver, der Einigungswert aber ein intersubjektiver, d. h. ein parteienbezogener, parteienabhängiger Wert.

---

1 Dazu: *Matschke*, Entscheidungswert.
2 *Lacher/Popper*, DB 1988, 1761.
3 Vgl. aber IDW Standard S 1 Tz. 12, WPg 2000, 827.
4 Dazu *Matschke*, Funktionale Unternehmensbewertung.
5 *Nonnenmacher*, Anteilsbewertung bei Personengesellschaften, 1981, S. 154.

Da der Einigungswert kein objektiver Wert ist,[1] muss er grundsätzlich zwischen den Grenzwerten der Parteien liegen um für sie „angemessen" zu sein. Er ist ein „vermittlungsorientierter" Wert, der unparteiisch, d. h. objektiv zu ermitteln ist.[2] Besondere Umstände bei einer Partei sind nicht von vornherein unbeachtlich. Die subjektive Unternehmensbewertung grenzt somit auch hier ab, doch nimmt sie Rücksicht auf die anderen Beteiligten. Es ist klar, dass bei dem Ausgleich zwischen Entscheidungswerten anzupassen,[3] unter Umständen zu typisieren ist. Das schränkt den individuellen Ansatz ein.

IV. Normwert[4]

Damit sind wir wieder am springenden Punkt: Der Einigungswert ist für ein bestimmtes Gesellschafterverhältnis zwischen bestimmten Personen zu ermitteln. Über dieses Verhältnis entfaltet sich die normative Ordnung. Sie beherrscht die Bewertung, regelt was in den Ausgleich einzubeziehen ist. Es zählt nicht, was das Unternehmen „objektiv", „allgemein" wert ist, sondern was es zwischen diesen Gesellschaftern aus grundsätzlich typisierender Sicht wert ist – besser: wert sein soll. Es geht um den rechtsgeprägten Einigungswert, um den *Normwert*.[5]

1. Individueller Ansatz

Es stellt sich sogleich die Frage, ob man die individuellen Grenzwerte nutzen kann um durch sie zu einem Wert für alle Beteiligten zu gelangen. Die Lage der Mitte zwischen diesen beiden Werten hängt ja davon ab, wie man die Grenzpflöcke steckt und ob sich der Standort zuverlässig ermitteln lässt. Skepsis ist geboten: Die Kenntnis aller subjektiven Fak-

---

[1] Ausführlich dazu *Busse von Colbe*, FS Lutter, S. 1053, 1055 unter Berufung auf die „Pilatus-Frage": „Was ist Wahrheit?" (Joh. 18, 28).
[2] *Künnemann*, S. 24.
[3] *Welf Müller*, JuS 1973, 603, 605; *Matschke*, Arbitrium- oder Schiedsspruchwert, S. 508.
[4] *Ammon*, Rechtliche Anforderungen an die Unternehmensbewertung, in: IDW (Hrsg.), Kapitalmarktorientierte Unternehmensüberwachung, 2001; *Muche*, Unternehmensbewertung unter Einbezug von Steuer- und Handelsrecht, 2000.
[5] OLG Köln, NZG 1999, 1222, 1224.

toren bei den Beteiligten ist nicht zu erwarten (Informationsproblem); denn die Beteiligten haben oft

„ein außerordentliches Interesse daran, ihre subjektiven Wertvorstellungen nicht zu offenbaren um zu einer für sie günstigen Preisfestsetzung zu kommen."[1]

Außerdem gibt es derart individuelle Erwägungen, dass sie nach dem Sinn des Gesellschaftsverhältnisses nicht beachtet werden können. Ein Gesellschafter mag sich etwa darauf berufen, dass der Anteil am Unternehmen wegen seiner vielen Kinder mehr wert sei als für den kinderlosen oder unverheirateten Partner. Er mag das sentimentale Erwerbsinteresse eines „Onkels in Amerika" anführen, der „ein Bein in der Heimat behalten will", oder vorbringen, dass der Name des Unternehmens ihn an eine verflossene Freundin erinnere. Das kann zwar den Entscheidungswert beeinflussen, nicht aber den Normwert. Innere Einstellungen scheiden dafür aus, weil sie unüberprüfbar, nicht objektivierbar sind.

Gleiches gilt für Unterschiede zwischen zwangsweisem und freiwilligem Ausscheiden. Denn die Grenzen zwischen Zwang und Freiheit lassen sich im Leben so leicht nicht ziehen (es gibt „freiwilligen Zwang"). Die Unterscheidung würde auch dahin führen, dass eine Partei der anderen mit der Kündigung zuvor zu kommen suchte oder die Kündigung durch die andere Partei herausforderte.

All das zeigt: Ohne eine parteienbezogene Anpassung geht es bei gesellschaftsrechtlichen Abfindungen nicht. Das zwingt zu einer stärker intersubjektiven Bewertung, d. h. zu einer Bewertung, die für die Gesellschafter – und nur für sie – grundsätzlich gleichmäßig gilt.

2. Gesetz, Vertrag, Satzung

Hier setzt zugleich das Gesellschaftsrecht an. Das leuchtet sofort ein, wenn das Gesetz die Bewertung regelt, wie z. B. § 738 Abs. 2 BGB (Ansatz beim Gesellschaftsvermögen), § 305 Abs. 3 Satz 2 AktG (Beachtung der „Verhältnisse der Gesellschaft); § 73 Abs. 2 Satz 1 GenG (grundsätzlich Buchwertabfindung). Gleiches gilt, wenn Gesellschaftsvertrag oder Satzung die Bewertung bestimmen, z. B. die Auswahl der zu berücksichtigenden Faktoren („Buchwert", „ohne Firmenwert", „Liquidationswert"). Soweit das zulässig ist (vgl. § 305 BGB, § 109 HGB, §§ 29, 72 GmbHG einerseits, § 23 Abs. 5 AktG, § 18 Satz 2 GenG andererseits), ist

---

[1] *Welf Müller*, JuS 1974, 147, 148.

die vertragliche Bestimmung zu beachten. Ebenso ist es, wenn Gesellschaftsvertrag oder Satzung (falls zulässig)[1] eine Bewertungsmethode vorschreiben und/oder regeln, für welchen Stichtag zu bewerten ist.

3. Ergänzende Auslegung

Schwierig wird es, wenn wir mit dem Text des Vertrages nicht weiterkommen. Dann ist ergänzend auszulegen. Es ist zu fragen, was die Parteien vereinbart hätten, wenn sie eine Abfindung bedacht hätten. Dabei halten wir uns nicht an das, was jeder unter Berücksichtigung seines eigenen Interesses für einen solchen Fall vermutlich gewollt hätte, sondern an das, was beide Parteien, und zwar bei redlicher Denkweise, als einen gerechten Interessenausgleich gewollt oder akzeptiert hätten.

Bei einer Satzung verfahren wir entsprechend, doch ist zu beachten, dass objektivierende und typisierende Faktoren hier stärker zu gewichten sind.

4. Objektivierter Wert/Typisierung

Die Überlegungen zum Einigungswert müssen wir noch verfeinern für die besondere Lage bei einer gerichtlichen Festsetzung der Abfindung. Dazu zwingen die Eigenart richterlicher Entscheidungsfindung und das Gesellschaftsverhältnis.

Hier wird die Abfindung den Parteien „aufgezwungen", was uns zu einer stärker objektivierten Sicht zwingt. Aus allgemeinen Grundsätzen folgt, dass wir nicht zu stark auf die individuellen Verhältnisse abstellen dürfen (vgl. § 119 Abs. 1 BGB: „bei verständiger Würdigung des Falles", § 119 Abs. 2 BGB: „die im Verkehr als wesentlich angesehen werden"; beachte ferner die grundsätzliche Unbeachtlichkeit des Motivirrtums). An die Stelle der individuellen Wertvorstellungen tritt eine typisierende Betrachtung, eine marktgerechte Typisierung (markttypischer Wert).[2]

Bei § 119 Abs. 2 BGB ist anerkannt, dass es für die Eigenschaft „verkehrswesentlich" auf den typischen wirtschaftlichen Zweck eines derartigen Rechtsgeschäfts ankommt. Ähnlich ist hier auszugehen von den Verhältnissen, die für die Gesellschafter typisch sind. Was „typisch" ist, wird

---

1 Unten S. 251.
2 *Hüttemann*, ZHR 162 (1998), 563, 593.

wiederum normativ festgelegt: Es kommt an auf die Sicht des Rechts; das verfassungskonforme Recht wählt die typbildenden Faktoren.

Die Typisierung kann bei Gesellschaftsformen unterschiedlich sein: Bei der Aktiengesellschaft als Massengesellschaft stehen wir stärker als bei der Personengesellschaft unter dem Druck eines „statistischen" Rechtsdenkens.[1] Auch die Beweglichkeit der Anteile ist anders. Das mag sich bei der Beachtung individueller Faktoren auswirken aber auch bei der Frage, ob der Anteil einen selbstständigen Marktwert (z. B. Börsenkurs) hat.[2]

5. Gutachter

Das verpflichtet den Gutachter als „Gehilfe" des Gerichts: Er muss nachvollziehbar einen objektivierten Wert ermitteln. Das ist der typisierte Zukunftsüberschusswert, der sich ergibt, wenn das Unternehmen mit unverändertem Konzept fortgeführt wird. Dabei sind realistische Annahmen über die Zukunft zu machen im Rahmen der Marktchancen und -risiken, der finanziellen Möglichkeiten und sonstiger Einflüsse.[3]

6. Gleichbehandlung

Besonders wichtig für die Höhe einer Abfindung sind die Leitgedanken des Gesellschaftsverhältnisses. Das sind vor allem die gesellschaftliche Treuepflicht, die Gleichbehandlung, die Schutzfunktion der Abfindung und eine evtl. Konzentrationsneutralität u. ä.[4]

Überragend ist der Gleichheitssatz als Grundprinzip jeder Gesellschaft. Er verbietet eine willkürliche, sachlich nicht gerechtfertigte, unterschiedliche Behandlung der Gesellschafter.[5] Der Grundsatz ist in § 53a AktG für die Aktiengesellschaft festgelegt. Die Vorschrift regelt das Verhältnis der Aktiengesellschaft und ihrer Organe zu den Aktionären,[6] sie ist aber auch bei Abfindungen nach § 305 AktG zu beachten:[7] Der § 305 AktG bestimmt ja den angemessenen Inhalt eines Beherrschungs- und

---

1 *Großfeld*, Zivilrecht als Gestaltungsaufgabe, S. 86.
2 Unten S. 180.
3 IDW Standard S 1 Tz. 12, WPg 2000, 827.
4 Dazu: *Großfeld*, Aktiengesellschaft, S. 50 ff.
5 BGH, GmbHR 1992, 257, 261.
6 OLG Düsseldorf, AG 1992, 200, 202; DB 1994, 1770.
7 A. A. OLG Düsseldorf, AG 1992, 200, 202.

Gewinnabführungsvertrages, den die Gesellschaft schließt – dabei muss sie die Gesellschafter gleich behandeln.

Der Gleichheitsgrundsatz gilt auch für den Anteilswert.[1] Anteile mit der gleichen rechtlichen Ausstattung haben daher im Verhältnis der Gesellschafter zueinander gleichen Wert (parteienbezogener Wert), grundsätzlich unabhängig von der Lage der Gesellschafter.[2] Der Unternehmenswert ist gleichmäßig aufzuteilen, er ist nicht vorab einem Gesellschafter zuzuweisen. Das folgt schon aus §§ 738 Abs. 1 Satz 2, 734 BGB. Etwas Anderes gilt, wenn unterschiedliche Voraussetzungen nach Gesetz („Angemessenheit", „Treu und Glauben"), Vertrag oder Satzung (Zulässigkeit jeweils eigens prüfen)[3] zu erfassen sind.

Zu beachten sind nur solche individuellen Wertfaktoren, die für die Gesellschafter erkennbar und überprüfbar sind. Die Zahl der Kinder, das Interesse, sie im Unternehmen zu versorgen können zwar den Entscheidungswert bestimmen, grundsätzlich aber nicht den Einigungswert. Steuern sind gegebenenfalls typisierend zu erfassen.[4]

7. Verfassungsrecht

All das wird überwölbt vom Verfassungsrecht, besonders von Art. 14 GG.[5]

V. Anteilswert

1. Methoden

Der Wert eines Anteils entspricht grundsätzlich dem quotalen Wertanteil des Eigners am Unternehmen.[6] Er lässt sich indirekt oder direkt ermitteln.[7] Traditionell im Vordergrund steht die indirekte Ermittlung. Bei ihr gewinnen wir den Wert des Anteils aus dem Gesamtwert des Unternehmens. Bei der direkten Ermittlung leiten wir den Wert des Anteils ab aus den Überschussströmen zwischen dem Unternehmen und

---

1 BGH, GmbHR 1992, 257, 261.
2 OLG Köln, NZG 1999, 1222.
3 Unten S. 251.
4 Unten S. 100.
5 BVerfG, JZ 1999, 942 m. Anm. *Luttermann*.
6 IDW Standard S 1 Tz. 13, WPg 2000, 827.
7 IDW Standard S 1 Tz. 13, WPg 2000, 827.

B. Recht und Unternehmensbewertung

dem Anteilseigner[1] und aus eigenständigen Marktpreisen, z. B. aus Börsenkursen.[2]

2. Indirekte Methode

a) Allgemeines

Die indirekte Methode setzt an bei den Faktoren, die alle Gesellschafter gemeinsam haben, regelmäßig bei den wertbildenden Faktoren im Unternehmen selbst. Die Beziehungen unter den Gesellschaftern werden vom Unternehmen her definiert; es ist das Bindeglied zwischen ihnen.[3] Das Gesellschaftsverhältnis prägt den Wert des Anteils.[4] Wir erhalten dadurch eine gemeinsame Plattform.

Daraus folgt: Der Anteilswert wird vom Wert des Unternehmens abgeleitet (quotaler objektivierter Unternehmenswert).[5] Bei Abfindungen beginnt die Bewertung des Anteils also grundsätzlich mit der Bewertung des Unternehmens im Ganzen[6] (zu einem anderen Ansatz bei börsennotierten Aktiengesellschaften unten S. 180).

§ 738 Abs. 2 BGB („Wert des Gesellschaftsvermögens") ordnet das ausdrücklich an. Es entspricht der herkömmlichen zivilrechtlichen Sicht von Personengesellschaften. Bei ihnen ergibt sich dies aus dem Charakter als *Gesamthandsgemeinschaften*. Es genügt dafür, auf deren Standarddefinition zu verweisen: Jeder ist berechtigt auf das Ganze, eingeschränkt nur durch die gleiche Mitberechtigung der anderen Gesamthänder. Die Rechte und Pflichten der Gesellschafter werden über die Drehscheibe des Gesamthandsvermögens als Sondervermögen abgewickelt.

Bei Kapitalgesellschaften verkörpert der Anteil ebenfalls eine Beteiligung am ganzen Unternehmen. Auch hier bestimmt das Ganze maßgeblich den Wert des Anteils. Über das Ganze wirken die wertbestimmenden Leitgedanken wie Treuepflicht und Gleichheitsgrundsatz. Deshalb verlangt § 305 Abs. 3 Satz 2 AktG bei der Bewertung der Aktien (Abs. 1), die „Verhältnisse der Gesellschaft" zu „berücksichtigen". Nach § 30 Abs. 1

---

1 IDW Standard S 1 Tz. 13, WPg 2000, 827.
2 Unten S. 180.
3 BGH, GmbHR 1992, 257, 261.
4 IDW Standard S 1 Tz. 13, WPg 2000, 827.
5 IDW Standard S 1 Tz. 13, WPg 2000, 827.
6 Zum Ganzen unten S. 227. Zu den Grundlagen *Großfeld*, ZGR 1982, 141. A.A. *Wagner/Nonnenmacher*, ZGR 1981, 674, 677; *Nonnenmacher*, Anteilsbewertung, S. 33, 151.

Satz 1 UmwG sind „die Verhältnisse des übertragenden Rechtsträgers" zu „berücksichtigen". Diese Formulierungen schwächen den Bezug aber schon ab, weil Aktien selbstständig gehandelt werden und damit eigenen Markteinflüssen ausgesetzt sind. Darauf ist – namentlich angesichts der gewachsenen Bedeutung des Börsenkurses – zurückzukommen.[1]

Der Bundesgerichtshof billigt die indirekte Methode bei Personen- und Kapitalgesellschaften:

„Der vermögenswerte Gehalt der Beteiligung liegt in der Mitberechtigung am Unternehmen und der anteiligen Nutzungsmöglichkeit des Unternehmenswertes. Der Umfang der Beteiligung am Unternehmen und der Unternehmenswert bilden daher im Regelfall die wesentlichen Grundlagen für die Bemessung des Wertes der Beteiligung. Damit ist die Ertragslage des Unternehmens nicht nur für den good will des Unternehmens selbst, sondern mittelbar auch für den Wert der Unternehmensbeteiligung von Bedeutung."[2]

Wie wir sahen, ist das bei börsennotierten Aktiengesellschaften durch die Rücksicht auf den Börsenkurs zu ergänzen (unten S. 180).

b) Aufteilung

Nach § 738 Abs. 1 Satz 2 BGB wird der Unternehmenswert bei einer BGB-Gesellschaft gemäß dem Gewinnverteilungsschlüssel (§ 734 BGB) aufgeteilt, bei Personenhandelsgesellschaften nach § 155 Abs. 1 HGB. Für § 155 Abs. 1 HGB ist anerkannt, dass ein evtl. Liquidationserlös zunächst gemäß der (u. U. unterschiedlichen) Gewinnverteilungsregel auf die Kapitalanteile zu übertragen ist; erst dann ist gemäß den so veränderten Kapitalanteilen aufzuteilen.[3] Für BGB-Gesellschaften kann das ebenfalls gewollt sein. Bei der Gesellschaft mit beschränkter Haftung ist grundsätzlich der Geschäftsanteil entscheidend (§ 72 GmbHG), bei § 305 Abs. 3 Satz 2 AktG wird der Unternehmenswert entsprechend den Aktiennennbeträgen aufgeteilt (vgl. §§ 60 Abs. 1, 271 Abs. 2 AktG).

---

1 Unten S. 180.
2 BGH, JZ 1980, 105; BGH, NJW 1992, 892; 1993, 2101; OLG Köln, NZG 1999, 1222, 1224.
3 BGHZ 17, 130, 132, 136 f.; vgl. BGH, WM 1979, 432, 433; BStBl. II 1982, 2.

B. Recht und Unternehmensbewertung

c) Subjektive Elemente

In die Bewertung des Anteils sind u. U. einzubeziehen der mit den Anteilen verbundene besondere Einfluss auf die Unternehmenspolitik und Verbundeffekte (Synergieeffekte).[1]

3. Direkte Methode

a) Allgemeines

Neben der indirekten Methode kommt die direkte Methode bei Personengesellschaften kaum zum Zuge. Bei der direkten Methode wird der Anteil direkt, isoliert bewertet durch den Vergleich mit dem Preis anderer Anteile. Die Methode ist unsicher, weil Vergleichsobjekte oft fehlen und sich bei Anteilen an Personengesellschaften und an Gesellschaften mit beschränkter Haftung keine Marktpreise bilden. Die direkte Methode kann und muss indes ergänzend herangezogen werden (arg. §§ 738 Abs. 2, 287 Abs. 2 ZPO), wenn Preise für ähnliche Anteile bekannt sind.[2] Das Problem liegt aber in der „Ähnlichkeit".

Das gilt erst recht bei Aktien.[3] Aktien sind *bestimmungsgemäß* Gegenstand organisierter Märkte (Börsen), was für sie eigenständige Preise schafft. Kraft ihrer typischen Verkehrsfähigkeit sind sie ein gegenüber dem Unternehmen selbstständiger Vermögenswert. Ihre Börsenbewertung deckt sich nicht ohne weiteres – jedenfalls nicht kurz- oder mittelfristig – mit dem Wert des Unternehmens; sie unterliegen einer eigenen Marktdynamik. Es sind also zeitnahe Preise für Aktien zu beachten, namentlich – aber grundsätzlich nicht nur[4] – Börsenkurse. Das zwingt die Juristen ihre „Marktscheu" und ihre Liebe zu geometrisch-mathematischen Konstruktionen („mos mathematicorum", „mos geometricus")[5] aufzugeben und den Markt ernst zu nehmen.

Das verlangt auch § 305 Abs. 3 Satz 2 AktG, der sich ja zuerst auf die Aktien bezieht (Abs. 1) und nur fordert, „die Verhältnisse der Gesellschaft" zu „berücksichtigen". Deshalb ist im Rahmen des § 287 Abs. 2 ZPO die Börsenbewertung heranzuziehen, gegebenenfalls als Mindestwert.[6]

---

1 Unten S. 63.
2 Unten S. 177.
3 BVerfG, JZ 1999, 942 m. Anm. *Luttermann*; BGH, DB 2001, 969, 971 m. Anm. *Meilicke/Heidel*.
4 Einzelheiten unten S. 180.
5 *Großfeld*, Zeichen und Zahlen im Recht, S. 70.
6 BVerfG, JZ 1999, 942 m. Anm. *Luttermann*; BGH, DB 2001, 969, 971 m. Anm. *Meilicke/Heidel*. Einzelheiten unten S. 180.

Ähnliches gilt, wenn sich für andere Anteile ein eigenständiger Preis ermitteln lässt, so u. U. bei GmbH-Anteilen und selbst bei Anteilen an Personengesellschaften, die in Richtung eines wirtschaftlich selbstständigen Rechtsträgers mit frei übertragbaren Anteilen tendieren (§ 3 Abs. 1 UmwG), z. B. bei einer PublikumsKG.[1]

b) Vermischung

Der Börsenkurs steht nicht isoliert; es kommt im Allgemeinen zwar vorrangig, aber nicht allein auf ihn an.[2] Denn nach § 305 Abs. 3 Satz 2 AktG, § 30 Abs. 1 Satz 1 UmwG sind ja die „Verhältnisse" der Gesellschaft ebenfalls zu beachten; direkte und indirekte Methode verschmelzen miteinander. Das gilt auch für marktorientierte Anteile an anderen Unternehmensformen.

---

1 Dazu *Großfeld*, Zivilrecht als Gestaltungsaufgabe, S. 2.
2 Einzelheiten unten S. 180.

C. Substanz, Ertrag, Cashflow

I. Einstieg

Bevor wir in die Technik der Bewertung einsteigen, müssen wir erörtern, welche Faktoren einem Unternehmen Wert verleihen. Dafür kommen infrage die Substanz, der Ertrag und der Einnahmeüberschuss (Cashflow).

II. Substanz

1. Allgemeine Regel

Der Laie ist geneigt, anzusetzen bei den selbstständig bewertungsfähigen Gegenständen im Unternehmen, also bei der Substanz. So macht es das Steuerrecht: § 98 a Satz 1 BewG stellt für den Wert des Betriebsvermögens ab auf die „Summe der Werte, die für die zu dem Gewerbebetrieb gehörenden Wirtschaftsgüter und sonstigen aktiven Ansätze ermittelt sind". Wir sprechen vom „Substanzwert". Er gilt als „Rekonstruktionswert", weil er die Aufwendungen erfasse, die nötig wären um ein gleiches Unternehmen zu errichten.

Das kann aber grundsätzlich nicht der Unternehmenswert sein. Der Substanzwert umschließt nicht die Werterhöhung durch das Zusammenspiel der Gegenstände, die Qualität des Managements und den Geschäfts-(Firmen-)Wert („Goodwill"). Der Geschäftswert äußert sich ja darin, dass der Markt das Unternehmen höher eingeschätzt, als den addierten Wert aller Gegenstände darin.[1]

Ältere Bewertungslehren hielten den Substanzwert dennoch für wichtig. Er sei relativ leicht zu ermitteln und ein objektivierter Unternehmenswert. Diese Annahme trügt jedoch: Oft fehlt für gebrauchte Anlagen ein Markt, Schätzungen sind unsicher (Was ist z. B. der Substanzwert einer Brauerei? Was kosten gebrauchte Braupfannen?).

Heute ist man sich deshalb einig, dass der Ansatz beim Substanzwert im Allgemeinen methodisch falsch ist.[2] Er ist nicht das Maß für die notwendigen Ausgaben um ein gleiches Unternehmen aufzubauen. Dafür genügt nicht die Investition in Sachanlagen. Es muss vielmehr investiert

---
1 BGHZ 70, 224; LM BGB § 260 Nr. 1; BGH, FamRZ 1977, 38.
2 OLG Düsseldorf, AG 1999, 321, 324.

werden in das Know-how, in das Betriebsklima, in die Führungsmannschaft, in den „Goodwill" – das ist für das Überleben des Unternehmens oft entscheidend. Der Substanzwert beachtet all das nicht; er erfüllt schon deshalb nicht die ihm zugedachten Aufgaben.

Hinzu tritt, dass der Wert der Substanz nicht maßgeblich ist, wenn die Gesellschafter – wie im Normalfall (vgl. § 252 Abs. 1 Nr. 2 HGB)[1] – das Unternehmen fortführen wollen („going concern"). Sie denken dann an den zukünftigen Nutzen, nicht an das, was gerade an Substanz da ist. Das Unternehmen kann unrentabel arbeiten; eine gleich leistungsfähige Anlage mag jetzt weniger „Substanz" erfordern (man denke an einen besseren und zugleich billigeren Rechner). Der Substanzwert interessiert dann niemanden. Die hypothetischen Rekonstruktionskosten beeinflussen nicht den Ertrag, der Ausscheidende kann sie normalerweise auch nicht anders realisieren.[2] Der Substanzwert bedeutet nach alledem für den Unternehmenswert grundsätzlich nichts.[3]

Das Institut der Wirtschaftsprüfer meint lapidar: „Dagegen kommt dem Substanzwert bei der Ermittlung des Unternehmenswerts keine eigenständige Bedeutung zu."[4] Ihm fehle „grundsätzlich der direkte Bezug zu künftigen finanziellen Überschüssen."[5] Gelegentliche „Nachhutgefechte" für den Substanzwert[6] sind inzwischen fast verebbt;[7] auch als „Hilfswert" empfiehlt man ihn nur ausnahmsweise.[8]

Um Missverständnissen vorzubeugen ist aber hinzuzufügen: Man muss die jetzige und – darauf aufbauend – die zukünftige Substanz des Unternehmens kennen. Denn daraus sieht man, was sich aus dem Vorhandenen „machen lässt", was für die Zukunft zu erwarten, was abzuschreiben und was neu zu investieren ist.[9] Die Zusammenfassung zu einem selbstständigen Substanzwert bringt jedoch im Allgemeinen nichts.[10]

---

1 Vgl. BGH, JZ 1977, 403.
2 OLG Düsseldorf, AG 1999, 321, 324.
3 Oben S. 2.
4 IDW Standard S 1 Tz. 6, WPg 2000, 826; S 1 Tz. 172, WPg 2000, 841.
5 IDW Standard S 1 Tz. 172, WPg 2000, 841.
6 Nachweise in der Vorauflage, S. 24.
7 Siehe aber *Hennrichs*, ZGR 1999, 837.
8 Unten S. 220.
9 Insoweit richtig *Csik*, DB 1985, 1901.
10 *Moxter*, Grundsätze, S. 53; BayOBLG, BB 1996, 687; LG Dortmund, AG 1998, 142; vgl. aber unten S. 220.

2. Ausnahme

Der Bundesgerichtshof sieht das allerdings gelegentlich anders, weil er sich nicht auf eine Methode festgelegt hat.[1] So hat er im Hinblick auf ein landwirtschaftliches „Sachwertdenken" das Substanzwertverfahren zugelassen.[2] Daneben gibt es einige andere Fälle, in denen wir ausnahmsweise auf den Substanzwert zurückgreifen, z. B. in Grenzen bei gemeinnützigen Unternehmen.[3]

III. Zukunftsüberschusswert

Entscheidend ist der aus dem Unternehmen für die Eigner zu erwartende zukünftige finanzielle Nutzen, der Überschuss (Nutzwert).[4] Darunter verstehen wir den Barwert der künftigen Nettoüberschüsse für die Unternehmenseigner (Nettoeinnahmen der Unternehmenseigner).

Der Ausscheidende will mindestens ein Entgelt erhalten, das ihm bei Neuanlage einen ebensolchen finanziellen Nutzen bringt, wie er ihn aus dem Unternehmen erzielte (Preis einer alternativen Investition); der Übernehmer will nur zahlen, was er bei einer anderen Investition einschießen müsste um den gleichen Erfolg wie aus dem Unternehmen zu erhalten (ebenfalls Preis einer alternativen Investition).

Wir sehen: Der künftige finanzielle Nutzen bestimmt in erster Linie den Wert eines Unternehmens.[5] Ein Unternehmen, das jetzt und in Zukunft keinen Erfolg bringt, hat grundsätzlich keinen wirtschaftlich messbaren Wert. Zukunftschancen und Zukunftsrisiken sind entscheidend. Je höher der erwartete finanzielle Überschuss, desto höher der Wert. Die Bewertung ist also ganz auf die Zukunft gerichtet. Der Unternehmenswert ist ein *Zukunftsüberschusswert*.

Das Denken in zukünftigen finanziellen Überschüssen stößt an Grenzen, wenn eine Zukunftsanalyse nicht sinnvoll ist. Das kann so sein, wenn die Gesellschaft am Stichtag keine Geschäfte mehr tätigt, sondern

---

1 BGH, ZIP 1998, 1161.
2 BGH, ZIP 1998, 1161, 1166.
3 Unten S. 215.
4 So schon Preuß. ALR Teil 1, Tit. 1 §§ 111 Abs. 1 Satz 2, 112 Abs. 1 Satz 2; *Levitikus* 25, 16: „Je höher die Zahl der Jahre [bis zum Jubeljahr], desto höher berechne den Kaufpreis; je geringer die Zahl der Jahre, desto weniger verlange von ihm; denn es ist die Zahl von Ernteerträgen, die er dir verkauft."
5 BGH, JZ 1980, 105, 106; BGH, BB 1986, 2168, 2169.

sich nur noch bemüht eine Beteiligung zu erwerben.[1] Aber selbst dann nützt der Substanzwert im Allgemeinen nicht,[2] weil er nichts darüber sagt, was ein Kaufinteressent bieten würde. Die Unsicherheiten sind dann nach der Gewichtungsmethode zu erfassen;[3] unter Umständen bleibt nur die Analyse der Vergangenheit.[4]

IV. Ertragswert

1. Erträge

Angesichts des bisherigen Standes der deutschen Rechnungslegung bevorzugte man den im Bilanzrecht üblichen Erfolgsindikator, nämlich den Überschuss der Erträge über die Aufwendungen, den Ertragsüberschuss.[5] Das erlaubt es beim Zahlenwerk der traditionellen Rechnungslegung anzuknüpfen.

Der zukünftige Überschuss ist an sich die Differenz zwischen den zukünftigen Einnahmen und Ausgaben, der Einnahmeüberschuss, den wir auf den Stichtag der Bewertung abzinsen (kapitalisieren). Dennoch bevorzugt man die Ertragsrechnung, weil Einnahmen und Ausgaben oft nicht zeitgenau erfasst sind und wir bisher den Einnahmenüberschuss nicht präzise ermitteln. Damit gehen die Unwägbarkeiten von Abschreibungen und von Rückstellungen[6] in die Rechnung ein; sie sind nur schwer zu stabilisieren.

Die Ungenauigkeit nehmen wir in Kauf, soweit es um geringe zeitliche Verschiebungen geht. Fallen Einnahmen und Ertrag oder Ausgaben und Aufwand jedoch zeitlich weit auseinander, so entstehen positive oder negative Zinswirkungen. Sie sind in einer Finanzbedarfsrechnung zu ermitteln und dann in der Ertragsrechnung zu erfassen. Der Unterschied zur Einnahmeüberschussrechnung ist danach theoretisch gering. Praktisch gibt es jedoch wegen der Unsicherheiten bei Abschreibungen und Rückstellungen leicht andere Ergebnisse.

---

1 Vgl. OLG Düsseldorf, WM 1988, 1052, das dann den Substanzwert ansetzen will.
2 A. A. OLG Düsseldorf, WM 1988, 1052.
3 Unten S. 96.
4 LG Frankfurt, AG 1985, 310.
5 BayObLG, NZG 2001, 1033, 1034.
6 *Großfeld*, Bilanzrecht, Rz. 249 S. 95; Rz. 365 S. 136.

C. Substanz, Ertrag, Cashflow

2. Vereinfachung

Vereinfachend sprechen wir von Ertrag und Ertragswert. Der Ertragswert umfasst den Geschäfts-(Firmen-)Wert; er ist grundsätzlich der Wert „ertragsstarker" und „ertragsschwacher" Unternehmen.[1] Entscheidend ist die zukünftige Ertragskraft. Den Ertragwert ermitteln wir durch ein prognoseorientiertes Ertragswertverfahren.

V. Einnahmeüberschusswert (Cashflow)[2]

1. Grundlagen

Wie oben angedeutet ist der zukünftige Erfolg genau genommen die Differenz zwischen zukünftigen Einnahmen und zukünftigen Ausgaben, der „Einnahmeüberschuss" (Einnahmeüberschussrechnung), neudeutsch: „Cashflow". Er zeigt die Fähigkeit des Unternehmens Geldmittel zu erarbeiten um Eigen- und Fremdkapital zu bedienen und in die Zukunft zu investieren.

Der Maßstab stellt ab auf effektive Geldzu- und Abflüsse, also auf objektiv feststellbare Vorgänge. Die Methode schaltet so die subjektiven Erwägungen bei Abschreibungen, Zuschreibungen und Rückstellungen aus, weist die Leistungen für Forschung und Entwicklung klarer aus und verdeutlicht das Ausmaß der Investitionen.[3] Sie zeigt, welche Mittel das Unternehmen hat um seine künftigen Ausgaben jederzeit zu decken und damit seinen Fortbestand zu sichern. Die künftigen Geldüberschüsse sind dann auf den Barwert abzuzinsen.

Die Einnahmeüberschussrechnung war schon bisher rechtlich zulässig;[4] es fehlten dafür aber im Allgemeinen Vergangenheitsergebnisse und Planungssysteme:[5] Außerdem wusste man nicht recht, nach welchem Vergleichsmaßstab man künftige Cashflows bewerten sollte. Deshalb hieß es „die theoretisch richtige Einnahmeüberschussrechnung ist im Normalfall nicht durchführbar".[6]

---

1 Einzelheiten unten S. 209 f.
2 *Großfeld/Egert*, FS Ludewig, S. 365.
3 *Handschin/Kind*, Schweizerischer Juristenverein, Referate und Mitteilungen 2000, Heft 1 S. 94, 128.
4 BGH, WM 1979, 432.
5 *Welf Müller*, JuS 1974, 424.
6 IDW Stellungnahme HFA 2/1983, Grundsätze, WPg 1983, 470.

Das hat sich inzwischen geändert. Auslöser war ein wachsendes Misstrauen gegenüber unüberschaubaren Bewertungsspielräumen („cosmetics") im Bilanzrecht.[1] Hinzu trat der Einfluss des Shareholder-Value-Ansatzes.[2] Dahinter steht eine veränderte Sicht auf das Unternehmen, das gesehen wird als eine Veranstaltung *nur* der Gesellschafter, die genau wissen möchten welche Zahlungen sie aus dem Unternehmen erwarten können.[3]

2. Kapitalflussrechnung

Inzwischen verlangt § 297 Abs. 1 Satz 2 HGB, dass börsennotierte Mutterunternehmen den Konzernanhang um eine Kapitalflussrechnung (= Cashflow-Rechnung) erweitern. Die Tendenz dazu wird sich verstärken, wenn die über den Konzernabschluss hereindriftenden (vgl. § 292 a HGB) internationalen Grundsätze der Rechnungslegung[4] in den Jahreabschluss vordringen (vgl. § 264 Abs. 3 HGB). Sowohl die International Accounting Standards (Standard Nr. 7) wie die amerikanischen Generally Accepted Accounting Principles verlangen Kapitalflussrechnungen schon für den Jahresabschluss. Das Deutsche Rechnungslegungs Standards Committee hat für Kapitalflussrechnungen Standards vorgelegt, die das Bundesjustizministerium bekannt gemacht hat[5] – mit der Folge des § 342 Abs. 2 HGB (= Vermutung der Ordnungsgemäßheit).[6] Sie prägen seit längerem die internationalen Standards der Rechnungslegung und werden daher in Zukunft das Rennen machen.[7]

Diese Kapitalflussrechnungen leiten wir zumeist ab aus der Bilanz und aus der Gewinn- und Verlustrechnung (indirekte Methode). Sie stellen die Geldzu- und Geldabflüsse eines Unternehmens in geordneter Form dar.[8] Sie deuten damit auf die Fähigkeit eines Unternehmens künftig Einnahmeüberschüsse zu erzielen, Zahlungsverpflichtungen zu erfüllen und Gewinne auszuschütten.

---

1 *Copeland/Koller/Murrin*, Valuation, S. 78.
2 *Groh*, DB 2000, 2153.
3 Kritisch dazu *Ireland*, Company Law and the Myth of Shareholder Ownership, Modern Law Review 62 (1999), S. 32.
4 *Großfeld*, Global Accounting, American J. Comparative Law 48 (2000), S. 261.
5 BAnz. 2000, 10189 = www.drsc.de/ger/news/06-01-2000.html.
6 Zur Rechtsnatur *Ebke*, ZIP 1999, 1193, 1201.
7 Überblick bei *Behringer*, Cashflow und Unternehmensbeurteilung, 2001, S. 60.
8 Beispiel in Münchener Kommentar, HGB, Bd. 4, 2001, § 297 HGB Anhang I S. 812.

C. Substanz, Ertrag, Cashflow

3. Internationale Tendenzen

Die Praxis stellt sich auch deshalb zunehmend ein auf Kapitalflussrechnungen für die Unternehmensbewertung, weil sie Anschluss gewinnen will an international gängige Verfahren.[1] Der internationale Charme der Cashflows liegt darin, dass sie auf objektiven Vermögensbewegungen beruhen, die nicht durch kulturell unterschiedliche Wertungen beeinflusst sind („cash is king").[2] Zugleich verstärkt sich damit eine veränderte Sicht auf das Unternehmen: Bilanzrecht ist eben auf globalen Kapitalmärkten das entscheidende Unternehmensrecht. Diesen globalen Trends können wir uns nicht entziehen, damit unsere (leider oft nicht mehr jungen) Juristen im Unternehmensrecht international wettbewerbsfähig bleiben.

VI. Lehre, Praxis, Rechtsprechung

1. Wirtschaftswissenschaft

Die Wirtschaftswissenschaft sieht heute im zukünftigen Ertrag und mehr und mehr im Cashflow den wesentlichen Faktor des Unternehmenswertes. Das Institut der Wirtschaftsprüfer hatte sich 1983 dem Ertragswertverfahren angeschlossen,[3] jetzt hat das Institut auch das Cashflow-Verfahren akzeptiert.[4] Nur diese beiden Verfahren entsprechen dem Zukunftsaspekt allen unternehmerischen Handelns.

2. Praktikermethoden

In der Praxis begegnet man gelegentlich Kombinationsverfahren, die den Substanzwert in unterschiedlichem Umfang heranziehen. Beliebt war die **Mittelwertmethode**:

$$\frac{\text{Substanzwert} + \text{Ertragswert}}{2}$$

---

[1] Wegweisend *Rappaport*, Shareholdervalue. Näheres zur internationalen Geltung bei *Martin Schäfer*, Entschädigungsstandards und Unternehmensbewertung bei Enteignungen im allgemeinen Völkerrecht, 1997; *Stanley Siegel*, Die Praxis der Unternehmensbewertung in den USA, in Institut der Wirtschaftsprüfer (Hrsg.), Bilanzierung und Besteuerung von Unternehmen, 2001, S. 319.
[2] *Copeland/Koller/Murrin*, Valuation, S. 73.
[3] IDW Stellungnahme HFA 2/1983, Grundsätze, WPg 1983, 469.
[4] IDW Standard S 1 Tz. 7, WPg 2000, 826.

Sie betont den Substanzwert stark, ist einfach aber ungenau und entspricht nicht dem heutigen Standard. Einige halten allenfalls für vertretbar einmal den Substanzwert und zweimal den Ertragswert zu berücksichtigen:

$$\frac{1 \times \text{Substanzwert} + 2 \times \text{Ertragswert}}{3}$$

Bei der **Übergewinnmethode** wird der Geschäfts-(Firmen)Wert direkt ermittelt und sodann dem Substanzwert hinzugefügt.[1] Die Übergewinnmethode vertreten (außerhalb des Stuttgarter Verfahrens)[2] nur noch wenige.

Alle diese Kombinationsverfahren sind überholt:

„Die Einbeziehung von Substanz- und Ertragswert in eine Formel zu Ermittlung des Unternehmenswertes verbindet Werte verschiedener Natur. Eine theoretisch schlüssige Begründung dieser Verfahren ist deshalb grundsätzlich nicht möglich."[3]

„Es gibt keinen vertretbaren Nachweis, dass diese schematischen Methoden der Praxis das Problem der Unsicherheit besser lösen als die theoretisch richtige Bewertungsmethode beziehungsweise die Ertragswertmethode."[4]

Ähnlich vertritt es seit langem das Institut der Wirtschaftsprüfer:

„Diese These das Prognoseproblem durch eine Kombination des angeblich sicheren Substanzwertes mit dem Ertragswert zuverlässig lösen zu können ist nicht haltbar."[5]

3. Gesetz

Nach § 305 Abs. 3 Satz 2 AktG muss die angemessene Barabfindung „die Verhältnisse der Gesellschaft berücksichtigen". Nach § 30 Abs. 1 Satz 1 UmwG muss sie die „Verhältnisse des übertragenden Rechtsträgers berücksichtigen." Normalerweise verleihen aber die künftigen Überschüsse einem lebenden Unternehmen den Wert: Unternehmenserwerb ist Zukunftserwerb! Die Substanz wird dabei nicht übersehen; sie findet ihren Ausdruck im Überschusswert. Sie kommt ferner ins Spiel über eine Analyse der Substanz,[6] über das neutrale Vermögen[7] und oft über

---

1 Einzelheiten bei: *Moxter*, Grundsätze, S. 56; vgl. BFHE 131, 290; BGH, WM 1991, 283, 284.
2 Oben S. 52.
3 U.E.C.-Empfehlung, Abschnitt 4 e.
4 U.E.C.-Empfehlung, Abschnitt 5 d.
5 IDW Stellungnahme HFA 2/1983, Grundsätze, WPg 1983, 470.
6 Oben S. 37.
7 Unten S. 168.

den Liquidationswert als Wertuntergrenze.[1] Die Vermögenslage ist in die Erwägungen zur Feststellung des angemessenen Wertes einzubeziehen.[2] Der Gesetzeswortlaut gewährt Spielraum für neuere Einsichten zur Wertermittlung,[3] so auch für die Cashflow-Methode.[4]

§ 738 Abs. 2 BGB spricht nur vom „Wert des Gesellschaftsvermögens". Die Vorschrift stammt indes aus einer Zeit, in der man die heutigen Erkenntnisse über die Unternehmensbewertung noch nicht besaß. Der Sache nach geht es ebenfalls um die angemessene Abfindung.[5] Das deutet auf einen ähnlichen Spielraum für neuere Erkenntnisse wie in § 305 Abs. 3 Satz 2 AktG, § 30 Abs. 1 Satz 1 UmwG, zumal das Vermögen eben über den Ertrag bewertet wird. Damit ist die früher beliebte „Abschichtungsbilanz"[6] als feste Basis der Bewertung hinfällig. Bei ihr fehlt es an der rechten Vorstellung von einer Gesamtbewertung des Unternehmens einschließlich des Goodwill (der ja in der Bilanz nicht erscheint). Sie behält Bedeutung für die Übersicht über Vermögensgegenstände und Schulden.

4. Rechtsprechung

Die Rechtsprechung lehnt es ab, nur *eine* Methode als zulässig einzustufen.[7] Sie folgt heute indes bei Abfindungen der Ertragswertmethode,[8] lässt aber Abweichungen zu. Der Tatrichter ist also nicht an eine Methode gebunden.[9] Die geschätzten zukünftigen Überschüsse sind zu kapitalisieren mit einem Zinsfuß, der sich an der Rendite des öffentli-

---

1 Unten S. 203.
2 LG Dortmund, AG 1981, 236, 238.
3 *Biedenkopf/Koppensteiner*, in: Zöller (Hrsg.), Kölner Kommentar zum AktG, § 305 AktG Rz. 17.
4 *Großfeld/Egert*, FS Ludewig, S. 365; unten S. 47.
5 BGH, NJW 1979, 104.
6 Dazu BGH, WM 1999, 1213.
7 BGH, ZIP 1998, 1161, 1165 (für die Bewertung einer LPG); BGH, DB 1978, 974, 976; BayObLG, NZG 1998, 946, 947; OLG Zweibrücken, AG 1995, 421; LG Dortmund, AG 1998, 142.
8 BVerfG, JZ 1999, 942, 944 m. Anm. *Luttermann*; BGH, DB 2001, 969 m. Anm. *Meilicke/Heidel*; BGHZ 116, 359, 370 f.; BGH, WM 1993, 1412, 1413; BGH, NJW 1985, 192, 193; 1982, 2441; BayObLG NZG 2001, 1033, 1034; 1998, 946, 947; OLG Celle, NZG 1998, 987; OLG Düsseldorf, AG 1992, 200, 203; ZIP 1988, 1555; LG Berlin, NZG 2000, 284, 285. Siehe aber zu § 1376 Abs. 2 BGB: BGH, BB 1991, 312, zum Erbersatzanspruch: BGH, BB 1988, 429, 431. Zum Ganzen *Seetzen*, Spruchverfahren, S. 570.
9 BGH, WM 1991, 283, 284; 1993, 1412, 1413.

chen Kapitalmarktes orientiert. Hinzu tritt der Wert des neutralen (nicht betriebsnotwendigen) Vermögens zu Einzelveräußerungspreisen.[1] Zum Cashflow-Verfahren hat sich die Rechtsprechung bisher nicht geäußert.

5. Literatur

Die juristische Literatur folgte bisher überwiegend der Ertragswertmethode,[2] wendet sich jetzt aber auch dem Cashflow-Verfahren zu.[3] *Zehner* meinte zwar, dass der Zukunftsanalyse eine ausreichende Tatsachenbasis fehle, sodass die Schätzung nach § 287 ZPO „in der Luft hänge".[4] *Hennrichs* spricht neuerdings von „Prophetie", die den Menschen nicht eigen sei.[5] Die Einwände finden indes keinen Anklang. Gewiss ist die Zukunft „dunkel". Aber menschliches Handeln zielt nun einmal auf Morgen. Hoffnungen sind *die* Wertbasis, wie die Börse immer wieder zeigt. Prinzip Hoffnung! Wirtschaftlich maßgeblich ist nicht die Substanz einer Sache sondern das, was sich damit machen lässt. Die Zukunft selbst ist der Wert.[6]

Doch bleibt die Warnung beider Autoren berechtigt. Zukunftsprognose wird leicht „Kaffeesatz Lesen". Spekulationen und Wunschdenken bei der Schätzung des zukünftigen Überschusses sind *die* Gefahren. Nüchterne Gegenwartsbezogenheit und das Wissen darum, dass die Zukunft unserem Blick weithin entzogen ist, bilden Schranken. Ihrer muss sich die Jurisprudenz als „Lebensklugheit" und angesichts der Grenzen des gerichtlichen Verfahrens bewusst sein. Es bedarf geistiger Disziplin und disziplinierter Fantasie, damit „Schätzung" nicht „Spekulation" wird und den Boden der § 738 Abs. 2, § 287 Abs. 2 ZPO verlässt.

Das wird indes leicht verkannt: „Die Zahlenwelt der finanzmathematischen Rentenrechnung gaukelt eine Sicherheit vor, die tatsächlich nicht vorhanden ist".[7] Unsere Verfahren bedürfen des Kompromisses angesichts mancher Unwägbarkeiten. Sie haben allerdings den Vorzug, dass sie die entscheidenden Faktoren beim Namen nennen und so eine geordnete, wirklichkeitsorientierte Diskussion ermöglichen und steuern. Die Analyse des Gestern und Heute ist dafür stets die Basis.

---

1 Unten S. 168.
2 Nachweise bei *Hüttemann*, ZHR 162 (1998), 563.
3 Repräsentativ *Peemöller* (Hrsg.), Praxishandbuch, S. 263 ff.
4 *Zehner*, DB 1981, 2109.
5 *Hennrichs*, ZGR 1999, 838, 850 Fn. 58.
6 Vgl. *Aha*, AG 1997, 26, 27.
7 *Hennrichs*, ZGR 1999, 851.

6. Sonderfälle

Zweifel an Methoden, die abstellen auf künftige Erträge oder Einnahmeüberschüsse, finden sich noch für die Bewertung kleiner oder junger Unternehmen. Darauf komme ich zurück.[1] Einige Autoren wollen die relativ aufwändige Analyse der Zukunft auf große Unternehmen beschränken und im Übrigen mit vereinfachten Verfahren stärker bei den Werten der Vergangenheit ansetzen.[2] Aber bei „upstarts" ist gerade das keine Lösung.[3] Bei Sacheinlagen wollen einige doch den Substanzwert ansetzen und davon den Geschäftswert trennen.[4] Das ist aber nicht nur „mit manchen Unsicherheiten behaftet", es passt auch lebensmäßig nicht zusammen. Daran scheiterten die sog. „Praktikerverfahren".[5]

VII. Bewertungsverfahren

1. Überblick

Wir sahen, dass sich der Zukunftswert maßgeblich aus Erträgen oder Einnahmeüberschüssen (Cashflows) herleitet. Der Unternehmenswert lässt sich daher ermitteln nach dem Ertragswertverfahren[6] oder nach dem Discounted Cashflow-Verfahren.[7] Stets ist zu beachten, ob die Überschüsse ausschüttungsfähig sind und ob durch eine Ausschüttung Finanzierungskosten entstehen.[8]

Beide Verfahren ermitteln den Barwert der künftigen finanziellen Überschüsse.[9] Bei gleichen Bewertungsannahmen und Vereinfachungen führen beide theoretisch zum selben Ergebnis.[10] In der Praxis ergeben sich aber Unterschiede. Sie beruhen auf anderen Annahmen zur Kapitalstruktur, zu Plandaten und Risikozuschlägen. Die Wahl des einen oder des

---

1 Unten S. 210 ff.
2 *Hennrichs*, ZGR 1999, 837, 854.
3 Unten S. 212.
4 *Hennrichs*, ZGR 1999, 837, 841 f. Fn. 22.
5 Oben S. 42.
6 Unten S. 152.
7 Unten S. 159; IDW Standard S 1 Tz. 7, WPg 2000, 826. Gute Darstellung der Grundlagen bei *Schäfer*, Entschädigungsstandard; *Reinke*, S. 235.
8 IDW Standard S 1 Tz. 26, WPg 2000, 828 f.; S 1 Tz. 28, WPg 2000, 829.
9 *Mandl/Rabel*, FS Loitlsberger, S. 177.
10 IDW Standard S 1 Tz. 106, WPg 2000, 835.

anderen Verfahrens spiegelt bereits die Sicht des Gutachters. Daran ändert alle Mathematik nichts.[1]

2. Ertragswertverfahren[2]

Hier ermitteln wir den Unternehmenswert, indem wir die bilanzrechtlich ermittelten künftigen ausschüttbaren Ertragsüberschüsse auf den Stichtag abzinsen (Ertragsüberschussrechnung). Es ist zu beachten, ob durch eine Ausschüttung Kosten für die Finanzierung entstehen.[3]

Das bedarf einer Finanzplanung (Finanzbedarfsrechnung). Sie stellt der Ausschüttung den Finanzbedarf gegenüber einschließlich der Investitionen und der Liquiditätsvorsorge (finanzielle Über- oder Unterdeckung). Es kann sich ein Mittelbedarf ergeben, der zu decken ist durch Fremdkapital, durch Thesaurierung von Erträgen oder durch neues Eigenkapital. Es kann sich auch ein Mittelüberschuss zeigen zur Tilgung von Krediten oder für Ausschüttungen an die Eigner. Daraus lässt sich dann das künftige Zinsergebnis ermitteln, das wiederum in den Ertragsüberschuss eingeht.

3. Discounted Cashflow-Verfahren

a) Allgemeines

Hier setzen wir an bei den erwarteten Zahlungen, die die Kapitalgeber (Eigen- und Fremdkapitalgeber) aus den Einnahmeüberschüssen erwarten können. Die Einnahmeüberschüsse müssen aber ebenfalls gesellschaftsrechtlich ausschüttbar sein. Deshalb berechnen wird daneben die handelsrechtlichen Ertragsüberschüsse. Dabei ist u. a. zu klären, ob Verlustvorträge oder die Pflicht zur Bildung stiller Rücklagen der Ausschüttung entgegenstehen.[4] Auch hier ist eine Finanzplanung zu machen.[5]

---

1 *Großfeld*, Global Valuation: Geography and Semiotics, SMU Law Review 55 (2001).
2 *Ballwieser*, FS Loitlsberger, S. 17.
3 IDW Standard S 1 Tz. 27, WPg 2000, 829; S 1 Tz. 107, WPg 2000, 835.
4 IDW Standard S 1 Tz. 24 ff., WPg 2000, 828 f.; S 1 Tz. 124, WPg 2000, 837. Vgl. *Kruschwitz*, FS Loitlsberger, S. 157 unten.
5 IDW Standard S 1 Tz. 28, WPg 2000, 829.

b) Varianten

Beim Discounted Cashflow-Verfahren gibt es mehrere Varianten, die den Cashflow z. T. unterschiedlich definieren. Sie führen aber grundsätzlich zum selben Ergebnis.[1] Wir beschränken uns auf die am häufigste benutzte Variante,[2] die auf dem Konzept der gewogenen Kapitalkosten aufbaut (Weighted Average Cost of Capital-Ansatz = WACC-Ansatz). Die anderen Varianten streifen wir nur.[3]

4. Anforderungen

Beide Verfahren setzen aufeinander abgestimmte Plan Bilanzen, Plan-Gewinn- und Verlustrechnungen sowie Finanzplanungen voraus. Deshalb erfordern beide Methoden grundsätzlich dieselben Rechenwerke.[4] Eine Kapitalflussrechung erleichtert die Cashflow-Methode.

5. Praxis

Bei Unternehmenskäufen verwendet die Praxis meistens zwei Verfahren um die Bandbreite des zu verhandelnden Kaufpreises zu finden. An erster Stelle steht das Discounted Cashflow-Verfahren, es folgt das Multiplikatoren-[5] und dann das Ertragswertverfahren.[6]

6. Neue Sichten

Auch hier bleibt die Diskussion in Bewegung. Sie dreht sich vor allem um den Versuch die Verfahren offener zu gestalten und damit flexibler auf Sonderlagen antworten zu können.

---

1 IDW Standard S 1 Tz. 124, WPg 2000, 837.
2 *Copeland/Koller/Murrin*, Valuation, S. 131 ff.
3 Einzelheiten unten S. 159.
4 IDW Standard S 1 Tz. 28, WPg 2000, 829.
5 Unten S. 217.
6 *Peemöller/Kunowski/Hillers*, WPg 1999, 621, 623.

VIII. Gang der Darstellung

Bei den folgenden Überlegungen gehen wir vom Standpunkt eines neutralen Gutachters aus.[1] Wir konzentrieren uns auf das Ertragswertverfahren und das Discounted Cashflow-Verfahren.[2] Wir beginnen nach einem Überblick mit den gemeinsamen Grundlagen. Dann folgen entsprechend der bisherigen Praxis vor Gericht Einzelheiten des Ertragswertverfahrens[3], danach des Discounted Cashflow-Verfahrens (WACC-Ansatz).[4] Einen breiten Raum nimmt sodann der Börsenwert[5] ein. Einige vereinfachende Multiplikatorenverfahren bilden den Schluss.[6]

---

1 Funktionenlehre der Bewertung, vgl. IDW Standard S 1 Tz. 12, WPg 2000, 827.
2 Vgl. *Mandl/Rabel*, FS Loitlsberger, S. 205.
3 Unten S. 152.
4 Unten S. 159.
5 Unten S. 180.
6 Unten S. 217.

D. Untaugliche Wertansätze

Da der Unternehmenswert vom Bewertungszweck abhängt, scheiden gewisse Werte für gesellschaftsrechtliche Abfindungen aus. Damit werden – scheinbar nahe liegende – Wege versperrt in die Unternehmensbewertung „einzusteigen".

I. Buchwert

Den aus der Bilanz ermittelten „Buchwert" (Bilanzwert) müssen wir beiseite lassen. Die Bilanz sagt uns über den Wert des Unternehmens wenig. Denn sie erfasst infolge von Bilanzierungsverboten und Bilanzierungswahlrechten nicht alle Gegenstände, die dem Unternehmen Wert verleihen. Sie enthält nicht den ursprünglichen Geschäfts-(Firmen-)Wert, den „Goodwill" (§ 248 Abs. 2 HGB); lediglich für den abgeleiteten Geschäftswert erlaubt § 255 Abs. 4 HGB die Bilanzierung (Wahlrecht).[1] Selbst erstellte immaterielle Vermögensgegenstände des Anlagevermögens (z. B. Patente oder Marken – etwa der „Stern" von Daimler/Chrysler) fehlen.

Die Ansätze in der Bilanz liegen häufig unter dem Zeitwert am Bewertungsstichtag; denn sie gehen aus von historischen Werten als Obergrenzen (Anschaffungs- oder Herstellungskosten – vgl. § 253 Abs. 1 HGB) und sind oft durch Abschreibungen weiter vermindert (vgl. §§ 249 Abs. 2, 253 Abs. 4 und 5, 254, 279, 280 HGB). Bedenklich ist vor allem, dass Abschlussprüfer bei Personengesellschaften gelegentlich raten, niedrige Ansätze nach § 253 Abs. 4 HGB zu wählen wegen „bevorstehender Abfindungen".[2] Die Bilanz weist auch die Risiken der Unternehmen nicht voll aus. So erscheinen allgemeine Unternehmensrisiken, z. B. aus einem Sozialplan nach § 112 BetrVerfG, normalerweise nicht in der Bilanz.

Die Bilanz spiegelt daher den Wert des Unternehmens nur vage; das gilt für die Handelsbilanz wie – wegen § 5 Abs. 1 EStG – für die Steuerbilanz (dort u. U. in geringerem Umfang, weil das Steuerrecht die Untergrenzen strenger zieht).[3] Der Bilanzwert kann allerdings bei der Fortführung des Unternehmens u. U. prima facie als Mindestwert dienen; denn die

---
1 *Großfeld*, Bilanzrecht, S. 60 Rz. 48.
2 Kritisch *Großfeld*, BB 2000, 1475.
3 BGH, AG 1978, 196, 198; OLG Düsseldorf, AG 1990, 490.

Unternehmensleitung zeigt darin ihre Mindesteinschätzung des Wertes. Insoweit mag der Buchwert ein Anhaltspunkt auf dem Weg zum wahren Wert sein.[1]

Das ändert sich nur graduell unter dem Einfluss der Internationalen Accounting Standards (IAS) oder der (amerikanischen) Generally Accepted Accounting Principles (GAAP). Sie dringen über §§ 292a, 264 Abs. 3 HGB und ganz generell über den Neuen Markt bei uns ein.[2] Bei ihnen können oder müssen häufiger Zeitwerte angesetzt werden, sodass der Buchwert im Ganzen näher an den Verkehrswert des Unternehmens heranrückt. Aber der selbstgeschaffene Geschäftswert und bestimmte immaterielle Anlagegüter erscheinen auch hier nicht. Es bleibt also bei der Zurückhaltung gegenüber dem Buchwert.

II. Betriebsvermögen

Ein anderer Ausweg bietet uns ebenfalls wenig, nämlich die Übernahme des steuerlichen Wertes für das Betriebsvermögen. Nach § 2 Abs. 1 Satz 1 BewG wird die „wirtschaftliche Einheit ... für sich" bewertet; das kann auch ein „Gewerbebetrieb" = „Unternehmen" sein (vgl. § 95 Abs. 1 BewG). Für ihn wird ein Wert gesondert festgestellt (§ 180 Abs. 1 Nr. 1 AO, §§ 98a, 109 BewG).

Nach § 9 Abs. 1 BewG ist – soweit nicht anders vorgeschrieben – der gemeine Wert zu ermitteln. Dieser gemeine Wert ist nach § 9 Abs. 2 BewG „durch den Preis bestimmt, der im gewöhnlichen Geschäftsverkehr nach der Beschaffenheit des Wirtschaftsgutes bei einer Veräußerung zu erzielen wäre". Das Steuerrecht steht damit vor ähnlichen Fragen wie das Gesellschaftsrecht; es braucht ebenfalls besondere Bewertungsgrundsätze (§ 98a BewG). Es geht jedoch anders vor. Bei Gewerbetreibenden sind die Steuerbilanzwerte anzusetzen (§ 109 Abs. 1 BewG), die – schon wegen §§ 5 Abs. 1, 6, 7 EStG (stille Rücklagen)[3] oft keinen Bezug zum Verkehrswert haben (siehe auch § 109 Abs. 2 BewG). Die Ergebnisse stimmen mit dem hier gesuchten Unternehmenswert nur zufällig überein; der Wert des Betriebsvermögens kann sowohl darunter wie darüber-

---

[1] BGH, WM 1995, 589 = EWiR § 253 HGB 1/1995 (*Großfeld*); BGH, GmbHR 1992, 257, 260; *Hirschauer/Forstner*, ZfgG 51 (2001), 17, 23.
[2] *Großfeld*, NZG 1999, 1143.
[3] *Großfeld*, Bilanzrecht, S. 121 ff., Rz. 326 ff.

liegen. Der steuerliche Wert des Betriebsvermögens ist nicht der Unternehmenswert.[1]

Die Ungenauigkeiten können wir im Steuerrecht hinnehmen, weil die steuerliche Bewertung zur Vorsicht neigt und sich auch immer „nur" auswirkt für einen Teilbetrag, nämlich in Höhe des Steuersatzes. Bei der Unternehmensbewertung geht es um Zahlungen in Höhe des Ganzen („es geht ums Ganze"); das verlangt mehr Präzision.

III. Stuttgarter Verfahren

1. Ausgangslage

Börsennotierte Anteile an Kapitalgesellschaften werden nach § 11 Abs. 1 BewG mit dem niedrigsten Börsenkurs im amtlichen Handel am Stichtag erfasst; gibt es dann keine Notierung, so ist maßgebend der letzte amtliche Kurs innerhalb von 30 Tagen vor dem Stichtag. Entsprechendes gilt für Wertpapiere, die zum geregelten Markt zugelassen oder in den Freiverkehr einbezogen sind. Andere Anteile sind nach § 11 Abs. 2 Satz 1 BewG mit dem gemeinen Wert (§ 9 BewG) anzusetzen. Lässt sich der gemeine Wert nicht aus Verkäufen innerhalb des letzten Jahres ableiten, so ist er nach § 11 Abs. 2 Satz 2 BewG gemäß den Vermögens- und den Ertragsaussichten der Kapitalgesellschaft zu schätzen. Die Ableitung aus zeitnahen Verkäufen im gewöhnlichen Geschäftsverkehr geht der Schätzung vor.[2]

2. Heutiger Stand[3]

Nichtnotierte Anteile an Kapitalgesellschaften schätzt die Finanzverwaltung nach dem Stuttgarter Verfahren. Dieses Verfahren beruht auf einer „Übergewinnmethode":[4] Es geht aus vom Wert des Betriebsvermögens (Substanzwert) und erfasst daneben die Erträge von fünf Jahren. Es gelangen also der Vermögenswert (d. h. die Summe der einzeln bewerteten Wirtschaftsgüter) und ein zeitlich begrenzter Ertragswert in die Rechnung.[5]

---

1 Vgl. aber auch BGH, WM 1993, 1412, 1414. Für die Wertrelationen beim Aktienumtausch im Rahmen von § 305 AktG siehe jedoch OLG Düsseldorf, WM 1984, 732.
2 Dazu: BFH, BStBl. II 1980, 234; BFH, BStBl. II 1979, 618.
3 *Jahndorf*, StuW 1999, 271.
4 Oben S. 42 f.
5 *Moxter*, DB 1976, 1585, 1586.

Das Verfahren war ursprünglich Teil der Vermögensteuerrichtlinien und ist nunmehr übernommen in die Erbschaftsteuerrichtlinien.[1] Die Rechtsprechung billigt es gemäß § 11 Abs. 2 Satz 2 BewG und § 162 AO.[2]

Das Stuttgarter Verfahren bezieht steuerliche Buchwerte ein und begrenzt die angenommene Ertragsdauer; es führt zu anderen Werten als das Ertragswert oder das Discounted Cashflow-Verfahren.[3] Für den hier gesuchten Anteilswert ist es grundsätzlich unbrauchbar. Bei einem Schiedsgutachten (§§ 318, 319 BGB) ist es jedoch nicht „schlechthin ungeeignet", wenn wegen der starken Personenbezogenheit der Erträge eine zeitliche Begrenzung nahe liegt.[4]

---

1 R 96 ff. ErbStR.
2 BFH, BStBl. II 1994, 505; BStBl. II 1993, 268. Weitere Nachweise bei *Jahndorf*, StuW 1999, 272 Fn. 10.
3 BFH, BStBl. II 1980, 405, 407; BStBl. II 463, 464; anders bei negativen Ertragsaussichten – so: BFH, BStBl. II 1980, 463, 464 mit Hinweis auf BFHE 124, 356.
4 BGH, WM 1986, 1384, 1385 = BB 1987, 710.

E. Methodische Grundlagen

Bevor wir zu den einzelnen Bewertungsverfahren übergehen, wollen wir die allgemeinen methodischen Grundlagen erörtern, denn wie überall in der Jurisprudenz stellen sie die Weichen.[1] Der Unternehmenswert bildet sich aus dem Wert des betriebsnotwendigen und des nichtbetriebsnotwendigen (neutralen) Vermögens.[2] Der Liquidationswert kommt in Betracht als Mindestwert wenn er den Fortführungswert übersteigt.[3] Wir konzentrieren uns zunächst auf die Bewertung des *betriebsnotwendigen Vermögens*.[4] Für das neutrale Vermögen und den Liquidationswert gelten eigene Bewertungsregeln; darauf komme ich zurück.[5]

I. Überblick

Der Unternehmenswert ergibt sich aus den künftigen Nettoeinnahmen der Unternehmenseigner aufgrund der finanziellen Überschüsse, die das Unternehmen erwirtschaftet. Wir orientieren uns also am Zahlungsstrom. Da es auf die Nettoeinnahmen der Unternehmenseigner ankommt, setzen wir nur die Überschüsse an, die (durch Ausschüttung oder Entnahme) in den Verfügungsbereich der Eigner gelangen können (entziehbare Überschüsse, Zuflussprinzip).[6] Darüber entscheidet das anwendbare Gesellschaftsrecht (das unter Umständen auch ein ausländisches sein kann).[7] Davon setzen wir ab die von den Eignern zu erbringenden Einlagen.[8] Wir ziehen auch ab die (u. U. typisierten) persönlichen Steuern der Unternehmenseigner.[9]

Die Nettoeinnahmen zinsen wir sodann ab auf den Bewertungsstichtag mit dem Kapitalisierungszinssatz (Kapitalisierung). Auch beim Kapitalisierungszinssatz berücksichtigen wir (hier immer typisierend) die persönlichen Steuern der Unternehmenseigner.[10]

---

1 Gute Darstellung in OLG Köln, NZG 1999, 1222, 1225.
2 IDW Standard S 1 Tz. 21, WPg 2000, 828. Dazu unten S. 168.
3 Unten S. 203.
4 Zum nichtbetriebsnotwendigen Vermögen unten S. 168.
5 Unten S. 168, 203.
6 IDW Standard S 1 Tz. 25, WPg 2000, 828.
7 Unten S. 241.
8 IDW Standard S 1 Tz. 24, WPg 2000, 828.
9 IDW Standard S 1 Tz. 24, WPg 2000, 828.
10 IDW Standard S 1 Tz. 24, WPg 2000, 828 und unten S. 141.

II. Verfahren

Wir ermitteln die Nettoeinnahmen der Unternehmenseigner aufgrund einer Ertrags- oder einer Entnahmeüberschussrechung (Ertragswertmethode oder Cashflow-Methode). Dabei beachten wir die gesellschaftsrechtliche Ausschüttungs- oder Entnahmefähigkeit und damit verbundene Finanzierungsfragen.[1] Beide Verfahren erfordern die gleichen Rechenwerke, nämlich aufeinander abgestimmte Plan-Bilanzen, Plan-Gewinn- und Verlustrechnungen und Finanzplanungen.[2] Zur Ermittlung erfolgsabhängiger Steuern sind evtl. ergänzende Rechnungen aufzustellen.[3] Wenn man gleiche Nettoeinnahmen und gleiche Finanzierung annimmt, führen beide Verfahren zum gleichen Ergebnis.[4]

Im Folgenden erörtern wir zunächst die methodischen Grundlagen, die beiden Verfahren gemeinsam sind.

III. Zukunftswert

Wie wir sahen, suchen wir den Wert des „lebenden", in die Zukunft fortzuführenden Unternehmens (Zukunftswert; „going concern", vgl. § 252 Abs. 1 Nr. 2 HGB). Daher hängt der Wert davon ab, mit welchen zukünftigen Überschüssen zu rechnen ist; entscheidend ist also der nachhaltige Zukunftsnutzen. Es gilt das Prinzip der Zukunftsbezogenheit. Die Bewertung ist damit ein Prognoseverfahren.

IV. Gesamtbewertung

Ein Unternehmen erwirtschaftet Überschüsse durch das Ineinandergreifen seiner Möglichkeiten beim Auftritt am Markt. Das Zusammenspiel aller materiellen und immateriellen Bestandteile bestimmt den Wert des Unternehmens.[5] Das wertsteigernde Miteinander ist zu beachten.

---

1 IDW Standard S 1 Tz. 26, WPg 2000, 828.
2 IDW Standard S 1 Tz. 28, WPg 2000, 829.
3 IDW Standard S 1 Tz. 29, WPg 2000, 829.
4 IDW Standard S 1 Tz. 30, WPg 2000, 829.
5 IDW Standard S 1 Tz. 18, WPg 2000, 828.

E. Methodische Grundlagen

Wir finden den Unternehmenswert also nicht durch die Bewertung einzelner Vermögensgegenstände, Schulden, Chancen und Risiken (Einzelbewertung) sondern durch eine Gesamtbewertung[1] – anders als in der Bilanz (dort Einzelbewertung, § 252 Abs. 1 Nr. 3 HGB). Das ist das Prinzip der Bewertungseinheit (vgl. § 2 Abs. 1 Satz 2 BewG). Entscheidend ist danach der Wert des Unternehmens als Ganzes: Das Ganze ist mehr als die Summe seiner Teile! Wir erfassen so auch den Geschäfts- oder Firmenwert.

Alle zusammenwirkenden Bereiche des Unternehmens sind zu beachten. Dazu gehören etwa Beschaffungs- und Absatzbeziehungen und entsprechende Märkte, Marken, Forschung und Entwicklung (Urheberrechte und Patente), Struktur und Organisation, Auslandsverflochtenheit und Stand der Technik (Automatisierung, Datenvernetzung, Internet), Finanzierung und die Qualität des Management. Man muss u. U. über den rechtlichen Rahmen hinausgehen, indem man z. B. Konzernverbindungen und strategische Allianzen berücksichtigt.[2] Entscheidend ist das wirtschaftliche Miteinander innerhalb der Geschäftseinheit.

V. Substanzbezogenheit

Fast jedes Unternehmen bedarf einer materiellen Substanz um seine Leistungen am Markt zu erbringen. Deshalb müssen wir sie in der Finanzplanung berücksichtigen. Wir müssen also Annahmen machen über den Erhalt, das Wachstum oder die Schrumpfung der Substanz; die finanziellen Folgen daraus müssen wir beachten.[3]

VI. Eigenständigkeit/Alleinstellung

Der Wert des Unternehmens bestimmt sich grundsätzlich danach, wie es sich entwickelt hätte, wenn es als selbstständige Einheit fortgeführt würde.[4] Der Bewertungsanlass gilt nicht als wertsteigernder Faktor. Das ist wichtig bei Unternehmensverträgen (§ 305 AktG) und bei Umwandlungen (§ 30 UmwG). Zu ermitteln ist dort der durchschnittliche Überschuss, der

---

1 IDW Standard S 1 Tz. 19, WPg 2000, 828. Zu Besonderheiten bei Grundstücksunternehmen *Pensel*, WPg 1993, 365.
2 IDW Standard S 1 Tz. 19, WPg 2000, 828.
3 IDW Standard S 1 Tz. 31, WPg 2000, 829.
4 OLG Düsseldorf, NZG 2000, 1079, 1080 m. zust. Anm. *Behnke*, S. 1083.

sich ergibt aus der bisherigen Lage und den künftigen Aussichten der Gesellschaft als unabhängiges, durch den Unternehmensvertrag nicht gebundenes oder durch die Umwandlung nicht verändertes Unternehmen.[1]

Der Unternehmensvertrag oder die Umwandlung bleiben also als Bewertungsfaktor grundsätzlich unbeachtet. Auf sog. Synergieeffekte komme ich später zu sprechen.[2]

VII. Stichtagsprinzip

1. Grundsatz

Die Bewertung ist „zeitbezogen": Nach § 738 Abs. 1 BGB ist maßgeblich die „Zeit seines Ausscheidens". Nach § 305 Abs. 3 Satz 2, § 320b I 5 kommt es sogar auf den „Zeitpunkt der Beschlussfassung ihrer Hauptversammlung" (mos geometricus!)[3] an; § 30 Abs. 1 Satz 1 UmwG spricht vom „Zeitpunkt der Beschlussfassung über die Verschmelzung". Deshalb formuliert das Institut der Wirtschaftsprüfer „Unternehmenswerte sind zeitpunktbezogen".[4] Das spiegelt eine Präzision vor, die es außerhalb der Mathematik nicht gibt (Scheingenauigkeit) – z. B. nicht bei der Zeit (ist sie „punktiert"?).[5] Wir sprechen daher – weniger scheingenau – von „stichtagsbezogen" Unternehmenswerten (Stichtagsprinzip).

Wir ermitteln also die Wirtschaftskraft und damit den Unternehmenswert zu einem Stichtag. Er legt fest, ab wann Überschüsse den bisherigen Eignern ab- und den künftigen Eignern zuzurechnen sind.[6] Er bestimmt zugleich, welche Erwartungen hinsichtlich der Überschüsse und der Alternativanlagen bestehen.[7] Auch deshalb ist grundsätzlich abzustellen auf eine Zukunft, wie sie ohne den Bewertungsanlass, also ohne den Unternehmensvertrag und ohne die Umwandlung zu erwarten ist.[8]

---

1 BGH, NZG 1998, 380, 379; OLG Stuttgart, NZG 2000, 744; OLG Celle, EWiR § 305 AktG 1/1998, 821 (*Luttermann*). Zum späteren Beitritt eines herrschenden Unternehmens siehe BGH, NJW 1998, 1866; *Kort*, ZGR 1999, 402.
2 Unten S. 63.
3 Der Begriff stammt aus den „gepunkteten" Gebetszeiten der Benediktiner und Zisterzienser innerhalb einer „geometrisierten" Umwelt (Architektur), dazu *David S. Landes*, Revolution in Time, London 2000, S. 58: „Nothing was as important as the punctuality of the collective prayer cycle".
4 IDW Standard S 1 Tz. 22, WPg 2000, 828.
5 Vgl. oben S. 3.
6 IDW Standard S 1 Tz. 22, WPg 2000, 828.
7 IDW Standard S 1 Tz. 23, WPg 2000, 828.
8 BGH, NZG 1998, 379.

2. Verschiebung

Das Stichtagsprinzip hat einen hohen Rang: Ein Verschieben des Stichtages soll die Bewertungsgrundlagen und damit die Abfindung nicht ändern.[1] Der Stichtag kann dennoch nach Meinung des OLG Stuttgart im Rahmen des § 305 AktG zurückverlegt werden, wenn die Gesellschaft schon „faktisch beherrscht"[2] und so das Ausgleichssystem der § 311 ff. AktG wirkungslos war.[3] Das OLG Stuttgart verlangt dafür aber jetzt, dass das Bestehen eines qualifiziert-faktischen Konzerns zuvor rechtskräftig in einem ordentlichen Zivilverfahren festgestellt ist. Sonst komme es zu Spannungen mit dem Amtsermittlungsgrundsatz des § 12 FGG und der Zeitbestimmung in § 305 Abs. 3 Satz 2 AktG. Damit sei unvereinbar „eine Kompetenz des Spruchstellengerichts, das maßgebliche Datum um Jahre zurückzuverlegen".[4] Dieses Vorgehen halte ich für richtig.

Das OLG Düsseldorf will das Bestehen eines Abhängigkeitsverhältnisses „jedenfalls" nur beachten, wenn der Mehrheitsaktionär einen nachteiligen Einfluss ausgeübt hat um den Wert der Gesellschaft zu vermindern. Das Gericht hatte sich mit Stichproben dazu begnügt, zumal es keinen Anhaltspunkt für unlautere Geschäfte gab.[5] Dem schließt sich das OLG Stuttgart an: Ein Abhängigkeitsverhältnis sei „per se" kein Grund, „vom Stichtagsprinzip des § 305 Abs. 3 Satz 2 AktG abzurücken".[6]

3. Stichtagsbezogenheit

Auszugehen ist von der Wirtschaftskraft an oder „nahe" dem Bewertungsstichtag.[7] Zu bewerten ist aus der Sicht des Stichtages:[8] Heranzuziehen sind die Erfolgsfaktoren, wie sie am Stichtag bestehen.[9] Denn die Abfindung kann nicht abhängen von Entwicklungen nach dem Ausscheiden des Gesellschafters. Das Institut der Wirtschaftsprüfer will daher weglassen alle zwar möglichen aber „noch nicht eingeleiteten

---

1 OLG Celle, NZG 1998, 987, 988 m. Anm. *Bungert*, S. 990.
2 OLG Stuttgart, AG 1994, 564.
3 OLG Stuttgart, AG 1994, 564.
4 OLG Stuttgart, NZG 2000, 744.
5 OLG Düsseldorf, AG 1999, 321, 322.
6 OLG Stuttgart, NZG 2000, 744.
7 BGH, WM 1979, 432, 433; IDW Entwurf ES 1, Grundsätze, Tz. 33, WPg 1999, 204.
8 *Seetzen*, Spruchverfahren, S. 569.
9 BGH, NZG 1998, 379, 380.

Maßnahmen"[1] und denkt dabei etwa an Erweiterungsinvestitionen und Desinvestitionen und daraus zu erwartende finanzielle Zu- oder Abflüsse.

4. Wissensstand

Grundsätzlich maßgebend ist die mögliche Kenntnis zu dieser Zeit.[2] Entscheidend ist, was man bei angemessener Sorgfalt zum Stichtag wissen konnte,[3] womit zu rechnen war.[4] Später auftretende Vorgänge sind aber zu berücksichtigen, wenn sie in den Verhältnissen am Stichtag angelegt sind[5] (vgl. die wertaufhellenden Umstände in § 252 Abs. 1 Nr. 4 HGB).[6]

5. Wurzeltheorie

a) Grundsatz

Damit kommen wir zur „Wurzeltheorie": Sie führt das Stichtagsprinzip und das Prinzip der Zukunftsbezogenheit zusammen. Der Stichtag unterbricht einen fließenden Strom, der sich trotz verbaler Akrobatik nicht punktgenau erfassen lässt: Es geht um Strömungsverhältnisse, um dynamische Abläufe.[7] Deshalb sind alle Faktoren zu beachten, die am Stichtag in der Wurzel angelegt sind (Wurzeltheorie),[8] die in den Verhältnissen am Stichtag bestehen[9] und mit einiger Wahrscheinlichkeit absehbar sind.[10]

Was am Stichtag nicht in der Wurzel angelegt war, darf nicht berücksichtigt werden.[11] Die Organisationsstrukturen und Chancen müssen am

---

1 IDW Standard S 1 Tz. 41, WPg 2000, 829 f.
2 IDW Standard S 1 Tz. 23, WPg 2000, 828; LG Frankfurt, WM 1987, 559, 561; vgl. BFH, BStBl. II 1985, 46.
3 IDW Standard S 1 Tz. 23, WPg 2000, 828; OLG Köln, NZG 1999, 1222, 126.
4 OLG Düsseldorf, WM 1998, 2058, 2062.
5 BGH, NZG 1998, 379. Dazu unten S. 60.
6 *Großfeld*, Bilanzrecht, S. 66 Rz. 163.
7 Vgl. die dynamischen Ansätze in der Bilanz, §§ 250, 252 Abs. 1 Nr. 5 HGB.
8 BGH, NZG 1998, 379, 380; HansOLG Hamburg, NZG 2001, 471, 472; OLG Düsseldorf, DB 2000, 81; OLG Celle, NZG 1998, 987, 988 m. Anm. *Bungert*, S. 990; OLG Karlsruhe, AG 1998, 268; BGH, DB 1973, 565; OLG Celle, AG 1981, 234; OLG Düsseldorf AG 1984, 216, 218.
9 BGH, WM 1998, 867, 869.
10 OLG Köln, NZG 1999, 1222, 1226. Siehe aber zur Wertaufhellung unten S. 61.
11 OLG Celle, AG 1979, 230, 231.

Stichtag da sein;[1] denn sonst würden dem Ausscheidenden Chancen gewährt oder Risiken angelastet, von denen er sich gerade trennen will oder soll. Daher ist die spätere Entwicklung nicht zu beachten. Der Unternehmenswert soll dem Preis entsprechen, den ein Erwerber am Bewertungsstichtag zahlen würde.[2] Das Ergebnis der Bewertung darf nicht abhängen von den Zufälligkeiten der Verfahrensdauer.[3]

Das „in der Wurzel Angelegte" muss sich indes schon konkretisieren lassen. Mögliche Maßnahmen, z. B. Erweiterungsinvestitionen oder Desinvestitionen, die noch nicht eingeleitet sind, bleiben unbeachtet. Das Institut der Wirtschaftsprüfer will sogar nur Erfolgschancen beachten, für die bereits Beschlüsse der Geschäftsführung oder eines Aufsichtsorgans oder dokumentierte Planungen vorliegen.[4] Das ist jedoch eine berufsverengte Wirtschaftsprüfersicht (Schriftbefangenheit), die dem Leben in einem – vor allem kleineren – Unternehmen nicht gerecht wird; namentlich bei Einzelunternehmen und Personengesellschaften ist es zu eng.[5] „Stromverhältnisse" lassen sich nicht nur nach ihrer „Papierform" beurteilen. Maßgebend sind der Sachstand, die Wahrscheinlichkeit zum Stichtag[6] – nicht die „Papierform".

b) Indizien

Nun lässt sich fast alles Spätere bis zum Stichtag zurückverfolgen und als verursacht erkennen.[7] Doch muss man diesen Einwand wiederum abwägen mit den Unsicherheiten einer Zukunftsprognose: Sofern sich die Geschäftspolitik nicht wesentlich geändert hat, sind spätere Ergebnisse doch ein Indiz für das, was als Potenzial in der Wurzel vorhanden war.[8]

Das gilt vor allem, wenn die späteren Ereignisse eine frühere Planung des Unternehmens bestätigen: Es kann dann

„davon ausgegangen werden, dass die Grundlagen für diese Entwicklung schon zum Bewertungsstichtag vorgelegen haben; denn es besteht kein Anlass zu der Annahme, dass ein Unternehmen eine Planung für die zukünftige wirtschaftli-

---

1 BGH, NZG 1999, 70, 71.
2 LG Nürnberg-Fürth, NZG 2000, 89, 90.
3 HansOLG Hamburg, NZG 2001, 471, 472.
4 IDW Standard S 1 Tz. 41, WPg 2000, 829 f.
5 Vgl. unten S. 210.
6 OLG Celle, AG 1979, 230, 231.
7 OLG Düsseldorf, WM 1984, 732, 734.
8 LG München, DB 1990, 518 = EWiR § 305 AktG 1/1990 (*Großfeld/Luttermann*).

che Entwicklung erstellt, ohne dass sie im Hinblick auf die Unternehmenssituation einen Grund dafür hat, von der in der Planung angenommenen wirtschaftlichen Entwicklung auszugehen."[1]

c) Aufhellung

Es ist nicht nötig, dass die spätere Entwicklung am Stichtag schon erkennbar war.[2] Neue Erkenntnisse sind bedeutsam, wenn sie die Information über den Sachstand am Bewertungsstichtag aufhellen und sich daraus „Rückschlüsse" ziehen lassen „auf den Wert der Gegenstände am Stichtag",[3] z. B. auf den Wert einer Beteiligung.[4] Dann ist doch der spätere Verlauf heranzuziehen[5] Es gelten ähnliche Maßstäbe wie für die Abgrenzung zwischen wertbeeinflussenden und wertaufhellenden Umständen beim Jahresabschluss (§ 252 Abs. 1 Nr. 4 HGB).[6] Entscheidend ist, ob ein Ereignis nach dem Stichtag eine schon damals bestehende Gefahr konkretisiert.

d) Beispiele

Eine Verwurzelung ist z. B. anzunehmen bei einer Beteiligung nach dem Stichtag, wenn die Verhandlungen zum Erwerb vor dem Stichtag begannen.[7] Gleiches gilt für Folgen früher geplanter Investitionen.[8] Zukünftige Ertragschancen sind nur zu beachten, wenn die Voraussetzungen ihrer Nutzung bereits im Ansatz geschaffen sind.[9]

Zu berücksichtigen sind später entdeckte Altlasten im Boden, die nach der Unternehmensgeschichte zu erwarten waren.[10] Bei der Frage, ob bei einer Verbindlichkeit mit der Inanspruchnahme zu rechnen ist, kann man zurückgreifen „auf die tatsächliche Entwicklung nach dem Bilanzstichtag". Nicht vorhersehbare Entwicklungen in den Folgejahren sind

---

1 LG Berlin, AG 2000, 284, 285.
2 BGH, WM 1998, 867, 869.
3 BGH, WM 1981, 452, 453; OLG Köln, NZG 1999, 1222, 1226; OLG Zweibrücken, AG 1995, 421, 422.
4 OLG München, DB 1994, 269.
5 BGH, NJW 1973, 509, 511; vgl. BFH, DB 1973, 563. Vgl. auch BGH, WM 1991, 1352; BB 1992, 2463.
6 Vgl. § 252 Abs. 1 Nr. 4 HGB; *Großfeld*, Bilanzrecht, S. 66 Rz. 163.
7 OLG Düsseldorf, WM 1988, 1052.
8 OLG Düsseldorf, WM 1996, 526.
9 BGH, NZG 1999, 70, 71.
10 OLG Düsseldorf, WM 1998, 2058, 2062.

aber unbeachtlich.[1] Daher galt die deutsche Einheit am 31. 3. 1989 noch nicht als „nahe liegend und in ihren eventuellen Auswirkungen wirtschaftlich messbar."[2] Die Mauer fiel am 30. 10. 1989!

Zu ähnlichen Überlegungen gibt Anlass der Angriff auf das World Trade Center in New York am 11. 9. 2001. Ist das zu beachten am Stichtag 10. 9. 2001? War der Angriff schon in der Wurzel angelegt? Spielt es eine Rolle, dass es schon einmal einen Anschlag auf das Gebäude gab?

6. Plausibilität

Weil Prognosen unsicher sind, darf man nicht dogmatisch sein. Wegen der langen Dauer der Verfahren sind Prognosen bei der Entscheidung oft überholt, es ist überaus schwierig sich in eine Jahre zurückliegende Sicht „zurückzufühlen", das Umfeld der Einzelheiten zu „erahnen". Zeit lässt sich nicht rückübersetzen, da endet alle „Wissenschaft". Tatsachen sind allemal besser als Schätzungen aus vergangener Sicht (aus der Vergangenheit in die Zukunft der Vergangenheit = Verdoppelung des Zeitproblems)!

Auch deshalb kann man bei normalem Verlauf das tatsächlich Eingetretene als Indiz nehmen für das am Stichtag „in der Wurzel" Angelegte.[3] Das tatsächlich Geschehene erlaubt und gebietet eine Plausibilitätskontrolle[4] und ist insoweit heranzuziehen.[5] Es verlangt zumindest ein kritisches Überdenken; sonst wären wir wirklichkeitsfremd.[6]

7. Maß

Wie fast immer in moderner Jurisprudenz ist auch hier ein „alles oder nichts" ist zu vermeiden. So lässt sich etwa an eine teilweise Verwurzelung denken und sich diese nur auf einen Teil der späteren Folgen beziehen. Evtl. lag ja eine Veränderung oder eine Gefahr „in der Luft", evtl. war auch mit Folgen zu rechnen – aber nicht in dieser Höhe. Eine solche Einfühlung mag zu plausiblen Ergebnissen führen und damit zu einer angemessenen Antwort oder zu einem (keine Seiten ganz befriedigenden) Vergleich. Das entspricht dem *Kompromiss*charakter jeder Unternehmensbewertung.

---

1 BFH, BStBl. II 1996, 470, 472. Das gilt auch für einen späteren Beherrschungs- und Gewinnabführungsvertrag, BayObLG, NZG 2001, 1033, 1034.
2 OLG Celle, AG 1979, 230.
3 *Seetzen*, Spruchverfahren, S. 570.
4 *Seetzen*, Spruchverfahren, S. 570; OLG Düsseldorf, AG 1998, 236; LG Dortmund, DB 1997, 1915, 1916; vgl. OLG Karlsruhe, AG 1998, 96, 97.
5 LG Dortmund, AG 1998, 142, 143.
6 Vgl. *Murakami*, FS Stoll, S. 299.

8. Disziplin

Der Zwang unter Unsicherheit zu entscheiden entlässt uns indes nicht aus der argumentativen Disziplin. *Moxter* warnt zu Recht:

„Das Wertaufhellungsprinzip stellt keinen Freibrief dar für die Zurückbeziehung von Informationen auf den Bewertungsstichtag. Der Bewerter (oder Richter), der die wertbestimmenden Verhältnisse, wie sie sich am Bewertungsstichtag bei angemessener Sorgfalt präsentieren, der späteren Entwicklung dieser Verhältnisse gleichsetzt, erleichtert sich seine Aufgabe in ungebührlicher Weise; denn diese Gleichsetzung kann dazu führen, dass eine Partei erheblich benachteiligt wird."[1]

Das Stichtagsprinzip verhindert, dass Prognosen in Spekulation und Wunschdenken ausufern; es sichert, den Zeitbezug der wertbildenden Faktoren. Das ist *grund*legend, weil Bewertungen ganz zeitabhängig sind.

9. Vereinbarungen

Die Parteien können vereinbaren, ob und inwieweit die Entwicklung nach dem Stichtag beachtet werden soll.[2] Das zeigt noch einmal die Parteienbezogenheit der Bewertung. Die Satzung einer Aktiengesellschaft kann das indes wegen §§ 23 Abs. 5 Satz 2, 305 Abs. 3 Satz 2 AktG nicht regeln.

VIII. Verbundvorteile/Synergieeffekte[3]

1. Begriff

Von Verbundvorteilen (Verbundeffekte = Synergieeffekte) spricht man, wenn sich die Überschüsse durch den wirtschaftlichen Verbund zweier oder mehrer Unternehmen steigern (das Ganze ist mehr als die Summe der Teile).

Wir unterscheiden Vorteile, die sich aus dem Bewertungsanlass ergeben (echte Verbundvorteile) und Vorteile, die sich ohne den Bewertungsanlass erzielen lassen (unechte Verbundvorteile). Das wird bei der pauschalen Erörterung von „Verbundvorteilen" oft nicht getrennt.

---

1 *Moxter*, Grundsätze, S. 169; vgl. OLG Frankfurt, DB 1989, 469.
2 BGH, WM 1979, 432, 433; OLG Köln, NZG 1999, 1222, 1226. Zu Änderungen nach dem Urteil OLG Düsseldorf, AG 1964, 103; *Piltz*, Die Unternehmensbewertung, S. 111.
3 IDW Standard S 1 Tz. 42 f., WPg 2000, 830; *Seetzen*, Spruchverfahren, S. 572; *Baetge/Thiele*, FS Großfeld, S. 49.

E. Methodische Grundlagen

2. Problem

Verbundvorteile sind Rationalisierungs- und Kooperationsvorteile (Synergieeffekte) nach dem Schema 2 + 2 = 5 (sic!). Gemeint sind die Folgen aus dem Verbund der Unternehmen für Rentabilität und Wettbewerbsfähigkeit. Der Erwerber hofft häufig, dass er das Unternehmen in seine weiteren Pläne, in seinen Verbund einbinden kann. Der Wert der Anteile ist dann nach dem Erwerb höher als zuvor. Keine Verbundvorteile sind steuerliche Vorteile des Erwerbers; sie gehören (auch bei Gesellschaften) nicht zur Verbundsphäre.[1]

3. Verschmelzung

Bei einer Verschmelzung werden die außenstehenden Gesellschafter zu Gesellschaftern der neuen Gesellschaft und so an den Verbundvorteilen beteiligt. Ebenso ist es, wenn die außenstehenden Aktionäre nach § 305 Abs. 2 Nr. 1 und 2 AktG Aktien der Obergesellschaft erhalten. Deshalb will das Oberlandesgericht Düsseldorf hier Verbundvorteile nicht gesondert ermitteln.[2] Dem ist zu folgen.

4. Barabfindung

Hier ist die Frage streitig. In der Vorauflage meinte ich, dass Verbundvorteile generell zu beachten seien, weil das auch bei einem vereinbarten Preis geschehe.[3] Die überwiegende Meinung sah das aber differenzierter.[4] Doch hat sich das Bild inzwischen wiederum verschoben.[5]

5. Echte Verbundvorteile

a) Bisherige Auffassung

Unternehmen sollen so bewertet werden, wie sie sich *vor* dem Bewertungsanlass darstellen.[6] Ausgangspunkt ist: Die Abfindung bestimmt sich z. B. nach dem Wert der Gesellschaft ohne Abschluss des Unterneh-

---

1 OLG Düsseldorf, DB 1990, 2312; AG 1991, 106.
2 OLG Düsseldorf, WM 1984, 732, 735; AG 1984, 216, 218.
3 Ebenso *Böcking*, S. 20, 24; *Busse von Colbe*, ZGR 1994, 595.
4 IDW Standard S 1 Tz. 43, WPg 2000, 830; S 1 Tz. 56 f., WPg 2000, 831.
5 Siehe BGH, DB 2001, 969, 97, unten S. 195.
6 BayObLG, WM 1995, 1580, 1582.

mensvertrages.[1] Es gilt als nicht sachgerecht Vorteile aus dem Zusammenschluss einzubeziehen.[2] Daher lehnten die Gerichte es ab echte Verbundvorteile zu beachten. Das sind solche, die erst durch den Bewertungsanlass (z. B. durch den Beherrschungsvertrag) gewonnen, durch ihn eröffnet werden.[3]

Der Bundesgerichtshof wollte solche Verbundvorteile „von vornherein" nicht beachten. Die Aktionäre sollen ausscheiden können ohne wirtschaftliche *Nachteile* gegenüber ihrem bisherigen Stand zu erleiden; an Vorteile sei nicht gedacht. Zudem hänge es von dem Übernehmer ab, ob und wo sich die Effekte ergeben.[4] So sehen es ebenfalls der Bundesfinanzhof[5] und das Bundesverwaltungsgericht.[6] Dem folgt das Institut der Wirtschaftsprüfer.[7]

Das gilt auch für zu erwartende Rationalisierungserfolge.[8] Nach Ansicht des OLG Stuttgart sind sie „in aller Regel subjektive Bestandteile der Unternehmensbewertung". Die Abfindung solle nicht Vorteile ausgleichen, „die sich ohne den Unternehmensvertrag gar nicht ergeben hätten".[9] Danach nehmen die Abzufindenden nicht teil an Synergieeffekten und Rationalisierungschancen, die z. B. der Unternehmensvertrag erst eröffnet.[10] Nach Meinung des OLG Düsseldorf soll das sogar gelten für Synergieeffekte vor dem Stichtag, wenn sie „ausschließlich im Hinblick auf den Stichtag hervorgerufen wurden".[11] Das ist jedoch nicht anzunehmen, wenn der Abschluss eines Unternehmensvertrages noch nicht absehbar war.[12]

Die Zurückhaltung wird mitunter aufgegeben, wenn die Vorteile schon so angelegt sind, dass sie sich bei nahezu jedem anderen Verbund auswir-

---

1 OLG Celle, NZG 1998, 987.
2 OLG Celle, NZG 1998, 987, 988 m. Anm. *Bungert*, S. 990.
3 OLG Düsseldorf, DB 2000, 81; OLG Stuttgart, NZG 2000, 744.
4 BGH, NZG 1998, 379, 380, zustimmend *Kort*, ZGR 1999, 402, 415; BGH, WM 1995, 1410, 1412 = AG 1995, 426; OLG Karlsruhe, NZG 1998, 379, 380; OLG Celle, NZG 1998, 987, 988 m. Anm. *Bungert*; EWiR § 305 AktG 1/1998, 821 (ablehnend *Luttermann*); BayObLG WM 1996, 526. Zum Ganzen *Seetzen*, Spruchverfahren, S. 572 f.
5 BFH, BStBl. II 1983, 192.
6 BVerwG, NJW 1996, 2521, 2524.
7 IDW Standard S 1 Tz. 43, WPg 2000, 830.
8 OLG Stuttgart, NZG 2000, 744.
9 OLG Stuttgart, NZG 2000, 744; OLG Düsseldorf, AG 2000, 323.
10 OLG Düsseldorf, AG 2000, 323.
11 OLG Düsseldorf, AG 2000, 323, 324.
12 OLG Düsseldorf, AG 2000, 323.

ken würden.[1] Hütteman will solche Entwicklungsmöglichen und alternativen Fortführungskonzepte als „latente Verbundvorteile" erfassen, die ein „markttypischer Erwerber" „ihrer Art nach" realisieren könne. Es sei dann zu entscheiden, in welchem Verhältnis sie in einen höheren Kaufpreis eingingen.[2]

b) Neue Diskussion

Die Diskussion ist aber erneut eröffnet: Der Bundesgerichtshof hat in Verbindung mit dem Ansatz des Börsenkurses[3] darauf hingewiesen, dass die Frage der echten Verbundvorteile umstritten sei. Sie seien für die Barabfindung zu beachten, wenn sie „bei der Preisfindung vom Markt berücksichtigt worden" seien.[4]

6. Unechte Verbundvorteile

Unechte Verbundvorteile lassen sich ohne den Bewertungsanlass realisieren oder mit nahezu beliebigen Partnern erzielen. Solche Synergiechancen, die am Stichtag vorhanden sind, werden berücksichtigt.[5] Dazu rechnet das OLG Stuttgart die Verwendung bereits vorhandener Rezepturen, die Optimierung von Maschinenbelegung und Ablaufsteuerung, die einheitliche und compatible EDV– Software.[6] Diese vorhandenen Effekte „liegen nicht in Form berechenbarer Größen vor", sie werden aber in der Planungsrechnung „implizit" bei der Bemessung der Aufwendungen und Erträge berücksichtigt. „Sie drücken sich also in tendenziell besseren Planergebnissen aus, als dies ohne das Know-how der in der Papierfabrikation bereits erfahrenen Muttergesellschaft der Fall gewesen wäre".[7] Das Institut der Wirtschaftsprüfer verlangt auch bei unechten Verbundvorteilen, dass die synergiestiftenden Maßnahmen schon eingeleitet sind.[8] Das erscheint mir zu eng.[9]

---

1 OLG Celle, NZG 1998, 987 m. Anm. *Bungert*, S. 990; BayObLG, NJW-RR 1995, 1125.
2 *Hüttemann*, ZHR 162 (1998), 563, 593.
3 Unten S. 195.
4 BGH, DB 2001, 969, 972.
5 BGH, DB 2001, 969, 972; BayObLG, WM 1996, 526, 529 = AG 1996, 176, 177; IDW Standard S 1 Tz. 43, WPg 2000, 830.
6 OLG Stuttgart, NZG 2000, 744, 745.
7 OLG Stuttgart, NZG 2000, 744.
8 IDW Standard S 1 Tz. 43, WPg, 2000, 830.
9 Vgl. oben S. 60.

7. Abgrenzung

Echte und unechte Verbundvorteile sind mitunter schwierig abzugrenzen.[1] Das Landgericht Dortmund scheidet Effekte aus (z. B. Rationalisierung), die sich erst durch den Unternehmensvertrag ergeben. Anders sei es, wenn das Unternehmen allein das Potenzial hätte nutzen können. Das sei dann „latent" im Unternehmen enthalten und zu bewerten.[2] Das OLG Düsseldorf unterschied: Ein allgemein verwertbarer Verlustvortrag[3] sei zu beachten;[4] unbeachtlich seien dagegen Steuervorteile des Mehrheitsgesellschafters, weil diese zu seiner Privatsphäre zählten.[5]

8. Stand der Meinungen

Die Literatur fordert häufig, dass auch echte Verbundvorteile für die Höhe der Abfindung zu berücksichtigen seien.[6] Ein freiwillig ausscheidender Gesellschafter würde ja einen Preis erzielen, der den Verbundvorteil widerspiegelte. Es ist der Preis für die im Unternehmen liegende Chance Baustein eines größeren Verbundes zu werden.[7] Berücksichtigt man das nicht, erwirbt der Übernehmer aus konzentrationspolitischer Sicht zu billig.

Das entspricht wohl der Meinung des Delaware Supreme Court: Er schließt aus „speculative elements of value that may arise from the accomplishment or expectation of merger"; er bezieht aber ein „elements of future value, including the nature of the enterprise, which are known or suceptible of proof on the date of merger and not the product of speculation".[8]

9. Stellungnahme

Dem möchte ich folgen. Die erwarteten Verbundvorteile sind für Erwerber wie Verkäufer eines Unternehmens wichtig. Ein Erwerber ist bereit

---

1 BGH, DB 2001, 969, 972.
2 LG Dortmund, AG 1996, 278, 279.
3 Unten S. 173.
4 OLG Düsseldorf, WM 1988, 1052, 1056 = AG 1988, 275.
5 OLG Düsseldorf, AG 1991, 106.
6 *Meilicke/Heidel*, DB 2001, 973, 975 Fn. 54; *Busse von Colbe*, FS Lutter, S. 1053, 1062.
7 *Großfeld*, Gedächtnisschrift Lüderitz, S. 233; vgl. *Decher*, FS Lutter, S. 1209.
8 *Weinberger* v. UOP, Inc., 457 A. 2d 701, 713 (Del. 1983). In Cede Co. v. Technicolor, 542 A. 2d 1182 (Del. 1988) bezog das Gericht in den zukünftigen Wert Erkenntnisse ein, die der Markt noch nicht hat und die die Börsenkurse noch nicht beeinflussen.

für sie zu zahlen ein Veräußerer will für sie einen Preis.[1] Ein freiwillig ausscheidender Gesellschafter würde einen Preis anstreben, der den Verbundvorteil für den Übernehmer spiegelt. Das ist kein Minderheitsaufschlag als „Preis für Privatautonomie", sondern der Preis für eine im Unternehmen steckende Chance „Baustein" zu werden.

Es ist „angemessen" diesen Maßstab auch zu wählen, wenn ein Gesellschafter unter dem Druck eines Unternehmensvertrages ausscheidet; denn sonst erwürbe der Übernehmer zu billig. Die Abfindungsregeln erlauben es, zu angemessenen Bedingungen auszusteigen, sie sollen aber nicht anreizen zu „enteignungsähnlichen Vorgängen unter Privaten".[2]

10. Aufteilung

Folgt man der hier vertretenen Meinung, so ist der gemeinsame Vorteil zwischen den Parteien zu teilen.[3] Eine Hälftung überzeugt jedoch nicht, denn die Initiative ging aus vom Übernehmer, von ihm hängt ab, ob der Verbundvorteil entsteht. Der Übernehmer leistet also mehr. Das lässt es angemessen erscheinen ihm $2/3$ bis $3/4$ zuzuweisen.[4]

IX. Verbundnachteile

Verbundsnachteile sind dem Ausscheidenden nicht anzulasten. Der Übernehmer muss sie allein tragen.

X. Vollausschüttung

1. Allgemeines

Wir sprechen bisher von Überschüssen und vom finanziellen Erfolg des Unternehmens. Veräußerer und Erwerber bestimmen aber den Wert eines Unternehmens danach, was sie „herausholen" können ohne das Unternehmenskonzept zu verändern: „A stock is worth only what you can get out of it."[5] Maßgebend ist der künftige ausschüttungsfähige

---

1 *Busse von Colbe*, ZGR 1994, 595.
2 *Matschke*, Unternehmensbewertung, S. 124.
3 Beispiele bei *Matschke*, Unternehmensbewertung, S. 305 f.
4 Ausführlicher Vorauflage, S. 118 f.
5 *John B. Williams*, The Theory of Investment Value, Amsterdam 1956, S. 57.

Erfolg (die nachhaltig entziehbaren Geldüberschüsse, der Zahlungsstrom). Entscheidend sind also die möglichen Nettoausschüttungen oder die möglichen Nettoentnahmen abzüglich der Einlagen, die die Eigner erbringen müssen (Entnahmereihen, Konzeption des Entnahmestroms),[1] sind die Entnahmeerwartungen in der absehbaren Zukunft.

Deshalb nimmt man für die Bewertung an, dass alle die Überschüsse vollständig ausgeschüttet werden, die dafür bereit stehen.[2] Abgestellt wird auf die *maximal* möglichen künftigen Durchschnittsausschüttungen (Nettoeinnahmen). Der Zukunftswert ist ein Entnahmewert.

Gemeint ist also der ausschüttbare, nicht der tatsächlich ausgeschüttete Überschuss.[3] Es ist unwichtig, ob ein Erwerber das „Herausholbare" wirklich herausholen wird; seine zukünftigen Gestaltungen bleiben außer Betracht. Rücklagen, die zwar möglich, aber aus der Sicht des Eigners nicht zwingend sind, bleiben eben unbeachtet.

2. Freiwillige Rücklagen

Freiwillig gebildete (freie Rücklagen) sind somit nicht vorgesehen[4] (rücklagenfreier Erfolg). Es kann aber sachgerecht sein Überschüsse nicht auszukehren, weil sie dann keiner oder einer geringeren Steuer unterliegen.[5] Wenn dafür konkrete Anhaltspunkte vorliegen[6] ist das zu beachten. Solche ausnahmsweise abgesetzten Rücklagen sind die Grundlage späterer Überschüsse, die nach dem Grundsatz der Gleichbehandlung[7] allen Gesellschaftern zugute kommen sollen. Sie sind bei den künftigen Überschüssen[8] und beim Risikozuschlag[9] (bessere Kapitalausstattung) zu beachten.

3. Substanzerhaltung

Beachtlich sind aber nur Überschüsse die bleiben nach der Vorsorge für die Erhaltung des unveränderten Unternehmenskonzeptes. Wir kürzen

---

1 IDW Standard S 1 Tz. 24, WPg 2000, 828.
2 IDW Standard S 1 Tz. 44, WPg 2000, 830.
3 Vgl. OLG Düsseldorf, DB 1977, 296.
4 OLG Stuttgart, NZG 2000, 744.
5 IDW Standard S 1 Tz. 45, WPg 2000, 830.
6 IDW Standard S 1 Tz. 45, WPg 2000, 830.
7 Oben S. 30.
8 Unten S. 80.
9 Unten S. 122.

die Überschüsse daher um die Beträge, die nötig sind für die Substanzerhaltung und für die Finanzstruktur (Reininvestitionen).[1] Deshalb sind auch Beträge abzusetzen, die gebraucht werden um eingeplante Verluste auszugleichen.[2] Ältere Auffassungen machten oft einen pauschalen Abschlag von ca. 30 % um die Selbstfinanzierung zu erfassen. Das ist heute überholt.[3]

4. Finanzierbarkeit

Wir beachten auch die Finanzierbarkeit der Ausschüttungen:[4] Die Überschüsse müssen nachhaltig entziehbar und verfügbar,[5] d. h. sie müssen liquiditätsmäßig vorhanden sein.[6]

5. Rechtliche Schranken

Wie wir schon sahen[7] sind Überschüsse nur ausschüttbar soweit das rechtlich erlaubt ist (z. B. als handelsrechtlicher Jahresüberschuss oder als Bilanzgewinn).[8] Einer Ausschüttung können Verlustvorträge entgegenstehen oder die Pflicht eine gesetzliche Rücklage zu bilden.[9]

6. Unternehmerische Freiheit

Die Vollausschüttungsthese geht aus von der unternehmerischen Freiheit, Überschüsse aus dem Unternehmen abzuziehen wann immer man will. Das mag angesichts eines veränderten sozialpolitischen Umfeldes (Stichwort: Unternehmensverfassung) zweifelhaft sein – besonders bei unternehmerischer Mitbestimmung der Arbeitnehmer. Die Folgen lassen sich allerdings zahlenmäßig kaum erfassen; die Frage wird daher beim Kapitalisierungszinssatz noch einmal erörtert.[10]

---

1 OLG Stuttgart, NZG 2000, 744; IDW Standard S 1 Tz. 44, WPg 2000, 830.
2 OLG Stuttgart, NZG 2000, 744.
3 Dazu: *Matschke*, Funktionale Unternehmensbewertung, S. 210.
4 IDW Standard S 1 Tz. 27, WPg 2000, 829.
5 OLG Stuttgart, NZG 2000, 744.
6 Einzelheiten unten S. 80.
7 Oben S. 47.
8 IDW Standard S 1 Tz. 27, WPg 2000, 829.
9 *Großfeld*, Bilanzrecht, S. 122 Rz. 327.
10 Unten S. 134.

XI. Unternehmensleitung

1. Grundsatz

Da wir einen objektivierten Unternehmenswert suchen, müssen wir die übertragbare Finanzkraft bewerten. Wir schließen daher alle Faktoren aus, die nicht übertragbar sind. Daher ist zu prüfen, ob man mit den bisherigen Unternehmensleitern auch künftig rechnen kann.[1]

2. Managergeleitete Unternehmen

Das ist im Allgemeinen kein Problem für managergeleitete Unternehmen (AG, oft auch GmbH – selten GmbH & Co.). Dort nimmt man typisierend an, dass das Management verbleibt und sich deshalb die Überschüsse nicht aus persönlichen Gründen ändern (das mag man im Ausland anders sehen [„hired and fired"]).[2]

3. Personenbezogene Unternehmen

Das gilt allerdings nicht allgemein. Gelegentlich können starke Persönlichkeiten wichtig sein, so etwa wenn das Unternehmen durch eine bestimmte Person, oft den Eigner, geprägt ist (personenbezogene Unternehmen). Die an diese Person gebundenen positiven und negativen Wirkungen sind bei der Prognose auszuscheiden. Falls bisher kein angemessener Unternehmerlohn angesetzt war, muss das für die Zukunft geschehen. Die Höhe richtet sich danach, was ein nicht beteiligter, (hoffentlich) gleich tüchtiger Geschäftsführer erhielte.[3] Waren Familienangehörige bisher unentgeltlich tätig, so ist dafür ein fiktiver Lohn anzusetzen.[4]

Die Zukunftserwartung kann sich durch das Ausscheiden selbst ändern, wenn z. B. der persönlich haftende Gesellschafter ausscheidet. Das mag die übertragbare Überschusskraft mindern.[5] Wenn der persönlich haftende Gesellschafter für die Haftung einen Gewinnvorab oder Ähnliches erhielt, ist stattdessen ein Unternehmerlohn anzusetzen;[6] der zukünftige

---

1 IDW Standard S 1 Tz. 46, WPg 2000, 830.
2 IDW Standard S 1 Tz. 47, WPg 2000, 830.
3 BGH, WM 1975, 432, 433 f.
4 IDW Standard S 1 Tz. 40, WPg 2000, 829; S 1 Tz. 48, WPg 2000, 830.
5 *Neuhaus*, S. 91, 130 f.
6 *Neuhaus*, S. 130 f.

Überschuss sinkt dann. Die verminderte Haftungsmasse mag einen Zuschlag zum Kapitalisierungszins erfordern.[1]

4. Andere personenbezogene Faktoren

Zu beachten sind auch andere Faktoren, die bei einer Übertragung entfallen. Das können z. B. Einflüsse sein aus einem Unternehmensverbund oder aus besonderen persönlichen oder familiären Beziehungen, die bei einem Wechsel des Eigentümers nicht übergehen.[2] Wir finden solche Beziehungen oft bei Handelsvertretungen oder bei freiberuflichen Praxen. Diese Einwirkungen sind als personenbezogene Wertfaktoren – über den Unternehmerlohn hinaus – auszuscheiden.[3]

Das mag im Familien- und Erbrecht gelegentlich anders sein.[4] Der Bundesgerichtshof erklärte aber für den Zugewinnausgleich:

„Es verhält sich insoweit nicht anders, als wenn die Stellung eines unselbstständigen Erwerbstätigen als Einkommensquelle bewertet würde. Sie ist gleichfalls kein Vermögensgut, das beim Zugewinnausgleich zugunsten des Ausgleichberechtigten berücksichtigt werden kann."[5]

Die Rechtsprechung bewertet daher freiberufliche Praxen niedrig um eine „Versklavung" zu vermeiden.[6]

Entsprechend ist es bei positiven oder negativen („Vetterleswirtschaft") Einflüssen aus familiären Beziehungen, die bei einem Eigentümerwechsel nicht übergehen.[7] Sie können für Bewertungen ausländischer Unternehmen entscheidend sein.[8]

---

1 *Neuhaus*, S. 95, 131.
2 IDW Standard S 1 Tz. 49, WPg 2000, 830.
3 BGH, WM 1986, 1384, 1385. Zum Ganzen: *Gratz*, DB 1987, 2421; *Barthel*, DB 1990, 1145.
4 IDW Standard S 1 Tz. 50, WPg 2000, 830.
5 BGH, JZ 1977, 404; vgl. BGH, WM 1986, 1384, 1385. Vgl. OLG München, BB 1987, 1142 (Firmenwert einer Anwaltskanzlei).
6 *Wollny*, S. 4 m. Nachw.; Bundesrechtsanwaltskammer, BRAK-Mitteilungen 1986, 119; Richtlinie zur Bewertung von Arztpraxen, Deutsches Ärzteblatt 1984, B 671; dazu BGH, WM 1991, 283, 284; vgl. OLG Karlsruhe, WM 1989, 1229.
7 IDW Standard S 1 Tz. 49, WPg 2000, 830.
8 Unten S. 240. Hinzuweisen ist etwa auf das chinesische „Guanxi-System"; dazu *Großfeld*, Rechtsvergleichung, S. 2001.

5. Liquidationswert

Steht die bisherige Leitung nicht mehr bereit und lässt sich das Unternehmen ohne sie nicht weiterführen, so ist der Liquidationswert anzusetzen.[1] Das gilt auch, wenn der Ansatz eines Unternehmerlohns oder der Wegfall anderer personenbezogener Faktoren den Unternehmenswert unter den Liquidationswert drücken.[2]

XII. Mittlere Erwartungen (kein Vorsichtsprinzip)

Anders als im Bilanzrecht (§ 252 Abs. 1 Nr. 4 HGB) gibt es das Vorsichtsprinzip bei der Unternehmensbewertung nicht.[3] Wir müssen ausgehen von mittleren Erwartungen. Das gilt für alle Bewertungsfaktoren; denn das Vorsichtsprinzip ist parteiisch, es benachteiligt die abzufindenden Gesellschafter und ist daher nicht vereinbar mit dem Gebot objektiv zu bewerten. Die Unsicherheit über die Zukunft darf nicht zulasten einer Partei gehen.[4] Die abzufindenden Gesellschafter

„haben ein Anrecht auf Beteiligung an den Entwicklungschancen des Unternehmens und brauchen sich nicht auf dasjenige verweisen zu lassen, was im ungünstigsten Fall mit Sicherheit als Ertrag zu erwarten ist."[5]

Das heißt jedoch nicht Risiken zu vernachlässigen.[6] Dabei ist zu bedenken, dass ein Investor Risiken oft stärker gewichtet als Chancen; er ist nicht risikoneutral (man kann nie „alles" gewinnen, wohl aber „alles" verlieren – Risikoaversion):[7]

„Theorie und Praxis gehen übereinstimmend davon aus, dass die Wirtschaftssubjekte zukünftige Risiken stärker gewichten als zukünftige Chancen."[8]

Das berücksichtigen wir beim Kapitalisierungszinssatz (Risikozuschlag). Auf Einzelheiten komme ich zurück.[9]

---

1 IDW Standard S 1 Tz. 50, WPg 2000, 830; unten S. 203.
2 IDW Standard S 1 Tz. 50, WPg 2000, 830.
3 IDW Standard S 1 Tz. 69, WPg 2000, 832; OLG Zweibrücken, WM 1995, 985.
4 IDW Standard S 1 Tz. 69, WPg 2000, 832.
5 KG, WPg 1972, 211, 220.
6 IDW Standard S 1 Tz. 70, WPg 2000, 832.
7 IDW Standard S 1 Tz. 70, WPg 2000, 832.
8 IDW Standard S 1 Tz. 94, WPg 2000, 833.
9 Unten S. 122.

XIII. Substanzerhaltung

Wir sahen soeben: „Ausschüttbar" ist nur, was ausgeschüttet werden kann ohne die Substanz zu mindern, auf der die Leistungsbereitschaft beruht. Die Substanz ist zu erhalten: Erfolg ist allein, was abgeschöpft werden kann, ohne die Substanz, die Basis der Überschüsse, anzutasten. Dabei mag man von einer gleichen, wachsenden oder schrumpfenden Substanz ausgehen.[1] Das folgt schon daraus, dass wir bei der Bewertung von einem „ewigen" Unternehmen ausgehen.[2] Deshalb sind alle Rücklagen abzusetzen, die nötig sind um die bisherigen Überschüsse zu erhalten.

Die Substanzerhaltung ist möglicherweise beim Entscheidungswert anders zu beurteilen. Hierzu wird vorgebracht, dass sich Überlegungen zur Substanzerhaltung im Rahmen einer optimalen Ausschüttungspolitik als „überflüssige Fremdkörper" erweisen. Es sei nicht einzusehen, weshalb Gesellschafter ihre Renditeinteressen der Substanzerhaltung unterordnen sollten. Für den Einigungswert (Normwert) berührt uns diese Kritik aber nicht; denn beim Zwang zur parteienbezogenen Anpassung aufgrund normativer Vorgaben folgt die Substanzerhaltung schon aus der gesellschaftlichen Treuepflicht. Sie verbietet es die Substanz des gemeinschaftlichen Unternehmens zugunsten eines Einzelnen zu schädigen; das Unternehmen soll ja grundsätzlich fortgeführt werden. Das wirkt sich auf die Abfindung aus.

XIV. Nicht betriebsnotwendiges (neutrales) Vermögen

Neben dem betriebsnotwendigen Vermögen hat ein Unternehmen häufig auch nicht betriebsnotwendiges Vermögen. Es kann frei veräußert werden, ohne dass dies die Aufgabe des Unternehmens beeinträchtigt (funktionale Abgrenzung).[3] Den Wert dieses Vermögens ermitteln wir gesondert und fügen ihn dann dem Barwert der Überschüsse des betriebsnotwendigen Vermögens hinzu.[4]

---

1 IDW Standard S 1 Tz. 32, WPg 2000, 829.
2 Unten S. 109.
3 IDW Standard S 1 Tz. 64, WPg 2000, 853.
4 Einzelheiten unten S. 168.

XV. Informationen

Entscheidend sind zuverlässige Informationen in angemessenem Umfang. Sie bestimmen die Qualität der Analyse. Die Informationen müssen unternehmens- und marktorientiert sein.[1] Notwendig sind zukunftsbezogene Informationen. Vergangenheits- und stichtagsbezogene Daten sind nur die Basis für eine plausible Schätzung der Zukunft. Dafür sind heranzuziehen interne Plandaten, Marktanalysen, Angaben zur Markstellung und zu deren Veränderung sowie zum allgemein wirtschaftlichen und politischen Umfeld.[2]

XVI. Unterlagen

Der Gutachter kann sich grundsätzlich auf geprüfte Abschlüsse stützen, die evtl. zu bereinigen sind.[3] Nicht geprüfte Abschlüsse muss er auf die Verlässlichkeit der Basisdaten abklopfen und seine Meinung dazu darlegen.[4] Das Unternehmen muss ihm erklären, dass die Unterlagen vollständig sind (Vollständigkeitserklärung). Das Urteil über die Plausibilität von Planungen und Prognosen muss der Gutachter aber selber treffen.[5]

XVII. Unsicherheit

1. Nachvollziehbarkeit

Wir sehen, dass der Unternehmenswert auf vielen Vorgaben beruht. Deshalb ist stets klar zu machen, von welchen Annahmen wir ausgehen.[6] Es muss ferner deutlich sein, dass der *Gutachter* die Vorgaben macht und dass er sie nicht ungeprüft von der Geschäftsführung oder von Dritten übernimmt.[7] Die Zukunftsüberschüsse lassen sich zudem nur schätzen; das geschieht nie objektiv. Umso wichtiger ist, dass die Schätzung sich als

---

1 IDW Standard S 1 Tz. 75, WPg 2000, 832.
2 IDW Standard S 1 Tz. 76, WPg 2000, 832.
3 IDW Standard S 1 Tz. 89, WPg 2000, 833.
4 IDW Standard S 1 Tz. 89, WPg 2000, 833; S 1 Tz. 178, WPg 2000, 841.
5 IDW Standard S 1 Tz. 90, WPg 2000, 833.
6 IDW Standard S 1 Tz. 71, WPg 2000, 832.
7 IDW Standard S 1 Tz. 72, WPg 2000, 832; S 1 Tz. 63, WPg 2000, 831.

nachvollziehbar, plausibel und widerspruchsfrei erweist.[1] Das verlangt eine umfassende Analyse für Vergangenheit, Stichtag und Zukunft.

2. Abwägung/Schätzung

Das Gericht entscheidet gemäß § 286 Abs. 1 ZPO „nach freier Überzeugung". Das verlangt das Bemühen zunächst um Richtigkeit; denn diese hat beweisrechtlich den Vorzug gegenüber der „Wahrscheinlichkeit" i. S. d. § 738 Abs. 2 BGB, § 287 Abs. 2 ZPO.[2] Die Schätzung tritt hinzu, wenn eine weitere Aufklärung nicht angemessen realistisch ist. Das Gericht urteilt dann „unter Würdigung aller Umstände". Es darf also und muss sogar schätzen. Das ist auch zu beachten bei der Wahl zwischen einer späten genauen und einer zeitlich angemessenen richterlichen Entscheidung,[3] zumal es (gerade wegen des Zeitproblems) ohnehin keine exakt-mathematische Unternehmensbewertung gibt. Die Mathematik ist Dienerin, nicht Führerin in der Unternehmensbewertung.

---

1 OLG Zweibrücken, AG 1995, 421, 422; IDW Standard S 1 Tz. 73, WPg 2000, 832.
2 BayObLG, EWiR § 320b AktG 1/2000, 702 *(Luttermann)*.
3 Vgl. BayObLG, AG 1996, 127 und AG 1996, 176.

F. Vergangenheitsanalyse

I. Grundlagen

Die Prognose der künftigen Überschüsse ist das Kernproblem der Unternehmensbewertung.[1] Obgleich der Unternehmenswert so ein zukunftsbezogener Wert ist, müssen wir das Unternehmen zunächst vergangenheits- und stichtagsorientiert analysieren (Grundsatz der Vergangenheitsanalyse).[2] Die Vergangenheitserfolge sind zwar nicht ausschlaggebend, setzen aber doch Maßstäbe, geben oft den Schlüssel für die Zukunft (zukunftsorientierte Bewertung). Sie sind Grundlage der Prognose und ihrer Plausibilität.[3] Unternehmen sind eben „pfadabhängig".

Wir ermitteln dafür zunächst die bisherigen Überschüsse und gehen aus von der Rechnungslegung, also von Gewinn- und Verlustrechnung, Bilanz, Kapitalflussrechnung sowie internen Rechnungen. Dabei sind die Ursachen für die bisherigen Überschüsse erkennbar zu machen und die Rechnungen der Vergangenheit u. U. zu bereinigen.[4] Die einzelnen Posten sind auf die Zeit vor den Stichtag festzulegen. Sind z. B. halbfertige Arbeiten mit den anteiligen Erlösen angesetzt, sind die Risiken verursachungsgerecht eingeordnet?

Die Erkenntnisse aus der Rechnungslegung und deren Umfeld analysieren wir sodann vor dem Hintergrund der vergangenen Markt- und allgemeinen Entwicklung (u. a. politische, volkswirtschaftliche, technische Trends, Veränderung der Branche und der Märkte). Betriebs- und volkswirtschaftliche Anforderungen fallen zusammen. Besonders wichtig ist, wie sich die Marktstellung des Unternehmens in Marktanteilen entfaltet hat (*Verlaufs*analyse, *Verlaufsdynamik*).[5] Die Bedeutung des Marktanteils und seines Verlaufs ist jedoch von Marktsegment zu Marktsegment unterschiedlich. Sie ist besonders groß bei unsichtbaren Gütern, die nur über die Marktakzeptanz „existieren", wie z. B. bei Versicherungen. Bei börsennotierten Unternehmen ist die Börsenkursentwicklung der Vergangenheit zu verfolgen, weil sie auf ein Entwicklungspotenzial deutet, u. a. auf die Fähigkeit schnell und günstig Kapital aufzunehmen. Aus diesem Grund ist zu beachten, wie die Einstufungen durch Rating Agenturen *verlaufen*. Das gibt eine einigermaßen sichere Grundlage für die weitere Schätzung.[6]

---

1 IDW Standard S 1 Tz. 73, WPg 2000, 832.
2 BGH, JZ 1982, 156.
3 IDW Standard S 1 Tz. 77, WPg 2000, 832; BayObLG, EWiR § 304 AktG 1/2001, 1027, 1028 (*Luttermann*).
4 IDW Standard S 1 Tz. 78, WPg 2000, 832.
5 IDW Standard S 1 Tz. 79, WPg 2000, 832.
6 LG Dortmund, AG 1997, 27.

II. Analyse der Substanz

Wir sahen schon, dass der Substanzwert grundsätzlich keine Rolle mehr spielt.[1] Aber für die Einschätzung der künftigen Überschüsse ist doch die vorhandene Substanz wichtig. Sie ist ja ein wichtiger Teil der Basis für die Zukunft. Deshalb ist sie bei den Investitions- und Finanzplanungen auch in ihren möglichen Veränderungen zu berücksichtigen.

Stille Rücklagen sind nicht eigens zu erfassen.[2] Sie gehören zur Beurteilung der Substanz, die nicht eigenständig bewertet wird. Sie sind allerdings Indizien für die zukünftige Wirtschaftskraft und unter Umständen für die Liquidität.

III. Durchschnittliche Überschüsse[3]

Zu ermitteln sind die durchschnittlichen Überschüsse der Vergangenheit; nur so erfahren wir die „zukunftsorientierte Erwerbskraft" des Unternehmens.[4] Gegebenenfalls sind die Ergebnisse zu bereinigen, etwa um solche aus einmaligen und außerordentlichen Ereignissen:[5] „Ungewöhnliche und deshalb für die Zukunft nicht repräsentative Risiken und Chancen sind... auszuklammern".[6] Kurz, es ist alles herauszunehmen, was die Überschüsse nicht regelmäßig beeinflusst.

Im Allgemeinen geht man um mindestens drei bis höchstens zehn Jahre zurück.[7] Es kommt auf den Einzelfall an.[8] Oft genügen fünf Jahre.

IV. Wesentliche Positionen

Aus der Gewinn- und Verlustrechnung sind vor allem zu erfassen folgende Positionen: Umsatzerlöse, Materialaufwand, Personalaufwand,

---

1 Oben S. 36.
2 LG Dortmund, AG 1996, 278, 279.
3 Einzelheiten in IDW Standard S 1 Tz. 108 ff., WPg 2000, 835.
4 LG Hannover, AG 1979, 234.
5 IDW Standard S 1 Tz. 69, WPg 2000, 832.
6 OLG Celle, AG 1981, 234; LG Dortmund, AG 1981, 236, 238.
7 U.E.C.-Empfehlung, Abschnitt 6 e.
8 Einzelheiten BayObLG, NZG 2001, 1033, 1034; OLG Düsseldorf, WM 1984, 732, 733; OLG Celle, AG 1981, 234 und LG, AG 1981, 2346, 238 billigen fünf Jahre, *Seetzen*, ZIP 1994, 331, 335 billigt drei Jahre zu, um eine „Vergangenheitslastigkeit" zu vermeiden.

Abschreibungen, sonstige betriebliche Aufwendungen und Erträge, Zinsertrag und Zinsaufwand und das außerordentliche Ergebnis.

Aus der Bilanz entnehmen wir zunächst die Aktivposten: nicht abnutzbares Anlagevermögen, abnutzbares Anlagevermögen, Finanzanlagen, Vorräte und Kassenbestand (liquide Mittel). Es folgen die Passivposten: Rückstellungen, Verbindlichkeiten aus Lieferung und Leistung, Fremdkapital, Eigenkapital. Dabei unterscheiden wir beim Eigenkapital danach, ob wir eine Personengesellschaft oder eine Kapitalgesellschaft bewerten.[1]

V. Verrechnungspreise

Richtig zu stellen sind Verzerrungen der Überschüsse, die darauf beruhen, dass das Unternehmen einem Konzern angehört und zwischen Konzerngliedern nicht Marktpreise galten (Verrechnungspreise). Anzusetzen sind die Überschüsse, die ein unabhängiges Unternehmen gehabt hätte. Das kann dazu führen, dass Tantiemen für Organmitglieder und Steuern neu zu berechnen sind.

VI. Gewichtung

Nach diesen Vorarbeiten kann man nicht einfach den Durchschnitt der Überschüsse der letzten Jahre als Indikator nehmen. Die einzelnen Jahre sind vielmehr zu gewichten.[2] Dadurch sollen die bereinigten Jahreserfolge mit zunehmender Nähe zum Stichtag ein größeres Gewicht erhalten. Oft werden das Beste und das Schlechteste von fünf Vergleichsjahren weggelassen und die drei verbleibenden Jahre in aufsteigender Reihe mit 1, 2 und 3 gewichtet; dabei erhält das letzte Jahr am meisten Gewicht.[3]

Ein schematisches Vorgehen ist jedoch abzulehnen. Vielleicht war das letzte Jahr ein Ausnahmejahr; es erhielte dann zu große Bedeutung. Ferner ist zu analysieren, welche Erfolgselemente am Stichtag noch wirksam sind.

---

1 Einzelheiten bei *Peemöller/Popp/Kunowski*, BilanzWert, Benutzeranleitung S. 17.
2 OLG Celle, AG 1981, 234; LG Frankfurt, WM 1997, 559, 561.
3 OLG Celle vom 1. 7. 1980, Aktz. 9 Wx 9/79, WP-Handbuch, S. 31.

G. Zukunftsanalyse (Prognose)[1]

Unter dem Eindruck mathematischer Formeln wird oft verkannt, wie schwierig es ist, die Zukunft zu analysieren. Dazu bedarf es größter Sorgfalt. Gerade hier kann der Gutachter seine Kompetenz beweisen, gerade darüber ist mit ihm das Rechtsgespräch zu führen. Hier erweist sich sein „Augenmaß". Bevor wir in die Einzelheiten einsteigen, wollen wir uns daher noch einmal die Voraussetzungen klar machen.

I. Grundsätze

1. Going Concern

Auszugehen ist von der Fortführung des Unternehmens („going concern");[2] daher hängt der Wert des Unternehmens davon ab, welche herausholbaren Überschüsse sich erwarten lassen (Vollausschüttung, Zuflussprinzip). Wir sahen, dass der Zukunftsnutzen den Wert eines Unternehmens bestimmt; entscheidend ist der nachhaltige Zukunftserfolg. Es gilt also das Prinzip der Zukunftsbezogenheit; der Unternehmenswert ist ein Zukunftswert. Bei der Prognose sind alle am Bewertungsstichtag „bereits in der Wurzel bestehenden Faktoren" zu beachten.[3] Vorübergehende negative oder positive Umstände scheiden aus.[4]

2. Objektive Sicht

Wir gehen aus von der Analyse der Vergangenheit um festzustellen, worauf die Ergebnisse in der Vergangenheit beruhen.[5] Dann erwägen wir die leistungs- und finanzwirtschaftlichen Aussichten und beachten dabei die zu erwartenden Markt- und Umwelttendenzen.[6] Die zukünftigen Entwicklungen beurteilen wir aus der Sicht eines objektiven Dritten. Da es

---

1 Zu Einzelheiten IDW Standard S 1 Tz. 73 ff., WPg 2000, 832; *Baetge/Richter*, FS Loitlsberger, S. 1.
2 Oben S. 55.
3 Oben S. 59.
4 BGH, DB 1973, 509, 511; vgl. BGH, WM 1986, 234, 236 f.
5 OLG Düsseldorf, NZG 2000, 1079, 1080.
6 IDW Standard S 1 Tz. 80, WPg 2000, 832. Zu Einzelheiten OLG Düsseldorf, NZG 2000, 1079, 1080.

um die Überschüsse auf Dauer geht, sind die durchschnittlichen, nicht die häufigsten Werte maßgeblich.[1] Chancen und Risiken sind gleichmäßig einzubeziehen. Nur betrieblich bedingte Überschüsse sind zu erfassen, Überschüsse aus dem neutralen Vermögen sind auszusondern.[2]

Die Regeln für die Zukunftsprognose gelten auch für die einzelnen Faktoren der Überschüsse. Es kommt also nicht allein auf die Lage am Stichtag[3] an. Unsicherheiten der Zukunft sind bereits hier zu erfassen,[4] nicht erst im Kapitalisierungszinssatz.[5]

II. Abschlussanalyse

Wir ermitteln die Überschüsse zunächst aus der handelsrechtlichen Gewinn- und Verlustrechnung, verfolgen sodann die Planungsansätze für die verschiedenen Produktbereiche und Phasen und entwickeln von dort her die Entwicklungstendenzen. Es kann sinnvoll sein, die erwarteten Überschüsse nach Produktbereichen abzugrenzen.

Die Analyse der Zukunft beginnt mit einer Analyse des Jahresabschlusses. Wir ermitteln die Liquidität, das Verhältnis von Eigen- und Fremdkapital und Hinweise auf die Substanz. Wir achten darauf, wie hoch das immaterielle Vermögen ist, welches allenfalls teilweise in der Bilanz erscheint (§§ 248 Abs. 2, 255 Abs. 4 HGB). Wir schauen uns ebenso die Gewinn- und Verlustrechnung an. Wichtig ist ferner der Konzernabschluss (einschließlich Kapitalflussrechnung), der das Unternehmen einschließt. Er gibt uns Hinweise auf das Maß der Konzernverflechtungen aber auch darauf, mit welchen Chancen und Risiken das Unternehmen aus dem Verbund heraus rechnen kann oder muss.

III. Unternehmensanalyse

Danach beginnt die Unternehmensanalyse. Am Anfang steht eine Analyse der Branche. Man versucht herauszufinden, welches Marktpotenzial besteht und wie die Branche im Vergleich zu anderen Branchen wachsen

---

1 OLG Celle, Aktz. 9 W 2/77, insoweit in AG 1979, 230 nicht abgedruckt.
2 LG Berlin, NZG 2000, 284, 285 f.; *Welf Müller*, JuS 1974, 558. Zum neutralen Vermögen und dessen Erträgen siehe unten S. 168.
3 OLG Düsseldorf, AG 1999, 321, 322.
4 OLG Celle, Aktz. 9 W 2/77, insoweit in AG 1979, 230 nicht abgedruckt.
5 Dazu näher unten S. 122.

könnte. Dann ist zu fragen, wie das Unternehmen innerhalb der Branche steht und wie stark die Wettbewerber sind. Gibt es Marktführer, gibt es Schranken für den Markteintritt? Schützen Patente? Wie lange? Dann gehen wir über zu den Wettbewerbsvorteilen des Unternehmens. Hat gerade dessen Produkt Chancen, gehört das Unternehmen zum wachstumsstarken Teil der Branche? Die Verlaufsanalyse als Ausdruck der Dynamik steht im Vordergrund. Eine statische Betrachtung ist verfehlt.

IV. Einzelanalyse

Im Übrigen sind die Produkte und Produktionsbereiche zu analysieren. Es empfiehlt sich strategische Erfolgseinheiten nach Produkt und Markt zu bilden und voneinander zu trennen. Tendenzen bei Umsatz, Kosten (z. B. Lohnsteigerungen) und Erlösen (z. B. wachsender Importdruck, Verlust eines technischen Vorsprungs, Ablaufen eines Patents) sind zu beachten. Der zukünftige Zinsaufwand wird im Anschluss an die Kapitalflussrechnung des letzten Geschäftsjahres aus einer Finanzbedarfsrechnung abgeleitet. Wegen der Zinsbelastung hängt der Ertragswert eines Unternehmens stark ab von der Finanzierung.[1] Ein Anspruch auf Nachteilsausgleich gem. § 311 AktG gehört ebenfalls zum Überschuss.[2]

V. Plandaten

Die künftigen Überschüsse lassen sich nur nach sorgfältiger Planung schätzen. Deshalb schaffen wir aufeinander abgestimmte Plan-Bilanzen, Plan-Gewinn- und Verlustrechnungen und Finanzplanungen.[3] Unternehmensbezogene Daten über die Zukunft gewinnen wir aus internen Planungsdaten, aus den darauf aufbauenden Plan-Bilanzen, Plan-Gewinn- und Verlustrechnungen und aus Plankapitalflussrechnungen.

Doch kann man die Planungsrechnungen des Unternehmens nicht einfach übernehmen:[4] Die Pläne sind oft zu „schön", positive Entwicklungen werden leicht überschätzt, negative verdrängt. Unternehmer sind

---

1 Oben S. 5, 79.
2 OLG Hamburg, AG 1980, 163, 164.
3 IDW Standard S 1 Tz. 28, WPg 2000, 829.
4 *Welf Müller*, JuS 1974, 424, 425.

eben Optimisten! Gelegentlich können die Pläne wegen einer befürchteten Auseinandersetzung nach unten tendieren („corriger la fortune");[1] deshalb ist Distanz geboten.

VI. Nominalrechnung/Realrechnung[2]

Preissteigerungen der Zukunft können sich ergeben aus Veränderungen bei Absatz und Kosten oder aus Strukturveränderungen.[3] Das ist bei der Schätzung zu beachten.[4] Preissteigerungen sind aber oft auch Folge der Inflation. Wir können sie auf zwei Arten erfassen: Wir setzen die Überschüsse an mit den nominalen Steigerungsraten in Anlehnung an die geschätzte künftige Inflationsrate (Nominalrechnung) oder wir setzen sie nur an auf der Basis des aktuellen Preisniveaus (Realrechnung). Das führt jeweils zu nominalen oder inflationsbereinigten Kapitalisierungszinssätzen (Homogenitätsprinzip).[5] Die Praxis zieht die Nominalrechnung vor, weil sie die Basis für die abzuziehenden Ertragssteuern[6] ist. Das sichert den Bezug zum Basiszinssatz, der als Nominalgröße eine Geldentwertungsrate enthält.[7]

Die Inflationsrate ist nur ein erster Anhalt. Denn die Preissteigerungen können bei Anschaffung der Ware andere sein als beim Verkauf. Es ist auch nicht sicher, dass sie sich ganz auf die Kunden überwälzen lassen; das ist jeweils zu prüfen.[8]

VII. Sonstige Änderungen

Struktur- oder Mengenänderungen (Absatzsteigerung oder Absatzeinbrüche) können die nominalen finanziellen Überschüsse ebenfalls beeinflussen. Sie können sich ergeben aus Veränderungen der Bezugs-, Absatz- und Kostenlage und sind dann einzuplanen.[9]

---

1 Oben S. 50.
2 IDW Standard S 1 Tz. 101–103, WPg 2000, 834 f. Dazu eingehend *Drukarczyk*, Unternehmensbewertung, S. 429.
3 IDW Standard S 1 Tz. 102, WPg 2000, 834.
4 OLG Celle, NZG 1998, 987, 989.
5 IDW Standard S 1 Tz. 101, WPg 2000, 834.
6 Unten S. 100.
7 IDW Standard S 1 Tz. 101, WPg 2000, 834; unten S. 146.
8 IDW Standard S 1 Tz. 103, WPg 2000, 834.
9 IDW Standard S 1 Tz. 102, WPg 2000, 834.

G. Zukunftsanalyse (Prognose)

VIII. Einzelne Überschüsse[1]

Nachdem die bereinigten Überschüsse der Vergangenheit ermittelt sind, planen wir auf dieser Grundlage die Überschüsse für verschiedene Bereiche in verschiedenen Phasen.[2] Die Produkte und Produktbereiche werden einzeln analysiert; ihnen ordnen wir die Überschüsse zu.[3]

1. Umsatzerlöse

Umsatzerlöse entscheiden zumeist über die künftigen Überschüsse. Sie sind gemäß dem Potenzial des Unternehmens zu berücksichtigen. Dabei muss man sich nicht sogleich auf einzelne Ereignisse oder Geschäfte beziehen.[4] Wir beginnen vielmehr mit den Umsatzplanungen des Unternehmens und korrigieren sie eventuell. Wir beachten die Auftragsbestände,[5] prüfen die konjunkturellen Aussichten der Branche, fragen nach saisonalen Einflüssen und danach, ob das Unternehmen im, unter oder über dem Branchentrend liegt.[6]

Bei Konzernunternehmen ist zu prüfen, ob bestimmte Umsätze nur im Konzernverbund zu erreichen waren oder ob sie auf dem eigenen Leistungsvermögen des Unternehmens beruhen und auf ähnliche Möglichkeiten in der Zukunft schließen lassen.[7] Von den voraussichtlich zu erzielenden Preisen ziehen wir ab die üblichen Ergebnisschmälerungen (Rabatte, kaufrechtliche Minderungen). Auch hier entscheidet die Plausibilität.[8]

Wir versuchen so, die Absatzmengen für die nächste Zeit phasenweise[9] zu erfassen. Das lässt sich für die ersten Jahre noch einigermaßen erkennen, für die weitere Zukunft bleiben nur Durchschnitte. Die Planung ist dann mithilfe von „Plausibilitätsüberlegungen und Sensitivitätsanalysen" (Ende der „Wissenschaft"!) kritisch zu befragen.[10]

---

1 IDW Standard S 1 Tz. 109, WPg 2000, 835.
2 IDW Standard S 1 Tz. 109, WPg 2000, 835.
3 IDW Standard S 1 Tz. 110, WPg 2000, 835.
4 OLG Düsseldorf, AG 2000, 323.
5 Vgl. *Klostermann*, Der Auftragsbestand als Wirtschaftsgut, 2000.
6 IDW Standard S 1 Tz. 111, WPg 2000, 835.
7 OLG Düsseldorf, AG 2000, 323, 324.
8 IDW Standard S 1 Tz. 112, WPg 2000, 835 f.
9 Unten S. 91.
10 IDW Standard S 1 Tz. 103, WPg 2000, 834.

2. Weitere Einflussfaktoren[1]

Es kommt weiter darauf an, ob das Erlöskostenverhältnis gleich bleibt, d. h. vor allem ob die Preise auf den Absatz- und Beschaffungsmärkten parallel verlaufen werden.[2] Ausgehend von der Produktionsmenge schätzen wir sodann die Höhe des Aufwandes für Material sowie für Roh-, Hilfs- und Betriebsstoffe.[3]

Beim Personal beziehen wir absehbare Lohn- und Gehaltsteigerungen ein, ferner einen bevorstehenden Stellenaus- oder -abbau. Wenn Pensionsaufwendungen und Pensionsauszahlungen wesentlich auseinander fallen (noch kein Beharrungszustand), sind die Auswirkungen der Pensionszusagen auf Finanzierung und Besteuerung[4] zu prüfen. Auch im Übrigen schauen wir besonders auf die Rückstellungen.[5] Wir stützen uns auf die Erfahrungen der Vergangenheit und leiten daraus ab die zu erwartende Inanspruchnahme.[6]

3. Investitionen

Für die Investitionen zur dauerhaften Sicherung von Überschüssen (Reinvestitionsrate) beziehen wir uns auf die Investitionsplanung. Die Leistungen dafür nehmen wir auf in die Finanzplanung.[7]

4. Beteiligungsergebnis

Hier ist zu trennen zwischen inländischen und ausländischen Beteiligungen, damit die Steuerlast richtig berechnet wird. Bei inländischen Beteiligungen stellen wir den Nettozufluss ein. Bei ausländischen Beteiligungen müssen wir zumeist brutto rechnen, also einschließlich der im Ausland erhobenen Quellensteuer. Soweit sie nämlich (wie meist) auf die Steuer im Inland anrechenbar ist, wirkt sie wie eine Vorauszahlung auf die deutsche Steuer.[8]

---

1 IDW Standard S 1 Tz. 113, WPg 2000, 836.
2 IDW Standard S 1 Tz. 113, WPg 2000, 836.
3 IDW Standard S 1 Tz. 113, WPg 2000, 836.
4 IDW Standard S 1 Tz. 113, WPg 2000, 836.
5 Zu Pensionsrückstellungen LG Berlin, NZG 2000, 284, 286.
6 IDW Standard S 1 Tz. 113, WPg 2000, 836.
7 IDW Standard S 1 Tz. 114, WPg 2000, 836.
8 Einzelheiten bei *Kengelbach*, S. 31 ff. und unten S. 245.

IX. Eigenkapital/Fremdkapital

Das Verhältnis von Eigen- zu Fremdkapital bleibt bei der Ermittlung der Überschüsse zunächst außer Betracht; denn die geschäftlichen Aussichten hängen nicht ohne weiteres von der Finanzierung ab. Änderungen der Finanzierung verändern aber Zinseinnahmen und Zinsausgaben (Zitterprämie!). Schon deshalb sind wesentliche Finanzierungsvorgänge zu beachten.[1] Die Kapitalstruktur spielt auch eine große Rolle für den Kapitalisierungssatz.[2]

X. Finanzplanung[3]

1. Allgemeines

Wir sahen: Die künftigen Überschüsse hängen wegen der Wirkung von Zins- und Zinseszins ab von der Finanzierung, die oft schwankt. Anstieg oder Verringerung der Fremdmittel verschlechtern oder verbessern die Risikolage des Unternehmens. Aus hohem Fremdkapital kann sich ein Risiko für den Bestand des Unternehmens ergeben, weil der „Puffer" Eigenkapital evtl. schmal ist (Strukturrisiko); das müssen wir beachten beim Kapitalisierungszinssatz.[4]

Wie plant man die Veränderungen zukünftiger Finanzierung? Sie gestaltet ja das Verhältnis von Eigen- zu Fremdkapital, von Aktiv- und Passivseite der Bilanz und die Fähigkeit, Marktchancen schnell wahrzunehmen. Die finanzielle Lage des Unternehmens verbessert oder verschlechtert sich, das Risiko sinkt oder steigt, ebenfalls das Rating. Das kann zu höheren oder niedrigeren Zinsen für das Fremdkapital führen, wirkt auch auf den Kapitalisierungszinssatz (Risikoveränderung).[5]

2. Einzelheiten

Die Finanzplanung stellt den Ausschüttungen gegenüber den Finanzbedarf einschließlich der Investitionen und der Liquiditätsvorsorge (finanzielle Über- oder Unterdeckung). Es kann sich ein Mittelbedarf ergeben,

---
1 IDW Standard S 1 Tz. 116, WPg 2000, 836.
2 Unten S. 122.
3 Einzelheiten in IDW Standard S 1 Tz. 114, WPg 2000, 836.
4 IDW Standard S 1 Tz. 115, WPg 2000, 836; unten S. 122.
5 IDW Standard S 1 Tz. 115, WPg 2000, 836.

der zu decken ist, durch Thesaurierung von Überschüssen, durch Fremdkapital oder neues Eigenkapital. Es kann sich auch eine Mittelüberschuss zeigen zur Tilgung von Krediten. Daraus lässt sich dann das künftige Zinsergebnis ermitteln, das wiederum in den Überschuss eingeht. Oft müssen die Bemessungsgrundlagen für erfolgsabhängige Steuern geplant werden.

Die Planung der Finanzierung ist somit zentral (Finanzbedarfsrechnung). Die Darlegungen zeigen aber auch, dass die vielen Einflüsse darauf von außen kaum zu entschlüsseln sind. Deshalb müssen wir uns auf wesentliche Vorgänge beschränken.[1] Hier endet die finanzmathematische „Feinarbeit".

XI. Perspektive

Über die Zukunft können unterschiedliche Vorstellungen bestehen – auf wessen Sicht kommt es an? Das Unternehmen mag fortgeführt oder veräußert, es mag umstrukturiert oder verlagert werden.

Einige stellen ab auf die Pläne der verbleibenden Gesellschafter. Das entspreche den Grundsätzen über die Willensbildung in der Gesellschaft; Meinungsverschiedenheiten über die Richtung des Unternehmens seien in der Gesellschafterversammlung zu lösen, nicht durch einen Gutachter bei der Bewertung.[2]

Dem ist nicht zu folgen. Das Ausscheiden beendet die Bindung an den Gesellschafterwillen; das entspricht der in § 738 Abs. 1 Satz 2 BGB unterstellten Auflösung. Ein dritter Erwerber würde zudem mögliche Zieländerungen mitbedenken; den verbleibenden Gesellschaftern fließt diese Chance zu. Bliebe es bei der Planung der verbleibenden Gesellschafter, könnten sie die Höhe der Abfindung bestimmen. Richtig ist daher, aus der Sicht eines objektiven Dritten Alternativen zu beurteilen und mit einem Wahrscheinlichkeitsfaktor (alternative Überschussreihen)[3] anzusetzen.[4]

XII. Schwebende Geschäfte

Gemäß § 740 Abs. 1 BGB nimmt der Ausgeschiedene an dem Ergebnis der schwebenden Geschäfte teil. Nach den überkommenen Bewertungs-

---

1 IDW Standard S 1 Tz. 116, WPg 2000, 836.
2 *Neuhaus*, S. 96.
3 Unten S. 96.
4 IDW Stellungnahme HFA 2/1983, Grundsätze, WPg 1983, 470.

methoden sind schwebende Geschäfte daher gesondert abzurechnen.[1] Das ist bei den modernen Verfahren anders; sie erfassen die Vor- und Nachteile schwebender Geschäfte unmittelbar über die Prognose der Überschüsse.[2] § 740 Abs. 1 BGB ist damit genügt; einer besonderen Abrechnung bedarf es nicht. Ein Erwerber des Unternehmens würde die schwebenden Geschäfte nicht zusätzlich vergüten.[3]

XIII. Nachteile aus Leitungsmacht (Verbundnachteile)[4]

Ein Unternehmensvertrag kann an einen früheren Unternehmensvertrag anschließen. Unter der Geltung des früheren Vertrages konnte die herrschende Gesellschaft die Übertragung stiller Rücklagen fordern, vor allem im neutralen Vermögen;[5] das soll ausgeglichen werden durch die Pflicht zur Verlustübernahme (§ 302 AktG). Das so abgezogene Vermögen gehört der abhängigen Gesellschaft nicht mehr. Anders ist es, wenn die herrschende Gesellschaft ihre Rechte nicht genutzt hat; dann ist das neutrale Vermögen zwar stets gefährdet, aber doch der abhängigen Gesellschaft zuzurechnen. Nach dem Prinzip der Eigenständigkeit[6] sollen Pflicht zur Gewinnabführung und Verlustübernahme dann bei der abhängigen Gesellschaft außer Betracht bleiben.[7]

Wieder anders ist es, wenn die herrschende Gesellschaft das abhängige Unternehmen so ausgehöhlt hat, das es keinen Zukunftswert mehr hat. Das verstößt gegen die Pflicht, das abhängige Unternehmen lebensfähig zu halten.[8] Deshalb ist der Wert der herrschenden Gesellschaft der abhängigen Gesellschaft in dem Verhältnis zuzurechnen, wie er bestand, bevor die Lebensfähigkeit beeinträchtigt wurde.[9]

Bestand ein Beherrschungsvertrag, so hat die abhängige Gesellschaft Schadensersatzansprüche aus §§ 309, 310 AktG, sonst aus §§ 317, 318, 117 AktG, §§ 823, 826 BGB. Diese Ansprüche gehören zu ihrem neutra-

---

1 Zum Begriff BGH, WM 1986, 709, 967. Vgl. *Brandes*, WM 1994, 569, 574.
2 Ausführliche Begründung bei *Schulze-Osterloh*, ZGR 1986, 546, 557. *Rolf/Vahl*, DB 1983, 1964.
3 *Wollny*, S. 6.
4 *Seetzen*, WM 1994, 45, 50.
5 Beispiele OLG Düsseldorf, WM 1992, 986; OLG Düsseldorf, ZIP 1990, 1333.
6 Oben S. 56.
7 So jedenfalls OLG Düsseldorf, ZIP 1990, 1333, 1338.
8 BGH, WM 1979, 937; OLG Düsseldorf, ZIP 1990, 1333, 1338.
9 OLG Düsseldorf, ZIP 1990, 1333, 1338; vgl. LG Berlin, AG 2000, 284, 285, 287.

len Vermögen.[1] Das OLG Düsseldorf wollte sie daher für die Höhe der Abfindung berücksichtigen;[2] jetzt verweist das Gericht aber auf die Leistungsklage.[3] Das ist indes streitig. Das OLG Stuttgart sieht die Gefahr, dass die Amtsermittlung im Spruchverfahren „vermengt" wird mit einen zivilprozessualen Streitverfahren Es neigt dazu, den Anspruch im Spruchstellenverfahren nicht zuzulassen, lässt die Frage aber dahingestellt.[4] Wegen der Durchsetzbarkeit ist evtl. ein Abschlag zu machen.

All dies gilt auch, wenn Verschmelzungsrelationen zu prüfen sind.[5]

XIV. Neues Eigenkapital

Die Bewertung erfasst das Unternehmen in seinem Bestand am Stichtag und schätzt, was daraus an Nutzen erwachsen kann. Maßgeblich sind die Erwartungen der heute vorhandenen Kapazitäten. Bereits eingeleitete Maßnahmen sind zu beachten,[6] auch schon konkret geplante. Bedeutsam sind grundsätzlich nur Alternativen für die – über die Sicht des going concern hinaus – kein neues Eigenkapital erforderlich, das also im Rahmen der Überschusskraft am Stichtag zu finanzieren ist.[7] Es kann aber notwendig sein neues Kapital zuzuführen um eine Finanzierungslücke zu schließen. Soweit das durch Fremdkapital geschieht, mindern die Zinsen dafür den Unternehmenswert.[8]

Anders ist es bei neuem Eigenkapital; es kann auf zwei Weisen berücksichtigt werden: Man kann die davon erwarteten Zusatzerfolge weglassen. Üblich ist jedoch sie einzubeziehen und dann den Unternehmenswert um den Barwert der künftigen Kapitalzuführung zu kürzen.[9] Das sieht so aus:

Unternehmenswert nach Einsatz noch notwendigen Eigenkapitals	450 000 €
Abzüglich: notwendige Eigenkapitalzuführung (Barwert des fehlenden Kapitals)	100 000 €
Berichtigter Unternehmenswert	350 000 €

---

1 OLG Düsseldorf, AG 1991, 106, 107 f.
2 OLG Düsseldorf, AG 1991, 106, 107 f.
3 OLG Düsseldorf, AG 2000, 323, 326.
4 OLG Stuttgart, NZG 2000, 744 unter Bezug auf LG Düsseldorf, AG 1989, 138, 139.
5 *Seetzen*, Die Bestimmung des Verschmelzungswertverhältnisses, S. 51.
6 IDW Standard S 1 Tz. 43, WPg 2000, 830.
7 *Neuhaus*, S. 96.
8 Oben S. 86.
9 Vgl. OLG Stuttgart, NZG 2000, 744.

G. Zukunftsanalyse (Prognose)

XV. Veränderung durch Ausscheiden

1. Abzug von Sachmitteln

Wenn etwa der ausscheidende Gesellschafter ein betriebsnotwendiges Grundstück zurückerhält (§ 738 Abs. 1 Satz 2 1. Halbsatz BGB) kann das die Zukunftserwartungen spürbar ändern. Es ist dann zu prüfen, ob und zu welchen Bedingungen die Gesellschaft ein Ersatzgrundstück erhalten kann.[1] Der Gesellschafter kann nicht ausscheiden und zugleich eine Abfindung fordern in der Höhe, als wenn das Grundstück noch in der Gesellschaft wäre.[2]

2. Finanzierung der Abfindung

Nicht selten verschlechtert die Abfindung die Liquidität der Gesellschaft, oft wird zur Finanzierung der Abfindung Gesellschaftsvermögen versilbert und Fremdkapital aufgenommen.[3] Wie wirkt sich das aus auf die Bewertung?

Das Problem stellt sich nicht bei Aktiengesellschaften, weil die dort behandelten Abfindungen nicht von der zu bewertenden Gesellschaft gezahlt werden. Bei Personengesellschaften ist das oft anders, denn hier richtet sich der Anspruch gegen die Gesellschaft (Gesamthand/arg. §§ 707, 733, 734 BGB).[4] Bei der Gesellschaft mit beschränkter Haftung kann es ähnlich sein.

a) Beispiel

Neuhaus bringt folgendes Beispiel:[5] Die Gesellschaft erwirtschaftet einen Ertragsüberschuss von 100 000 Euro. Bei einem Kapitalisierungszinssatz von 10 % erhält dann ein mit 10 % beteiligter Gesellschafter als Abfindung 100 000 Euro.[6] Dafür nimmt die Gesellschaft einen Kredit auf, der mit 12 % zu verzinsen ist. Das mindert den Wert des Unternehmens für die verbleibenden Gesellschafter. Der Zukunftsertrag beträgt nämlich nunmehr 100 000 – 12 000 Euro = 88 000 Euro. Wenn aber die

---

1 *Neuhaus*, S. 94 f.; *Wollny*, S. 5 f.
2 *Neuhaus*, S. 95.
3 *Neuhaus*, S. 97.
4 *Neuhaus*, S. 99; OLG Köln, NZG 2001, 4467.
5 *Neuhaus*, S. 102. Ich habe das Beispiel umgestellt auf Euro.
6 Zur Formel unten S. 114.

verbleibenden Gesellschafter einen Zukunftsertrag von 90 000 Euro wollen, ist die Abfindung entsprechend zu kürzen. Die verbleibenden Gesellschafter können die Abfindung auch dadurch finanzieren, dass sie den ersten Überschuss nicht entnehmen, der Entnahmestrom beginnt dann für sie ein Jahr später; dann wäre auf den späteren Stichtag abzustellen.

b) Stellungnahme

Dennoch lässt die Praxis die Finanzierung außer Betracht.[1] Das ist richtig.

Das Gesetz gibt keine Klarheit. Der Anspruch (aus § 738 Abs. 1 Satz 2 BGB) richtet sich zwar gegen die Gesellschaft (Gesamthand),[2] auch sind die Gesellschafter nicht verpflichtet Nachschüsse zu leisten (§ 707 BGB). Nach § 738 Abs. 1 Satz 2 BGB soll der Gesellschafter aber erhalten, was er bei der Auflösung erhielte; dann tauchte das Finanzierungsproblem nicht auf. Die Normenaussagen neutralisieren sich also.

Auch § 707 BGB trägt nicht. Er bezieht sich auf Beiträge in das Gesellschaftsvermögen; hier geht es aber um einen Erwerb von Anteilen (Anwachsung, § 738 Abs. 1 Satz 1 BGB). Im Vordergrund steht ein Erwerbsvorgang, der das Vermögen der verbleibenden Gesellschafter vergrößert; deshalb liegt die Parallele zum Kauf nahe.[3] Beim Kauf ist die Finanzierung allein Sache des Käufers.

Wollte man anders verfahren, so finanzierte der Ausscheidende sein Ausscheiden teilweise selbst – und damit die Vergrößerung des Vermögens der Verbleibenden. Zudem kann er die Finanzierung nicht beeinflussen; schon diese Abhängigkeit von anderen Gesellschaften spricht dagegen, dass deren Finanzierung zu seinen Lasten geht. Allerdings mag aus der gesellschaftlichen Treuepflicht in Ausnahmefällen eine Ratenzahlung folgen.[4]

XVI. Prognoseverfahren

1. Einführung

Die Betrachtung von Vergangenheit und Gegenwart genügt im Allgemeinen nicht,[5] denn die verflossenen und heutigen Verhältnisse können

---

1 Zweifelhaft BGH, WM 1979, 432.
2 OLG Köln, NZG 2001, 467.
3 Vgl. *Neuhaus*, S. 117.
4 Vgl. *Neuhaus*, S. 106; vgl. auch BGHZ 98, 382.
5 Zu Ausnahmen LG Frankfurt, AG 1985, 310.

G. Zukunftsanalyse (Prognose)

nicht mechanisch in die Zukunft projiziert werden. Vielmehr sind die Ergebnisse so weit wie möglich in die Zukunft zu verfolgen (Prognoserechnung). Bei der Analyse der Zukunft aber gibt es kein sicheres Wissen: Die Zukunft ist per Definitionen ungewiss! Die Prognose muss sich deshalb ausrichten auf den Umgang mit Unsicherheit. Darüber dürfen keine „scheingenauen" Zahlen täuschen. Voraussichtliche Entwicklungen lassen sich für eine nähere Zeit plausibler einschätzen als für spätere Jahre. Danach ergibt sich eine Grenze, nach der nur noch generelle Annahmen möglich sind.[1]

Früher schätzte man die Zukunft eher pauschal ein anhand der Ergebnisse der Vergangenheit (Pauschalmethode), heute geht man oft stärker analytisch vor und teilt die Überschüsse in Zukunftsphasen ein (Phasenmethode). Demgemäß konkurrieren miteinander die Pauschalmethode und die Phasenmethode.[2] Der Tatrichter entscheidet, welche Methode im Einzelfall zu einem angemessenen Ergebnis führt.[3]

Die Schätzung wird mit wachsender Entfernung vom Bewertungsstichtag immer unsicherer. Man darf sich dadurch aber nicht schrecken lassen; denn Schätzfehler gleichen sich oft aus. Auch führt die Diskontierung der späteren Überschüsse zu immer geringeren Werten;[4] der sinkende Einfluss der zukünftigen Ergebnisse kompensiert u. U. die unsichere Schätzung.[5]

2. Pauschalmethode[6]

Diese traditionelle Methode gewinnt den nachhaltigen Zukunftserfolg aus einem seit dem Stichtag als jährlich gleich bleibend geschätzten Zukunftsüberschuss. Sie nimmt als Basis die bereinigte Überschusslage in der Vergangenheit und am Stichtag. Sie klammert ungewöhnliche Risiken und Chancen aus und unterstellt einen gleichmäßigen Geschäftsgang; Vergangenheit und Gegenwart stehen dabei als repräsentativ für die Zukunft. Die Methode betont die Vergangenheitsergebnisse und ist skeptisch gegenüber einem Planungsoptimismus:[7] Man wählt sie vor allem, wenn zuverlässige Planungsrechnungen fehlen,[8] *Seetzen* erläutert das so:

---

1 IDW Standard S 1 Tz. 81, WPg 2000, 832.
2 *Seetzen*, ZIP 1994, 331, 334.
3 *Seetzen*, ZIP 1994, 331, 334; *Aha*, AG 1997, 31.
4 LG Nürnberg-Fürth, NZG 2000, 89, 90; *Aha*, AG 1997, 26.
5 LG Frankfurt, AG 1983, 137.
6 *Aha*, AG 1997, 29.
7 Oben S. 82.
8 *Seetzen*, ZIP 1994, 331, 334.

„Schließlich ist durchaus nicht auszuschließen, dass sich bei der Bildung der Verschmelzungsrelation Prognosefehler bezüglich der zukünftigen Entwicklung beider Unternehmen kumulieren. Gerade die vergleichende Bewertung zweier zu verschmelzender Unternehmen gebietet deshalb eine Objektivierung des Bewertungsverfahrens durch Einbeziehung der Ergebnisse der Vergangenheit".[1]

Der Ansatz des bisherigen Ergebnisses gibt nach dieser Vorstellung „eine einigermaßen sichere Grundlage für die Abschätzung der weiteren Entwicklungen" während sich künftige Ertragsaussichten nur bei „hinreichend sicheren Anhaltspunkten „berücksichtigen lassen".[2]

3. Phasenmethode[3]

a) Allgemeines

Die Zukunft unterscheidet sich aber doch im Grade der Unsicherheit: Die nähere Zukunft ist leichter konkret zu beurteilen als die fernere, für die nur noch pauschale Annahmen zu machen sind. Deshalb trennt man bei der Phasenmethode nach Zukunftsphasen, die je nach Struktur und Branche des Unternehmens verschieden lang sein können.[4] Natürlich kann es sich nur um „Grobplanungen" handeln, bei denen Umsatzschätzungen und die Zuordnung von Aufwendungen die Hauptrolle spielen.

Die Phasenmethode dringt heute vor, weil sie sich stärker bemüht den Zukunftserfolg zu analysieren.[5] Sie heißt deshalb auch „analytische Methode". Sie wird von der Rechtsprechung, wenn nicht gefordert, so doch gebilligt.[6]

b) Zahl und Länge

Auch die analytische Methode hat ihre Grenzen. Konkret schätzen kann man im Allgemeinen für drei bis fünf, vielleicht acht Jahre, Voraussagen für einen weiteren Zeitraum sind allenfalls zufällig richtig – Horoskope! Die Phasen können je nach Größe des Unternehmens, nach seiner Struktur und Branche unterschiedlich lang sein.[7] Für die nähere Analyse kom-

---

1 *Seetzen*, ZIP 1994, 331, 335.
2 OLG Düsseldorf, WM 1990, 1282, 1283.
3 *Aha*, AG 1997, 29.
4 IDW Standard S 1 Tz. 81, WPg 2000, 832.
5 OLG Zweibrücken, AG 1995, 421 f.
6 LG Nürnberg-Fürth, NZG 2000, 89, 90.
7 IDW Standard S 1 Tz. 81, WPg 2000, 832. U. U. kann ein Jahr genügen, BayObLG, NZG 2001, 1137, 1138.

men zwei[1] oder drei[2] Phasen in Betracht. Zumeist wählt man heute zwei Phasen.[3]

Die Phase 1 läuft über die nächsten fünf Jahre ab Stichtag;[4] sie umfasst eine Detailprognose und für jedes Jahr bestimmte Überschüsse. Die Einflüsse werden einzeln auf die finanziellen Überschüsse bezogen. Oft helfen (distanziert genutzte) interne Planungsrechnungen.[5]

4. „From Here to Eternity"

All das ist für die Phase 1 noch einigermaßen übersehbar, aber danach wird es leicht eine „Schau", eine Art „zweites Gesicht". In der Phase 2, also ab sechstem Jahr werden die Daten des fünften Jahres fortgeschrieben oder ein Durchschnittswert über die Planungsjahre ermittelt.[6] Man berücksichtigt dabei den Trend in Phase 1, der jedoch hinterfragt wird. „Pauschal" heißt daher nicht „oberflächlich".

Es ist zu beachten, ob sich die Lage des Unternehmens festgezurrt hat (Gleichgewichts- oder Beharrungszustand), ob die Überschüsse konstant bleiben, regelmäßig wachsen oder zurückgehen werden,[7] kurz: Ob eine als konstant oder als konstant wachsend angesetzte Rate die Überschüsse angemessen darstellt.[8]

Dabei müssen wir sorgfältig sein. Die Phase 2 hat nämlich ein überproportionales Gewicht:[9] Sie spiegelt die Überschüsse der weiteren Jahre, deren Barwert wir (bei Annahme unbegrenzter Lebensdauer) nach dem Prinzip der ewigen Rente berechnen.[10] Deshalb sind die Ansätze der Phase 1 genau zu überprüfen, ob sie sich als Basis für die lange weitere Zukunft eignen. Wichtig sind vor allem folgende Punkte: Wesentliche Veränderungen auf dem Absatz- und Beschaffungsmarkt, Ausgewogenheit der Lebenszyklen von Produkten, zukünftige Chancen und Kosten, Forschung und Entwick-

---

1 IDW Standard S 1 Tz. 82, WPg 2000, 832 f.; zustimmend OLG Zweibrücken, WM 1995, 980, 981.
2 LG Nürnberg-Fürth, NZG 2000, 89, 91.
3 IDW Standard S 1 Tz. 82, WPg 2000, 832 f.; BayObLG, NZG 2001, 1033, 1034.
4 LG Berlin, NZG 2000, 285, 284.
5 IDW Standard S 1 Tz. 82, WPg 2000, 832 f.
6 IDW Standard S 1 Tz. 83, WPg 2000, 833.
7 IDW Standard S 1 Tz. 83, WPg 2000, 833. Einzelheiten bei BayObLG, NZG 2001, 1033, 1034.
8 IDW Standard S 1 Tz. 83, WPg 2000, 833.
9 IDW Standard S 1 Tz. 84, WPg 2000, 833.
10 Unten S. 115.

lung, Altersversorgung, Kostensenkungs- und Restrukturierungsmaßnahmen, aktuelle und prognostizierte Branchenkennzahlen (z. B. Umsatzrendite).[1]

Sodann ist zu schauen, ob die Annahmen der Phase 1 weitergeführt werden können. Zu beachten sind u. a.: Veränderungen der Absatz- und Beschaffungsmärkte, Lebenszyklen der Produkte, Laufzeit von Patenten, Neuentwicklungen, Marktstellung, Dynamik der Markterweiterung. Wichtig sind auch neue Marktchancen und neue Kosten für das Marketing, für Forschung und Entwicklung, für Altersversorgung. Möglichkeiten, Kosten zu senken und Abläufe zu restrukturieren sind ebenfalls zu bedenken.[2]

Falls man drei Phasen wählt, gilt doch eine Vorausschau über acht Jahre hinaus als kaum möglich. Für die Zeit danach setzt man daher zumeist an die Endwerte von Phase 2 als durchschnittliche Ergebnisziffer.[3]

5. Kombinationsmethode

Trotz aller Verfeinerungen bleibt die Zukunft dunkel – selbst für Insider, die zudem leicht zu optimistisch planen.[4] Deshalb behält die Pauschalmethode in verbesserter Form als Kombinationsmethode ihre Freunde. In der Praxis begegnen wir daher auch einer Kombination beider Methoden,[5] die *Seetzen* befürwortet:

„Es empfiehlt sich danach eine Kombination von Pauschal- und analytischer Methode durch Berücksichtigung der bisher tatsächliche erzielten und der am Stichtag mit hinreichender Sicherheit absehbaren Erträge".[6]

Man orientiert sich an den letzten drei Jahren vor dem Stichtag und an der nächsten Zukunft von zwei oder drei Jahren.[7] Dabei gewichtet man die Jahre vor dem Stichtag mit einem Prozentsatz (z. B. 15, 20 oder 25 %) und die beiden Jahre nach dem Stichtag mit je 25 %). Seetzen erwägt auch eine Gewichtung von 10, 20 und 30 % vor dem Stichtag und 40 % für das Jahr nach dem Stichtag. Er wendete sich dagegen, spätere Jahre im Verhältnis zum ersten Jahr nach dem Stichtag stärker zu gewichten,

---

1 IDW Standard S 1 Tz. 84, WPg 2000, 833.
2 IDW Standard S 1 Tz. 84, WPg 2000, 833.
3 OLG Zweibrücken, WM 1995, 980, 982.
4 Vgl. OLG Karlsruhe, AG 1998, 96, 97.
5 *Aha*, AG 1997 30; Verschmelzungsbericht, ZIP 1990, 270, 273; *Seetzen*, ZIP 1994, 331, 335.
6 *Seetzen*, WM 1994, 45, 47.
7 *Seetzen*, WM 1994, 45, 46.

weil die Gefahr von Prognosefehlern mit jeden Jahr steigt.[1] Wir dürfen allerdings nicht pauschal gewichten sondern müssen uns orientieren an dem Trend in der Vergangenheit.

6. Methodenwahl

Die Wahl zwischen Pauschal-, Phasen- oder Kombinationsmethode hängt ab vom Einzelfall. Die Phasenmethode ist jedenfalls vorzuziehen, wenn ausführliche und verlässliche Plandaten vorliegen.

XVII. Alternative Überschussreihen

Es kann zweckmäßig und notwendig sein, mehrwertig zu planen, damit die eigene Unsicherheit offen zu legen und in der Diskussion eine Lösung zu finden.[2]

1. Grundlagen

Trotz der Unsicherheiten bei der Prognose wird oft nur eine Überschussreihe ermittelt, nämlich diejenige, die nach Meinung des Gutachters den nachhaltigen Überschuss wiedergibt. Da es aber um Pläne und um Schätzungen geht, sind andere Reihen möglich (Mehrwertigkeit der zukünftigen Überschüsse). Welche Überschussreihe als wahrscheinlichste angesehen wird und unter welchen Umständen, ist ein springender Punkt der Bewertung. Darüber hat das Gericht zu urteilen; es kann die Entscheidung nicht dem Gutachter überlassen.

Deshalb kann dieser nicht irgendwelche Zu- und Abschläge machen um unwägbaren Risiken Rechnung zu tragen; es ist vielmehr mehrwertig zu schätzen. Der Gutachter muss die Bandbreite der möglichen Überschüsse zeigen und mehrere Möglichkeiten angeben (Ermittlung der Überschussskala, Skala von Alternativwerten). Er muss sodann „das Für und Wider der grundlegenden Alternativentwicklungen" erörtern.[3]

---

[1] *Seetzen*, WM 1994, 45, 48.
[2] IDW Standard S 1 Tz. 85, WPg 2000, 833.
[3] *Moxter*, Wirtschaftsprüfer, S. 413.

Die unterschiedlichen Erwartungen sind also mit ihren jeweiligen Wahrscheinlichkeiten anzuführen und zu gewichten.[1] Dabei sind unternehmensspezifische (z. B. Wettbewerbslage, Führungsproblem, Branchenlage, technische Entwicklung) und allgemeine Unsicherheiten (z. B. Konjunktur) zu beachten. Entscheidend ist, dass die Kriterien für die Wahrscheinlichkeitsurteile offen gelegt werden. Nur dann kann das Gericht seine Aufgabe erfüllen: selbst zu schätzen. Alternative Ertragsreihen werden so grundsätzlich gefordert.

2. Technik

Technisch verfährt man so: Zunächst sind z. B. für vier Zukunftslagen die Überschusswerte zu ermitteln.[2] Sie werden nebeneinander geschrieben, z. B.:

Zukunftslage	1	2	3	4
Überschusswert	60 000	120 000	180 000	240 000

Danach werden jedem diesen Werten Wahrscheinlichkeiten des Eintritts zugeordnet, z. B. 0,2 (= 20 %), 0,3 (= 30 %), 0,4 (= 40 %), 0,1 (= 10 %); die Addition muss jeweils 1 (= 100 %) ergeben. Das Bild sieht jetzt so aus:

Zukunftslage	1	2	3	4
Überschusswert	60 000	120 000	180 000	240 000
Wahrscheinlichkeit	0,2 (= 20 %)	0,3 (= 30 %)	0,4 (= 40 %)	0,5 (= 50 %)

Anschließend wird jeder Wert mit seinem Wahrscheinlichkeitsfaktor multipliziert. Die Werte addiert man und erhält so den Überschusswert, der in den Unternehmenswert eingeht. Unsere Aufstellung weist das schließlich so aus:

Zukunftslage	1	2	3	4	Summe
Überschusswert	60 000	120 000	180 000	240 000	
Wahrscheinlichkeit	0,2 (= 20 %)	0,3 (= 30 %)	0,4 (= 40 %)	0,1 (= 10 %)	1 (= 100 %)
Überschusswert	12 000	40 000	72 000	24 000	148 000

---

1 Einzelheiten bei: *Moxter*, Grundsätze, S. 137, 151.
2 Zum Rechenverfahren S. 107.

Die mehrwertige Planung hat einen weiteren Vorteil: Sie macht deutlich, innerhalb welcher Grenzen die Schätzung unsicher ist. Das ist eine Hilfe für die Wahl des Risikozuschlags beim Kapitalisierungszinssatz.[1]

3. Börsenwert

Ein Alternativwert ist auch der Börsenwert, der bei börsennotierten Gesellschaften stets in unterschiedlicher Stärke zu beachten ist.[2] Ich werde ihn noch ausführlich erörtern.[3]

XVIII. Grenzen

1. Ausgangslage

Trotz aller Prognosen darf man die Vergangenheit nicht vernachlässigen. Bei der Zukunftsschätzung ist jede Euphorie, jede Spekulation zu meiden; die Zukunft ist und bleibt unsicher. Die langfristige Prognose unterliegt großen Risiken. Unternehmenserwerb ist Erwerb von ungewissen Chancen und Risiken!

„Bei der Prüfung und Beurteilung von Prognoserechnungen ist nur ein Teil der Daten in herkömmlicher Weise nachprüfbar. An die Stelle der Aussage ‚richtig' oder ‚falsch' tritt für große Teile der Prognoserechnung die subjektive Feststellung ‚glaubwürdig' oder ‚unglaubwürdig'."[4]

2. Plausibilität

Bei der Bewertung gibt es keine mathematische Sicherheit, auf „Plausibilität" kommt es an[5] (vgl. § 252 Satz 2 BGB). Die Teilplanungen müssen abgestimmt, die Entwicklungen müssen nachvollziehbar, der Zeitablauf durchsichtig und die Prämissen auch für die Finanzierung angemessen umgesetzt sein.[6]

---

[1] IDW Standard S 1 Tz. 85, WPg 2000, 833; unten S. 122.
[2] Oben S. 34.
[3] Unten S. 180.
[4] U.E.C.-Entwurf, WPg 1977, 679, 682.
[5] IDW Standard S 1 Tz. 86, WPg 2000, 833.
[6] IDW Standard S 1 Tz. 87, WPg 2000, 833.

Grenzen

Faktoren außerhalb der Formeln sind daneben heranzuziehen. Darauf wurde schon hingewiesen für den Börsenwert[1] (einschließlich vergangener Börsentrends). Zu denken ist ferner an vereinfachte Verfahren zur Preisfindung[2] und (immer wichtiger!) an die Einstufung durch Rating Agenturen.[3]

---

[1] Unten S. 34.
[2] Unten S. 217.
[3] Unten S. 130.

H. Zukunftsüberschüsse und Steuern[1]

Wie wir sahen sind die Nettoeinnahmen der Unternehmenseigner (Nettozuflüsse) die Grundlage des Unternehmenswertes. Daher müssen wir die Steuerbelastung des Unternehmens und der Unternehmenseigner berücksichtigen.[2] Wir schauen also auf zwei Ebenen. Beginnen wir mit den Steuern auf der Unternehmensebene.

I. Unternehmensebene

1. Betriebssteuern

Wir setzen bei Kapitalgesellschaften und bei Personengesellschaften alle Steuern ab, die das Unternehmen belasten (Betriebssteuern). Das sind die Umsatzsteuer, die Gewerbesteuer (einschließlich Gewerbeertragsteuer)[3] und die Grundsteuer. Das gilt auch für Steuern auf das nicht betriebsnotwendige Vermögen.[4]

2. Ertragsteuern

Die Behandlung der Einkommen- und der Körperschaftsteuer war lange streitig.[5] Heute ist man sich aber einig, dass beide Steuern zu berücksichtigen sind.[6]

---

1 IDW Standard S 1 Tz. 32–40, WPg 2000, 829; *Wagner*, FS Stehle, S. 201; *Wagner*, Unternehmensbewertung, S. 425; *Günther*, DB 1999, 2425; *ders.*, DB 1998, 382; *Siepe*, WPg 1997, 1, 37; *Heurung*, DB 1999, 1225; *Hennrichs*, ZHR 164 (2000), 453. Zum Ganzen umfassend *Prasse*, Die Barabfindung, S. 21 ff.
2 IDW Standard S 1 Tz. 32, Wpg 2000, 829.
3 IDW Standard S 1 Tz. 34, Wpg 2000, 829.; Tz. 113, WPG 2000, 836.
4 *Seetzen*, Spruchverfahren, S. 573.
5 IDW Standard S 1 Tz. 32–40, WPg 2000, 829; *Wagner*, FS Stehle, S. 201; *Wagner*, Unternehmensbewertung, S. 425; *Günther*, DB 1999, 2425; *ders.*, DB 1998, 382; *Siepe*, WPg 1997, 1, 37; *Heurung*, DB 1999, 1225; *Hennrichs*, ZHR 164 (2000), 453.
6 IDW, FN-IDW 1997 Nr. 1–2, S. 63; IDW S 1 Tz. 32–40, WPg 2000, 829; S 1 Tz. 117, WPg 2000, 836. Dagegen aber *Hennrichs*, ZHR 164 (2000), 453.

a) Kapitalgesellschaft[1]

Kapitalgesellschaften sind selbständige Steuersubjekte und unterliegen der Körperschaftsteuer von z. Z. 25 % (§ 23 Abs. 1 KStG, zuzüglich Solidaritätszuschlag). Die Steuer ist abzusetzen. Die Belastung mit Körperschaftsteuer kann eine Finanzierungslücke reißen, die durch Fremdkapital zu füllen ist. Dadurch können – wie schon gezeigt[2] – höhere Zinsen anfallen.[3]

b) Einzelunternehmen/Personengesellschaft

Bei ihnen ist das Unternehmen nicht selbständiges Steuersubjekt, es wird also durch die Einkommensteuer selbst nicht belastet. Daher ist auf dieser Ebene keine Einkommensteuer abzusetzen.[4] Belastet wird der Eigentümer oder der Gesellschafter, § 15 Abs. 1 Satz 1 Nr. 2 EStG.

II. Eignerebene

1. Ansatz

Da wir annehmen, dass die Überschüsse im Rahmen des gesellschaftsrechtlich Zulässigen voll ausgeschüttet werden,[5] und wir von den Nettozuflüssen ausgehen, müssen wir die Ertragsteuer berücksichtigen (u. U. mit Kirchensteuer und Solidaritätszuschlag), die auf die Überschüsse der Eigner entfällt.[6]

2. Früherer Stand

Dennoch zog die Praxis lange die Einkommensteuer der Unternehmenseigner nicht ab, sie gehöre zur Privatsphäre;[7] ebenso machte es die Rechtsprechung.[8] Der Bundesgerichtshof erklärte in anderem Zusammenhang, dass die persönliche Steuerpflicht „üblicherweise nur der Privatsphäre" zuzurechnen sei; deshalb sei die persönliche Steuerpflicht des Aktionärs auch wegen

---

1 IDW Standard S 1 Tz. 35, WPg 2000, 829.
2 Oben S. 86.
3 IDW Stellungnahme HFA 2/1983, Grundsätze, WPg 1983, 478.
4 IDW Standard S 1 Tz. 36, WPg 2000, 829.
5 Oben S. 68.
6 IDW Standard S 1 Tz. 37, WPg 2000, 829.
7 BGH, WM 1991, 283, 286; AG 1983, 188; IDW Stellungnahme HFA 2/1983, Grundsätze, WPg 1983, 477.
8 Vgl. BFH, BStBl. II 1980, 405, 408; BStBl. II 463, 465.

H. Zukunftsüberschüsse und Steuern

der Gleichbehandlung auszuklammern.[1] Die Höhe der Einkommensteuer hänge im allgemeinen nicht davon ab, in welches Objekt man investiere.

Hier liegt das Problem. Die Anteilseigner haben Steuern in unterschiedlicher Höhe zu zahlen – es ist aber ein einheitlicher Unternehmenswert zu finden. Wie reimt sich das? In der Vorauflage hielt ich das Problem für nicht befriedigend lösbar. Deshalb plädierte ich dafür, die individuelle Steuerbelastung nicht zu beachten.[2] Für den Ausgleich nach § 304 Abs. 2 Satz 1 AktG lehnte das OLG Düsseldorf es ab, steuerliche Gegebenheiten bei einzelnen Aktionären zu berücksichtigen. Sie beeinflussten die Höhe des angemessenen Ausgleichs nicht und seien deshalb nicht gerichtlich zu bestimmen.[3] Das meint auch *Hennrichs*.[4]

3. Lösung

Dies Überlegungen verlieren an Gewicht, wenn man bedenkt, dass wir Marktvorgänge unter statistischen Gesichtspunkten sehen müssen (statistisches Rechtsdenken)[5] und eine objektivierte Bewertung gefordert ist. Dann kann es ein angemessener Kompromiss sein, eine typisierte Steuerlast anzusetzen.

Das Institut der Wirtschaftsprüfer begegnet daher dem Problem mit dem Ansatz einer typisierten Ertragsteuerbelastung von 35 %.[6] Dieser Satz könne „bei voller Besteuerung der finanziellen Überschüsse für Deutschland nach statistischen Untersuchungen als vertretbar angesehen werden".[7] Das hat Folgen für den Kapitalisierungszinssatz, der (nach dem Homogenitäts-Prinzip)[8] ebenfalls um die Steuerbelastung von 35 % zu kürzen ist.[9]

4. Praxis

Die Praxis hat sich auf die neue Sicht eingestellt. So heißt es im Verschmelzungsbericht Thyssen/Krupp:[10]

---

1 BGH, AG 1983, 188, 190; vgl. LG Köln, DB 1980, 1288, 1289 f.
2 S. 127 ff.
3 OLG Düsseldorf, DB 2000, 81, 84.
4 *Hennrichs*, ZHR 164 (2000), 453.
5 *Großfeld*, Zivilrecht.
6 IDW, FN-IDW 1997, Nr. 1–2 v. 8. 2. 1997; IDW Standard S 1 Tz. 51, WPg 2000, 830.
7 IDW Standard, S 1 Tz. 51, WPg 2000, 830.
8 Unten S. 141.
9 IDW Standard S 1 Tz. 99, WPg 2000, 834.
10 S. 128.

„Auch zur Ermittlung der persönlichen Ertragsteuerbelastung der Anteilseigner sind typisierende Annahmen zu treffen, da insbesondere die steuerliche Situation bei der großen Zahl der Publikumsaktionäre im Einzelnen unbekannt ist. Die zu kapitalisierenden Zukunftserträge werden daher entsprechend der Empfehlung des Instituts der Wirtschaftsprüfer um eine typisierte Ertragsteuerbelastung von 35 % vermindert. Der Kapitalisierungszinssatz wurde ebenfalls um den Steuereffekt angepasst. Der Steuersatz von 35 % berücksichtigt pauschal sowohl die Steuerbelastung inländischer Groß- und Kleinaktionäre als auch diejenige ausländischer Anteilseigner. Der in Deutschland nur vorübergehend erhobene Solidaritätszuschlag, der zudem durch rückläufige Steuersätze gekennzeichnet ist, ist im Rahmen dieser Pauschalierung ebenfalls berücksichtigt."

5. Stellungnahme

Die Berücksichtigung der Ertragsteuern beim Anteilseigner ist aber nicht so klar, wie es zunächst scheinen mag. Das Problem liegt darin, eine angemessene Durchschnittsbelastung zu ermitteln.

a) Halbeinkünfteverfahren/Steuerbefreiung

Es ist unsicher, ob der typisierte Steuersatz von 35 % noch „trifft", angesichts des neuen „Halbeinkünfteverfahrens" (§ 3 Nr. 40 d EStG) und der Freistellung für inländische Kapitalgesellschaften (§ 8 b Abs. 1 KStG). Es fehlen neue statistische Rechnungen.

b) Globale Finanzmärkte

Der Durchschnittsteuersatz ist auch deshalb schwer zu ermitteln, weil über die Belastung ausländischer Anteilseigner wenig bekannt ist.[1] Die Frage bekommt im Hinblick auf globale Kapitalmärkte und auf Internet Märkte immer mehr Gewicht.[2] Zu denken gibt ein Hinweis in dem IDW Standard:[3]

„In der anglo-amerikanischen Bewertungspraxis wird vielfach auf die Berücksichtigung der persönlichen Ertragsteuern der Unternehmenseigner verzichtet. Dies ist vor dem Hintergrund zu sehen, dass international andere Besteuerungswirkungen auftreten können."

---

1 Vgl. *Kengelbach*, S. 190.
2 *Großfeld*, Global Valuation: SMU Law Review 55 (2001), erscheint demnächst.
3 IDW Standard S 1 Tz. 140, WPg 2000, 838.

c) Steuerprognose

Hinzu tritt, dass die Steuerbelastung *der Zukunft* nur schwer zu schätzen ist. Das Steuerrecht ist jederzeit für Überraschungen gut. Eine Stichtagsfixierung ist angesichts dessen problematisch.

Zweifel sind auch deshalb nicht ausgeräumt, weil die neue Lösung bei Einzelunternehmen/Personengesellschaften einerseits (kein Halbeinkünfteverfahren) und bei Kapitalgesellschaften andererseits (Halbeinkünfteverfahren) zu unterschiedlichen Unternehmenswerten führt. Ist der Unterschied gerechtfertigt für die lange Laufzeit zwischen 30–34 Jahren, die wir bei einer „unbegrenzten Lebensdauer"[1] ansetzen? Die steuerlichen Vor- und Nachteile haben sich zwischen diesen Unternehmensformen immer wieder verändert; damit ist auch in Zukunft zu rechnen. Vor- und Nachteile könnten sich – trotz steuerlicher „Volatilität" – auf einer mittleren Ebene einpendeln. Das lässt daran denken, von Anfang an eine Steuerbelastung zu wählen, die nicht den jetzigen Stand festschreibt, sondern den Ausgleich über eine „unbegrenzte Lebensdauer" beachtet. Die Diskussion darüber bleibt in Bewegung.[2]

d) Kompromiss

Da sich aber die Praxis an dem IDW Standard orientiert, werde ich diesem bei der Darstellung folgen. Der IDW Standard hält sich – jedenfalls bei Abfindungen für typischerweise private Aktionäre – in einem vertretbaren Rahmen zumal auch die Nichtbeachtung der Steuerbelastung zu Härten führt. Bei der Fahrt zwischen Scylla und Charybdis erscheint ein unsicherer Kompromiss annehmbar.

6. Kapitalgesellschaft

Die Anteilseigner einer Kapitalgesellschaft beziehen über die Dividenden Einkünfte aus Kapitalvermögen (§ 20 Abs. 1 Nr. 1 EStG), wenn sie die Anteile im Privatvermögen halten. Sie beziehen Einkünfte aus Gewerbebetrieb (§ 15 Abs. 1 Satz 1 Nr. 1 EStG), wenn die Anteile im Betriebsvermögen liegen.

Natürliche Personen und Personengesellschaften zahlen also Einkommensteuer, evtl. Kirchensteuer, Körperschaftsteuer und Solidaritätszu-

---
[1] Unten S. 109.
[2] Dazu ausführlich *Hennrichs*, ZHR 164 (2000), 453.

schlag aber in der Regel keine Gewerbesteuer.[1] Ihre Einkünfte aus § 20 Abs. 1 Nr. 1 EStG werden aber nur zur Hälfte steuerlich erfasst (§ 3 Nr. 40 d EStG – Halbeinkünfteverfahren). Das Halbeinkünfteverfahren gilt für Geschäftsjahre, die nach dem 31. 12. 2000 beginnen. Es betrifft grundsätzlich erstmals Dividenden, die ab 2002 ausgeschüttet werden. Der IDW Standard erläutert:

„Bei der Bewertung von Kapitalgesellschaften ist ergänzend das Halbeinkünfteverfahren zu berücksichtigen. Demnach wird bei der Ermittlung der finanziellen Überschüsse eine gegenüber der Alternativinvestition verringerte typisierte Steuerbelastung in Ansatz gebracht."[2]

Wir wenden also den typisierenden Satz von 35 % auf die Hälfte der Überschüsse an. Die Belastung daraus setzen wir sodann ab.[3] Das ergibt den Nettozufluss beim Aktionär.

7. Einzelunternehmen/Personengesellschaft

Auch hier müssen wir die Ertragsteuerbelastung der Eigner absetzen. Wir berücksichtigen dabei die anrechenbare Gewerbeertragsteuer gemäß dem Gewerbesteuermessbetrag (§ 35 Abs. 1 EStG).[4] Eine Halbeinkünfteregelung gibt es nicht.

III. Intertemporales Bewertungsrecht

1. Konventionswechsel

Die Änderung der Konvention für den Abzug der Ertragsteuern beim Eigner lässt sich zeitlich festlegen. Sie wurde zwar in der Literatur schon einige Jahre diskutiert, aber lange kontrovers.[5] Den Durchbruch für die Praxis gab die Bekanntgabe der neuen Vorstellungen durch das Institut der Wirtschaftsprüfer am 8. Februar 1997.[6]

Fraglich ist, ob die Änderung der Konvention bereits gilt für Abfindungsfälle mit einem früheren Stichtag, wenn die Entscheidung erst ergeht

---

1 IDW Standard S 1 Tz. 38, WPg 2000, 829.
2 IDW Standard S 1 Tz. 51, WPg 2000, 830.
3 IDW Standard S 1 Tz. 37 ff., WPg 2000, 829; S 1 Tz. 117, WPg 2000, 836; S 1 Tz. 140, WPg 2000, 838.
4 IDW Standard S 1 Tz. 40, WPg 2000, 829.
5 Vgl. *Hennrichs*, ZHR 164 (2000), 453.
6 IDW, FN-IDW 1997, Nr. 1–2, S. 33.

H. Zukunftsüberschüsse und Steuern

nach der Änderung. Das OLG Düsseldorf hatte am 19. 10. 1999 über einen Stichtag in 1987 zu beschließen.[1] Es zog die Körperschaftsteuer auf die auszuschüttenden Beträge nicht ab, entsprechend der am Stichtag herrschenden Bewertungspraxis.

Offen ist die Frage auch für Stichtage nach der Bekanntgabe. Denn damit entsteht nicht sogleich eine neue Konvention. Sie wird man erst annehmen können mit der Veröffentlichung des IDW Standards (August 2000); das weist auf einen Beginn am 1. 9. 2000[2] hin.

2. Änderung des Steuersatzes

Der Steuersatz kann sich ändern zwischen Stichtag und Datum des Urteils. Es ist streitig, ob das zu beachten ist. Der IDW-Standard sagt, dass auch für die Ertragsteuerbelastung der finanziellen Überschüsse der Informationsstand des Bewertungsstichtages[3] entscheidend sei. Lag dieser vor dem Wechsel zum Halbeinkünfteverfahren, so sei noch die frühere Rechtslage zugrunde zu legen.[4] Anders antwortet das LG Nürnberg-Fürth: Eine Änderung während des Verfahrens in der Tatsacheninstanz sei zu beachten.[5]

Die Antwort gibt das Stichtagsprinzip: Was hätten verständige Partner aufgrund der Lage am Stichtag vereinbart? Es kommt darauf an, ob die Steueränderung damals schon in der Wurzel angelegt war, ob man billigerweise mit ihr rechnen konnte. Es bietet sich auch an, Alternativwerte zu ermitteln und zwischen ihnen einen Ausgleich zu suchen.

---

1 OLG Düsseldorf, NZG 2000, 323, 326.
2 Zum intertemporalen Recht im Hinblick auf den Börsenkurs unten S. 199.
3 IDW Standard S 1 Tz. 23, WPg 2000, 828. Ebenso BayObLG, EWiR § 304 AktG 1/2001, 1027 (*Luttermann*).
4 IDW Standard S 1 Anhang, WPg 2000, 842.
5 LG Nürnberg-Fürth, AG 2000, 89.

J. Kapitalisierung

I. Alternativwert

Den Unternehmenswert ermitteln wir dadurch, dass wir die künftigen finanziellen Überschüsse auf den Bewertungsstichtag diskontieren.[1] Das macht deutlich, welche Alternativanlage vergleichbar ist.[2] Diese Technik nennen wir „kapitalisieren".

Dabei gehen wir gedanklich so vor:

Eine Zahlung in der Zukunft ist weniger wert als eine sofortige Zahlung. Der Abschlag entspricht dem zwischenzeitlichen Zinsausfall (Abzinsung); wir müssen die künftigen Überschüsse also abzinsen. Das geschieht mit Hilfe des Kapitalisierungszinssatzes; er schafft zugleich einen Vergleich mit dem Wert der künftigen Überschüsse aus einer anderen Anlage.[3] Das ist dann der Wert, den die künftigen Überschüsse am Stichtag haben.

II. Einstufige/mehrstufige Kapitalisierung

1. Einstufige Nettokapitalisierung (direkte Kapitalisierung)

Da wir den Wert des Unternehmens für die Eigner suchen, kapitalisieren wir traditionell die Überschüsse die das Eigenkapital erwirtschaftet; deshalb setzen wir bei den Überschüssen die Kosten (Zinsen) für das Fremdkapital (Nettokapitalisierung) ab. Wir kapitalisieren also nur einen einheitlichen Überschuss des Eigenkapitals in einem Schritt (einstufige Kapitalisierung).[4] So handeln wir im Allgemeinen beim Ertragswertverfahren[5] (und beim Equity-Ansatz[6] als Variante des Disounted Cashflow-Verfahrens).[7]

---

[1] IDW Standard S 1 Tz. 91, WPg 2000, 833; S 1 Tz. 119, WPg 2000, 836.
[2] IDW Standard S 1 Tz. 119, WPg 2000, 836.
[3] BGH, NJW 1982, 575; OLG Düsseldorf, ZIP 1988, 1555, 1560.
[4] IDW Standard S 1 Tz. 105, WPg 2000, 835.
[5] Unten S. 152.
[6] Unten S. 166.
[7] IDW Standard S 1 Tz. 105, WPg 2000, 835; Einzelheiten unten S. 165.

J. Kapitalisierung

2. Mehrstufige Bruttokapitalisierung (indirekte Kapitalisierung)

Wir können auch die Kosten für das Fremdkapital nicht herausrechnen (Bruttokapitalisierung). Stattdessen kapitalisieren wir die gesamten Überschüsse (für alle Kapitalgeber, einschließlich der Gläubiger) und ziehen vom Ergebnis den Marktwert des Fremdkapitals ab.[1] So verfahren wir bei dem „Weighted Average Cost of Capital" („WACC-Ansatz") des Discounted Cashflow-Verfahrens[2] und beim „Adjusted Present Value Ansatz" („APV-Ansatz").[3]

III. Rechenformel

1. Rentenformel

Die künftigen Überschüsse stellen eine fortlaufende Reihe dar. Deren Wert errechnen wir nach der Formel für den Barwert einer nachschüssigen (d. h. jeweils am Ende des Jahres zu zahlenden) Rente (Rentenformel). Für das Ergebnis ist entscheidend, für wie lange wir die Zukunft sehen. Das wiederum hängt davon ab, wie wir die Lebensdauer des Unternehmens einschätzen.[4] Deshalb müssen wir unterscheiden zwischen Unternehmen mit begrenzter (endlicher) und unbegrenzter (unendlicher) Lebensdauer.

2. Begrenzte Lebensdauer

Setzen wir ausnahmsweise eine begrenzte Lebensdauer an,[5] so besteht der Unternehmenswert aus dem Barwert der künftigen Überschüsse, aus dem betriebsnotwendigen und aus dem nicht betriebsnotwendigen Vermögen bis zur Aufgabe des Unternehmens. Hinzutritt der Barwert der künftigen Überschüsse aus der Aufgabe (z. B. der Liquidation) des Unternehmens.[6]

---

1 IDW Standard S 1 Tz. 105, WPg 2000, 835.
2 Unten S. 161.
3 IDW Standard S 1 Tz. 105, WPg 2000, 835.
4 IDW Standard S 1 Tz. 91, WPg 2000, 833.
5 Eine begrenzte Lebensdauer kann sich z. B. ergeben aus der Laufzeit eines Miet- oder Pachtvertrages. Es ist dann zu prüfen, ob bei wirtschaftlich angemessener Miete oder Pacht eine Verlängerung erwartet werden kann.
6 IDW Standard S 1 Tz. 93, WPg 2000, 833.

Die Formel ist (für Juristen) recht kompliziert:

$$\text{Jahresüberschuss} \times \frac{q^n - 1}{q^n \times i} + \frac{L}{q^n}$$

Der Teil der Formel $\frac{q^n - 1}{q^n \times 1}$ ist der Rentenbarfaktor.

In ihm steht q für 1 + i, i ist der

Kapitalisierungszinssatz – z. B. $\frac{10}{100}$, n bezeichnet das letzte Jahr der

Reihe (Lebensdauer), L den Liquidationserlös.

3. Unbegrenzte Lebensdauer

Im Allgemeinen gehen wir aus von einer unbegrenzten Lebensdauer.[1] Dann entspricht der Unternehmenswert dem Barwert der künftigen Überschüsse aus dem betriebsnotwendigen und dem nicht betriebsnotwendigen Vermögen.[2]

Die Annahme des „ewigen" Unternehmens beruht auf drei Gründen: Man geht erstens davon aus, dass es gelingt, das ursprünglich eingesetzte Kapital zu erhalten, so dass das Kapital „ewig" bestehen bleibt. Man nimmt zweitens an, dass die Zukunftsüberschüsse als unendliche Reihe gleich hoher Beträge fließen („ewige Rente"). Das ist zwar einerseits wirklichkeitsfremd, andererseits aber ist die Lebensdauer eines Unternehmens zumeist nicht bekannt und nicht abschätzbar. Die Annahme einer ewigen Rente vereinfacht auch die Rechnungen (man vergleiche die beiden Formeln) miteinander. Diese Vereinfachung leisten wir uns bisher ohne Skrupel,[3] weil der Barwert einer unendlichen Rente dem Barwert einer 30- bis 34-jährigen Rente nahezu gleichkommt. Jedenfalls sind von da an die Unterschiede zwischen den beiden Formeln gering. Die Barwerte nähern sich umso schneller an, je höher der Kapitalisierungszinssatz ist. Für weit in der Zukunft liegende Überschüsse wird eben in der Gegenwart kaum etwas gezahlt.[4]

Die Formel für die ewige Rente lautet:

$$\frac{\text{Jahresertragsüberschuss}}{i}$$

---

1 BGH, JZ 1992, 156, 157.
2 IDW Standard S 1 Tz. 92, WPg 2000, 833.
3 Kritisch aber *Kruschwitz/Löffler*, DB 1998, 1041.
4 *Haack*, GmbHR 1994, 437.

J. Kapitalisierung

(Bei „unbegrenzter" Lebensdauer wird n [= letztes Jahr] unendlich; durch einfache Umwandlung ergibt sich dann die Formel für die „ewige Rente";

Der Ausdruck $\frac{L}{q^n}$ [Barwert des Liquidationsüberschusses] strebt bei „unbegrenzter" Lebensdauer nach Null und kann daher vernachlässigt werden.)

Bei dem Ansatz eines durchschnittlichen Jahresertragsüberschusses und bei einem

Zinssatz von 10 % $\frac{10}{100}$ sieht das so aus:

$$\frac{\text{Jahresertragsüberschuss}}{\frac{10}{100}} = \frac{\text{Jahresertragsüberschuss} \times 100}{10}$$

Wir können auch schreiben $\frac{\overline{E}}{i}$. Strich über dem E weist darauf hin, dass E als fortlaufender Durchschnittsertrag angenommen wird. Die verkürzte Formel $\frac{\overline{E}}{i}$ nutzen wir fortan jedenfalls im Grundsatz.

4. Phasenmethode

Es war lange üblich ein durchschnittliches Ergebnis für alle künftigen Jahre zu ermitteln. Wir sahen aber, dass heute bei der Zukunftsanalyse oft nach Phasen getrennt wird.[1] Daher sind unterschiedliche Jahresüberschüsse zu kapitalisieren; erst für die letzte Phase wird dann mit durchschnittlichen nachhaltigen Überschüssen gerechnet. Nach dem Motto: Keine Angst vor (etwas) Mathematik (und sogar Spaß dabei), wollen wir uns die Technik ansehen. Dabei orientieren wir uns an dem oben geschilderten Zwei- oder Dreiphasen Modell.

a) Einzelne Jahresüberschüsse

Die einzelnen geschätzten Jahresüberschüsse pro Jahr (also die der Nächsten acht, allenfalls fünf Jahre) werden zunächst einzeln abgezinst nach der Formel:

$$K = K_t \times \frac{1}{q^t} = \frac{K_t}{q^t}$$

---

[1] Oben S. 93.

In dieser Formel ist K der gesuchte Barwert, K_t der abzuziehende Ertragsüberschuss des jeweiligen zukünftigen Jahres, t bezeichnet das jeweilige Jahr (z. B. 1., 2., 3.... Jahr), $\frac{1}{q}$ ist der Abzinsungsfaktor, q kennen wir schon, es steht für 1 + i, wobei i der Kapitalisierungszinssatz ist (z. B. $\frac{10}{100}$). Wir können die Formel auch eleganter fassen, indem wir für $\frac{1}{q}$ das Symbol v verwenden. Dann lautet die Abzinsungsformel:

$$K = K_t \times v^t$$

Nehmen wir etwa an, dass die Zukunftsüberschüsse am Ende des Ersten, zweiten und dritten Jahres je (Vereinfachungsgründe) 120 000,- Euro betragen wird. Bei einem Kapitalisierungszinssatz von 10 % lauten die Formeln für den Barwert (K) der Überschüsse so:

Erstes Jahr: $\qquad K = \dfrac{120\,000}{(1 + \frac{10}{100})} = 109\,090{,}91\ €$

Zweites Jahr: $\qquad K = \dfrac{120\,000}{(1 + \frac{10}{100})^2} = 99\,173{,}55\ €$

Drittes Jahr: $\qquad K = \dfrac{120\,000}{(1 + \frac{10}{100})^3} = 90\,157{,}78\ €$

Der Barwert der Überschüsse des ersten Jahres beträgt also 109 090,91 Euro, der des zweiten Jahres 99 173,55 Euro und der des dritten Jahres 90 157,78 Euro. Man kann diese Rechnungen in einer Formel zusammenfassen;[1] aber es geht uns ja gerade um die einzelnen Schritte.

Ebenso verfahren wir nun mit den anderen einzeln ermittelten Jahren (4. und 5. oder 4.–8. Jahr). Dabei gehen wir von 110 000,- Euro pro Jahr aus (Vereinfachungsgründe). Das gibt dann folgende Barwerte: 75 131,48; 68 301,35; 62 092,13; 56 447,39; 51 315,81 Euro.

b) Fernere Jahresüberschüsse

Haben wir so den Barwert der einzelnen Jahresüberschüsse errechnet, so müssen wir jetzt fragen nach dem Wert der Überschüsse, die für die weitere Zukunft ab dem 6. oder dem 9. Jahr anfallen (je nachdem ob wir 2

---
1 Unten S. 113.

J. Kapitalisierung

oder 3 Phasen wählen).[1] Es ist also der jetzige Wert einer ab dem 6. oder dem 9. Jahr stetig laufenden Überschussreihe festzustellen. Dazu bedarf es zweier rechnerischer Schritte: Wir müssen zunächst feststellen, was diese fortlaufende Reihe zu Beginn des 6. oder 9. Jahres (Ende des 5. oder 8. Jahres) wert ist. Den so ermittelten Betrag müssen wir dann auf die Gegenwart abzinsen.

Den Wert der fortlaufenden Reihe errechnen wir in beiden Fällen nach der Rentenformel:

$$\frac{\overline{E}}{i}$$

Der so gefundene Wert bezieht sich auf den Beginn des 6. oder 9. Jahres (= Ende des 5. der 8. Jahres). Wir müssen ihn daher abzinsen nach der oben dargestellten Formel:

$$K = \frac{K_t}{q^t}$$

Wir erhalten so den Wert der ewigen Rente zu Beginn des 6. oder 9. Jahres. Den Betrag zinsen wir ab auf den Stichtag der Bewertung (also über 5 oder 8 Jahre) nach der Formel:

$$\frac{1 \text{ Mio}}{(1 + \frac{10}{100})^8} = 466\,507{,}38 \text{ €}$$

c) Schlussrechnung

Zum Schluss addieren wir die so ermittelten Barwerte der einzelnen Jahre und den Barwert der ewigen Rente:

1. Jahr	109 090,91 €
2. Jahr	99 173,55 €
3. Jahr	90 157,78 €
4. Jahr	75 131,48 €
5. Jahr	68 301,35 €
6. Jahr	62 092,13 €
7. Jahr	56 447,39 €
8. Jahr	51 315,81 €
Barwert der ewigen Rente ab 9. Jahr	466 507,38 €
Summe	1 078 217,78 €

Damit erhalten wir den Überschusswert. So einfach ist das!

---

[1] Oben S. 93.

d) Gesamtformel

Für mathematisch Interessierte (andere lesen nicht weiter!): Die einzelnen Schritte lassen sich durch folgende Gesamtformel erfassen:

$$\text{Ertragswert} = \frac{K_1}{q^1} + \frac{K_2}{q^2} + \frac{K_3}{q^3} + \frac{K_4}{q^4} + \frac{K_5}{q^5} + \frac{K_6}{q^6} + \frac{K_7}{q^7} + \frac{K_8}{q^8} + \frac{\overline{E}}{i \times q^8}$$

oder weiter vereinfacht:

$$\text{Ertragswert} = \sum_{t=1}^{n} \frac{K_t}{q^t} + \frac{\overline{E}}{i \times q^n}$$

Wenn wir – wie oben gesagt – für $\frac{1}{q}$ das Symbol v verwenden, können wir auch schreiben:

$$\text{Ertragswert} = \sum_{t=1}^{n} K_t \times v^t + \frac{\overline{E} \times v^n}{i}$$

K. Kapitalisierungszinssatz[1]

I. Allgemeines[2]

Wir ermitteln den Überschusswert, indem wir die künftigen finanziellen Überschüsse auf den Stichtag diskontieren (Kapitalisierung, Barwert).[3] Wie wir sahen, unterscheiden wir zwischen unbegrenzter und begrenzter Lebensdauer des Unternehmens.[4] Gewöhnlich rechnen wir mit einer unbegrenzten Lebensdauer; ausnahmsweise ist aber eine begrenzte Lebensdauer anzunehmen.[5]

Bei unbegrenzter Lebensdauer fügen wir dem Barwert der künftigen finanziellen Überschüsse aus dem betriebsnotwendigen Vermögen hinzu den Barwert der künftigen finanziellen Überschüsse aus dem nichtbetriebsnotwendigen Vermögen.[6] Bei begrenzter Lebensdauer ermitteln wir diese Werte nur für die Zeit bis zur Aufgabe des Unternehmens. Dem fügen wir dann hinzu den Barwert der künftigen finanziellen Überschüsse aus der Aufgabe (z. B. aus der Liquidation) des Unternehmens.[7]

II. Bedeutung

Die Kapitalisierungsformeln[8] zeigen, dass neben der Überschussprognose der Zinssatz für den Überschusswert entscheidend ist. Der Kapitalisierungszinssatz reduziert die künftigen, nacheinander anfallenden Überschüsse auf eine Größe zum Bewertungsstichtag. Man ermittelt so den Betrag, der bei Wiederanlage mit einem realistischen Zins Überschüsse bringt, die den erwarteten Unternehmensüberschüssen entsprechen.[9] Durch die Abzinsung machen wir so die finanziellen Überschüsse vergleichbar mit den Anlagealternativen für den Abzufindenden.[10]

---

1 *Peemöller/Kunowski*, Ertragwertverfahren nach IDW, in: Peemöller (Hrsg.), Praxishandbuch der Unternehmensbewertung, 2001.
2 *Siepe*, WPg 1998, 325; *Aha*, Aktuelle Aspekte, S. 31.
3 Einzelheiten siehe LG Dortmund, AG 1996, 278, 279.
4 Oben S. 109.
5 IDW Standard S 1 Tz. 91, WPg 2000, 833.
6 IDW Standard S 1 Tz. 92, WPg 2000, 833.
7 IDW Standard S 1 Tz. 93, WPg 2000, 833.
8 Oben S. 108.
9 OLG Stuttgart, NZG 2000, 744, 747; OLG Düsseldorf, ZIP 1988, 1560.
10 IDW Standard S 1 Tz. 119, WPg 2000, 836.

Dabei geht man aus von einem „Basiszinssatz", den man um einen „Risikozuschlag" erhöht.[1] Danach kürzen wir pauschal um den Satz der typisierten Steuerbelastung[2] und möglicherweise um einen „Wachstumsabschlag".[3] Beim WAAC-Ansatz des Dicounted Cashflow-Verfahrens[4] ermitteln wir weiterhin gesondert die Kosten des Fremdkapitals.[5] Wir wollen uns das der Reihe nach ansehen.[6]

III. Zinsmacht

Die überragende Kraft des Zinssatzes sehen wir besonders an der ewigen Rente. Wir erinnern uns, dass wir sie berechnen nach der Formel

$$\frac{\overline{E}}{i},$$

wobei i der Kapitalisierungszinssatz ist. Aus der Formel ergibt sich: Je höher der Kapitalisierungszinssatz, desto niedriger der Wert der ewigen Rente und umgekehrt.

Ermittelt man z. B. einen Ertragsüberschuss von 120 000 Euro einen Kapitalisierungszinssatz von 8 %, so lautet die Formel:

$$\frac{120\,000 \times 100}{8}$$

Sie führt zu einem Wert von 1 500 000 Euro. Setzt man dagegen den Kapitalisierungszinssatz mit 12 % an, so folgt aus der Formel

$$\frac{120\,000 \times 100}{12}$$

ein Wert von 1 000 000 Euro. Der Wert der ewigen Rente sinkt also umgekehrt proportional zum Anstieg des Kapitalisierungszinssatzes.

Deshalb kann man bei unterschiedlichen Überschüssen durch die Wahl eines anderen Kapitalisierungszinssatzes zum selben Wert gelangen. Ein

---

1 OLG Stuttgart, NZG 2000, 744; HansOLG Hamburg, NZG 2001, 471, 472.
2 Vgl. unten S. 141.
3 Unten S. 143.
4 Oben S. 47.
5 Unten S. 159.
6 Rechenschemata mit Zinssätzen s. OLG Düsseldorf, AG 1995, 84.

K. Kapitalisierungszinssatz

Überschuss von 120 000 Euro bringt bei einem Kapitalisierungszinssatz von 12 % nach der Formel $\frac{\overline{E}}{i}$ einen Wert von 1 000 000 Euro; zu diesem Ergebnis führt auch ein Überschuss von 100.000 Euro, wenn man ihn mit 10 % kapitalisiert.

Ebenso wirkt der Kapitalisierungszinssatz, wenn wir nach der Phasenmethode die Barwerte der Überschüsse der einzelnen Jahre ermitteln. Wir benutzen dafür die Formel:

$$K = \frac{K_t}{q^t}$$

(dabei ist q = 1 + i, i = Kapitalisierungszinssatz, t = das jeweilige Jahr). Auch hier ergibt sich: Je höher der Kapitalisierungszinssatz, desto niedriger der Barwert und umgekehrt. Bei einem Überschuss von 120 000 Euro im zweiten Jahr und einem Zinssatz von 8 % gelangen wir nach der Formel:

$$\frac{120\,000}{(1 + \frac{8}{100})^2}$$

zu einem Barwert von 102 880,65 Euro. Nehmen wir als Zinssatz 10 %, so folgt aus der Formel:

$$\frac{120\,000}{(1 + \frac{10}{100})^2}$$

ein Barwert von 99 173,55 Euro. Bei einem Ansatz von 12 % ergibt sich aus der Formel:

$$\frac{120\,000}{(1 + \frac{12}{100})^2}$$

ein Barwert von 95 663,27 Euro.

IV. Sorgfalt

Die Beispiele zeigen: Schon eine kleine Änderung des Kapitalisierungszinssatzes wirkt sich für die Barwerte und damit für den Überschusswert stark aus. Das erweist die überragende Bedeutung dieses Faktors. Wird der Zinssatz nicht korrekt angesetzt, so haben alle Verfeinerungen bei der Bestimmung der Überschüsse wenig Sinn. Daher bedarf es hier großer Sorgfalt. Vor allem muss man der Versuchung widerstehen alle ungelösten Probleme auf den Kapitalisierungszinssatz zu verlagern. Denn der richtige Zinssatz ist ohnehin unsicher. In der Praxis schwanken die Sätze zwischen 8–15 %. Das ergibt bei einem Überschuss von 120 000 Euro nach der Formel

$$\frac{\overline{E}}{i}$$

Werte zwischen 1 500 000 Euro und 800 000 Euro.

V. Basiszinssatz[1]

1. Ausgangslage

Wir bestimmen den Kapitalisierungszinssatz grundsätzlich aus der Sicht von Erwerber *und* Veräußerer; beide können verschiedene Anlagealternativen haben. Daher müssen wir parteienbezogen-typisierend vorgehen. Wir wählen also einen Basiszinssatz, der für beide Seiten annehmbar ist,[2] der beiden eine angemessene Alternativanlage ermöglicht.[3] Da man aber oft nicht weiß, wie der Ausscheidende die Abfindung nutzen wird, kann man nur von einem Zinssatz ausgehen, „wie ihn ein vernünftig wirtschaftlich denkender Mensch sicher erzielen kann".[4]

Wegen dieses „Sicherheitskriteriums" beginnen wir mit Überschüssen aus einer Anlage höchster Bonität. Dabei stellen wir als Basis ab auf eine (quasi-)risikofreie Anlage am Kapitalmarkt. Wir sprechen von (quasi-)risikofrei, weil es eine absolut sichere Anlage nicht gibt:[5] Selbst erste Adressen („triple A") können wanken. Diese Risiken gelten aber bisher als nicht berechenbar, deshalb blendet man sie aus.[6]

2. Landesüblicher Zinssatz

Als Basiszinssatz wählt man daher den „landesüblichen Zinssatz" für eine (quasi-) risikofreie Anlage am Kapitalmarkt.[7] Einen solchen einheitlichen Zinssatz gibt es aber nicht; es gibt nur unterschiedliche Zinssätze

---

1 IDW Standard S 1 Tz. 120, WPg 2000, 836; *Siepe*, WPg 1998, 325. Zum Ganzen BayObLG, NZG 2001, 1033, 1035.
2 OLG Düsseldorf, NZG 2000, 323, 324.
3 IDW Standard S 1 Tz. 120, WPg 2000, 836.
4 OLG Düsseldorf, DB 2000, 82; AG 1999, 321, 323; LG Hannover, AG 1979, 424, 427.
5 Zum Ganzen OLG Düsseldorf, WM 1992, 986, 991.
6 *Moxter*, Grundsätze, S. 146, 157, 167.
7 OLG Celle, NZG 1998, 987, 989; IDW Standard S 1 Tz. 120, WPg 2000, 836.

K. Kapitalisierungszinssatz

für verschiedene Kredite und Anlagen. Deshalb nimmt man bisher als Maßstab die langfristig erzielbare Rendite inländischer öffentlicher Anleihen.[1] Der IDW Standard nennt das Merkmal „inländisch" allerdings nicht;[2] darauf komme ich zurück.[3]

Niemand wird in ein Unternehmen investieren, dessen Rendite unter dem öffentlicher Anleihen liegt.[4] So gelangt man bisher zum Durchschnitt der Renditen von Kommunalobligationen und Anleihen des Bundes oder der Länder im Verlauf der letzen 15 bis 30 Jahre.[5] Wir finden sie in den Monatsberichten der Deutschen Bundesbank.[6] Das Landgericht Berlin sah ihn für 1989 bei 6 %,[7] das Oberlandesgericht Stuttgart nahm für 1990 8 % an, ebenso sah es das Hanseatische Oberlandesgericht Hamburg.[8] Heute (2001) dürfte er liegen bei 6,5 % liegen.

3. Laufzeitäquivalenz

Bei der Suche nach dem Basiszinssatz müssen wir die Laufzeit der Anlage bedenken. Wir müssen also die langfristige Anlage im Unternehmen vergleichen mit einer ähnlich langfristigen[9] anderen Anlage (Laufzeitäqivalenz).[10]

Bei Annahme einer unendlichen Lebensdauer des Unternehmens müssten wir zum Vergleich heranziehen die Rendite einer zeitlich nicht begrenzten Anleihe der öffentlichen Hand. Die gibt es jedoch nicht. Deshalb wählt man gewöhnlich öffentliche Anleihen mit einer Restlaufzeit von zehn oder mehr Jahren. Die Mittel dieser Anleihe sind nach Ablauf wieder anzulegen. Für die Prognose der Rendite aus der Wiederanlage kann man die Zinsentwicklung der Vergangenheit nutzen.[11]

---

1 IDW Standard S 1 Tz. 120, WPg 2000, 836; BGH, NJW 1982, 575; OLG Stuttgart, NZG 2000, 744, 747; OLG Düsseldorf, ZIP 1988, 1551, 1560; AG 1999, 321, 323; OLG Köln; NZG 1999, 1222, 1226.
2 IDW Standard S 1 Tz. 120, WPg 2000, 836.
3 Unten S. 120.
4 OLG Düsseldorf, AG 1999, 321, 323.
5 Vgl. OLG Düsseldorf, AG 1999, 321, 323.
6 Statistische Beihefte zu den Monatsberichten der Deutschen Bundesbank, Reihe 2 Wertpapierstatistik, Kap. 8 Renditen.
7 LG Berlin, AG 2000, 284, 286.
8 HansOLG, NZG 2001, 471, 472. Das BayObLG gelangte für 1988 zu 7,91 %, NZG 2001, 1033, 1035.
9 LG Berlin, AG 2000, 284, 286.
10 *Schwetzler*, DB 1996, 1961.
11 IDW Standard S 1 Tz. 121, WPg 2000, 836 f.

Bei Unternehmen mit zeitlich begrenzter Lebensdauer ist heranzuziehen der Zinssatz für öffentliche Anleihen vergleichbarer Laufzeit.[1] All das lässt sich verfeinern, aber um den Preis von Unsicherheiten („every decoding is a new encoding").[2]

4. Zinsprognose

Entscheidend ist nicht die Höhe des Basiszinssatzes am Stichtag.[3] Denn der Zins am Stichtag könnte gerade in eine Phase niedriger oder hoher Zinsen fallen. Zu suchen ist daher die aus der Sicht des Stichtages auf Dauer zu erzielende Verzinsung,[4] der von kurzfristigen Einflüssen befreite Normalzinssatz.[5] Der Zinssatz ist also ebenfalls zukunftsbezogen.[6]

Für die „Nachhaltigkeit" orientiert man sich an der Zinsentwicklung der Vergangenheit.[7] Man geht im Allgemeinen 15 bis 30 Jahre zurück und fragt von daher nach der Vorhersehbarkeit am Stichtag.[8] Dabei erwägt man, ob sich am Stichtag ein Trend zu höheren oder niedrigeren Zinsen zeigt.[9]

Für die erste Phase der Bewertung setzt man an beim so ermittelten Zinssatz für den Bewertungsstichtag.[10] Man müsste dann den Zinssatz nach Ablauf der längsten erhältlichen Laufzeit prognostizieren. Das ist aber unsicher. Deshalb mag man sich orientieren am Zinssatz der längstlaufenden Anleihe auch für den Zeitraum danach.

Obgleich die Abfindung erst längere Zeit nach dem Stichtag festgesetzt wird, gilt doch die Sicht am Stichtag.[11] Das Gericht kann aber die spätere

---

1 IDW Standard S 1 Tz. 121, WPg 2000, 836 f.
2 *Schwetzler*, 66 ZfB 1081 (1996); *ders.*, DB 1996, 1961.
3 OLG Düsseldorf, DB 2000, 82. Einzelheiten in LG Dortmund, AG 1996, 278, 279.
4 OLG Stuttgart, NZG 2000, 747; OLG Düsseldorf, ZIP 1988, 1560.
5 OLG Düsseldorf, WM 1995, 1052, 1059.
6 OLG Düsseldorf, NZG 2000, 323, 325; LG Berlin, NZG 2000, 285, 286; OLG Celle, AG 1979, 230, 232; LG Frankfurt, AG 1983, 136, 138; *Aha*, Aktuelle Aspekte, S. 32.
7 *Schwetzler*, DB 1996, 1961.
8 OLG Düsseldorf, DB 2000, 82; NZG 2000, 323, 325.
9 LG Dortmund, AG 1997, 142, 143.
10 *Aha*, Aktuelle Aspekte, S. 32.
11 LG Düsseldorf, AG 1988, 275, 278; LG Berlin, AG 1983, 135, 136. A. A. *Schwetzler*, DB 1996, 1961, 1964. *Schwetzler* stellt ab auf den Zinssatz am Tag der Beendigung des Spruchverfahrens oder des Zuflusses der Abfindung.

K. Kapitalisierungszinssatz

Zinsentwicklung beobachten und daraus Schlüsse ziehen für die Plausibilität der Schätzung.[1] Das Landgericht Nürnberg Fürth zog die durchschnittlichen Kontokorrentkredite acht Jahre *nach* dem Stichtag heran und entnahm sie den Statistischen Jahrbüchern.[2]

5. Euroland

Als Markt für diese Anleihen galt bisher der deutsche Markt, galten Notierungen an deutschen Börsen. Man nahm eben an, dass der Ausscheidende sein Geld wieder in Deutschland anlegen werde. Wie schon erwähnt, bezieht sich der IDW Standard[3] aber nicht mehr auf das Inland. Dem ist für „Euroland" zu folgen. Damit entgleitet die Bewertung den nationalen Konventionen; sie erhält eine europäische Dimension.

Heute müsste man daher auf den Euro-Kapitalmarkt schauen. Aber was gehört dort zur „öffentlichen Hand"? Ist sie so „quasi-sicher" wie wir es in Deutschland für „selbstverständlich" halten? Heranziehen lassen sich jedenfalls nur die durchschnittlichen Zinssätze von öffentlichen Schuldnern, die für langfristige Anleihen einen ähnlichen Status haben wie Deutschland. Das ist nicht einfach zu erkennen. Es kommt wohl an auf das Rating durch Rating-Agenturen: Allein „triple A" bei langfristigen Anleihen zählt.

Bisher fehlt uns für „Euroland" der Überblick. Einstweilen werden wir daher noch die deutschen öffentlichen Anlagen als pars pro toto nehmen, zudem sie in Euroland als „benchmark" gelten. Der Bezug zum „Basiszinssatz" i. S. des neuen § 247 BGB bedarf noch der Diskussion.

6. Gleichbehandlung

Großanleger können oft höhere Zinsen erzielen als Kleinanleger. Setzte man aber für den Kleinanleger den höheren Zinssatz an, so stellte man ihn damit schlechter; denn der höhere Zinssatz ermäßigt ja den Barwert der künftigen Überschüsse.[4]

Die richtige Wahl folgt aus dem Rechtsverhältnis, dass die Bewertung regiert: Im Aktienrecht knüpfen wir an die einzelne Aktie an (§ 1 Abs. 2,

---

1 Oben S. 62
2 NZG 2000, 89, 90.
3 IDW Standard S 1 Tz. 120, WPg 2000, 836.
4 Oben S. 127.

§ 8 Abs. 1 Satz 1, Abs. 4 AktG); daher ist abzustellen auf den Zinssatz für den Gesellschafter mit der kleinsten Stückelung. Bei Personengesellschaften und bei GmbHs können wir nicht so typisieren; dennoch gelangen wir zum selben Ergebnis: Zwischen den Gesellschaftern gilt der Gleichheitssatz, der uns zu einem einheitlichen Zinssatz zwingt. Der Basiszinssatz erweist sich auch hier als guter Kompromiss. Er ist eben der Zinssatz, der von einem „vernünftig und wirtschaftlich denkenden Menschen sicher zu erzielen ist".[1]

7. Interner Zinssatz

Der Kapitalisierungszinssatz weist darauf hin, welches die Rendite einer bestmöglichen Alternativanlage am Markt ist. Er unterscheidet sich von dem Zinssatz, den das Unternehmen selbst bei seinen Anlagen erzielt oder den es ansetzt für die eigenen Pensionsrückstellungen. Die Zinssätze können also verschieden sein.[2] Der interne Zinssatz ist zwar wichtig für die Ermittlung der Überschüsse, nicht aber für die Kapitalisierung. Dort ziehen wir ihn nur heran für den subjektiven Entscheidungswert.[3]

8. Durchschnittliche Aktienrendite

Der Basiszinssatz bezieht sich auf risikoarme, fest verzinsliche Geldanlagen und hängt ab von deren Laufzeit. Deshalb wollen einige bei aktienrechtlichen Abfindungen die durchschnittliche Aktienrendite (Dividende) heranziehen.[4] Sie ist aber schwer zu ermitteln – namentlich wenn wir an „Euroland" denken. Die zugrunde liegende These von der Dividende als „Spiegelbild des Unternehmensertrages" ist zudem fragwürdig. Bezugsrechte und Kursanstiege sind aus steuerlichen Gründen oft attraktiver.

9. Branchenüblicher Zinssatz

Abzulehnen ist auch der „branchenübliche" Zinssatz. Er ist kaum zu finden (was gehört zur Branche, was ist dort üblich?). Gleiches gilt für den

---

1 OLG Düsseldorf, NZG 2000, 323, 324.
2 OLG Celle, NZG 1998, 987, 989.
3 IDW Standard S 1 Tz. 123, WPg 2000, 837.
4 *Busse von Colbe*, Gesellschaftsanteile als Kreditsicherheit, S. 317, 323, 336.

K. Kapitalisierungszinssatz

"Liegenschaftszinssatz".[1] Der ausscheidende Gesellschafter sucht zudem einen Ausgleich der die gleiche Rendite bringt – innerhalb oder außerhalb der Branche, bei Grundstücken oder anderswo.

VI. Veränderungen

Den Basiszinssatz können wir nicht unbesehen übernehmen. Wir müssen ihn erhöhen um einen Risikozuschlag[2] und vermindern um den Satz für persönliche Ertragsteuern.[3] Über lange Zeit wachsenden finanziellen Überschüssen können wir Rechnung tragen durch einen Wachstumsabschlag.[4] Dabei ist zu bedenken: Ein Abschlag hebt den Ertragswert, ein Zuschlag senkt ihn. Der Ausscheidende wünscht daher einen Abschlag, der Übernehmer einen Zuschlag.

VII. Risikozuschlag

1. Ausgangslage[5]

Der Basiszinssatz bezieht sich auf für sicher gehaltenen öffentlichen Anleihen oder „triple A" Anleihen. Er ist also der Preis für die zeitweise Überlassung des Geldes „quasi" ohne Verlustrisiko. Solche an Börsen gehandelten Papiere sind leicht zu veräußern; das Liquiditätsrisiko ist damit ebenfalls gering.

2. Unternehmerisches Risiko

Bei der Anlage in einem Unternehmen ist das z. T. anders. Zukünftige Überschüsse sind nicht sicher vorauszusagen; es kann zum Totalverlust kommen. Die unternehmerische Zukunft birgt Risiken und Chancen; der Anleger muss immer fürchten, dass er sein Geld ganz verliert. Außergewöhnliche Ereignisse sind nicht auszuschließen, sind nicht zu prognostizieren. Man denke an Betriebsstörungen durch höhere Gewalt (Terror-

---

1 HansOLG Hamburg, NZG 2001, 471, 472.
2 IDW Standard S 1 Tz. 94 ff., WPg 2000, 833 f.; OLG Düsseldorf, NZG 2000, 323, 324.
3 IDW Standard S 1 Tz. 99, WPg 2000, 834. Über das Verhältnis zum Inflationsabschlag *Siegel*, DB 1987, 2389.
4 IDW Standard S 1 Tz. 104, WPg 2000, 834 f. Näheres unten S. 143.
5 BayObLG, WM 1996, 526, 532; NZG 1998, 946, 948.

anschläge!), an Substanzverluste aus Betriebsstilllegungen, Aufwendungen für Umstrukturierungen, Insolvenzen wichtiger Abnehmer und an Änderungen in der Belegschaft. Man denke aber auch an wirtschaftliche (z. B. Globalisierung, Verkehrslage) oder technische (z. B. Internet) „Revolutionen".[1] Dieses Risikobewusstsein ist auch deshalb so wichtig, weil die Zukunftsprognose nur Umstände erfasst, die am Stichtag schon in der Wurzel angelegt und vorhersehbar sind.[2]

3. Risikoaversion

Dem liegt die Annahme zugrunde, dass Menschen eher auf das Risiko schauen: Man kann schnell alles verlieren aber nie alles gewinnen! Deshalb gewichten wir künftige Risiken stärker als zukünftige Chancen (wie jede Versicherung zeigt): Man versichert sich gegen Verluste, nicht gegen entgangene Chancen). Wir sprechen von „Risikoscheu", von „Risikoaversion".[3]

4. Methodenwahl

Das allgemeine Unternehmensrisiko kann man auf zwei Arten berücksichtigen: Wir können einen Abschlag machen vom Erwartungswert der zukünftigen Überschüsse (Sicherheitsäquivalenzmethode, Ergebnisabschlagmethode)[4] oder einen Zuschlag zum Kapitalisierungszinssatz (Zinszuschlagmethode, Risikozuschlagmethode).[5]

a) Überschussabschlag

Man kann schon bei der mehrwertigen Prognose die Überschüsse nach Wahrscheinlichkeitsindizes niedriger ansetzen.[6] So kann man etwa den Liquidationswert mit 0 wählen. *Moxter* befürwortet eine relativ hohe Gewichtung des Risikos, weil der Markt vorsichtig bewerte.[7] Die

---

1 OLG Celle, AG 1999, 321, 323 = NZG 1998, 987, 989; BayObLG, WM 1998, 526, 532; LG Dortmund, AG 1996, 278, 280; vgl. OLG Düsseldorf, AG 1992, 200, 204.
2 OLG Düsseldorf, DB 2000, 81, 83.
3 IDW Standard S 1 Tz. 94, WPg 2000, 833; *Günther*, DB 1999, 2425.
4 OLG Düsseldorf, WM 1988, 1052, 1059; OLG Stuttgart, NZG 2000, 744, 747.
5 IDW Standard S 1 Tz. 95, WPg 2000, 833; OLG Stuttgart, NZG 2000, 747 = EWiR § 305 AktG 2/2000 (*Luttermann*);
6 *Moxter*, Grundsätze, S. 146.
7 *Moxter*, Grundsätze, S. 156, 158, 164, 167; HansOLG Hamburg, NZG 2001, 471, 472; OLG Düsseldorf, AG 1992, 200, 204.

K. Kapitalisierungszinssatz

Gewichtung ist aber eine persönliche Entscheidung, was man nicht durch Indizes „mathematisch" verschleiern sollte.[1]

b) Risikozuschlag

Die Zinszuschlagmethode ist üblich.[2] Sie macht klarer, dass die Annahmen eher „gefühlsmäßig" sind; das gilt selbst dann, wenn man mit „betas"[3] arbeitet. Der Zuschlag zeigt „auf einen Blick" „dass die Anlage in einem Unternehmen risikoreicher ist als die Anlage in öffentlichen Anleihen".[4] Die Methode kann sich stützen auf Risikoprämien am Markt (u. U. an der Börse)[5] und damit auf Möglichkeiten zum Vergleich.[6] Die Methode berücksichtigt auch besser, dass die näher bevorstehenden Jahre stärker gewichtet werden sollten, weil die Erwartungen hier sicherer sind.[7]

c) Ausschließlichkeit

Ist das allgemeine Unternehmensrisiko schon bei der Überschussprognose beachtet, darf es auf keinen Fall in den Kapitalisierungszinssatz eingehen. Denn dann würde das Risiko zweimal wertmindernd berücksichtigt.[8] Die Höhe des Zuschlags hängt im Übrigen davon ab, welche besonderen Risiken und Chancen wir schon bei der Schätzung erfassten; der Risikozuschlag ist dann höher oder niedriger.[9]

5. Zuschlagsmethode

Haben wir das Risiko bei der Schätzung der Überschüsse nicht erfasst, so erwarten Menschen für die Übernahme eines Risikos stattdessen eine *Risikoprämie* („Zitterprämie"). Der IDW Standard erklärt:[10]

---

1 OLG Düsseldorf, WM 1992, 200, 204.
2 IDW Standard S 1 Tz. 96, WPg 2000, 834.
3 Siehe unten S. 136.
4 OLG Stuttgart, NZG 2000, 744, 747.
5 Unten S. 136.
6 IDW Standard S 1 Tz. 96, WPg 2000, 834.
7 *Siepe*, WPg 1998, S. 325, 327 m. Nachw.
8 *Moxter*, Grundsätze, S. 156, 158, 164, 167; OLG Düsseldorf, AG 1992, 200, 204; OLG Celle, NZG 1998, 987, 989.
9 OLG Düsseldorf, AG 1999, 321, 323.
10 IDW Standard S 1 Tz. 94, WPg 2000, 833.

„Die Übernahme dieser unternehmerischen Unsicherheit (des Unternehmerrisikos) lassen sich Marktteilnehmer durch Risikoprämien abgelten; Theorie und Praxis gehen übereinstimmend davon aus, dass die Wirtschaftssubjekte zukünftige Risiken stärker gewichten als zukünftige Chancen."

Deshalb ist nach herrschender Meinung ein Risikozuschlag zu machen.[1] Das Oberlandesgericht Düsseldorf sagt dazu:

„Der Risikozuschlag soll aber dem Umstand Rechnung tragen, dass eine Kapitalanlage in einem Unternehmen regelmäßig mit höheren Risiken verbunden ist als eine Anlage in öffentlichen Anleihen. Hierher gehören nicht nur solche Umstände, die bei der Ertragsprognose grundsätzlich berücksichtigt werden können, sondern auch außergewöhnliche Umstände wie Betriebsstörungen durch höhere Gewalt, Substanzverluste durch Betriebsstilllegungen, Aufwendungen für Umstrukturierungsmaßnahmen, Insolvenzen wichtiger Abnehmer, Belegschaftsveränderungen und Ähnliches sowie das stets vorhandene Konkursrisiko."[2]

Der Markt verlange bei höherem Risiko einen höheren Zins. Daher müsse der Kapitalisierungszinssatz über der Rendite öffentlicher Anleihen liegen, soweit das Risiko nicht schon bei der Ermittlung der Überschüsse berücksichtigt wurde.[3] Da es bei den Unternehmen je nach ihrer Lage und der Branche unterschiedlich ist, muss sich der Zuschlag orientieren an den Verhältnissen des zu bewertenden Unternehmens.[4]

Dabei wird das ganze Risiko mit *einem* Zuschlag erfasst. Spezielle und allgemeine Risiken werden nicht unterschieden, weil sie sich kaum abgrenzen lassen.[5] Die Formel stellt sich dann so dar: In den Zähler kommen die erwarteten Überschüsse, in den Teiler gelangt der um den Risikozuschlag erhöhte Zinssatz.[6]

6. Diskussion

a) Kritik

Der Risikozuschlag ist indes umstritten. Das Oberlandesgericht Celle hielt ihm entgegen, dass die besonderen Chancen und Risiken schon bei

---

1 IDW Standard S 1 Tz. 95 f., WPg 2000, 833 f.; S 1 Tz. 122, WPg 2000, 837; S 1 Tz. 136, WPg 2000, 838; OLG Düsseldorf, DB 2000, 81, 83; AG 1999, 321, 323; AG 1992, 200, 204; WM 1990, 1282, 1288; BGH, WM 1982, 17, 18; BFH, BStBl. II 1983, 667, 668; *Bungert*, NZG 1998, 990 m. Nachw.
2 OLG Düsseldorf, NZG 2000, 323, 325.
3 OLG Düsseldorf, DB 2000, 81, 83.
4 OLG Düsseldorf, AG 1992, 200, 204.
5 IDW Standard S 1 Tz. 94, WPg 2000, 833; OLG Düsseldorf, AG 1992, 200, 204.
6 IDW Standard S 1 Tz. 94, WPg 2000, 833.

den zukünftigen Überschüssen erfasst seien:[1] „Dem allgemeinen Risiko steht die Chance mit gleicher Wertigkeit gegenüber".[2] Das Gericht[3] war auch deshalb zurückhaltend, weil das „generelle Unternehmensrisiko" „in exakten Zahlen nicht fassbar ist".[4] Jedenfalls sei ein Zuschlag von 2,4 % zu hoch.

Schwer wiegt das Argument von *Geßler*.[5]

„Wer das Ausscheiden von Gesellschaftern erzwingen oder sich eine Rechtsposition verschaffen will, die nach Auffassung des Gesetzgebers Gesellschafter zum Ausscheiden berechtigt, kann nicht sein künftiges Unternehmensrisiko zum Teil auf die Abfindung des Ausscheidenden abwälzen und diese darum kürzen. Das bis zu seinem Eintritt fragliche Unternehmensrisiko kann nicht vorweg als sicher dem Ausscheidenden angelastet werden; ihm verbleiben auch nicht dessen Chancen."

b) Stellungnahme

Dennoch ist der herrschenden Meinung zu folgen. Ein Risikozuschlag ist gewiss richtig bei Anleihen eines Unternehmens, weil das Unternehmen zahlungsunfähig werden kann. Der Anleger erhält ja höchstens die Zinsen, vielleicht auch weniger. Begrenzte Chance und unbegrenztes Verlustrisiko verlangen einen Zuschlag für das Unternehmenswagnis.

Bei der Beteiligung stehen den Risiken indes ebenso unvorhersehbare Chancen gegenüber. Doch ist zweifelhaft, ob Risiken und Chancen gleich sind:[6] Die Chancen sind über das Steuerrecht und das Arbeitsrecht stärker sozialisiert als die Risiken – jedenfalls wird das so empfunden. Das gilt auch für Großunternehmen, die im Zeichen globaler Märkte insolvenzanfälliger geworden sind. Der Preis aber richtet sich nach dem Unternehmenswagnis.[7]

Selbst wenn Chance und Risiko gleich sind, ist ein Risikozuschlag wegen der Risikoaversion angemessen: Ein Anleger zieht einen quasi-sicheren Zins von 10 % einem Zins vor, der zwischen 0 und 20 % schwankt. Zwar scheint die oft niedrige Dividende bei Aktien anzudeu-

---

1 OLG Celle, NZG 1998, 987, 989.
2 OLG Celle, AG 1979, 230, 232.
3 NZG 1998, 987, 989 m. abl. Anm. *Bungert* = EWiR § 305 AktG 1/1998 (*Luttermann*).
4 OLG Celle, NZG 1998, 987, 989.
5 *Geßler*, GEBERA-Schriften, Bd. 1, 1977, S. 121, 134 f.; LG Berlin, AG 1983, 137, 138.
6 LG Dortmund, AG 1982, 257, 259; *Großfeld*, FS Coing Bd. 2, S. 111.
7 OLG Köln, NZG 1999, 1222, 1227.

ten, dass Anleger die Chancen höher einstufen als die Risiken; aber das täuscht, weil die Dividende oft nicht entscheidend ist. Steuerfreie(!) Bezugsrechte und erhoffte Kurssteigerungen sind wesentliche Antriebe.

c) Ergebnis

Der allgemeine Risikozuschlag ist sachgemäß. Das folgt aus dem Zweck der Abfindung: Der Ausscheidende soll die Chance erhalten eine andere gleichwertige Anlage (gleiche Risikostufe) zu erwerben. Der Preis für die Anlage in einem anderen Unternehmen bildet sich aber nach den oben unter a) geschilderten Annahmen. Würde man sie nicht beachten, erhielte der Ausscheidende zu viel.

7. Politische Risiken

Politische Risiken blenden wir bisher aus, weil wir die Verhältnisse in Deutschland als „quasistabil" ansehen, aber in „Euroland" mag das anders sein. Hier können spezielle Länderrisiken hinzutreten;[1] das ist besonders zu beachten bei der Bewertung ausländischer Unternehmen.[2]

8. Wirkung

Der Risikozuschlag kann den Überschusswert stark mindern. Zinsen wir einen Überschuss von 120 000 Euro im dritten Jahr mit 8 % ab, so ergibt sich ein Barwert von 95 260,78 Euro, bei 12 % folgt ein Barwert von 85 415,33 Euro. Ähnlich unterschiedlich ist auch die ewige Rente, z. B. ab dem 9. Jahr: Bei einem Überschuss von 120 000 Euro und 8 % kommen wir zu 1 500 000 Euro, bei 12 % zu 1 000 000 Euro. Zinst man diese Ergebnisse wiederum über 8 Jahre ab, so ergeben sich 699 760,68 Euro und 466 507,13 Euro. Deshalb ist ein hoher Risikozuschlag so beliebt bei Käufern von Unternehmen und bei denen, die abfinden müssen.

9. Höhe[3]

Die Höhe des Risikozuschlags richtet sich nach den Umständen des zu bewertenden Unternehmens. Dabei ist Folgendes zu beachten:

---

1 Unten S. 240.
2 Unten S. 240.
3 Vgl. OLG Düsseldorf, WM 1995, 757, 762.

K. Kapitalisierungszinssatz

a) Grundlagen

Der Risikozuschlag ist ein Manipulationsinstrument erster Ordnung. Die Höhe des Zuschlags lässt sich nicht exakt in Zahlen ausdrücken,[1] lässt sich nicht pauschal angeben. Auch hier benötigen wir Typisierungen,[2] orientieren wir uns an „Vorgängen", am Markt.[3] Doch sind das nur Anhaltspunkte, die nicht mechanisch zu übernehmen sind.[4] Die Vergleichbarkeit ist zudem oft Glaubenssache, lässt sich „wissenschaftlich" nicht klären.[5] Die Einflüsse aus Standort, Umwelt und Branche sind häufig anders; Produkt, Kundenbeziehungen (Abhängigkeit von Großkunden) und Kapitalausstattung unterscheiden sich.

Risikoprämien aus der Vergangenheit sind mit Vorsicht zu nehmen, weil das Zukunftsrisiko zählt. Risikoprämien aus „Vorgängen" können wir daher nicht einfach übernehmen; wir müssen vielmehr darauf achten, ob sich das zu bewertende Unternehmen durch innere und äußere Einflüsse unterscheidet. Dabei sehen wir auf Standort, Umwelt und Branche, aber auch auf Produkte und Kunden (operatives Risiko). Wir schauen auch auf das Verhältnis von Eigen- zu Fremdkapital, auf Fristigkeiten und auf das Kapitalstrukturrisiko).[6] Es ist also stets zu prüfen, ob unternehmenseigene Wirkungen zu erwarten sind.[7] Die Risikoprämie ist dann anzupassen.[8]

b) Risiken *und* Chancen

Der Risikozuschlag darf nicht genutzt werden, um Risiken einseitig den Ausscheidenden aufzulasten. Es ist ebenfalls die Chance zu bedenken, dass sich die Überschüsse wesentlich verbessern.[9] Das ist selbst angesichts der „Risikoscheu" nicht außer Acht zu lassen.

---

1 OLG Celle, NZG 1998, 987, 989; BayObLG, NJW-RR 1996, 1125, 1129.
2 IDW Standard S 1 Tz. 97, WPg 2000, 834.
3 IDW Standard S 1 Tz. 97, WPg 2000, 834.
4 IDW Standard S 1 Tz. 97, WPg 2000, 834.
5 Vgl. IDW Standard S 1 Tz. 97, WPg 2000, 834.
6 IDW Standard S 1 Tz. 97, WPg 2000, 834; *Siepe*, WPg 1998, 325, 328.
7 IDW Standard S 1 Tz. 97, WPg 2000, 834.
8 IDW Standard S 1 Tz. 97, WPg 2000, 834.
9 LG Berlin, NZG 2000, 284, 286.

c) Außergewöhnliche Risiken

Der Zuschlag soll nur außergewöhnliche Verhältnisse abdecken,[1] weil ja die „normalen" Risiken und Chancen schon bei den Überschüssen beachtet sind.[2] Zu solchen außergewöhnlichen Ereignissen (allgemeines Unternehmensrisiko)[3] zählen Störungen durch höhere Gewalt, Substanzverluste durch Betriebsstilllegungen oder Umstrukturierungen, Insolvenzen wichtiger Abnehmer und das eigene Insolvenzrisiko.[4] Hinzutritt das allgemeine Schätzungsrisiko.

d) Orientierung

Es ist jedoch ein Ratespiel, wenn man das Risiko in einem Zusatz zum Basiszinssatz erfassen will. Denn der Risikozuschlag hat sowohl das operative Risiko aus der betrieblichen Tätigkeit als auch das vom Verschuldungsgrad beeinflusste Kapitalstrukurrisiko abzudecken. Eindrucksvoll für Laien, aber wie macht man das?

Der Zuschlag orientiert sich an den Verhältnissen, die von Unternehmen zu Unternehmen andere sein können. Zu beachten ist auch, in welchem Umfang wir nichtbetriebsnotwendiges Vermögen annehmen. Denn das entzieht dem Unternehmen fiktiv ein Stück Sicherheit und schafft ein höheres Risiko. Wenn dem Anteileigner über die fiktive Veräußerung des neutralen Vermögens mehr zugerechnet wird, muss er auch die fiktive Erhöhung des Risikos tragen.[5]

e) Neuanlagerisiko

Schließlich ist zu bedenken, dass dem Ausscheidenden eine Neuanlage aufgedrängt wird, deren Risiko neu zu schätzen ist. Sie lässt sich schwerer einordnen als die bisherige Anlage (man weiß nie, was man bekommt). Für dieses Zusatzrisiko wird im Leben bezahlt – doch lässt sich nicht genau bemessen wie viel. Man sollte auch deshalb den Risikozuschlag zurückhaltend ansetzen und damit zu einer etwas höheren Abfindung gelangen.[6]

---

1 *Bungert*, NZG 1998, 990; BayObLG, AG 1996, 127, 129 ff.
2 OLG Köln, NZG 1999, 1222, 1227.
3 OLG Celle, NZG 1998, 987, 989.
4 OLG Köln, NZG 1999, 1222, 1227.
5 *Forster*, FS Claussen, S. 100.
6 Vgl. OLG Celle, NZG 1998, 987, 989.

K. Kapitalisierungszinssatz

f) Rating

Zunehmend wichtiger wird das Urteil von Rating Agenturen, die unser „Wert-Schicksal" sind oder werden.[1] Ein Unternehmen mit einem „triple A" für langfristige Verbindlichkeiten kann man einem öffentlich-rechtlichen Schuldner gleichstellen. Da bleibt kaum mehr als das allgemeine Schätzungsrisiko. Die Ratingstufen wirken sich am Markt regelmäßig aus in Zinsstufen von $^1/_4$ %.

g) Beispiele

Nach einigen Stimmen soll der Risikozuschlag die Hälfte des Basiszinssatzes betragen.[2] Der Bundesgerichtshof hat 2 % hingenommen.[3] Das Oberlandesgericht Düsseldorf hielt je nach Branche einen Zuschlag von 1 % für richtig[4] aber auch einen Zuschlag von 1,5 %[5] und selbst 1,6 % als „keinesfalls zu niedrig".[6] Angesichts der „Besonderheiten des EG-Zuckermarktes" akzeptierte das Gericht 0,5 %.[7] Das Oberlandesgericht Köln setzte 1,5 % an, ebenso das Landgericht Nürnberg-Fürth.[8] Das Oberlandesgericht Celle hat 2,4 % als zu hoch angesehen.[9] Das Landgericht Berlin ging auf 1 % herunter.[10] Das Hanseatische Oberlandesgericht Hamburg hielt angesichts der geringen Risiken bei Wohnungsunternehmen 0,5 % („an der unteren Grenze des Üblichen") für angemessen.[11] Die Gerichte pendeln zwischen 0,5[12] bis 4 %.

Als Anhaltspunkte nimmt man häufiger die banküblichen Verzinsung von Großkrediten an Unternehmen.[13] Das ist jedoch zweifelhaft: Der

---

1 Dazu *Arnoldussen*, Versicherungswirtschaft 2000, 306, 307; *Arendt/Leber*, Versicherungswirtschaft 2000, 923.
2 BGH, WPg 1978, 302; LG Frankfurt, AG 1985, 310; BFH, BStBl. II 1983, 667, 668 spricht von 50-60 %. So im Ergebnis *Peemöller/Popp/Kunowski*, Bilanz-Wert, Benutzeranleitung, S. 29.
3 BGH, WM 1982, 17, 18. Ebenso BayObLG, NZG 2001, 1033, 1035. Bis zu 3 % BayObLG, NZG 2001, 1137, 1139.
4 OLG Düsseldorf, NZG 2000, 323, 325.
5 OLG Düsseldorf, NZG 2000, 1079, 1082; OLG Düsseldorf, WM 1988, 1052, 1059.
6 OLG Düsseldorf, WM 1995, 757, 762.
7 OLG Düsseldorf, AG 1999, 321, 323.
8 LG Nürnberg-Fürth, NZG 2000, 89, 90.
9 OLG Celle, NZG 1998, 987, 989; zweifelnd OLG Düsseldorf, WM 1995, 757, 762.
10 LG Berlin, AG 2000, 284, 286.
11 HansOLG Hamburg, NZG 2001, 471, 473.
12 OLG Düsseldorf, AG 1999, 321, 323.
13 LG Nürnberg-Fürth, NZG 2000, 89, 90; IDW Grundsätze, WPg 1983, 472.

Gläubiger nimmt zwar nicht Teil an den Chancen, hat aber eine größere Chance im Konkurs. Das Bayerische Oberste Landgericht wählte daher die Mitte zwischen banküblichen Zinsen von Großkrediten und dem Basiszinssatz.[1] Dem widersprach das Landgericht München: Es sei Unvergleichbares verglichen worden. Die Banken begrenzten ihr Risiko durch Sicherheiten und hätten einen zeitnahen Einblick in das Unternehmen. Der Aktionär erhalte keinen festen Zins und keine Tilgungsraten. Das Landgericht hielt daher einen Zuschlag von 3 % für angemessen.[2] Beim Zusammenschluss Daimler-Benz/Chrysler betrug der Risikozuschlag für beide Unternehmen 3,5 %;[3] ebenso war es beim Zusammenschluss Thyssen/Krupp.[4]

h) Verhältnis zum Basiszinssatz

Die Höhe des Risikozuschlages richtet sich nach dem Verhältnis zum Ausgangszinssatz: Ist der Basiszinssatz 7 %, so erhöht ein Risikozuschlag von 3 % auf 10 % den Zins um 43 %. Ist der Basiszinssatz 10 % und fügt man 3 % hinzu, so steigt der Zins um 30 %. Das wirkt sich bei den Barwerten der ewigen Rente so aus: Ist der Basiszinssatz 7 %, so ermäßigt ein Zuschlag von 3 % auf 10 % den Barwert von 1.43 Mio. Euro auf 1 Mio. Euro = um 30 %. Ist der Ausgangszinssatz. 10 % so verringert ein Zuschlag von 3 % den Barwert von 1 Mio. Euro auf 770 000 Euro = 23 %. Bei einem Basiszins von 6,5 % ermäßigt ein Zuschlag von 0,5 % auf 7 % den Barwert der Überschüsse um ca. 7 %.

Bei anderen Ausgangszinssätzen senkt also der gleiche Zuschlag den Barwert der Überschüsse unterschiedlich stark. Wenn man Zahlenangaben für Risikozuschläge miteinander vergleicht ist stets darauf zu achten, auf welchen Basiszinssatz sie sich beziehen.

10. Unterschiedlicher Zuschlag

Oft wählt man einen einheitlichen Risikozuschlag für die gesamte Prognosezeit.[5] Das ist grundsätzlich richtig. Ausnahmen gibt es aber, wenn sich das Risiko des Restjahres nach dem Stichtag schon klar abschätzen

---

1 BayObLG, WM 1996, 526, 532.
2 LG München, DB 1999, 684, 685.
3 Gemeinsamer Bericht der Vorstände S. 92. Vgl. *Peemöller/Kunowski/Hiller*, WPg 1999, 621, 623.
4 Verschmelzungsbericht, S. 147.
5 LG Nürnberg-Fürth, NZG 2000, 89, 90, 91.

lässt (z. B. für die Hagelversicherung nach der Ernte). Bei der Phasenmethode kann es angemessen sein mit Beginn der „ewigen Rente" den Risikozuschlag zu erhöhen (etwa von 1 % auf 1,5 %).[1] Auch der „Wachstumsabschlag"[2] zeigt, dass der einheitliche Zinssatz kein starres Dogma ist.

VIII. Weitere Zuschläge

1. Besondere Risiken

Gelegentlich erscheint ein weiterer Zuschlag wegen Risiken im Einzelfall, wenn also die Anlage in einem Unternehmen über das allgemeine Wagnis hinausgeht. Diese besonderen Risiken gehören jedoch schon zur mehrwertigen Prognose der zukünftigen Überschüsse, sie sind nicht erst im Zinssatz zu erfassen.[3] Das darf – wie wir sahen – keinesfalls zweimal geschehen, nämlich beim Zukunftsertrag *und* beim Zinssatz.[4] Gleiches gilt für „branchenübliche" Risiken.

Anders mag es sein, wenn besondere Risiken sich bei der Überschussprognose nicht hinreichend erfassen lassen. Das kann so sein bei einem „exotischen" Unternehmen in einem fremden Land, wo man die Risiken nicht übersieht[5] (z. B. Basisunternehmen im Pazifik – etwa in Niue („hinter" Samoa), Cook Islands („noch weiter hinter" Samoa)[6] oder bei CyberCorporations.[7]

2. Immobilitätszuschlag

Häufig wird für einen weiteren Zuschlag plädiert, weil die Beteiligung an einem Unternehmen oft schwerer zu veräußern sei als öffentliche Anlei-

---

1 *Peemöller/Popp/Kunowski*, BilanzWert, Benutzeranleitung, S. 15, 30.
2 Unten S. 143.
3 OLG Celle, AG 1979, 230, 232.
4 OLG Köln, NZG 1999, 1222, 1227.
5 Dazu *Großfeld*, Internationales und Europäisches Unternehmensrecht (1996), S. 208.
6 *Großfeld/Höltzenbein*, CyberLex als Unternehmensrecht, NZG 2001, 779.
7 *Großfeld*, CyberCorporation Law: Comparative Legal Semiotics/ Comparative Legal Logistics, 35 The International Lawyer (2001), erscheint demnächst; *ders.*, Global Valuation: Geography and Semiotics, 55 SMU L. Rev. (2001), erscheint demnächst.

hen (Fungibilität der Anteile).[1] Die Kapitalbindung sei von vornherein langfristig.[2] Ein Zuschlag zum Basiszinssatz soll dann das Risiko des Wiederverkaufs erfassen, das ein Käufer mit erwägen würde.[3] Das gilt vor allem für Beteiligungen an Personengesellschaften und Gesellschaften mit beschränkter Haftung, die damit regelmäßig niedriger bewertet würden.

Das ist jedoch für Abfindungen zweifelhaft. Es könnte treuwidrig sein, wenn der Erwerber sich auf die schwere Veräußerbarkeit beruft:

„Ein Gesellschafter, der unfreiwillig aus einem Unternehmen ausscheidet, braucht sich als wertmindernden Umstand nicht entgegenhalten zu lassen, dass er seine Unternehmensbeteiligung, die er gar nicht aufgeben will, gegen eine wiederum illiquide Finanzanlage eintauschen muss. Für ihn kann es nur darauf ankommen, dass die Abfindung in Zukunft den gleichen Zahlungsstrom erbringt wie die aufgegebene Unternehmensbeteiligung."[4]

Dem könnte man entgegenhalten, dass erst der Abschlag die wenig liquide Anlage mit der Anlage in liquide Mittel wertmäßig gleichstellt.[5] Der Übernehmer zeigt aber durch die Übernahme, dass er die Beteiligung so hoch bewertet wie eine mobilere Anlage (im Verhältnis zu ihm wird sie ja mobil). Diese Sicht muss man auch dem Ausscheidenden zubilligen (Gleichheitsgedanke!). Bei einem Immobilitätszuschlag erhielte der Ausscheidende u. U. kein ertragsmäßiges Äquivalent; denn er kann nur eine „mobile" Anlage wieder erwerben und braucht das *dafür* erforderliche Geld.

Für den Erwerber ist die mangelnde Mobilität häufig sogar vorteilhaft: Sie schützt gegen aufgedrängte Gesellschafter, schützt vor „Attacken" über den Kapitalmarkt („feindliche Übernahme") und kann damit ein werterhöhender Faktor sein („staying private and not going public"). Dann ist sie im Verhältnis der Gesellschafter untereinander für den Ausscheidenden nicht nachteilig (Normwert).[6] Es kommt also auf die Umstände an.

3. Zugang zum Kapitalmarkt

Ebenso spielt der bestehende oder fehlende Zugang zum Kapitalmarkt *unter Gesellschaftern* grundsätzlich keine Rolle. Das kann anders sein, wenn z. B.

---

1 IDW Standard S 1 Tz. 97, WPg 2000, 834.
2 BGH, MDR 1968, 837; LG Berlin, AG 1983, 137, 138.
3 *Moxter*, Grundsätze, S. 159.
4 *Welf Müller*, JuS 1974, 424, 428.
5 *Moxter*, Besprechung, NJW 1994, 1852.
6 OLG Köln, NZG 1999, 1222, 1227. Ähnlich *Lawson Mardon Wheaton*, Inc. v. Smith, 734 A. 2d 738, 749 (New Jersey 1999).

ein Zugang zum Neuen Markt bevorsteht und man mit Wertsteigerungen rechnen kann (was allerdings – wie gesehen – auf Euphorie beruhen mag).

4. Unternehmerische Mitbestimmung

Ein Zuschlag kann darauf antworten, dass eine Gesellschaft der unternehmerischen Mitbestimmung unterliegt. Die Folgen der Mitbestimmung für den Wert eines Unternehmens sind kaum untersucht. *Baums/Fricke* meinen, dass die Mitbestimmung den Wert nicht berühre.[1] Das mag Wunschdenken sein. Ein hoher Grad der Mitbestimmung (z. B. paritätische Mitbestimmung) beeinträchtigt u. U. die internationale Flexibilität und damit Chancen. Dieses zusätzliche Risiko kann zu einem höheren Kapitalisierungszinssatz führen.

IX. Kapitalpreisbildungsmodell (Capital Asset Pricing Model = CAPM)[2]

1. Anwendbarkeit

Weil die Höhe des Risikozuschlages so schwer zu bestimmen ist, sucht man nach einer „marktgestützten" Ermittlung, die sich am Kapitalmarkt orientiert.[3] Das Cashflow-Verfahren gibt sich mit einen pauschalen Risikozuschlag von vornherein nicht zufrieden. Es will sogleich genauer ermitteln, welche „Risikoprämie" der Markt dafür zahlt, dass jemand in Eigenkapital investiert wie es bei dem zu bewertenden Unternehmen besteht (unternehmensindividuelle Risikoprämie). Dafür bietet sich das „Kapitalpreisbildungsmodell" (Capital Asset Pricing Model = CAPM)[4] an. Es kam mit dem Discounted Cashflow-Verfahren zu uns,[5] ist aber nicht darauf beschränkt.[6]

Das CAPM setzt indes im Allgemeinen voraus, dass das zu bewertende Unternehmen an der Börse notiert ist.[7] Bei einem nicht börsennotieren

---

1 *Baums/Frick)*, Arbeitspapiere 1997, S. 29.
2 Einzelheiten bei *Copeland/Koller/Murrin*, Valuation, S. 214 ff.; *Hodrick/Zhang*, Evaluating the Specification Errors of Pricing Models, 62 Journal of Financial Economics, 327 (2001). *Drukarczik*, Unternehmensbewertung, S. 273 ff.; *Aha*, Aktuelle Aspekte, S. 34; *Großfeld/Egert*, FS Ludewig, S. 365, 376.
3 IDW Standard S 1 Tz. 98, WPg 2000, 834.
4 IDW Standard S 1 Tz. 98, WPg 2000, 834; S 1 Tz. 133, WPg 2000, 838.
5 *Kengelbach*, Unternehmensbewertung, S. 13.
6 IDW Standard S 1 Tz. 88, WPg 2000, 833.
7 IDW Standard S 1 Tz. 135, WPg 2000, 838; *Kengelbach*, Unternehmensbewertung, S. 16.

Kapitalpreisbildungsmodell (Capital Asset Pricing Model = CAPM)

Unternehmen wird es jedenfall ganz schwierig. Zu erwägen ist dann ein Vergleich mit einem Unternehmen, dessen relative Börsenbewertung bekannt ist. Aber welche zwei Unternehmen haben vergleichbare Geschäftsbereiche, Ergebnisse und Kapitalstrukturen (Verhältnis von Eigen- zu Fremdkapital)? Für nicht börsennotierte Unternehmen ist CAPM ein „Sprung ins Dunkle".

2. Grundlagen

„Erfinder" des Capital Asset Pricing sind die Amerikaner *Sharpe* und *Markowitz*, die dafür 1990 den Wirtschaftsnobelpreis erhielten. Man will die Unsicherheit beim Risikozuschlag verringern, in dem man Vergleichsfaktoren aus dem Marktsegment des zu bewertenden Unternehmens heranzieht.

Ausgangspunkt ist die Frage welche Mehrrendite (= Risikozuschlag) über den Zinsatz einer risikolosen Anleihe (= Basiszinssatz) hinaus einen Anleger veranlassen könnte, in Aktien des zu bewertenden Unternehmens statt in Anleihen anzulegen. Man geht also auch hier vom Basiszinssatz aus und addiert den Risikzuschlag für das jeweilige Unternehmen. Der Unterschied liegt darin, dass man den Risikozuschlag nicht nach der Methode „Pi mal Daumen" sucht, sondern dafür bei der Mehrrendite am Aktienmarkt ansetzt. Dabei nimmt man an, dass nicht nur Dividenden zählen sondern auch Kursgewinne.[1]

3. Bezug zum Aktienmarkt

Deshalb vergleicht man die Rendite des Unternehmens mit der Rendite des gesamten Aktienmarktes. Man ermittelt dafür zunächst die durchschnittliche Mehrrendite am Aktienmarkt über einen Zeitraum von ca. 20 Jahren. Die Differenz zum Basiszinssatz ergibt dann die Risikoprämie für das Marktsegment. Anleger verlangen sie, weil sie in risikobehaftete Aktien investieren und nicht in (quasi) sichere Anleihen. In einem weiteren Schritt versucht man die am Markt verlangte Mehrrendite *gerade* für das zu bewertende Unternehmen zu finden.

Den Aktienmarkt grenzt man zunächst näher ein, z. B. durch Bezugnahme auf einen Index,[2] wie etwa den XETRA DAX, M-DAX, Smax oder Nemax, aber heute auch Euro Stoxx oder Stoxx, gegebenenfalls Dow

---

1 *Drukarczyk*, Unternehmensbewertung, S. 246 ff.
2 IDW Standard S 1 Tz. 127, WPg 2000, 837; S 1 Tz. 136, WPg 2000, 838.

Jones, Standard & Poor und NASDAQ. Aber schon hier beginnt das Problem: Welcher Index ist repräsentatitv für das zu bewertende Unternehmen? Die Rendite findet man im jährlich erscheinenden „DAI-Factbook" des Deutschen Aktieninstituts, Frankfurt.

Die durchschnittliche Marktprämie (des ganzen Index) erhält man, indem man von der Mehrrendite den Basiszinssatz abzieht (Marktrisikoprämie). Danach kommt man zur entscheidenden Frage: Was kostet der Kapitaleinsatz *dieses* Unternehmens am Markt? Was ist die unternehmensindividuelle Risikoprämie? Man prüft dafür, in wieweit das zu bewertende Unternehmen risikobehafteter ist als der Durchschnitt der notierten Unternehmen. Als Indiz dafür wählt man die Schwankungsbreite des Kursverlaufes (Volatilität):[1] Schwankten die Kurse des zu bewertenden Unternehmens gleich, stärker oder schwächer als der Durchschnitt (Korrelation)? Das Hin und Her der Kurse ist also ein eigenständiges Bewertungselement. Ist die Volatilität größer als beim Durchschnitt, so ist das Risiko relativ größer, ist sie geringer, so ist das Risiko relativ geringer. Wir setzen also die Volatilität des Durchschnitts in eine Beziehung zur Volatilität des Unternehmens.

4. Beta-Faktor[2]

Die Beziehungszahl zwischen diesen Grundfaktoren (= Alpha-Faktoren) nennen wir Beta-Faktor. Volatilität des Durchschnitts: Volatilität des Unternehmens = Beta-Faktor, kurz: „beta". Mit diesem beta multiplizieren wir anschließend die durchschnittliche Marktrisikoprämie.[3]

Ist der Beta-Faktor = 1, so entspricht er dem Marktdurchschnitt, als Risikozuschlag ist also anzusetzen die Mehrrendite des Durchschnitts. Liegt der Beta-Faktor über 1, so ist das Risiko größer (Folge: Niedriger Unternehmenswert), ist er unter 1, so ist es geringer (Folge: höherer Unternehmenswert). Daraus ergibt sich eine allgemeine Formel: Die Mehrrendite des zu bewertenden Unternehmens (Risikozuschlag) ergibt sich, wenn man die durchschnittliche Mehrrendite mit dem Beta-Faktor des Unternehmens multipliziert (durchschnittliche Mehrrendite x Beta-Faktor). Das Ergebnis addiert man dann als Risikoprämie zum Basiszinssatz.[4]

---

1 Von lat. „volatilis" = „flüchtig, vergänglich".
2 Einzelheiten bei *Schmidt/Terberger-Stoy*, Grundzüge der Investitions- und Finanzrechnung, S. 356 ff. Zum finanzmathematischen Hintergrund siehe *Bleymüller/Gehlert/Gülicher*, Statistik für Wirtschaftswissenschafter, S. 19 ff.
3 IDW Standard S 1 Tz. 135, WPg 2000, 838.
4 IDW Standard S 1 Tz. 126, WPg 2000, 837.

Kapitalpreisbildungsmodell (Capital Asset Pricing Model = CAPM)

Die Formel lautet somit insgesamt: Kapitalisierungszinsfuß = Basiszinssatz + (durchschnittliche Mehrrendite x Beta-Faktor). Es kommt also alles darauf an, den Beta-Faktor zu ermitteln und dann zu prüfen, ob er sich für die Prognose eignet.[1]

5. Ermitttlung

Die Ermittlung der durchschnittlichen Volatilität ist ein Problem der Statistik. Wir stoßen auf Rechenverfahren für Spezialisten, die ich im Einzelnen nicht darstellen kann und die wohl auch die Möglichkeiten von Juristen übersteigen. Daher verweise ich auf die Spezialliteratur.[2]

Zum Glück können wir uns diesen Verzicht leisten. Denn für die meisten börsennotierten Unternehmen werden Beta-Faktoren einschließlich der Korrelation veröffentlicht. Deshalb begnüge ich mich hier mit dem Hinweis darauf, dass die Beta-Faktoren der DAX-Werte zu finden sind etwa in der „Börsenzeitung" oder in „Die Aktienanalyse".[3] Mit dem Erstarken weiterer Indizes wird auch die Zahl der veröffentlichten Beta-Faktoren zunehmen.

6. Beispiel

Nehmen wir ein Beispiel: Die Mehrrendite deutscher Aktien von 1954 bis 1988 war 5 %. Der Beta-Faktor von Daimler-Benz am 23. 9. 1996 war 0,84. Das ergibt einen Risikozuschlag von 5 × 0,84 = 4,2 %. Wenn man dazu den Basiszinssatz von 7,5 % addiert, erhält man einen Kapitalisierungszinssatz von 11,7 %.

All das wirkt mathematisch genau und sicher. Die crux ist: Bei der Verschmelzung Daimler-Benz/Chrysler wählte man zum 18. 9. 1998 einen Kapitalisierungszinssatz vor Steuern von 10 % (Basiszinssatz 6,5 %, Risikozuschlag 3,5 %).[4] Wie erklärt sich der Unterschied? Mathematik oder „Pi mal Daumen"? Die Erklärung lautet, dass man unterschiedliche Betas erhalten habe[5] – und was nun?

---

1 IDW Standard S 1 Tz. 136, WPg 2000, 838.
2 *Drukarczyk*, Unternehmensbewertung, S. 350 ff.; *Baetge/Niemeyer/Kümmel*, Darstellung der Discounted Cashflow (DCF)-Verfahren mit Beispiel, in: Peemöller (Hrsg.), Praxishandbuch, S. 263.
3 Siehe ferner IDW Standard S 1 Tz. 136, WPg 2000, 838, z. B. in „Die Aktienanalyse" oder http://informer2.comdirect.de, anklicken unter „Quote". Siehe auch unter bloomberg.de
4 Bericht zum Zusammenschluss Daimler-Benz/Chrysler S. 91 f.
5 *Großfeld*, Global Valuation: Geography and Semotics, 55 SMU Law. Review. (2001), erscheint demnächst.

K. Kapitalisierungszinssatz

Entscheidend ist auch, welchen Zeitraum man wählt, weil sich daraus Unterschiede ergeben in der Rendite. Auf jeden Fall ist für die Durchschnittsrendite ein langer Zeitraum zu wählen. Aber wie erfasst man dann die Zukunftsorientiertheit des Kapitalisierungszinssatzes? Bei der Volatilität soll ein kürzerer Zeitraum genügen („jüngste Vergangenheit"). Reicht das?

7. Zukunftsaspekt

Auch der Beta-Faktor zielt auf die Zukunft. Daher ist an sich abzustellen auf die künftige Marktrendite und das künftige Verhältnis der Volatilitäten.[1] Aber wer vermag das? Finanzdienstleister bieten Prognosen für Beta-Faktoren an. Es ist aber im Einzelfall zu prüfen, ob sie sich für eine Prognose eignen.[2]

Im Allgemeinen gehen wir aus von einer gleich bleibenden Kapitalstruktur in der Zukunft. Bei zu erwartenden größeren Veränderungen ermitteln wir die Eigenkapitalkosten aber für die jeweiligen Perioden individuell.[3]

8. Vereinfachungen

In der Praxis greift man gern zurück auf Aktienindizes und Vergangenheitswerte. Man setzt dann ins Verhältnis die Aktienrendite des zu bewertenden Unternehmens mit der Rendite eines Aktienindex[4] (dazu gehört evtl. z. B. der Euro-Stoxx). Unternehmen geben auch deshalb zunehmend den Index an, indem sie enthalten sind. Evtl. ist ein Durchschnittswert aus verschiedenen Indizes zu bilden.

9. Würdigung

Wir sehen: Die Grundannahmen sind begrenzt plausibel. Wegen der Orientierung an der Börse erscheint das Verfahren objektiv, doch hat es seine Grenzen: Es beruht auf der Annahme des vollkommenen Kapitalmarktes,[5] die nicht bewiesen ist; danach öffnet sich ein weites Feld der

---

1 IDW Standard S 1 Tz. 136, WPg 2000, 838.
2 IDW Standard S 1 Tz. 136 a. E., WPg 2000, 838.
3 *Peemöller*, BilanzWert, Benutzeranleitung, S. 15.
4 IDW Standard S 1 Tz. 136, WPg 2000, 838.
5 Unten S. 183.

„Mathematik". Glaube bleibt es dennoch – wenn auch mathematisch verschleiert.[1] Das Ergebnis hängt ab vom gewählten Marktindex und vom Beobachtungszeitraum;[2] die Spielräume sind größer als die Zahlen vermuten lassen.[3]

Zudem ist unsicher, ob die „betas" einen hinreichend sicheren Bezug zum durchschnittlichen Marktrisiko aufweisen. Selbst im Ursprungsland USA gilt das dort vielgenutzte CAPM daher als „wounded".[4] *Bökking/Nowack* warnen zu Recht „vor einer naiven Übertragung modelltheoretischer Erkenntnisse auf die Bewertungspraxis".[5] Das Capital Asset Pricing Modell ist daher umstritten; *Dieter Schneider* spricht gar (übertrieben!) von „Beta-Kokolores".[6] Jedenfalls ist es der Methode des Risikozuschlags bisher wohl nicht überlegen,[7] namentlich unter den Verhältnissen in „Euroland" mit einer geringeren „Börsenweite" (Zahl der notierten Unternehmen) als in den USA. Doch dringt dieses Verfahren international vor und damit bei uns ein.

X. Weighted Average Cost of Capital (WACC)[8]

1. Einführung

Unsere bisherigen Überlegungen betrafen Bewertungsmethoden (namentliche das Ertragswertverfahren), bei denen wir den Unternehmenswert in einem Schritt bezogen auf das Eigenkapital (equity) direkt ermittelten. Wir können aber auch mehrstufig kapitalisieren, indem wir das Eigenkapital und das Fremdkapital zunächst gemeinsam bewerten und in einem zweiten Schritt den Eigenkapitalwert als Unternehmenswert ermitteln. Wir beginnen also mit dem Wert der zukünftigen Nettoströme für *alle* Anleger, in welcher Form auch immer. Dann bietet es sich an einen Diskontierungssatz zu nutzen der Rücksicht nimmt auf die unterschiedliche Kapitalstruktur.

---

1 *Kengelbach*, Unternehmensbewertung, S. 17.
2 *Kengelbach*, Unternehmensbewertung, S. 16 f.
3 LG München, DB 1999, 684, 685.
4 *Großfeld*, Global Valuation: Geography and Semiotics, 55 SMU L. Rev. (2001), erscheint demnächst.
5 *Böcking/Nowack*, DB 1998, 685.
6 *Schneider*, Unternehmensdimensionierung, S. 45, 54.
7 LG München, DB 1999, 684.
8 *Copeland/Koller/Murrin*, Valuation, S. 201 ff.

2. Eigenkapital

Die Kosten für das Eigenkapital ermitteln wir nach dem eben geschilderten Capital Asset Pricing Model (CAPM). Wir müssen uns aber zusätzlich um die Kosten des Fremdkapitals kümmern und beide Ergebnisse dann in bestimmter Weise kombinieren.

3. Fremdkapital

Den gewogenen durchschnittlichen Zinssatz für das Fremdkapital ermitteln wir eigenständig. Zum Fremdkapital rechnen wir die Pensionsverpflichtungen.[1] Auch hier setzen wir ab die Unternehmenssteuern.[2] Das ist regelmäßig nur die Gewerbeertragsteuer[3] (i x (1-s)).[4] Damit erhalten wir den Kostensatz des Fremdkapitals. Dabei setzen wir die vereinbarten Zinssätze an. Fehlt ein festgelegter Zinssatz für das Fremdkapital (z. B. bei Pensionsrückstellungen) ist ein Marktzins für eine vergleichbare Frist heranzuziehen.[5]

4. Gewogener Kostensatz

Aus den Kostensätzen für das Eigenkapital (Basiszinssatz + Risikoprämie) und für das Fremdkapital bilden wir einen Mittelwert. Dabei beachten wir das quantitative Verhältnis der beiden Kapitalteile zueinander.

Wenn das Unternehmen kaum verschuldet ist, fließen die Eigenkapitalkosten stärker ein, sonst die Fremdkapitalkosten. Dabei geht man zur Vereinfachung davon aus, dass die Kapitalstruktur in der Zukunft unverändert bleibt. Die gewogenen Kapitalkosten werden also in der Regel als konstant angenommen.[6] Das ist zwar nicht immer wirklichkeitsnah, erleichtert aber die „Mathematik" erheblich.[7]

---

1 IDW Standard S 1 Tz. 128, WPg 2000, 837 f.
2 Unten S. 159 ff.
3 IDW Standard S 1 Tz. 134, WPg 2000, 838.
4 i = Zinssatz der Verbindlichkeit, s = Grenzsteuersatz.
5 IDW Standard S 1 Tz. 134, WPg 2000, 838.
6 IDW Standard S 1 Tz. 130, WPg 2000, 838.
7 *Großfeld*, Global Valuation.

5. Gesamtwert

Die Formel dafür lautet so:

$$K = rEK \times EK/GK + rFK \times FK/GK.$$

Die Zeichen bedeuten:

k = Kapitalisierungszinssatz für den Free Cashflow
rEK = Kostensatz des Eigenkapitals
EK/GK = Eigenkapitalquote (Marktwert)
rFK = Kostensatz des Fremdkapitals
FK/GK = Fremdkapitalquote (Marktwert)
GK = Gesamtkapital (Marktwert).[1]

Der Gesamtkapitalwert ergibt sich, in dem wir nach bekannten Muster[2] die einzeln ermittelten Barwerte der Cashflows addieren.[3]

XI. Abschlag für persönliche Ertragsteuern

1. Allgemeines

Der Basiszinssatz bezeichnet Einkünfte aus Anleihen von denen Einkommen- oder Körperschaftsteuer zu zahlen ist; er ist ein risikofreier Bruttozinssatz. Da wir aber die Nettoeinkünfte suchen, müssen wir die Steuerbelastung der Empfänger abziehen; wir gelangen so zum risikofreien Nettozinssatz.[4] Die Gewerbeertragsteuer der Empfänger ziehen wir nicht ab; ein Eigner, der die beste alternative Anlage sucht, würde die Anlage im Privatvermögen halten.[5]

2. Homogenitätsprinzip

Die Wende beim Abzug der Ertragsteuern von den Überschüssen[6] hat Folgen für den Kapitalisierungszinssatz: Auch er ist um die persönliche Steuerbelastung zu kürzen.[7] Da bei der Alternativanlage auf den landes-

---

1 Einzelheiten in *Großfeld/Egert*, FS Ludewig, S. 365, 376.
2 Oben S. 110.
3 IDW Standard S 1 Tz. 130, WPg 2000, 838.
4 IDW Standard S 1 Tz. 99, WPg 2000, 834.; S 1 Tz. 122, WPg 2000, 837; S 1 Tz. 140, WPg 2000, 838.
5 IDW Standard S 1 Tz. 99, WPg 2000, 834.
6 Oben S. 101.
7 IDW Standard S 1 Tz. 99, WPg 2000, 834 und S 1 Tz. 122, WPg 2000, 837.

K. Kapitalisierungszinssatz

üblichen Zins noch Ertragsteuern zu zahlen sind, muss man wegen der Vergleichbarkeit beider Größen den Zins nach Abzug der typisierten Ertragsteuern wählen;[1] denn zu kapitalisierender Überschuss und Zinssatz müssen einander entsprechen. Sie sind nur solange vergleichbar, wie sie typischerweise gleich besteuert werden. Der IDW-Standard sagt daher:[2]

„Da die finanziellen Überschüsse aus der alternativ am Kapitalmarkt zu tätigenden Anlage der persönlichen Ertragsbesteuerung des Unternehmenseigners unterliegen, ist der Kapitalisierungszinssatz um die Steuerbelastung zu kürzen."[3]

3. Höhe

Ebenso wie beim Abzug von den Überschüssen typisieren wir daher auch hier. Bisher zogen wir für die Belastung mit Ertragssteuern 35 % ab, selbst wenn die persönlichen steuerlichen Verhältnisse (etwa bei Personengesellschaften) bekannt sind. Solidaritätszuschlag und Kirchensteuer beachten wir nicht.[4] Im Verschmelzungsbericht Daimler/Chrysler bildete man daher aus Basiszins 6,5 % + Risikozuschlag 3,5 % einen Kapitalisierungszins von 10 %. Ihn minderte man dann um 35 % typisierte Einkommensteuer auf 6,5 %.

Den typisierten Steuersatz von 35 %[5] halten wir auch bei unter dem Halbeinkünfteverfahren nach § 3 Nr. 40a EStG.[6] Der IDW-Standard erklärt:

„Diese Nachsteuerbetrachtung ermöglicht es, die Wirkungen des Halbeinkünfteverfahrens beim Unternehmenseigner zur berücksichtigen. Da die unterstellte Alternativinvestition der vollen Besteuerung unterliegt, ist der steuerangepasste Kapitalisierungszinssatz unverändert zu übernehmen, wohingegen die finanziellen Überschüsse aus dem Unternehmen entsprechend geringer mit Steuern belastet sind."[7]

Denn die Alternativanlage (die ermöglicht werden soll) unterliegt ja der vollen Besteuerung,[8] die wir mit 35 % typisieren.[9] Der Ausscheidende

---

1 BFH, BStBl. II 1980, 405, 408; BStBl. II 1980, 463, 465.
2 IDW Standard S 1 Tz. 99, WPg 2000, 834.
3 IDW Standard S 1 Tz. 99, WPg 2000, 834. Zur Reihenfolge unten S. 143.
4 IDW Standard S 1 Tz. 51, WPg 2000, 830.
5 Oben S. 102.
6 IDW Standard S 1 Tz. 100, WPg 2000, 834; S 1 Tz. 122, WPg 2000, 837; *Peemöller/Popp/Kunowski*, BilanzWert, Benutzeranleitung 29 f.
7 IDW Standard S 1 Tz. 99, WPg 2000, 834.
8 IDW Standard S 1 Tz. 99, WPg 2000, 834.
9 IDW Standard S 1 Tz. 51, WPg 2000, 830.

muss also einen Betrag erhalten, der ihm bei einer Belastung von 35 % netto soviel bringt, wie jetzt beim halben Steuersatz.[1]

4. Einordung

Die Praxis geht so vor, dass wir dem Basiszinssatz vor Abzug der Steuern (Bruttozinssatz) den Risikozuschlag vor Abzug von Steuern (Brutto-Risikozuschlag) hinzufügen. Davon ziehen wir ab die Steuerbelastung und den Wachstumsabschlag (er wird erläutert unten). Das sieht dann so aus:[2]

	Basiszinssatz	7,0 %
+	Risikozuschlag	3,0 %
./.	Steuerbelastung	3,5 %
./.	Wachstumsabschlag	1,0 %[3]
=	Kapitalisierungszinssatz	5,5 %

Dieses Verfahren wird vorgezogen, weil der Risikozuschlag sich im Verhältnis zum Basiszinssatz ermittelt und am Markt allgemein Brutto-Risikozuschläge ermittelt werden.[4]

Wir können auch zunächst den Basiszinssatz um die typisierte Ertragsteuerbelastung kürzen (Nettozinssatz) und dann den ebenso reduzierten Risikozuschlag (Netto-Risikozinssatz) hinzufügen. Das führt zum selben Kapitalisierungszinssatz und damit zum selben Unternehmenswert.[5]

XII. Wachstumsabschlag[6]

1. Einführung

Bei der Bewertung nehmen wir als Normalfall eine unbegrenzte Lebensdauer des Unternehmens an. Wir haben weiter die in den begrenzten Phasen erwarteten Überschüsse nominal ansteigen lassen unter Beachtung der Geldentwertungsrate.[7] Diese pro Jahr einzeln veranschlagten

---

1 IDW Standard S 1 Tz. 122, WPg 2000, 837; *Peemöller/Popp/Kunowski*, Bilanz-Wert, Benutzeranleitung, S. 29 f.
2 Nach *Peemöller/Popp/Kunowski*, BilanzWert, Benutzeranleitung, S. 29.
3 Falls wir ihn ansetzen. Dazu sogleich S. 144.
4 IDW Standard S 1 Tz. 100, WPg 2000, 834.
5 IDW Standard S 1 Tz. 100, WPg 2000, 834.
6 Siehe zu der Reihenfolge *Siepe*, WPg 1998, 325, 336, 338; *Günther*, BB 1998, 1834, 1835.
7 Oben S. 83.

K. Kapitalisierungszinssatz

Überschüsse kapitalisierten wir mit einem nominalen Zinssatz, den wir um die persönlichen Ertragsteuern kürzen.[1]

Das ändert sich mit dem Jahr, in dem wir die ewige Rente laufen lassen. Hier setzen wir einen Betrag an, den wir fortan ad infinitum konstant halten; Steigerungsraten beachten wir nicht mehr.

2. Ansatz

Das ist aber ein verkürzte Sicht. Denn wir dürfen annehmen, dass auch fernerhin Vermögens- und Finanzlage wie bisher im Gleichgewicht mit den Überschüssen steigen. Die Gleichgewichtslage ist ein werterhöhender Zustand, der einen Abschlag vom Kapitalisierungszinssatz rechtfertigt. Deshalb liegt ein Wachstumsabschlag nahe. Die Diskussion ist aber nicht abgeschlossen. Der IDW Standard schwankt: Abs. 104[2] erklärt, die finanziellen Überschüsse der ferneren Phase „sind mit dem um einen Wachstumsabschlag gekürzten... Kapitalisierungssatz... zu diskontieren". Abs. 122[3] sagt: "Ggf. kann wachsenden finanziellen Überschüssen durch einen Wachstumsabschlag Rechnung zu tragen sein". Ich möchte die weitere Entwicklung abwarten, zumal bisher nur wenige Erfahrungen vorliegen.

Die Frage nach dem Wachstumsabschlag ist wohl noch nicht endgültig beantwortet. Es ist zu bedenken, dass er das Gewicht der „ewigen Rente" verstärkt in einer Weise, die über „Plausibilität" schwer zu erfassen ist. Macht man den Abschlag nicht, so relativiert sich diese Rente; es bleibt dann mehr Raum für das über lange Sicht Unvorhersehbare. Auch setzen globale Märkte weniger auf „Ewigkeit".

3. Höhe

Die Höhe ist kaum diskutiert und ist wohl rational kaum zu fassen. *Siepe* denkt an die durchschnittlichen Wachstumsrate (z. B. 2 %).[4] *Peemöller/Popp/Kunowski* wählen in ihrem Beispiel 1 %.[5] Mir scheint richtig, sich an den vorsichtig bemessenen Inflationsabschlägen[6] zu orientieren,[7] vorsich-

---

1 IDW Standard S 1 Tz. 14, WPg 2000, 827; oben S. 141.
2 IDW Standard S 1 Tz. 104, WPg 2000, 834 f.
3 IDW Standard S 1 Tz. 122, WPg 2000, 837.
4 *Siepe*, WPg 1998, 325, 336.
5 *Peemöller/Popp/Kunowski*, BilanzWert, Benutzeranleitung, S. 29 f.
6 Unten S. 149.
7 Wohl ebenso *Baetge/Niemeyer/Kümmel*, in: Peemöller (Hrsg.), Praxishandbuch S. 336 Rn. 552.

tig deshalb weil es um eine ferne Zukunft geht und die „ewige Rente" ein großes Gewicht hat. Das Ganze ist angesichts der Unwägbarkeiten globaler Märkte eher zurückhaltend zu sehen.

4. Verhältnis zum Ausgangszinssatz

Die Höhe des Wachstumsabschlags richtet sich ebenfalls nach dem Verhältnis zum Ausgangszinssatz. Es gilt das zum Risikozuschlag Gesagte in umgekehrter Richtung.[1] Wenn man Stellungnahmen zur Höhe des Abschlags vergleicht, ist also darauf zu achten, von welchem Kapitalisierungszinssatz die Autoren ausgehen.

5. Reihenfolge

Wir ziehen den Wachstumsabschlag ab vom nominalen Basiszinssatz + Risikozuschlag (= *nominaler* Kapitalisierungszinssatz) ./. Ertragsteuern.[2] Die Formel heißt also: nominaler Kapitalisierungssatz ./. Ertragsteuern ./. Wachstumsabschlag.[3]

XIII. Zusammenschau

Fassen wir die Reihenfolge noch einmal zusammen:

1. Innerhalb der ersten Phase sind die einzeln veranlagten Jahresüberschüsse jeweils abzuzinsen mit dem nominalen Kapitalisierungszinssatz abzüglich Ertragsteuersatz.
2. Der Überschuss des ersten Jahres der zweiten Phase (Beginn der ewigen Rente) ist zu kapitalisieren evtl. mit Ansatz des Wachstumsabschlags.
3. Der sich so ergebende Wert ist sodann abzuzinsen auf den Bewertungsstichtag. Dafür wählen wir den nominalen Kapitalisierungszinssatz abzüglich Ertragsteuersatz (ohne Wachstumsabschlag).[4]

---

[1] Oben S. 131.
[2] *Siepe*, WPg 1998, 325, 336 Fn. 57. Überblick in LG München, DB 1990, 518 = EWiR § 305 AktG 1/1990 (*Großfeld*).
[3] IDW Standard S 1 Tz. 105, WPg 2000, 835; S 1 Tz. 122, WPg 2000, 837.
[4] IDW Standard S 1 Tz. 104, WPg 2000, 834 f.

K. Kapitalisierungszinssatz

XIV. Abschlag für Geldentwertung[1]

1. Grundlagen

In der Vorauflage stand am Anfang dieses Kapitels der Abschlag für Geldentwertung (Inflationsabschlag).[2] Danach folgte der Risikozuschlag.[3]

Der Abschlag ist als Erster zu machen, wenn wir die Überschüsse nach Abzug der Geldentwertungsrate als Realwerte ansetzen;[4] denn bevor wir Anlageergebnisse miteinander vergleichen, müssen wir den Maßstab dafür, d. h. den Geldwert vereinheitlichen.[5] Die inflationsfrei gestellten konstanten Erträge sind also zu bewerten mit dem Zinssatz abzüglich Geldentwertungsabschlag.[6] Erst danach können wir die Risiken gewichten. Anders ist es, wenn wir die durch Geldentwertung erhöhten Nominalwerte wählen. Für beide Fälle gilt das Homogenitätsprinzip:[7] Reale Überschüsse zinsen wir ab mit dem Zinssatz *ohne* Prämie für Geldentwertung, nominale Überschüsse mit dem Zinssatz *einschließlich* Prämie für Geldentwertung.

Das hat folgende Gründe: Der zum Vergleich herangezogene Basiszinssatz bezieht sich auf Anleihen, bei denen der Überschuss nominal gleich bleibt, obgleich der reale Wert der Überschüsse zurückgeht. Ein höherer Zinssatz soll das ausgleichen. Deshalb enthält der Basiszinssatz einen Anteil für Geldentwertung in nicht genau bestimmbarer Höhe (Geldentwertungsprämie).[8] Der Anteil entfällt, wenn wir bei der Unternehmensbewertung den realen (inflationsbereinigten) Wert der Überschüsse ansetzen; der Zinssatz vermindert sich entsprechend.[9]

2. Methodenwandel

Der Abschlag für Geldentwertung hat jetzt seine umfassende Bedeutung verloren wegen des Schwenks zu nominalen Überschüssen.[10] Wir vollzo-

---
1 BayObLG, WM 1996, 526, 531.
2 So noch OLG Düsseldorf, NZG 2000, 323, 324; LG Berlin, NZG 2000, 284.
3 OLG Düsseldorf, NZG 2000, 323, 325; LG Nürnberg-Fürth, NZG 2000, 89, 90.
4 OLG Düsseldorf, NZG 2000, 323, 325.
5 OLG Düsseldorf, AG 1992, 200, 204.
6 OLG Düsseldorf, DB 2000, 81, 84.
7 OLG Zweibrücken, AG 1995, 421, 423; OLG Düsseldorf, AG 1992, 200, 204.
8 IDW Standard S 1 Tz. 101, WPg 2000, 834.
9 OLG Düsseldorf, WM 1995, 757, 762; WM 1988, 1052, 1059.
10 Oben S. 83.

gen diesen Schwenk, weil er die Rechnung nach Steuern erleichtert.[1] Wenn wir also nominale (nicht inflationsbereinigte) Überschüsse wählen bereinigen wir auch den Basiszinssatz nicht; wir übernehmen ihn in voller Höhe (Homogenitätsprinzip).

3. Vermischungsverbot

Man darf beide Verfahren nicht miteinander vermischen: Nominelle Größen, dürfen nur mit einem nominellen Zinsfuß kapitalisiert werden;[2] geldwertkorrigierte Überschüsse sind mit einem entsprechend gekürzten Zinssatz zu kapitalisieren.[3]

4. Ausgangslage

Der Geldentwertungsabschlag bleibt daher nur wichtig, wenn wir der Bewertung geldwertkorrigierte Überschüsse zugrunde legen. Das geschieht vor allem, wenn man den Überlegungen zur Berücksichtigung der Ertragsteuern der Anteilseigner nicht folgt.[4] Anlass dazu mögen die oben geäußerten Zweifel sein, wie sich die Ertragsteuerbelastung in einem sich globalisierenden Umfeld typisieren und wie sich die Steuerentwicklung schätzen lässt.

Deshalb wollen wir doch noch auf den Abschlag für Geldentwertung eingehen. Das ist auch deshalb wichtig, weil wir die Erfahrungen damit evtl. für den „Wachstumsabschlag" nutzen können.[5]

5. Begründung

Der Geldentwertungsabschlag beruht auf folgenden Überlegungen: Bei der Abfindung erhält der ausscheidende Gesellschafter einen Geldbetrag, dessen Verzinsung ihn annähernd so stellen soll, wie wenn er weiterhin an den Gewinnen der Gesellschaft beteiligt wäre. Der Geldbetrag unterliegt jedoch der Geldentwertung wie bei den Zinsen einer Anleihe. Fest verzinsliche Anlagen verlieren an Geldwert. Die Anlage wird in „gutem"

---
1 IDW Standard S 1 Tz. 101, WPg 2000, 834; oben S. 100.
2 OLG Zweibrücken, AG 1995, 421, 423; LG Frankfurt, AG 1983, 137,138.
3 Vgl. HansOLG Hamburg, NZG 2001, 741, 742.
4 Oben S. 103.
5 Oben S. 143.

K. Kapitalisierungszinssatz

Geld gemacht und in „schlechten" Geld zurückgezahlt. Für dieses Risiko verlangt der Gläubiger einen höheren Zins, der eine „Geldentwertungsprämie" enthält.

Bei der Anlage in einem Unternehmen gibt es das Risiko der Geldentwertung zwar auch, es ist aber oft geringer; die Beteiligung an einem Unternehmen ist – besonders bei Grundstücken – eher eine Sachwertanlage. Sie gibt die Chance, dass das Unternehmen gestiegene Kosten durch Preiserhöhungen überwälzen und so der Geldentwertung mehr oder weniger entgehen kann. Deshalb liegen die Aktienrenditen oft unter den Renditen von Anleihen; sie enthalten eben keine Geldentwertungsprämie. Anders als beim Basiszinssatz sind jedenfalls geldwertbeständig*ere* Überschüsse die Bezugsgröße.[1] Deshalb müssen wir mit einem entsprechend inflationsbereinigten Zinssatz kapitalisieren. Das führt zu einem höheren Unternehmenswert. Damit stimmt überein, dass Sachwerte bei Inflation höher bewertet werden als Geldanlagen.

Die Geldentwertung in einem Unternehmen ist aber nur in gewissem Umfang geringer. Daher umfasst der Abschlag nur einen Teil der „Geldentwertungsprämie":

„Denn auch die aktienmäßige Beteiligung ist durchaus nicht inflationssicher. Die Geldentwertung macht sich nicht nur bei Forderungen von Unternehmen, sondern auch dadurch nachteilig bemerkbar, dass die Abschreibung der Maschinen und Einrichtungen zu Beschaffungspreisen erfolgt, zu denen Ersatz nach voller Abschreibung nicht erhältlich ist. Außerdem steigen mit der Geldentwertung neben dem Umsatz auch die Kosten, so dass häufig der Ertrag nicht mit der Umsatzsteigerung, d. h. der Geldentwertung, schritthält. Ein Geldentwertungsabschlag ist deshalb nur insoweit berechtigt, als sich das Inflationsrisiko bei einer Anlage in fest verzinslichen Wertpapieren stärker auswirkt als bei der Unternehmensbeteiligung."[2]

6. Stellungnahme

Der Inflationsabschlag wurde gelegentlich abgelehnt:

„Zu groß sind die Unsicherheitsfaktoren, die sich bei der Berechnung des Geldentwertungsabschlags unter Anwendung der Formel der ewigen Rente ergeben. Niemand kann die Preiselastizität und die Inflationswirkung auf ewig auch nur annähernd vorausberechnen."[3]

---

1 OLG Köln, NZG 1999, 1222, 1227.
2 OLG Düsseldorf, WM 1988, 1052, 1059.
3 *Aha*, Aktuelle Aspeke, S. 32; OLG Stuttgart, NZG 2000, 747 = EWiR § 305 AktG, 2/2000 (*Luttermann*); OLG Zweibrücken, WM 1995, 980; LG Stuttgart, WM 1994, 239 m. abl. Anm. *Wenger*, ZIP 1993, 1627.

Ein Abschlag ist aber angemessen, wenn die künftigen Erträge des Unternehmens kaufkraftmäßig ihren Wert behalten, wenn also die Beteiligung am Unternehmen besser vor der Inflation schützt. Das geschieht, wenn das Unternehmen Inflationsfolgen ausgleichen (z. B. durch Preissteigerungen bei Grundstücken) oder weitergeben kann (z. B. durch Preiserhöhungen). Das ist indes nicht sicher; denn allgemeine Wirtschaftsprobleme kann ein Unternehmen oft nicht unbeschadet überstehen.

Dennoch ist eine Abschlag grundsätzlich berechtigt, weil die Geldentwertung bei fest verzinslichen Anlagen stärker wirkt als bei der Beteiligung an einem Unternehmen. Das Unternehmen kann sich der Inflation eher entziehen. Deshalb sieht man im Unternehmen eine größere Chance die Inflationsfolgen zu mildern. Anders ist es etwa bei Banken und Versicherungen, deren Vermögen überwiegend in fest verzinslichen Anlagen besteht. Dann werden sie von der Inflation selbst betroffen – ein Inflationsabschlag ist also nicht angebracht.

Das Landgericht Nürnberg-Fürth erläutert:

„Die endgültige Festlegung des Geldentwertungsabschlages hat aber zu berücksichtigen, dass ein Unternehmen, dessen Wert sich weitgehend in Sachwerten verkörpert, zusätzlich noch die Möglichkeit hat die Inflationsrate jedenfalls teilweise über höhere Preise „weiterzugeben". Somit steht dem Unternehmen ein breiterer Spielraum gegenüber den inflationären Tendenzen zur Verfügung. Gleichwohl ist ein voller Abzug der Inflationsrate nicht gerechtfertigt, da nicht verkannt werden darf, dass die Antragsgegnerin zu 2) in Bereichen tätig ist, die angesichts der Konkurrenzsituation eine Durchsetzung höherer Preise nicht ohne weiteres zulässt. Allerdings kann durch Kosteneinsparungen, Umstrukturierungen und verstärkten Maschineneinsatz den inflationären Tendenzen begegnet werden."[1]

7. Höhe[2]

Die Geldentwertungsrate ist umso höher anzusetzen, je mehr das Unternehmen der Geldentwertung entgehen kann.[3]

Häufig finden sich Abschläge zwischen 1 bis 3 %;[4] dadurch steigt der Wert.[5] Das Oberlandesgericht Düsseldorf nahm für 1986 bei einem Zu-

---
1 LG Nürnberg-Fürth, NZG 2000, 89, 90.
2 Die Inflationsrate findet man in den Monatsberichten der Deutschen Bundesbank, Reihe 4, Saisonbereinigte Wirtschaftszahlen Kap. 11 Erzeuger- und Verbraucherpreise, S. 741, 742.
3 OLG Düsseldorf, NZG 2000, 323, 325; vgl. HansOLG Hamburg, NZG 2001, 471, 472.
4 OLG Düsseldorf, NZG 2000, 323, 325.
5 OLG Celle, NZG 1998, 987, 989.

K. Kapitalisierungszinssatz

ckerunternehmen 1,5 % an,[1] für 1987 1 %,[2] das Bayerische Oberste Landesgericht für 1988 1,69 %, für 1992 1 %.[3] Das Oberlandesgericht Celle sah für 1989 1,5 % als richtig an,[4] das Landgericht Berlin 1 %,[5] das Landgericht Nürnberg-Fürth 2 %.[6] Bei Versicherungsunternehmen haben wir es überwiegend mit nominellen Geldwerten zu tun, die wir nominell weiterführen.[7] Wenn überhaupt, kürzen wir sie nur geringfügig.[8]

Die Höhe des Abschlags ist schwer zu schätzen: Auszugehen ist von den bisherigen Inflationsraten. Das Bayerische Oberste Landesgericht sieht auf den Preisindex für private Haushalte fünf Jahre vor und fünf Jahre nach dem Stichtag.[9] Das Oberlandesgericht Düsseldorf zog heran fünfzehn Jahre vor und drei Jahre nach dem Stichtag.[10]

Das Ergebnis hängt letztlich davon ab, in welchem Umfang erwartet werden kann, dass die Gewinne des Unternehmens die Geldentwertung auffangen können, so dass die Kapitalanlage im Unternehmen insoweit der Geldentwertung entzogen wird.[11] Vorsicht ist geboten. Wir kennen nicht genau die Geldentwertungsrate im Basiszinssatz, wir wissen kaum, ob und inwieweit das Unternehmen Inflationsfolgen ausgleichen kann. Die Inflation trifft das Unternehmen jedenfalls teilweise.[12]

Der Abschlag kann von Unternehmen zu Unternehmen unterschiedlich sein, weil es andere Möglichkeiten hat, das Inflationsrisiko zu bewältigen.[13] Jedenfalls muss der Abschlag im Allgemeinen niedriger sein als die Inflationsrate: Das führt zu den genannten 1[14] bis 2,5 %.[15]

---

1 OLG Düsseldorf, AG 1999, 321, 323.
2 OLG Düsseldorf, NZG 2000, 323, 325.
3 NZG 2001, 1033, 1035; NZG 2001, 1137, 1139.
4 OLG Celle, NZG 1998, 987, 989 = EWiR § 305 AktG 1/1998 (*Luttermann*)
5 LG Berlin, NZG 2000, 284, 286.
6 LG Nürnberg-Fürth, NZG 2000, 89, 90.
7 *Richter*, FS Moxter, S. 1458, 1475.
8 Vgl. *Richter*, FS Moxter, S. 1458, 1475.
9 BayObLG BB 1996, 688 = AG 1996, 176, 179 ; LG Nürnberg-Fürth, NZG 2000, 89, 90.
10 OLG Düsseldorf, NZG 2000, 323, 325.
11 Vgl. OLG Düsseldorf, WM 1995, 757, 762; NZG 2000, 323, 325.
12 OLG Düsseldorf, WM 1992, 986, 991 r. Sp.; LG Dortmund, AG 1998, 142, 143.
13 LG Dortmund, AG 1996, 278, 279.
14 OLG Düsseldorf, WM 1988, 1052, 1059.
15 *Aha*, Aktuelle Aspekte, S. 32.

8. Verrechnung

Ein Abschlag kann unterbleiben, wenn beide Faktoren schon erfasst sind bei der Schätzung der Überschüsse.[1] Gelegentlich findet man, dass man Geldentwertungsabschlag und Risikozuschlag „verrechnet", wenn beide „wohl" in ähnlicher Höhe liegen, ohne dass sich das wegen der Unsicherheit bei beiden genauer festlegen lässt.[2]

---

1 OLG Zweibrücken, WM 1995, 980, 984.
2 OLG Stuttgart NZG 2000, 744, 747.

L. Ertragswertverfahren[1]

I. Wahlfreiheit

Das Ertragswertverfahren ist in Literatur und Rechtsprechung gleichermaßen anerkannt.[2] Wie wir sahen,[3] haben wir aber jetzt zwei Verfahren um den Barwert künftiger finanzieller Überschüsse zu ermitteln: Das Ertragswertverfahren und das Discounted Cashflow-Verfahren.[4]

Der IDW Standard stellt beide Verfahren zur Wahl.[5] Beide führen zu gleichen Unternehmenswerten, wenn wir gleiche Annahmen und Vereinfachungen vor allem bei der Finanzierung machen und damit gleiche Nettoeinnahmen unterstellen.[6] In der Praxis gibt es u. U. dennoch Unterschiede, wegen anderer Annahmen bei Kapitalstruktur, Risikozuschlag und Plandaten.[7]

Bei beiden Verfahren müssen wir anschließend den Wert des nicht betriebsnotwendigen Vermögens hinzufügen.

II. Grundsatz

Beim Ertragswertverfahren ermitteln wir die künftigen finanziellen Überschüsse aus den handelsrechtlichen Ergebnissen des betriebsnotwendigen Vermögens.[8] Wir gelangen so zu einer Ertragsüberschussrechnung.

Dabei gibt das folgende Muster eine Orientierung:[9]

---

1 *Schikowski*, S. 77 ff.; *Ballwieser*, FS Loitlsberger, S. 17.
2 BGH, NZG 1999, 70; BayObLG, NZG 2001, 1033, 1034; HansOLG Hamburg, NZG 2001, 471; OLG Düsseldorf, NZG 2000, 1079; OLG Köln 1999, 1222, 1225; OLG Celle, NZG 1998, 987; OLG Zweibrücken, AG 1995, 421; LG Frankenthal, ZIP 1990, 232; dazu *Timm*, ZIP 1190, 270.
3 Oben S. 47.
4 IDW Standard S 1 Tz. 106, WPg 2000, 835.
5 Vgl. auch *Mandl/Rabel*, FS Loitlsberger, S. 205.
6 IDW Standard S 1 Tz. 106, WPg 2000, 835. Einzelheiten bei *Ballwieser*, in Peemöller (Hrsg.) Praxishandbuch, S. 361; *Schüler*, DStR 2000, 1531; *Siepen*, FS Havermann, S. 713.
7 IDW Standard S 1 Tz. 118, WPg 2000, 836; S 1 Tz. 132, WPg 2000, 838.
8 IDW Standard S 1 Tz. 107, WPg 2000, 835.
9 Nach *Peemöller/Popp/Kunowski*, BilanzWert, Unternehmensberwertung am PC, Version 2.0, Benutzeranleitung, S. 33.

Umsatzerlöse
+ sonstige Erträge
− Materialaufwand
− Personalaufwand
− lineare Abschreibung
− außerordentliche/Sonderabschreibung
− Abschreibung Finanzanlagen
− Sonstiger Aufwand
= **Operatives Ergebnis vor Steuern und Zinsen**
+ Beteiligungsertrag, Inland (Netto)
+ Beteiligungsertrag Ausland (Brutto)
= **Ergebnis vor Steuern und Zinsen (= Ebit = Earnings before interests and taxes)**
+ Zinsertrag
− Zinsaufwand
= **Ergebnis vor Steuern**

Wie wir sahen[1] setzen wir davon ab die Unternehmenssteuern. Das sind bei Personengesellschaften die Gewerbesteuer, bei Kapitalgesellschaften die Gewerbesteuer und die definitive Körperschaftsteuer.

Danach gleichen wir einen evtl. Verlustvortrag aus und erhalten so den Ausschüttungsbetrag. Ihn kürzen wir sodann um die typisierte Ertragsteuerbelastung der Eigner.[2] Dabei beachten wir bei Personengesellschaften die anteilige Anrechung der Gewerbesteuer auf die persönliche Ertragsteuer. Bei Kapitalgesellschaften berücksichtigen wir das Halbeinkünfteverfahren. Wir setzen sodann an Kapitalveränderungen aufgrund von Einlagen oder Entnahmen. Den verbleibenden Betrag zinsen wir anschließend auf den Stichtag ab.

III. Bereinigungen

Bei der Analyse der Vergangenheit sind im Allgemeinen die folgenden Tatbestände zu bereinigen:[3]

− Aufwendungen und Erträge des nicht betriebsnotwendigen Vermögens, z. B. Erträge aus nicht betriebsnotwendigen Beteiligungen;

---

1 Oben S. 100.
2 Oben S. 101.
3 Zum Folgenden IDW Standard S 1 Tz. 108, WPg 2000, 835.

L. Ertragswertverfahren

– Periodenabgrenzung, z. B. Bewertung halb fertiger Arbeiten zu anteiligen Erlösen; Zuordnung aperiodischer Aufwendungen und Erträge, wie etwa Bildung und Auflösung von Rückstellungen;
– Bilanzierungswahlrechte, z. B. Änderung von Bewertungsmethoden;
– Personenbezogene und andere spezifische Ergebnisfaktoren, z. B. kalkulatorischer Unternehmerlohn, Vor- und Nachteile besondere Einkaufs- und Absatzbeziehungen in einem Konzernverbund;
– Folgen von Bereinigungen, z. B. Änderungen für Vor- oder Folgejahre, ergebnisabhängige Tantiemen und Steuern.

IV. Zukünftige Aufwendungen und Erträge[1]

Ausgehend von den bisherigen Gewinn- und Verlustrechnungen planen wir sie oft für verschiedene Zukunftsphasen.[2] Dabei analysieren wir die Produkte und Produktbereiche und achten auf die jeweiligen Tendenzen bei Aufwendungen und Erträgen. Diese ordnen wir den Ergebnisbereichen zu. Im Einzelnen gilt:

1. Umsatzerlöse[3]

Sie bilden oft die Basis des Ergebnisses. Für die Prognose greifen wir möglichst zurück auf die Umsatzplanung des Unternehmens, soweit sie plausibel sind. Wir berücksichtigen saisonale Einflüsse, fragen nach allgemeinen und branchenbezogenen konjunkturellen Entwicklungen und prüfen, ob das Unternehmen vom Branchentrend abweicht. Auch hier gehen wir phasenweise vor, für die fernere Zukunft setzen wir gleich bleibende Werte an. Erlösschmälerungen werden beachtet. Einmalaufwendungen sind u. U. zu eliminieren.

---

1 IDW Standard S 1 Tz. 109, WPg 2000, 835.
2 Oben S. 93.
3 IDW Standard S 1 Tz. 111, WPg 2000, 835.

2. Aufwendungen[1]

Vor allem folgende Positionen erfordern Aufmerksamkeit:

- **Kosten-Erlös-Verhältnis.** Wird es sich fortsetzen, kann man weiterhin von parallelen Preisänderungen auf Absatz- und Beschaffungsmärkten ausgehen?
- **Materialaufwand.** Zu schätzen sind die künftigen Produktionsmengen (einschließlich Abfälle, Gewichtsverlust und Ausschuss) und die Preise für Roh- Hilf- und Betriebsstoffe.
- **Personalaufwand.** Zu beachten sind ein bereits beschlossener Stellenabbau oder – aufbau sowie voraussichtliche Lohn- und Gehaltssteigerungen.
- **Aufwendungen für Pensionen.** Fallen Aufwendungen und Auszahlungen wesentlich auseinander (noch kein „Beharrungszustand"), so sind zu prognostizieren die Folgen für Finanzierung und Steuern.
- **Abschreibungen.** Ihnen gilt bei der Aufwandskorrektur besondere Aufmerksamkeit. Zu korrigieren sind u. U. außerordentliche Abschreibungen (§ 253 Abs. 3 Satz 2 HGB), „weitere" Abschreibungen (§ 253 Abs. 4 HGB), Sonderabschreibungen (§ 255 HGB),[2] (z. B. degressive Abschreibungen; weitere Abschreibungen – § 253 Abs. 4 HGB; Sonderabschreibungen[3] aufgrund steuerlicher Vorschriften – §§ 254, 279 Abs. 2 HGB) oder Aktivierungen unterblieben sind (z. B. entgeltlich erworbener Geschäfts- oder Firmenwert – § 255 Abs. 4 HGB). Anzusetzen sind lineare Abschreibungen entsprechend der betriebsgewöhnlichen Nutzungsdauer Der Aufwand ist verkürzt, wenn zu wenig abgeschrieben wurde.
- **Reinvestitionsrate.** Hier legen wir zugrunde die Investitionsplanungen des Unternehmens soweit sie plausibel sind.[4] Es liegt nahe nach Investitionsarten zu unterscheiden, z. B. nach Ersatzinvestitionen (gleiche neue Anlagen); Rationalisierungsinvestitionen (technisch neue Anlagen); Erweiterungsinvestitionen (zusätzliche gleiche oder technisch neue Anlagen); sonstigen Investitionen (z. B. für Umwelt, Soziales, Verwaltung. Die Auszahlungen dafür übernehmen wir in den Finanzplan.

---

1 IDW Standard S 1 Tz. 106, WPg 2000, 836.
2 Dazu LG Berlin, AG 2000, 284, 286.
3 LG Berlin, AG 2000, 284, 286.
4 *Forst*, AG 1994, 321.

L. Ertragswertverfahren

– **Rückstellungen.** Sie sind periodengerecht aufzuteilen[1]. Falls sich die Risikolage nicht verändert hat (z. B. schärfere Produkthaftung, erschwerte Versicherbarkeit), ist anzusetzen die aus den Erfahrungen der Vergangenheit zu erwartende tatsächliche Inanspruchnahme.
– **Ertragsteuern.** Sie sind abzusetzen.

3. Abschreibungen

Innerhalb der Aufwendungen wollen wir uns die Höhe Abschreibungen noch näher ansehen.

Wir haben gesehen, dass ausschüttungsfähiger Erfolg nur das ist, was bei Erhaltung der Substanz nachhaltig abgeschöpft werden kann. Deshalb sind alle Aufwendungen zur Sicherung der Substanz abzusetzen. Sehen wir uns das im Einzelnen schematisch an.

a) Reinvestitionsraten

Abschreibungen werden an sich von den historischen Anschaffungs- und Herstellungskosten berechnet (§ 253 Abs. 1 Satz 1 HGB). Diese über den Preis (als Kalkulationsposten) wieder hereinkommenden und einbehaltenen Beträge (Finanzierungfunktion der Abschreibung)[2] reichen aber nicht aus, wenn wegen der Geldentwertung die Preise für die Wiederbeschaffung steigen. Ist z. B. eine Maschine mit 10 000,– voll abgeschrieben, kostet aber eine gleiche Maschine jetzt 20 000,–, so genügt der über Abschreibungen und entsprechende Preise einbehaltene Betrag von 10 000,– nicht zur Neuanschaffung.

Deshalb ist beim *Anlage*vermögen von Wiederbeschaffungswerten (Tagesneuwerte) abzuschreiben (wie es der Unternehmer in seiner Kalkulation tut); nur das gewährleistet die Substanzerhaltung.[3] Im Allgemeinen soll für die Ertragsrechnung linear abzuschreiben sein. Die Abschreibungen für nicht betriebsnotwendige Anlagen sind getrennt auszuweisen.

Aber selbst so wird die Substanz nicht erhalten. Denn effektiv hat das Unternehmen in unserem Beispiel keine 20 000,–. Grund dafür ist das Steuerrecht, das eine Abschreibung von Wiederbeschaffungswerten nicht zulässt. Es gestattet hier nur Abschreibungen in Höhe von 10 000,–. Für

---
1 LG Berlin, AG 2000, 284, 286.
2 Dazu *Großfeld*, Bilanzrecht, S. 95, Rn. 250.
3 OLG Celle, Az. 9 W 2/77, insoweit in AG 1979, 230 nicht abgedruckt.

die überschießenden 10 000,- entsteht z. B. eine Körperschaftsteuer von 25 %. Diese Steuer ist abzusetzen,[1] dem stehen allerdings steuerfreie Zuwächse durch die Entwertung der Schulden gegenüber. Selbst bei Abschreibungen vom Wiederbeschaffungswert führt die Steuer für die Scheingewinne u. U. zu einer Finanzierungslücke und damit zu einem höherem Zinsaufwand.

b) Technik

Die Reinvestitionsraten setzen wir in der Weise mit den Wiederbeschaffungskosten an, dass wir die Normalabschreibungen um die Reinvestitionsquote erhöhen:

„Denn für die Ermittlung des tatsächlichen Ertragswertes eines Unternehmens ist nicht die Höhe der tatsächlichen Abschreibungen, sondern nur der Abschreibungen auf die Wiederbeschaffungskosten maßgebend, die erforderlich sind um das Unternehmen auch in Zukunft zu sichern."[2]

Ähnlich erklärt das Oberlandesgericht Düsseldorf:

„Es ist deshalb notwendig, dass die steuerlich nur auf die Beschaffungskosten zulässigen Abschreibungen auf Wiederbeschaffungskosten umgestellt werden, wenn zum Zwecke des Ausgleichs und der Abfindung der erzielbare Zukunftserfolg errechnet werden soll."[3]

Einstellungen in freie Rücklagen über die Scheingewinne hinaus werden dagegen nicht abgezogen.[4]

V. Finanzplanung[5]

Die Annahmen zur Finanzplanung sind sehr wichtig für den Ertragswert. Da sie aber weithin im Bereich der Geschäftsführung liegen und in alles hineinwirken, muss der Gutachter sich auf wesentliche Vorgänge beschränken.

---

1 OLG Celle, Az. 9 W 2/77, insoweit in AG 1979, 230 nicht abgedruckt; OLG Düsseldorf, WM 1988, 1052.
2 LG Berlin, NZG 2000, 284, 285.
3 OLG Düsseldorf, DB 2000, 82 = AG 2000, 323, 324.
4 OLG Düsseldorf, DB 2000, 82; LG Hannover, AG 1979, 234; zur Berücksichtigung einer Mindestdividende siehe: OLG Hamburg, AG 1980, 163, 165.
5 IDW Standard S 1 Tz. 114, WPg 2000, 836.

L. Ertragswertverfahren

1. Planung

Zu bedenken ist der stets schwankende Finanzbedarf. Dabei ist zunächst zu beachten, ob und wie sich die Finanzstruktur des Unternehmens ändert durch Anstieg oder Verringerung von Eigen- und Fremdmitteln. Das kann das Risiko für Eigen- und Fremdkapitalgeber erhöhen oder verringern. Die Folgen sind höhere oder niedrigere Risikozuschläge zum Basiszinssatz.[1]

2. Zinsen

Veränderungen der Finanzstrukur wirken sich aus bei Zinserträgen (z. B. aus Finanzüberschüssen) und bei Zinsaufwendungen. Deren Prognose ist daher der Kern der Finanzplanung.

3. Ertragsteuern

Wie wir schon sahen, mindern sich die Ertragsüberschüsse um die Ertragsteuern des Unternehmens (Gewerbeertragsteuer, Körperschaftsteuer). Wir ziehen ferner ab die persönlichen Ertragsteuern der Eigner.[2]

4. Finanzierbarkeit

Erträge sind Wertsteigerungen, nicht notwendig Liquidität. Deshalb ist zu prüfen, welche finanziellen Folgen die geplanten Ausschüttungen haben (Finanzplanung). Finanzbedarf (auch für Investitionen) und Finanzdeckung sind einander gegenüberzustellen; so ist die finanzielle Über- oder Unterdeckung zu ermitteln. Wir erhalten so die Grundlagen für das Zinsergebnis, welches wiederum in die Ertragsüberschussrechnung eingeht.[3]

---

[1] Oben S. 122.
[2] Unten S. 101.
[3] IDW Standard S 1 Tz. 27, WPg 2000, 829.

M. Discounted Cashflow-Verfahren[1]

I. Einführung

Der Ertragswertmethode erwächst inzwischen eine Konkurrentin in dem Discounted Cashflow-Verfahren,[2] das aus den USA zu uns kommt[3] und auch über internationale Schiedsverfahren eindringt.[4] Es bestimmt den Unternehmenswert durch die Abzinsung von Cashflows (= Geldströmen, Kapitalfluss) in dem es abstellt auf die erwarteten Zahlungen an die Kapitalgeber.[5] Es entspricht stärker amerikanischen Vorstellungen über die Bedeutung von jederzeit verfügbarer Liquidität (stille Rücklagen = „hidden reserves" als aktivierbare Reserve sind verpönt), über die Bedeutung von Börsen und über deren Fähigkeit Unternehmen zu bewerten. Parallel dazu läuft ein Misstrauen gegenüber „Bilanzkosmetik"[6]

Wegen der Globalisierung der Kapital- und der Verbreiterung der Aktienmärkte driften ähnliche Vorstellungen bei uns ein; das zeigen die jetzt obligatorische Kapitalflussrechnung im Konzernabschluss börsennotierter Mutterunternehmen (§ 297 Abs. 1 Satz 2 HGB), die Übernahme Internationaler Standards der Rechnungslegung und die wachsende Bedeutung des Börsenkurses für die Wertermittlung.[7] Manche Autoren ziehen die Cashflow- der Ertragswertmethode vor,[8] obgleich auch bei ihr manche Klippen drohen. Daher gibt es bei unseren Gerichten noch kein „Unentschieden". Doch müssen wir uns mit dem Discounted Cashflow-Verfahren befassen.[9] Das auch deshalb, weil es oft als internationaler

---

1 IDW Standard S 1 Tz. 124 ff., WPg 2000, 837 f.; *Kruschwitz*, FS Loitlsberger, 2001, S. 157; *Reinke*, S. 235 mit Diskussion „Unternehmensbewertung heute", S. 255; *Drukarczyk*, Unternehmensbewertung, S. 204 ff.; *Schmidt/Terberger-Stoy*, S. 356 ff.
2 Oben S. 47.
3 *Schikowski*, S. 77 ff.
4 *Schäfer*, S. 197.
5 IDW Standard S 1 Tz. 124, WPg 2000, 837.
6 *Copeland/Koller/Murrin*, Valuation, S. 76 ff.
7 Oben S. 180.
8 Oben S. 47.
9 Die Darstellung folgt *Großfeld/Egert*, FS Ludewig, S. 365. Zu den USA siehe *Schwenk*, Valuation Problems in the Appraisal Remedy, 16 Cardozo L. Rev. 649 (1994); *Thompson, Robert B.*, Exit, Liquidation, and Majority Rule: Appraisal's Role in Corporate Law, 84 Georgetown L.J. 1, 35 (1995). Siehe auch *Thompson, Samuel C.*, A Lawyer's Guide to Modern Valuation Techniques in Mergers and Acquisitions, 21 Iowa Corporate Law Review, 457 (1996).

M. Discounted Cashflow-Verfahren

Standard gilt, auf den wir unsere Studenten für eine internationale Tätigkeit vorbereiten müssen.[1] **Es setzt voraus, dass das zu bewertende Unternehmen börsennotiert ist.**[2]

II. Begriff[3]

Beim Discounted Cashflow-Verfahren bestimmen wir den Unternehmenswert durch die Kapitalisierung von Cashflows. „Cashflow" bedeutet „Geldstrom", „Einnahmeüberschuss".[4] Er bezeichnet die vom Unternehmen erwirschafteten Mittel, mit denen es seine Kapitalgeber bedienen kann. Damit verweist er auf die Liquidität und damit auf die Fähigkeit in der Zukunft zu bestehen: Welche *entziehbaren* Zahlungsüberschüsse (free cash flow) werden erwartet? Maßgeblich sind allein die nach Zukunftsicherung möglichen Zahlungen an die Eigenkapitalgeber (Shareholder-Value-Ansatz). Je nach dem Verfahren im Einzelnen definieren wir die zu kapitalisierenden Überschüsse anders. Das führt zu unterschiedlichen Rechentechniken aber nicht zu anderen Ergebnissen.

Beim Discounted Cashflow-Verfahren sind die Cashflows ebenfalls um die Ertragsteuern der Unternehmenseigner zu kürzen. Die Ertragsteuerbelastung ist auch bei den Kapitalisierungssätzen zu berücksichtigen.[5]

III. Indirekte/direkte Ermittlung[6]

Der Cashflow steht bereit für alle Kapitalgeber, kennzeichnet also den Wert des Gesamtkapitals. Uns interessiert aber der Wert der auf die Eigner entfällt, also der Wert des Eigenkapitals. Ihn können wir auf zwei Arten bestimmen: Indirekt indem wir zunächst den Wert des Gesamtkapitals ermitteln und davon den Wert des Fremdkapitals abziehen (Bruttomethode), direkt indem wir die Zinsen vom Cashflow abziehen und ihn dann mit der Eigenkapitalrendite kapitalisieren (Nettomethode).

---

1 *Großfeld*, Global Valuation: Geography and Semiotic, 55 SMU L. Rev. (2001) erscheint demnächst; *Stanley Siegel*, Die Praxis der Unternehmensbewertung in den USA, in IDW (Hrsg.), Bilanzierung und Besteuerung von Unternehmen, 2000, S. 319.
2 IDW Standard S 1 Tz. 135, WPg 2000, 838.
3 *Reinke*, S. 325.
4 Oben S. 40.
5 IDW Standard S 1 Tz. 139, WPg 2000, 838.
6 IDW Standard S 1 Tz. 124, WPg 2000, 837.

Bei der indirekten Ermittlung folgt der Marktwert des Eigenkapitals aus der Differenz zwischen dem Wert des gesamten Kapitals (Gesamtwert) und dem Marktwert des Fremdkapitals: Gesamtwert minus Wert des Fremdkapitals ergibt den Wert des Eigenkapitals = Unternehmenswert. So tun wir es beim Konzept der gewogenen Kapitalkosten (Weighted Average Cost of Capital-Ansatz = WACC-Ansatz) und beim Konzept des angepassten Barwerts (Adjusted Present Value-Ansatz = APV-Ansatz).

Bei der direkten Ermittlung (Equity-Ansatz) finden wir den Marktwert des Eigenkapitals dadurch, dass wir die Überschüsse um die Kosten für das Fremdkapital kürzen; den verbleibenden Betrag kapitalisieren wir dann mit der Rendite des Eigenkapitals (Eigenkapitalkosten).

Wir sehen: Bei der indirekten Ermittlung begegnen wir einer Bruttokapitalisierung (Entity-Ansätze), bei der direkten Ermittlung einer Nettokapitalisierung.[1] In der Praxis findet sich ganz überwiegend die indirekte Ermittlung über den schon erwähnten Weighted Average Cost of Capital Ansatz.[2] Ihn werde ich daher noch eingehender erläutern.

IV. Weighted Average Cost of Capital-Ansatz (Gewogene Kapitalkosten)[3]

1. Muster (indirekte Ermittlung)

Beim Weighted Average Cost of Capital-Verfahren setzen wir als Cash Flow an die nominellen finanziellen Überschüsse, die allen Kapitalgebern zur Verfügung stehen (Entity-Methode). Wir ermitteln sie aus der handelsrechtlichen Rechnungslegung (indireke Methode); dabei beachten wir gesellschaftsrechtliche Grenzen der Ausschüttung. Das ergibt folgendes *Muster*:[4]

---

1 IDW Standard S 1 Tz. 124, WPg 2000, 837.
2 *Copeland/Koller/Murrin*, Valuation, S. 201 ff. Deshalb benutzt sie *Peemöller/Schlenker/Kunowski*, BilanzWert, Unternehmensbewertung am PC, Version 2.0, 2001.
3 Zu den technisch-mathematischen Einzelheiten *Drukarczyk*, Unternehmensbewertung, S. 273 ff. Siehe auch oben S. 139.
4 IDW Standard S 1 Tz. 127, WPg 2000, 837. Siehe auch *Peemöller/Popp/Kunowski*, BilanzWert, Unternehmensbewertung am PC, Version 2.0, Benutzeranleitung, S. 35.

M. Discounted Cashflow-Verfahren

Handelsrechtliches Jahresergebnis/Bilanzgewinn oder -verlust (nach Abzug von Unternehmenssteuern)

+ Fremdkapitalzinsen (Bruttomethode; bei Nettomethode unterbleibt der Ansatz der Zinsen)

./. Unternehmenssteuer-Ersparnis wegen Abzug der Zinsen (tax shield)[1]

+ Abschreibungen und andere zahlungsunwirksame Aufwendungen

./. Zahlungsunwirksame Erträge (z. B. Zuschreibungen)

./. Investitionsauszahlungen

+/– Minderung oder Erhöhung des Working Capital (Verminderung/Erhöhung des Nettoumlaufvermögens einschließlich des Zahlungsmittelbestandes/des Kreditvolumens)

./. Unternehmenssteuern

./. Typisierte Ertragsteuerbelastung der Eigner[2]

= Cashflow

Bei dem Posten „Zinsen" beachten wir sowohl ausdrücklich vereinbarte Zinsen als auch solche, die sich aus dem Rechtsverhältnis ergeben. Letzteres ist wichtig bei Pensionsverpflichtungen als Teil des Fremdkapitals.[3]

Den Begriff „tax shield" möchte ich kurz erläutern: Wie wir sehen, werden die gezahlten Unternehmenssteuern abgezogen. Fremdkapitalzinsen sind aber Betriebsausgaben bei Gewerbesteuer und definitiver Körpschaftsteuer; sie mindern die Steuer. Wir rechnen indes die Zinsen dem Gesamtergebnis für alle Kapitalgeber zu und gehen so davon aus, dass sie nicht Betriebsausgaben sind. Dann ist die im handelsrechtlichen Ergebnis berücksichtigte Steuersparnis nicht eingetreten. Der handelsrechtliche Jahresüberschuss ist also zu hoch. Daher ist die Steuersparnis hier abzuziehen.[4]

2. Ausschüttbarkeit (Free Cashflow = Freier Cashflow)

Für die Bewertung dürfen wir nur ansetzen die Überschüsse, die in den Verfügungsbereich der Eigentümer gelangen (Zuflussprinzip).[5] Das hängt ab von rechtlichen Vorgaben über die Ausschüttbarkeit; sie orientieren

---

1 Erläuterung in IDW Standard S 1 Tz. 128, WPg 2000, 837 f.
2 IDW Standard S 1 Tz. 140, WPg 2000, 838.
3 IDW Standard S 1 Tz. 128, WPg 2000, 837 f.
4 IDW Standard S 1 Tz. 128, WPg 2000, 837 f.
5 Oben S. 68.

sich an Ertragsüberschüssen (vgl. § 169 HGB, § 29 Abs. 1 GmbHG, §§ 57 Abs. 3, 158 AktG).[1] Deshalb sind die gesellschaftsrechtlichen Ertragsüberschüsse ergänzend zu berechnen. Es ist dabei zu klären ob und inwieweit etwa Verlustvorträge oder der Zwang zu gesetzlichen Rücklagen einer Ausschüttung entgegen stehen.[2]

Die so ermittelten Beträge kürzen wir dann wie beim Ertragswertverfahren[3] um die typisierten Steuerzahlungen der Eigner[4] und erhalten so den Free Cashflow, die Nettoauschüttung.

3. Prognose

Den so umschriebenen Cashflow schätzen wir entsprechend dem Phasenmodell[5] für die Ersten drei bis fünf Jahre detailliert. Für die zweite Phase ermitteln wir einen Zusatzwert. Dabei gehen wir aus von der Fortführung und von der Veräußerung des Unternehmens[6] und erhalten so nebeneinander den Fortführungswert und den Liquidationswert.[7] Falls sowohl Fortführung wie Auflösung rechtlich und wirtschaftlich[8] möglich sind, wählen wir den höheren Wert.[9] Schließlich fügen wir den Wert des nicht betriebsnotwendigen Vermögens hinzu.[10]

Fortführungswert ist der Barwert des Cashflows am Beginn der zweiten Phase. Die gewogenen Kapitalkosten setzen wir hierfür als konstant an.[11] Liquidationswert ist der Veräußerungswert des Unternehmens *als ganzen* abzüglich der damit verbundenen Kosten.[12]

4. Kapitalrendite

Auch hier ist zu ermitteln der nominellen Wert zukünftiger Cashflows am Stichtag. Dafür sind sie zu diskontieren, weil ja ein jetzt eingehender

---

1 *Drukarczyk*, Unternehmensbewertung, S. 140 ff.
2 IDW Standard S 1 Tz. 27, WPg 2000, 829.
3 Oben S. 152.
4 IDW Standard S 1 Tz. 140, WPg 2000, 838.
5 Oben S. 93.
6 IDW Standard S 1 Tz. 125, WPg 2000, 837.
7 IDW Standard S 1 Tz. 129, WPg 2000, 838.
8 OLG Celle, NZG 1998, 987, 989.
9 IDW Standard S 1 Tz. 124, WPg 2000, 839.
10 IDW Standard S 1 Tz. 125, WPg 2000, 837.
11 IDW Standard S 1 Tz. 124, WPg 2000, 838.
12 IDW Standard S 1 Tz. 124, WPg 2000, 838.

M. Discounted Cashflow-Verfahren

Betrag mehr wert ist als ein später eingehender (deshalb *Discounted Cashflow-Verfahren*); der früher eingehende Betrag bringt ja sogleich Zinsen.

Schlüsselfrage ist auch hier, mit welchem Satz wir kapitalisieren. Wir stellen dafür ab auf die Rendite des Gesamtkapitals in dem Unternehmen und trennen dabei zwischen Eigen- und Fremdkapital. Das wurde oben bei den Kapitalisierungzinsätzen für die gewogenen Kapitalkosten (Weighted Average Cost of Capital-Ansatz)[1] erläutert.[2]

5. Residualwert

Für den Residualwert unterscheiden wir zwischen Fortführung, Veräußerung oder Liquidation des Unternehmens. Maßgebend ist der jeweils höhere Wert, wenn keine rechtlichen oder wirtschaftliche Gegebenheiten der Fortführung, Veräußerung oder Liquidation verhindern.

Den Fortführungswert ermitteln wir gemäß der „ewigen Rente".[3] Den angenommen Veräußerungswert setzen wir an abzüglich der damit verbundenen Kosten.[4] Den Liquidationswert finden wir nach den allgemeinen Regeln.[5]

6. Kapitalkosten

Das A und O dieses Verfahrens sind die gewogenen Kapitalkosten. Sie hängen ab von der Höhe des Eigen- und des Fremdkapitals. Dabei ist zu beachten, dass Eigen- und Fremdkapital zu anderen steuerlichen Lasten führen (fehlende Finanzierungsneutralität der Unternehmensbesteuerung). Deshalb müssen wir auf den Verschuldensgrad achten, d. h. auf das Verhältnis vom Marktwert des Eigenkapitals zum Martkwert des Fremdkapitals[6] (daher „gewogen").

Regelmäßig sehen wir das Verhältnis der Eigen- und Fremdkapitalkosten als konstant an.[7] Wir passen nur an, wenn wir für die Zukunft eine

---

1 IDW Standard S 1 Tz. 127 ff., WPg 2000, 837 f.
2 Oben S. 139; IDW Standard S 1 Tz. 125, WPg 2000, 837.
3 Oben S. 109.
4 IDW Standard S 1 Tz. 131, WPg 2000, 838.
5 IDW Standard S 1 Tz. 141, WPg 2000, 838; unten S. 203.
6 IDW Standard S 1 Tz. 133, WPg 2000, 838.
7 IDW Standard S 1 Tz. 130, WPg 2000, 838.

wesentliche Änderung erwarten.¹ Aber welches Unternehmen kann für die Zukunft gleich bleibende Kapitalstrukturen planen? Hier liegt eine Schwäche des WACC-Ansatzes. Wenn sich aber das Verhältnis der beiden Marktwerte oder deren Kosten in Zukunft voraussichtlich ändern, sind die gewogenen Kapitalkosten jedenfalls anzupassen. Das ist auch notwendig, wenn sich die Eigenkapitalkosten und/oder die Fremdkapitalkosten ändern.² Das erhöht die Komplexität.

7. Weiteres Vorgehen

Den so ermittelten cash flow kapitalisieren wir mit den gewogenen Kapitalkosten. Schließlich fügen wir hinzu den Wert des nicht betriebsnotwendigen Vermögens,³ das wir nach den allgemeinen Regeln bewerten.⁴

Danach ziehen wir den Marktwert des Fremdkapitals ab. Ihn erhalten wir, indem wir die cash flows an die Gläubiger mit einem risikogemäßen Zinssatz kapitalisieren.⁵ Die Differenz aus Gesamtkapitalwert und dem Wert des Fremdkapitals ist der Unternehmenswert.⁶

V. Andere Discounted Cashflow-Verfahren[7]

Diese Verfahren sehen wir uns nur kursorisch an.

1. Angepasster Barwert (Adjusted Present Value-Ansatz)[8]

Hier bauen wir den Gesamtkapitalwert aus seinen Komponenten auf.⁹ Wir nehmen zunächst an, dass das Unternehmen ganz eigenfinanziert, d. h. nicht verschuldet ist. Davon ausgehend ermitteln wir den Marktwert. Der Cashflow (einschließlich Zinsen) wird also kapitalisiert mit den Eigenkapitalkosten eines unverschuldeten Unternehmens. Danach

---

1 IDW Standard S 1 Tz. 133, WPg 2000, 838.
2 IDW Standard S 1 Tz. 133, WPg 2000, 838.
3 IDW Standard S 1 Tz. 125, WPg 2000, 837.
4 IDW Standard S 1 Tz. 132, WPg 2000, 838.
5 *Copeland/Koller/Murrin*, Valuation, S. 136.
6 IDW Standard S 1 Tz. 126, WPg 2000, 837.
7 Einzelheiten bei *Drukarczyk*, Unternehmensbewertung, S. 231 ff.
8 Adjusted Present Value-Ansatz = APV-Ansatz, dazu *Drukarczyk*, Unternehmensbewertung, S. 231.
9 IDW Standard S 1 Tz. 137 f., WPg 2000, 838.

berechnen wir den Wertbeitrag der Verschuldung, indem wir sie mit dem Zinsssatz des Fremdkapitals abzinsen.[1] Die Summe beider Werte ergibt den Gesamtkapitalwert. Ihn mindern wir um den Marktwert des Fremdkapitals (zumeist der Buchwert) und erhalten so den Wert des Eigenkapitals.[2] Die Methode hat den Vorteil, dass sich variierende Kapitalstrukturen besser erfassen lassen.

2. Equity-Ansatz[3]

Bei dieser Methode gehen wir nicht erst über den Gesamtkapitalwert. Wir suchen direkt den Wert des Eigenkapitals (direkte Methode, Nettokapitalisierung) nach dem Equity Ansatz.[4] Das entspricht dem systematischen Vorgehen beim Ertragswertverfahren. Dabei gehen wir aus vom Cashflow abzüglich der periodenentsprechenden Zinsen für Fremdkapital. Den so gefundenen Betrag zinsen wir ab mit der Rendite des Eigenkapitals (Eigenkapitalkosten) eines verschuldeten Unternehmens. Diese Zinssatz spiegelt sowohl das operative Risiko des Unternehmens als auch das Finanzierungsrisiko aus der Kapitalstruktur. Wir erhalten so den Unternehmenswert.

VI. Würdigung

Es ist unsicher, ob sich das Discounted Cashflow-Verfahren bei uns durchsetzen wird; Chancen dafür bestehen aber.[5] Es eignet sich jedenfalls bei börsennotierten Unternehmen, für die ein Beta-Faktor zuverlässig ermittelt ist; dann liegt es nahe es als Alternativverfahren heranzuziehen. Dafür spricht, das wegen der steigenden Zahl börsennotierter Unternehmen der Marktdurchschnitt verlässlicher wird. Im Übrigen sind die Unsicherheiten nicht geringer als bei der Ertragswertmethode.

Es mag überspitzt sein von „Beta-Kokolores" zu sprechen,[6] aber manche Unsicherheiten bleiben. Kosten und Nutzen des Verfahrens werden leicht unverhältnismäßig. Zudem zielt das Verfahren vor allem auf

---

1 IDW Standard S 1 Tz. 137 f., WPg 2000, 838.
2 IDW Standard S 1 Tz. 137, WPg 2000, 838.
3 Einzelheiten bei *Drukarczyk*, Unternehmensbewertung, S. 300.
4 IDW Standard S 1 Tz. 139, WPg 2000, 838.
5 *Aha*, Aktuelle Aspekte, S. 31.
6 *Schneider*, Unternemensdimensionierung, S. 45, 54.

Unternehmenskäufe und -verkäufe und auf die Beurteilung von Strategien Die Gerichte sollten zunächst die weitere Klärung in der Wirtschaftwissenschaft abwarten, bevor sie ganz einschwenken.[1] Immerhin fällt auf, dass man bei der Verschmelzung Daimler Benz/Chryler das Ertragswertverfahren wählte,[2] ebenso bei der Verschmelzung Thyssen/Krupp.[3]

Doch wird das Discounted Cashflow-Verfahren im Gefolge der pax americana ein ernsthafter Konkurrent. Deshalb müssen wir es kennen.[4] Es wird mehr und mehr in internationalen Verträgen oder für Schiedsgerichte als Bewertungsverfahren vereinbart – und mag so bald vor deutsche Gerichte kommen.

---

1 *Seetzen*, Spruchverfahren, S. 5. Zurückhaltend auch *Weinberg* v. UOP Inc, 457 A. 2 d 7o1 (Del. 1983).
2 Zusammenschluss Daimler-Benz/Chrysler, S. 88.
3 Verschmelzung der Thyssen Aktiengesellschaft und der Fried. Krupp AG Hoesch-Krupp zur Thyssen Krupp AG, S. 130.
4 *Schikowski*, Das Appraisal Right und Probleme der Unternehmensbewertung in den USA und Deutschland, 2000.

N. Vom Barwert der Überschüsse zum Unternehmenswert

I. Nicht betriebsnotwendiges (neutrales) Vermögen[1]

1. Teil des Unternehmenswertes

Fast jedes Unternehmen besitzt Gegenstände, die nur locker oder gar nicht mit dem Unternehmensprozess verbunden sind und kaum Überschüsse bringen. Sie lassen sich frei veräußern, ohne dass die Unternehmensaufgabe berührt wird (funktionale Abgrenzung).[2] Es ist vernünftig sie nicht beim Überschusswert zu erfassen, weil sie demgegenüber einen höheren Veräußerungswert haben.[3] Wir sprechen vom nicht betriebsnotwendigen, vom neutralen Vermögen. Sein Wert wird dem Wert des betriebsnotwendigen Vermögens hinzugefügt. Das ergibt den Unternehmenswert.[4]

2. Umfang

Das neutrale Vermögen umfasst alle Gegenstände mit einem bedeutsamen Vermögenswert, die den Überschuss nicht oder nicht wesentlich beeinflussen.[5] Es steht für alle Gegenstände, die sich verkaufen lassen, ohne dass dies die Ziele des Unternehmens berührt und ohne dass sich der Überschusswert verändert;[6] der Verkaufserlös ist also höher als der Beitrag zum Überschusswert.[7] Auf die Absicht des Unternehmens die Gegenstände zu verkaufen kommt es nicht an[8] Man spricht auch von Überschuss- oder Ergänzungssubstanz, die „außerhalb" des Betriebsgeschehens steht.[9]

Immer schwingt eine Wertung mit: Das Aufgehen im Überschusswert soll nicht dazu führen, dass den Ausscheidenden ein maßgeblicher Wert „zu Unrecht vorenthalten wird".[10] Das Bayerische Oberste Landesgericht rechnet

---

1 *Weiss*, FS Semler, S. 631; *Forster*, FS Claussen, S. 91, 93.
2 HansOLG Hamburg, NZG 2001, 471, 472; IDW Standard S 1 Tz. 64, WPg 2000, 831.
3 OLG Stuttgart, NZG 2000, 744 = EWiR § 305 AktG 2/2000, 209 (*Luttermann*)
4 IDW Standard S 1 Tz. 65, WPg 2000, 831.
5 BayObLG, WM 1996, 526, 529; OLG Düsseldorf, AG 1999, 321, 324.
6 BayObLG WM 1996, 526, 529.
7 OLG Düsseldorf, AG 1992, 200, 203.
8 HansOLG Hamburg, NZG 2001, 471, 472; BayObLG, WM 1996, 526, 529.
9 BayObLG, WM 1996, 526, 529.
10 OLG Düsseldorf, AG 1999, 321, 324.

z. B. bei einer Brauerei Gaststättengrundstücke nur dann dem neutralen Vermögen zu, wenn das Grundstück allein dem Gaststättenbetrieb dient. Sonst ginge den Ausscheidenden eine viel höherer Sachwert verloren.[1] Das Oberlandesgericht Düsseldorf zählt satzungsmäßige Nebenverpflichtungen zur Lieferung von Zuckerrüben nicht dazu. Die Vorteile für das Unternehmen seien im Überschuss erfasst, eine Berücksichtigung als neutrales Vermögen führe zu einer Dopppelzählung.[2] Das gelte auch für die EG-Zuckerquote.

Dieser Definition ist aber nicht zu folgen.[3] Denn viele Gegenstände lassen sich ohne Schaden für das Ergebnis herauslösen und zurückleasen.[4] Entscheidend ist daher der tatsächlich fehlende funktionale Zusammenhang mit dem Betriebsgeschehen. Das ist eine betriebspolitische Entscheidung,[5] die nicht dem Gericht obliegt.[6] Das Gericht muss ausgehen von den tatsächlichen Verhältnissen, es darf nicht ein hypothetisches Unternehmensbild zugrunde legen.[7] Steht der Gegenstand in einem solchen Zusammenhang, so kommt es nicht darauf an, ob er besser genutzt werden könnte.[8] Die Entscheidung über andere Verwendungen machte den Gutachter und das Gericht zu Unternehmern, was sie gerade – wohl auch kraft Neigung – nicht sind.[9]

3. Beispiele

Beispiele für neutrales Vermögen sind Reservegrundstücke, stillgelegte Anlagen, Beteiligungen außerhalb des Unternehmenszwecks[10] (Finanzanlagen), Überbestände bei Vorräten, nicht notwendige Finanzmittel[11] und Ersatzansprüche nach §§ 117, 317 AktG.[12]

---

1 BayObLG, WM 1996, 526, 529.
2 OLG Düsseldorf, AG 1999, 321, 324.
3 *Forster*, FS Claussen, S. 93.
4 *Aha*, Aktuelle Aspekte, S. 35.
5 LG München, AG 1990, 404, 405.
6 A. A. BayObLG, AG 1996, 127, 128. Dagegen *Forster*, FS Claussen, S. 93.
7 *Forster*, FS Claussen, S. 95.
8 *Aha*, Aktuelle Aspekte, S. 36.
9 *Aha*, Aktuelle Aspekte, S. 36.
10 LG Berlin, AG 2000, 284, 285.
11 LG Berlin, AG 2000, 284, 286 (Deckung von Pensionsrückstellungen).
12 OLG Düsseldorf, DB 1990, 2312. Zu deren Bewertung *Plein*, BB 1999, 463; *Simon/Kleiber/Rössler*, Schätzung und Ermittlung von Grundstückswerten, 7. Aufl. 1996. Für die Schweiz Schätzerhandbuch (Schweizerische Vereinigung kantonaler Grundstückbewertungsexperten/Schätzungsexpertenkammer des Schweizerischen Verbands der Immobilientreuhänder, Hrsg.), 1998.

N. Vom Barwert der Überschüsse zum Unternehmenswert

Die Abgrenzung ist besonders wichtig bei Reservegrundstücken. Es kommt darauf an, ob sie eine „betriebsnotwendige" Reserve sind: Falls das bejaht wird, so „verschwindet" ihr Wert im Überschusswert; andernfalls ist ihr Verkehrswert dem Überschusswert hinzuzufügen.[1] Im Zweifel ist der höhere Wert zu wählen. Gleiches gilt für Gegenstände, die zwar zum Betriebsvermögen gehören sich aber ohne Schaden für das Unternehmen verkaufen lassen (z. B. Beteiligungen, Grundstücke, überschüssige Finanzmittel). Sie sind mit dem Veräusserungwert anzusetzen, wenn dieser über ihrem Ertragswert liegt; das ist besonders wichtig, wenn kein Liquidationswert ermittelt wird.[2]

Zum betrieblichen Vermögen rechnen demgegenüber satzungsmäßige Lieferpflichten und Lieferrechte, z. B. von Zuckerrüben, wenn diese Positionen sich z. B. bei einer Verschmelzung an der aufnehmenden Gesellschaft fortsetzen.[3]

Beteiligungen zählen ebenfalls oft zum betrieblichen Vermögen und sind dann nicht gesondert zu bewerten. Das kann auch gelten für Genossenschaftsanteile an „Hausbanken", weil Genossenschaften nach § 1 GenG den Erwerb und die Wirtschaft ihrer Mitglieder fördern sollen. Zudem stellen sie oft keinen eigenständig-maßgeblichen Wert dar.[4]

Wenn neutrales Vermögen Überschüsse bringt, müssen sie beim Überschusswert außer Betracht bleiben.

4. Bewertung

Das neutrale Vermögen wird zum Stichtag zum Verkehrswert[5] gesondert bewertet unter dem Gesichtspunkt einer bestmöglichen Verwertung.[6] Sie kann darin bestehen, das neutrale Vermögen im Unternehmen zu belassen; dann ist der Barwert der künftigen Überschüsse anzusetzen. Oft bringt die Veräußerung aber mehr; dann ist der höhere Veräusserungswert (Liquidationswert) maßgeblich.[7]

Bei der Bewertung zum Liquidationswert will die Rechtsprechung fiktive Liquidationskosten nicht absetzen.[8] Das soll nur geschehen, wenn am

---

1 LG Dortmund, AG 1981, 236, 238.
2 Unten S. 206 f.
3 OLG Düsseldorf, AG 1999, 321, 324.
4 OLG Düsseldorf, AG 1999, 321, 324.
5 LG Berlin, AG 2000, 284, 286.
6 IDW Standard S 1 Tz. 65, WPg 2000, 831; BayObLG, NZG 2001, 1033, 1034.
7 IDW Standard S 1 Tz. 65, WPg 2000, 831; vgl. LG Hamburg, AG 1995, 517.
8 BGH, ZIP 1998, 1161, 1166; BayObLG, AG 1996, 127, 130.

Bewertungsstichtag mit Kosten „tatsächlich in greifbarer Nähe zu rechnen war", wenn sie also schon wertmindernd berücksichtigt worden wären.[1] *Forster* folgt dem indes nicht. Wenn man eine fiktive Veräußerung für den Wertzufluss unterstelle, müsse man auch fiktive Kosten ansetzen[2] (Netto-Liquidationswert).

5. Schulden

Schulden, die zum nicht betriebsnotwendigen Vermögen gehören (z. B. aus dem Erwerb des neutralen Vermögens), sind abzuziehen mit dem Rückzahlungsbetrag.[3] Den verbleibenden Wert fügen wir dem Überschusswert hinzu und gelangen damit zum Unternehmenswert.[4]

6. Kreditsicherung

Ein Vermögensgegenstand gehört selbst dann zum neutralen Vermögen, wenn er einen Kredit sichert. Dann kann die Entnahme die Finanzierung des Unternehmens ändern.[5] Falls dadurch ein sonst nicht gleichwertig lösbares Problem entsteht, ist die Zuordnung zum neutralen Vermögen zu überdenken.

7. Höhe

Neutrales Vermögen wird zum Einzelveräußerungspreis angesetzt,[6] also mit dem Liquidationswert.[7] Falls möglich, zieht man bei Grundstücken Vergleichspreise heran;[8] infrage kommt auch die Mitte zwischen Überschusswert und Veräußerungswert.[9] Die Praxis wählt häufig ein Vielfaches der Jahresmiete, wenn das Grundstück langfristig vermietet ist.[10] Der Multiplikator liegt dann zwischen 11 und 20. Darin sind Abschläge für nicht umlagefähige

---

1 BGH, ZIP 1998, 1161, 1166.
2 *Forster*, FS Claussen, S. 95.
3 IDW Standard S 1 Tz. 67, WPg 2000, 832.
4 OLG Celle, AG 1979, 230, 232.
5 IDW Standard S 1 Tz. 68, WPg 2000, 832.
6 OLG Zweibrücken, WM 1995, 980, 984.
7 OLG Düsseldorf, DB 2000, 81 = EWiR § 305 AktG 1/2000 (*Luttermann*).
8 OLG Celle, AG 1979, 230, 232; LG Berlin, AG 2000, 284, 286; BFH, BStBl. II 1992, 462.
9 BGH, WM 1986, 234, 236.
10 Vgl. HansOLG Hamburg, NZG 2001, 471, 472.

Betriebskosten enthalten. Das Oberlandesgericht Düsseldorf hat bei Innenstadtlage und langfristiger Vermietung einen Faktor 16 gebilligt.[1]

Die bei einer Verwertung anfallenden Aufwendungen sind als Belastung abzuziehen.[2] Dazu zählen grundsätzlich Veräußerungskosten[3] jedenfalls, wenn die Veräußerung zum Stichtag geplant war und dann auch durchgeführt wurde.[4]

Falls die Liqidation sinnvollerweise längere Zeit braucht, ist der geschätzte Erlös abzüglich der Kosten und Steuern über einen angemessenen Liquidationszeitraum auf den Stichtag abzuzinsen.[5]

8. Steuern

Die durch die Veräußerung tatsächlich entstehenden Steuern für Unternehmen und Eigner sind auch hier zu beachten.[6] Liegt der Zeitwert des neutralen Vermögens über dem Buchwert, legt eine Veräußerung stille Rücklagen offen. Der daraus entstehende Gewinn unterliegt grundsätzlich der Einkommen- (Körperschaft-) und Gewerbeertragsteuer.

Streitig war, ob die latente Ertragsteuer abzuziehen ist. Einige wollen sie immer abziehen,[7] viele andere nur, wenn das neutrale Vermögen veräußert werden soll;[8] wenige zogen sie nie ab.[9] Das Oberlandesgericht Düsseldorf zieht die latenten Steuern jetzt ab.[10] Es formuliert untechnisch, die Gesellschaft sei so zu bewerten „als ob sie ihre stillen Rücklagen veräußert". Doch meidet das Gericht eine allgemeine Aussage, indem es sich „auf die tatsächlichen Umstände" bezieht. Im vorliegenden Fall sei die Veräußerung am Stichtag schon geplant und dann auch durchgeführt worden.[11] Das ist aber darüber hinaus nunmehr allgemein richtig.[12] Es

---

1 OLG Düsseldorf, NZG 2000, 1079, 1082.
2 LG Berlin, AG 2000, 284, 285.
3 Vgl. BGH, BB 1982, 887.
4 OLG Düsseldorf, NZG 2000, 323, 324.
5 IDW Standard S 1 Tz. 66, WPg 2000, 832; *Forster*, FS Claussen, S. 100. A. A. BayObLG, AG 1996, 127, 130.
6 IDW Standard S 1 Tz. 66, WPg 2000, 832.
7 BGH, NJW 1991, 1547, 1551.
8 BGH, DB 1986, 2427.
9 BayObLG, AG 1996, 127, 130.
10 OLG Düsseldorf, DB 2000, 81 = EWiR § 305 AktG 1/2000, 209 (*Luttermann*) = NZG 2000, 323, 324.
11 Unter Verweis auf BGH, BB 1982, 887.
12 IDW Standard S 1 Tz. 66, WPg 2000, 832. Beachte *Siepe*, WPg 1997, 1, 7; BayObLG WM 1995, 1580, 1583 f.; BGH WM 1991, 1474, 1476.

entspricht der Behandlung der Steuern bei den zukünftigen Überschüssen auf der Ebene des Unternehmens und der Eigentümer.¹

Ähnliche Fragen stellen sich beim Substanzwert; sie werden dort näher erörtert.²

9. Verlustvortrag³

a) Ansatz

Werterhöhend zu beachten ist ein steuerlicher Verlustvortrag (§ 10d Abs. 2 EStG, § 8 Abs. 1, 4 KStG; siehe aber § 15 Nr. 1 KStG, § 10a GewStG), weil er einen Verkehrswert hat:⁴ Er gibt dem Erwerber die Möglichkeit unter Umständen erhebliche Steuervorteile zu erlangen. Werden nämlich Gewinne mit dem Verlustabzug verrechnet, so bleiben sie frei von Gewerbe- und Körperschaftsteuer. Deshalb ist ein Verlustvortrag bei der Bewertung zu beachten.⁵

Er ist als neutrales Vermögen anzusetzen, wenn und soweit abzusehen ist, dass die Gesellschaft ihn nicht selbst durch *eigene* Gewinne hätte ausgleichen können.⁶ Das gilt darüber hinaus jedenfalls dann, wenn der Verlustvortrag nicht nur durch den Erwerber nutzbar ist sondern auch für andere potenzielle Erwerber. Der Verlustvortrag ist am Unternehmensmarkt ein werterhöhender Faktor, ist mitunter sogar *der* Anreiz ein Unternehmen zu erwerben:⁷

„Der Verlustvortrag kann nicht mit einem Rationalisierungs-, Verbund- oder Synergieeffekt verglichen werden, der sich nur aus der Kombination der besonderen Strukturen der eingegliederten und der aufnehmenden Gesellschaft ergibt und deshalb möglicherweise nicht zu bewerten ist. Ein steuerlicher Verlustvortrag stellt vielmehr für einen unübersehbar großen Kreis von potenziellen Erwerbern einen Vorteil wegen der damit erzielbaren Steuervorteile dar."⁸

---

1 Oben S. 100 ff. Zu potentiellen KSt-Erstattungsansprüchen OLG Düsseldorf, AG 1990, 397, 401.
2 Unten S. 220.
3 *Drukarczyk*, Unternehmensbewertung, S. 446 ff.; *Popp*, BB 1999, 1154; *Jakobs*, Berücksichtigung steuerlicher Verlustvorträge, S. 51.
4 OLG Stuttgart, NZG 2000, 744 = § 305 AktG 2/2000, 209 (*Luttermann*).
5 OLG Düsseldorf, NZG 2000, 1079, 1081; WM 1988, 10512, 1055; *Werner*, FS Steindorff, S. 1055. Dagegen OLG Hamburg, AG 1980, 163, 165.
6 OLG Düsseldorf, WM 1988, 1052, 1056; EWiR § 320 AktG 1/1988 (*Großfeld*).
7 OLG Düsseldorf, WM 1988, 1052, 1056; EWiR § 320 AktG 1/1988 (*Großfeld*); a. A. *Werner*, FS Steindorff, S. 1055.
8 OLG Düsseldorf, WM 1988, 1052, 1056.

N. Vom Barwert der Überschüsse zum Unternehmenswert

b) Höhe

Der Verlustvortrag ist anzusetzen mit dem Wert, der ihm objektiv zukommt, „losgelöst von den speziellen Verhältnissen der aufnehmenden Gesellschaft".[1] Entscheidend ist also nicht die nominelle Höhe, sondern der Barwert der erwarteten Steuerersparnis.[2] Diese ist jeweils im Jahr vor dem Verfall der einzelnen Verlustvorträge mit demselben Kapitalisierungszinssatz wie für die zukünftigen Überschüsse auf den Bewertungsstichtag abzuzinsen:[3]

„Verlustvorträge können nur dann in Steuerersparnisse umgesetzt werden, wenn sie mit entsprechenden Gewinnen verrechnet werden können. Infolgedessen ist die steuerliche Ausnutzung eines Verlustvortrages mit demselben Risiko behaftet wie der Betrieb eines Unternehmens. Es ist deshalb richtig, den voraussichtlichen steuerlichen Nutzen mit demselben Kapitalisierungszinsfuß abzuzinsen wie zukünftig zu erwartende Gewinne."[4]

Der Wert des Verlustvortrages ist nicht zwischen den beteiligten Unternehmen aufzuteilen sondern ganz dem abhängigen Unternehmen zuzuordnen.[5] Das Oberlandesgericht Düsseldorf lehnte eine Aufteilung ab mit folgender Begründung:

„Dem ist entgegenzuhalten, dass ein Unternehmen mit hohen Verlustvorträgen vorzugsweise von einer Gesellschaft erworben werden wird, die nach aller Voraussicht die Verlustvorträge demnächst wird ausnutzen können. Die Wahrscheinlichkeit, sich Verlustvorträge zunutze machen zu können ist ebenso groß und und risikiobehaftet wie die Aussicht, eines – insbesondere des aufnehmenden Unternehmens Gewinne zu erzielen. Der Wert eines Unternehmens ist aber nicht nur deshalb lediglich mit 50 % anzusetzen, weil die Gewinnaussichten risikobehaftet sind und es sich insoweit um einen "Hoffnungskauf handelt. Es ist deshalb nicht gerechtfertigt den Wert der Verlustvorträge nur mit der Hälfte der erzielbaren Steuervorteile zu berücksichtigen. Sie stellen vielmehr auf dem Markt einen Vorteil in Höhe des Barwerts der damit erziehllbaren Steuerersparnisse dar, gemindert lediglich um den auch bei Gewinnprognosen üblichen Risikoabschlag."[6]

---

1 OLG Düsseldorf, WM 1988, 1052, 1056.
2 OLG Düsseldorf, WM 1988, 1052, 1056; NZG 2000, 1079, 1081 m. zust. Anm. *Behnke*, S. 1083.
3 OLG Düsseldorf, WM 1988, 1052, 1056.
4 OLG Düsseldorf, WM 1988, 1052, 1057.
5 OLG Düsseldorf, WM 1995, 1052, 1056.
6 OLG Düsseldorf, WM 1995, 1052, 1056.

II. Nichtfinanzielle Nutzenerwartungen

Wenig geklärt ist, ob und welche nichtfinanzielle Nutzenerwartungen eine Rolle spielen (z. B. Unabhängigkeit, Unternehmungslust, Familientradition, Heimat- und Landschaftsverbundenheit).[1] Der IDW Standard bewertet „unter der Voraussetzung ausschließlich finanzieller Ziele; er leitet „demnach" den Wert „allein" daraus ab, welche finanziellen Überschüsse das Unternehmen für seine Eigner erwirtschaftet.[2] Viele lassen deshalb nichtfinanzielle Nutzenerwartungen außer Betracht, obgleich sie doch für den subjektiven Wert wichtig sind.

Entscheidend ist, ob es bei dem Bewertungsanlass allein um finanzielle Ziele gehen soll. Ist das zu verneinen, so gilt der übliche Standard nicht.[3] Anzusetzen ist daher bei den Grundlagen des Normwertes.[4] Bei ihm entscheidet das Recht, welche Faktoren zu beachten sind; die Antwort gibt also das jeweilige Rechtsverhältnis, z. B. der Vertrag. Deshalb müssen wir wieder beginnen mit § 738 Abs. 1 Satz 2, Abs. 2 BGB; § 305 Abs. 3 Satz 2 AktG: Bestimmen nichtfinanzielle Nutzenerwartungen den „Wert des Gesellschaftsvermögens" (§ 738 BGB), die „Vermögens- und Ertragslage der Gesellschaft" (§ 305 AktG)? Hat ein Unternehmen einen höheren Wert, weil es schön gelegen ist (zwischen Weinbergen, in einer interessanten Stadt) oder weil es Familientradition verkörpert?

Gelegentlich wird darauf hingewiesen, dass § 253 BGB für einen „Schaden, der nicht Vermögensschaden ist" grundsätzlich keine „Entschädigung in Geld" gewähre.[5] Doch bei einer Abfindung handelt es sich nicht nur um „Entschädigung", sondern auch um Bereicherungsausgleich. Ferner geht eine vertragliche Regelung dem § 253 vor. Deshalb kommt es darauf an, ob nichtfinanzielle Erwarungen in den Vertrag einbezogen sind; das wirkt dann in die Abfindung hinein („Forsetzungswirkung der Privatautonomie").[6] Insoweit ist die „Kommerzialisierung" immaterieller Interessen heute anerkannt, wenn ein Interesse im Verkehr Vermögenswert hat und dafür ein Preis gezahlt wird.[7] Daher meinte das Oberlandesgericht Hamm zur „angemessenen Barabfindung" in § 12 Abs. 1 Satz 1

---

1 *Hafner*, BFuP 40 (1988), 485, 498.
2 IDW Standard S 1 Tz. 4, WPg 2000, 826.
3 IDW Entwurf Standard ES 1, WPg 1999, 200.
4 Oben S. 27.
5 *F. Wagner*, Das Ausscheiden, S. 64.
6 *Ströfer*, Schadensersatz und Kommerzialisierung, S. 178.
7 BGH, JZ 1987, 306.

N. Vom Barwert der Überschüsse zum Unternehmenswert

UmwG, dass „auch Billigkeitsgesichtspunkte zu berücksichtigen sind, die nicht eindeutig vermögensmäßig greifbar sind".[1]

Deshalb ist zu fragen, ob die nichtfinanziellen Nutzenerwartungen im Verhältnis der Beteiligten einen Vermögenswert haben *sollen*, ob dafür etwa bei einer internen Versteigerung mehr gezahlt würde. Dabei muss man zwischen Personengesellschaften und Gesellschaften mit beschränkter Haftung einerseits und Aktiengesellschaften andererseits unterscheiden: Zwischen Bauernsöhnen z. B. können Selbstständigkeit oder Familientradition einen Vermögenswert haben. Obgleich er schwer zu schätzen, ist er doch zu berücksichtigen (§ 287 Abs. 2 ZPO). Bei Aktiengesellschaften wird das keine Rolle spielen. Hier kann es nur ankommen auf Faktoren, die „im Wirtschaftsgeschehen allgemein nicht außer Betracht bleiben".[2]

---

[1] OLG Hamm, in: Koppenberg, S. 99, 106.
[2] OLG Hamm, in: Koppenberg, S. 99, 106; ähnlich OLG Hamm ebd. 138.

O. Vergleichswerte/Selbsteinschätzung

I. Einführung

Die geschilderten Bewertungsverfahren führen alle nur zu Annäherungswerten; sie sind unsicher, arbeiten mit ungenauen Zu- und Abschlägen und lassen dem Ermessen viel Raum. Wir finden so Hilfswerte, mit denen wir uns begnügen müssen. Deshalb ziehen wir möglichst noch weitere Schätzungsgrundlagen heran, namentlich tatsächlich gezahlte Preise für Unternehmen und Anteile.[1] Sie ersetzen aber keine Unternehmensbewertung; „das gilt auch für Börsenkurse".[2]

II. Erlös

Der für das Unternehmen erzielte Erlös hat Vorrang vor anderen Werten. Die Bewertung kann sich – unter dem Gesichtspunkt der Plausibilität[3] – orientieren an dem Erlös, der bis zu fünf Jahren nach dem Stichtag erzielt wurde – falls der Markt sich nicht wesentlich verändert hat.[4] Ähnlich liegt es, wenn ein Anteil des zu bewertenden Unternehmens kurz vor oder nach dem Stichtag veräußert wurde.[5]

III. Vergleichspreise[6]

Abzustellen ist auf die Wirtschaftskraft des konkreten Unternehmens, nicht auf den Durchschnitt der Branche[7] Hat sich aber am Markt für Unternehmen mit annähernd gleichen Entnahmerwartungen ein stichtagsnaher Preis gebildet, so ist das zu beachten.[8] § 11 Abs. 2 BewG drückt dieses allgemeine Prinzip aus.

---

1 *Barthel*, DB 1996, 149.
2 IDW Standard S 1 Tz. 13, WPg 2000, 827.
3 Oben S. 62.
4 BGH, NJW 1982, 2497; WM 1991, 1352, 1352; BB 1992, 2464.
5 BGH, NJW 1982, 2497; OLG Köln, NZG 1999, 1222, 1225.
6 *Buchner/Englert*, BB 1994, 1574
7 OLG Stuttgart, AG 1994, 564, 565.
8 IDW Standard S 1 Tz. 168, WPg 2000, 841; IDW Stellungnahme 2/1995, WPg 1995, 522 Abs. III 4; OLG Hamm, in: Koppenberg, S. 99, 107.

O. Vergleichswerte/Selbsteinschätzung

Das ist jedoch leichter gesagt als getan. Kein Unternehmen gleicht dem anderen; die Preise vieler Verkäufe sind unbekannt. Einzelne Preise sind nicht zuverlässig: Bestehen „gleichwertige Entnahmeerwartungen",[1] wie sind die Beziehungen zwischen den Partnern? Ein einzelnes Vergleichsobjekt genügt daher nur ausnahmsweise; mit der Zahl der Objekte steigt das Gewicht; immer sind die Vergleichsobjekte zu nennen.[2] Doch bleibt Vorsicht geboten: Die Unsicherheiten des Vergleichs können größer sein als die Unsicherheiten einer gutachterlichen Schätzung.[3] Das ist z. B. bei Vergleichen mit Zahlungen an lästige Gesellschafter zu beachten.[4]

Keine Rolle soll spielen, welchen Preis das herrschende Unternehmen oder ihr nahe stehende Personen zahlten in zeitlicher Nähe zum Abschluss des Unternehmensvertrages.[5] Sie seien nicht nutzbar für Minderheitsaktionäre, die die „Gunst der Stunde" nicht genutzt haben.[6] Auch die gesellschaftliche Treuepflicht gebiete nicht diese Preise zu beachten.[7] Dem ist nicht zu folgen: Solche Preise sind als Vergleichspreise zwar nicht bindend, aber doch mitzubeachten.[8]

IV. Verhalten der Beteiligten

Wichtig ist das Verhalten der Beteiligten, die „es wissen müssen".[9] Führen sie ein Unternehmen trotz unzureichender Erträge weiter, so deutet das auf Überschusserwartungen. Indiz ist aber wohl auch der Preis, den ein Mehrheitsgesellschafter für Anteile gezahlt hat – selbst wenn im Preis ein „Paketzuschlag" war.[10] Der Paketzuschlag zeigt, welchen Wert der Mehrheitsgesellschafter aus den Anteilen der Minderheit herausholen will, ist also eine Einschätzung dieser Anteile. Anders ist es, wenn der Erwerber zeigt, dass sich die Lage inzwischen geändert hat. Anders

---

1 Dazu OLG Hamm, AG 1980, 163, 164.
2 BGH, BB 1994, 1173.
3 OLG Köln, NZG 1999, 1222, 1225.
4 HansOLG Hamburg, NZG 2001, 471, 473.
5 OLG Celle, NZG 1998, 987; OLG Düsseldorf, WM 1995, 757, 760 f.
6 *Wilm*, NZG 2000, 234, 240. A. A. *Behnkes*, NZG 1999, 934.
7 OLG Düsseldorf, WM 1995, 757, 761.
8 Vgl. unten S. 200.
9 BGH, DB 1973, 564.
10 A. A. OLG Düsseldorf, DB 1973, 1391, 1392.

ist es auch, wenn besondere Umstände den Preis formten; zu denken ist etwa an die letzte Aktie für eine qualifizierte Minderheit[1] oder an die Abfindung eines „lästigen" Gesellschafters.[2]

V. Bilanzwert

Dieser Wert ist ebenfalls eine Selbsteinschätzung. Er ist gemäß dem Niederwertprinzip (§ 252 Abs. 1 Nr. 2 HGB) prima facie Mindestfortführungswert (zu achten ist auf den vollen Ausweis von Pensionsrückstellungen). Jedenfalls ist schwer zu begründen, dass die Abfindung unter dem Bilanzwert liegen soll.[3]

---

1 LG Köln, DB 1993, 217; LG Dortmund, AG 1981, 237, 238; *Martens*, FS Bezzenberger, S. 267.
2 HansOLG Hamburg, NZG 2001, 471, 473.
3 BGH, WM 1995, 1410 = EWiR § 253 HGB 1/1995, 898 (*Großfeld*); vgl. oben S. 50 f. Vgl. für Unternehmen der früheren DDR *Hirschauer/Forstner*, ZfgG 51 (2001), 17, 23.

P. Börsenwert[1]

I. Geschichte

Lange hielt man den Börsenwert des Unternehmens (die Börsenkapitalisierung = Anzahl der Aktien multipliziert mit dem Börsenkurs) als untauglich für die gesellschaftsrechtliche Unternehmensbewertung. Der Grund: Er könnte beeinflusst sein durch gezielte oder zufällige Vorgänge, die mit dem Wert des Unternehmens nichts zu tun haben.[2] Das galt ebenfalls für einen von spekultativen Einflüssen angeblich „bereinigten" Wert.[3] Die Gerichte verzichteten im Allgemeinen auf den Börsenwert.[4] Das Oberlandesgericht Celle hatte noch 1998 erklärt, dass eine Abfindung unter dem Börsenkurs das Eigentum des außenstehenden Aktionärs nicht beeinträchtige; die Möglichkeit die Aktie an der Börse zu veräußern sei nur eine Erwerbschance.[5] Einige Stimmen wollten ihn als Vergleichswert[6] gelten lassen.[7]

II. Grenzpreis/Selbsteinschätzung

Die Ablehnung des Börsenkurses war aus der Sicht des Juristen (vgl. § 738 Abs. 2 BGB) immer zu scharf; denn nach § 287 Abs. 1 Satz 1 ZPO sind bei der Bewertung „alle Umstände" zu berücksichtigen. Zu ihnen gehört der Börsenwert. Die Bezüge auf „die Verhältnisse der Gesellschaft" in § 305 Abs. 3 Satz 2 AktG oder auf die „Verhältnisse des übertragenden Rechtsträgers" in § 30 Abs. 1 Satz 1 UmwG sollen aber *auch* klären, dass es für die Abfindung nicht „allein" auf den Börsenkurs der Aktien ankommt.[8]

---

1 Dazu umfassend *Luttermann*, AG 2000, 459; *ders.*, ZIP 1999, 45; *Steinhauer*, AG 1999, 299; *Maier-Reimer/Kolb*, Verfassungsrecht v. Aktienrecht, in: FS Welf Müller, 2001, S. 93; kritisch *Riegger*, DB 1999, 1889.
2 LG Köln, DB 1993, 217; LG Dortmund, AG 1981, 237; OLG Düsseldorf, WM 1984, 732, 733; BFHE 118, 66; BFH, BStBl. II 1983, 166, 168.
3 A. A. OLG Hamm, AG 1963, 219.
4 BFH, NJW 1967, 1464; BB 1978, 776; LG Frankfurt, AG 1985, 311.
5 OLG Celle, NZG 1998, 987 f. = EWiR § 305 AktG 1/1998, 821 (*Luttermann*); BayObLG, WM 1995, 1580; NJW-RR 1996, 1125.
6 Vgl. oben S. 177 ff.
7 Vgl. OLG Hamm, in: Koppenberg, S. 18.
8 *Kropff*, Aktiengesetz, S. 399.

Der Börsenkurs kann den Grenzpreis des Ausscheidenden bestimmen und damit die Untergrenze der Abfindung.[1] Er zeigt u. U., wie der Großaktionär (mit seinem besseren Einblick) den Wert der Anteile sieht: Wenn er weiß, dass der Abfindungsbetrag mindestens dem Börsenkurs entsprechen wird, erkennt er diesen Preis an.

Aha hatte zudem darauf hingewiesen, dass diese Unsicherheit ein Wertfaktor sei. Spekulationen über Kursverläufe, politische Rahmenbedingungen (z. B. der „Haider-Effekt" an Österreichs Börsen") und andere psychologische Momente seien wertbildend.[2] Angesichts des Vordringens kapitalmarktrechtlicher Sichten,[3] hat sich diese Lehre durchgesetzt.

III. Wende[4]

Der „Bann" ist heute gebrochen, namentlich durch ein Urteil des Bayerischen Obersten Landesgerichts,[5] einen Beschluss des Bundesverfassungsgerichts[6] und einen Beschluss des Bundesgerichtshofs.[7] Der Börsenwert ist so bei Aktiengesellschaften in den Vordergrund gerückt. Er ist nach Meinung des Bundesgerichtshofs „Ausgangspunkt" der Bewertung.[8]

1. Bayerisches Oberstes Landesgericht[9]

Das Gericht hielt die Einholung eines Bewertungsgutachtens nicht für möglich angesichts des Missverhältnisses zwischen den Kosten und der Höhe des geltend gemachten Anspruchs. Dennoch sah es sich verpflichtet zu entscheiden und griff deshalb auf den Börsenkurs zurück:[10] Er

---

1 OLG Hamm, AG 1963, 219. Vgl. BayObLG, NZG 2001, 1033, 1034.
2 *Aha*, Aktuelle Aspekte, S. 28.
3 *Ebke*, Unternehmenskontrolle, S. 7.
4 LG Nürnberg-Fürth, AG 2000, 89.
5 BayObLG, ZIP 1998, 1872.
6 BVerfG, JZ 1999, 942 m. Anm. *Luttermann*; dazu *Großfeld*, BB 2000, 261; *ders.*, Liber Amicorum Richard Buxbaum, S. 205.
7 BGH, DB 2001, 969.
8 BGH, DB 2001, 969, 971.
9 BayObLG, NZG 1998, 946, 948 m. Anm. *Zeidler*; ZIP 1998, 1872; EWiR § 305 AktG 2/1998, 965 (*Luttermann*). Zustimmend *Luttermann*, ZIP 1999, 45; *Steinhauer*, AG 1999, 299; *Götz*, DB 1996, 259.
10 BayObLG, NZG 1998, 946, 948.

zeige wie die Aktie bewertet werde,[1] sei ein zu beachtender Marktpreis.[2] Das Gericht führte aus:

„Die Aktie ist heute ein in weiten Bevölkerungsschichten verbreitetes Wertpapier, die Umsätze an den Aktienmärkten haben sprunghaft zugenommen. Es ist ferner zu bedenken, dass im Kurs der Aktie ein spekulatives Element steckt, das die Markerwartungen über die Unternehmensentwicklung allgemein und im Besonderen wiedergibt, was in den Bewertungsgutachten weitgehend mit dem Begriff des nachhaltigen Zukunftsertrages einfließt. Der Senat verkennt nicht, dass der Börsenkurs von vielen Faktoren und Zufälligkeiten beeinflusst sein kann. Das nimmt aber schon jeder Aktienerwerber bewusst in Kauf. Hat die Aktien deren Wert festgestellt werden soll, einen Börsenkurs, der auch aussagekräftig ist, weil er nicht von einem zu engen Markt oder von Manipulatonen beeinflusst wird, so wird er in der Regel den ''Verkehrswert` ebenso zutreffend angeben, wie eine langwierige Berechnung des Unternehmenswertes durch Sachverständige nach der Ertragswertmethode."[3]

2. Bundesverfassungsgericht

Das Bundesverfassungsgericht griff – auch unter dem Eindruck von *Luttermann* – diesen Gedanken auf:[4] Es fordert aus verfassungsrechtlicher Sicht (Art. 14 GG), den Börsenkurs zu „berücksichtigen".[5] Die Verkehrsfähigkeit als Eigenschaft des Aktieneigentums dürfe bei der Wertbestimmung „nicht außer Betracht bleiben".[6] Der Wert könne bei börsennotierten Unternehmen „nicht ohne Rücksicht" auf den Börsenkurs festgesetzt werden,[7] ein existierender Börsenkurs, „nicht unberücksichtigt bleiben":[8]

„Das ergibt sich daraus, dass die Entschädigung und folglich auch die Methode ihrer Berechnung dem entzogenen Eigentumsobjekt gerecht werden muss. Das Aktieneigentum ist – im Vergleich zu einer Beteiligung an einer Personenhandelsgesellschaft oder an einer Gesellschaft mit beschränkter Haftung – nicht zuletzt durch seine Verkehrsfähigkeit geprägt. Das gilt vor allem für die börsennotierte Aktie. Sie wird an der Börse gehandelt und erfährt dort aus dem Zusammenspiel von Angebot und Nachfrage eine Wertbestimmung, an der sich die Aktionäre bei ihren Investitionsentscheidungen orientieren. Insbesondere Klein-

---

1 BayObLG, NZG 1998, 946, 948.
2 BayObLG, NZG 1998, 946, 948.
3 BayObLG, NZG 1998, 946, 948.
4 *Luttermann*, ZIP 1999, 45.
5 BVerfG, JZ 1999, 942 m. Anm. *Luttermann* = NZG 1999, 931 m. Anm. *Behnke*. Siehe auch *Wilm*, NZG 2000, 234; *Welf Müller*, FS Bezzenberger, S. 705, 711.
6 BVerfG, JZ 1999, 942, 944 m. Anm. *Luttermann* = DB 1999, 1693, 1695.
7 BVerfG, JZ 1999, 942, 943.
8 BVerfG, JZ 1999, 942, 944.

aktionäre, die regelmäßig nicht über alle relevanten Informationen verfügen, steht kein ander Maßstab zur Verfügung, an dem sie den Wert dieses spezifischen Eigentumsobjekts messen können."[1]

„Der Vernunft eine Gasse" – so nennt *Busse von Colbe* die „radikale Wende"[2]

3. Bundesgerichtshof

Der Bundesgerichtshof folgt dem Bundesverfassungsgericht, ist sogar noch weiter auf den Börsenkurs zugegangen. Er sieht den Börsenkurs als „Ausgangspunkt" der Wertermittlung, sieht darin grundsätzlich den „Verkehrswert"[3] als regelmäßigen Unterwert, den der „Schätzwert" nach oben korrigieren kann, wenn Umstände dargelegt und bewiesen sind, „aus denen auf die Abweichung des Börsenkurses vom Vekehrswert zu schließen ist".[4]

4. IDW Standard

Der IDW Standard[5] gibt den Börsenwert als „Ausgangspunkt" noch nicht wieder. Er will den Börsenkurs als Maßstab für Plausibilität heranziehen. Wesentliche Abweichungen gäben Anlass Prämissen und Ausgangsdaten der Bewertung zu überprüfen.[6] Besondere Einflüsse auf den Börsenkurs seien dabei zu analysieren und darzustellen (z. B. wenige börsengehandelte Anteile, besondere Marktlage). Lassen sich wesentliche Abweichungen nicht begründen, so sind die Ausgangsdaten und Prämissen der Bewertung zu überprüfen.

IV. Börseneffizienz

1. Volatilität

Die neue Linie beruht auf der „efficient capital market hypothesis",[7] wonach der Börsenkurs die Informationen über ein Unternehmen best-

---

1 BVerfG, JZ 1999, 942, 944.
2 *Busse von Colbe*, FS Lutter, S. 1053, 1054.
3 BGH, DB 2001, 969, 971, 972 = NZG 2001, 603.
4 BGH, DB 2001, 969, 972 = NZG 2001, 603; HansOLG Hamburg, NZG 2001, 471, 472; BayObLG, NZG 2001, 1033, 1034.
5 IDW Standard S 1 Tz. 14, WPg 2000, 827.
6 IDW Standard S 1 Tz. 15, WPg 2000, 828; Tz. 143, WPg 2000, 839.
7 *Burton Malkiel*, A Random Walk Down Wall Street.

möglich widerspiegelt. Die These ist aber angesichts der steigenden Volatilität auf globalen Märkten („irrational exuberance")[1] offen. Börsenkurse sind nicht berechenbar. Sie sind das unbeabsichtigte Ergebnis der beabsichtigten Handlungen unübersehbar vieler Akteure mit unbekannten materiellen, intellektuellen und psychologischen Ressourcen. Die Änderung des Diskontsatzes um Bruchteile eines Prozentes wandelt von einen Tag auf den anderen das Kursbild: „Even bubbles are only clear in retrospect".[2]

2. Noise-Theorie/Chaos-Theorie

Die These von der Effizienz der Börse ist teilweise nach wie vor „Glaubenssache".[3] Die „noise theory" nimmt an, dass viele Kursbewegungen sich aus psychologischen und emotionalen Antrieben erklären. Vor allem attackiert die Chaostheorie die Effizienz-These: Plötzliche Kursveränderungen erklären sich aus einem nichtlinearen Informationsstrom. Eine kleine Zusatzinformation kann den Kurs ganz einbrechen lassen. Das deutet auf Tiefenstrukturen, die uns im Rahmen der nichtlinearen Mathematik bisher nicht hinreichend bekannt sind.[4] Die Kursverläufe namentlich an der Nasdaq und am Neuen Markt zeigen das. Das Landgericht München meint daher, dass Börsenkurse zu „spekulativen Übertreibungen" führten.[5] Das ist richtig.

Wäre die Börse so effizient wie manche glauben, so könnten Fachleute eine Zufallsauswahl nicht schlagen. Ein über Jahre laufender Test des Wall Street Journal zeigt aber, dass die Zufallsauswahl „hasn't fared so well". Vom 6. Juli 1999 bis 1. Februar 2000 erzielten Fachleute einen durchschnittlichen Zuwachs von 165,3 v. H. während die Zufallsrate 9,2 v. H. betrug.[6] Das war rückschauend richtig!

3. Quellzeit/Insiderverhalten

Der Aktienmarkt ist zwar ein „world-wide web of information",[7] eine „Suchmaschine" nach der ökonomischen Wahrheit. Sie bezieht sie sich

---

1 *Robert J. Shiller*, Irrational Exuberance.
2 *Bernard Malkiel*, Wall Street Journal Europe v. 7/8. April 2000.
3 Umfassend *Schikowski*, Appraisal Right, S. 47 ff.
4 *Cunningham*, George Washington Law Review 62 (1994) 546, 592.
5 LG München, DB 1999, 684.
6 *Vanessa Fuhrmans*, Professionals bet on Technology In New Round of Investment Contest, Wall Street J. Europe March 7, 2000, p. 13.
7 *George Gilder*, The Outsider Trading Scandal, Wall Street J. Europe, April 20, 2000, S. 12.

aber überwiegend auf öffentlich zugängliche Daten. Es fehlen manche Informationen: Wirklichkeit braucht „Quellzeit" um Wahrheit zu werden. Vorschriften über die Offenlegung von Insiderwissen verhindern oft einen schnellen Informationsfluss. Man weiß auch nicht, wie sich das Verhalten von Insidern auf den Börsenkurs auswirkt.[1]

Insiderwissen ist aber eine wichtige Informationsquelle. Sie kommt oft erst durch eine Begutachtung ans Licht.[2] In Cede & Co. V. Technicolor, Inc.,[3] bezog das Gericht für den zukünftigen Wert auch Erkenntnisse ein, die der Markt noch nicht hatte und die die Börsenkurse noch nicht beeinflussten. BMW's „Rover" und Daimler-Benz` „Chrysler" sind dafür Belege. In einer globalen Wirtschaft können zudem kulturelle Barrieren einen schnelle Einblick erschweren. Fernöstliche Abschlüsse z. B. sind daher immer für Überraschungen gut.

4. Unterschiedliche Märkte

Außerdem geht es in den hier behandelten Abfindungsfällen um langfristige Anlagen. Sie können nicht allein abhängen von Kursverläufen auf einem Markt für oft nur kurzfristige Anlagen (Börse als „Roulette") und von allenfalls „glaubhaften" Annahmen.[4]

V. Zeichenwirkungen[5]

Börsenkurse als Basis für eine langfristige Anlage sind auch deshalb mit Vorsicht zu nehmen, weil sie durch Zeichensysteme beeinflusst sind, die (vielfach heimlich) evtl. Wirklichkeit gezielt anders darstellen.[6] Das ist Teil einer umfassenderen rechtsvergleichenden Zeichenkunde.[7] Hinzu-

---

1 Before Tech Stocks Tanked, Insiders Sold, Wall Street J. Europe, April 19, 2000, S. 1.
2 *George Gilder*, The Outsider Trading Scandal, Wall Street J. Europe, April 20, 2000, S. 12.
3 542 A. 2 d 1182 (Del. 1988).
4 IDW Standard S 1 Tz. 143, WPg 2000, 839.
5 *Großfeld*, ZVglRWiss 100 (2001), 90; *ders.*, Comparatists and Languages: Comparative Legal Semiotics as a Way of Finding out, in: *Legrand/Munday* (Hrsg.) Cambridge 2002, erscheint demnächst. *Hill*, Why Financial Appearances Might Matter, Delaware Journal of Comparative Law 22 (1997) 141.
6 Vgl. *Opdyke/Zuckerman*, On NYSE, Decimals Have Downside, The Wall Street Journal Europe, 12 Februar 2001, S. 17.
7 *Hiller/Großfeld*, Comparative Legal Semiotics and the Divided Mind: Are We Educating Half-Brained Lawyers? 49 American J. Comp. L. (2002), erscheint demnächst.

weisen ist auf die Umstellung von einer HGB – Rechnungslegung zu internationalen Standards der Rechnungslegung.[1]

Selbst innerhalb eines Systems können Änderungen der Bilanzierungsregeln von einen Tag auf den anderen Kurse steigen oder stürzen lassen. Kritisch ist etwa die Änderung der Abschreibung für eine erworbenen Geschäftwert bei Verschmelzungen.[2] Falls er nicht abzuschreiben ist, „schönt" das spätere Erträge, ohne dass sich der cash flow verbessert. Das erhöht zugleich den Wert der eigenen Aktien als Erwerbswährung. Ähnlich wirkt es, wenn Aktienoptionen für Mitarbeiter nicht in der Gewinn- und Verlustrechnung erscheinen. Die spätere „Verwässerung" der Gewinne wird eben nicht von der Gesellschaft getragen (Absperrwirkung der juristischen Person) sondern von den Aktionären. Die Kursverläufe von Cisco Systems und Microsoft an der Nasdaq beruhen zu einem guten Teil auf diesen „Bilanztricks".

VI. Stellungnahme

1. Grundsatz

Dennoch ist es richtig den Börsenkurs zu berücksichtigen, vor allem angesichts der Wende vom Gesellschaftsrecht zum Kapitalmarktrecht.[3] Er ist ein real gezahlter Preis; er hat allen Verfahren den „Markttest" voraus. Die Wahrheit der Börse ist nicht geringer als die eines Gutachters. Die „Sicherheit" der Mathematik kann ebenfalls trügen;[4] man muss daher für jeden „Strohhalm" dankbar sein.[5]

2. Gesetz

Zu beachten ist aber § 305 Abs. 3 Satz 2 AktG als geltendes Recht: Er verlangt „die Verhältnisse der Gesellschaft" zu „berücksichtigen" – dazu gehört nicht nur aber *auch* der Börsenkurs. Deshalb ist der Börsenkurs

---

1 *Großfeld*, WPg 2001, 129; *ders.*, Global Accounting: Where Internet Meets Geography, 48 American J. Comp. L. 261 (2000).
2 Großfeld, Cross-Border Mergers, ZVglRWiss 102 (2002), erscheint demnächst.
3 *Großfeld*, BB 2000, 261; *Ebke*, Unternehmenskontrolle, S. 7; *Großfeld*, AG 1999, 155; *Thompson*, FS Großfeld, S. 1243.
4 *Großfeld*, JZ 1999, 1.
5 *Großfeld*, FS Buxbaum, S. 205.

nach §§ 286, 287 ZPO („unter Würdigung aller Umstände") heranzuziehen.[1] Ergeben sich sachlich nicht begründbare Abweichungen zum rechnerisch ermittelten Unternehmenswert besteht Anlass Ausgangsdaten und Grundlagen der Bewertung zu überprüfen.[2] Das Landgericht Nürnberg-Fürth sagt treffend, „dass das vom Gutachter gefundene Ergebnis anhand des Börsenkurses ‚überprüft' werden könnte, wenn sich zwischen Ergebnis des Gutachtens und dem Kurswert eine zu große Differenz zeige."[3]

3. Gutachter

Der Börsenkurs kann aber die rechnerische Bewertung durch einen Gutachter nicht ersetzen; ohne ihn geht es grundsätzlich nicht.[4] Er bekommt Einblicke und Planungsunterlagen, die der Markt u. U. noch nicht hat. *Henze* bemerkt richtig, dass dem Börsenkurs nur ein Teil der Informationen zugrunde liegt, über die ein Sachverständiger bei der Bewertung verfügt:

„Das kann dazu führen, dass der Börsenkurs durch Halbwahrheiten, Gerüchte oder Spekulationen beeinflusst wird."[5]

Nur der Gutachter erlangt auch eine längerfristige Sicht, wie sie die hier maßgeblichen Entscheidungen trägt. Er kann sich von der Qualität des Management „von Angesicht zu Angesicht" punktgenau ein Bild verschaffen: „Seeing is believing!". Er kann politische und psychologische Einflüsse eher als kurz- oder langfristig wirkend einschätzen.

4. Gespräch

Es ist verfehlt, den bisherigen Glauben an die Wahrheit der Mathematik ganz zu ersetzen durch den Glauben an die Wahrheit der Märkte (Mythentausch). Werte lassen sich durch kein Verfahren sicher erkennen. Es bleiben immer nur disziplinierte Versuche zur Annäherung – wie auf Krücken. Es liegt daher näher, dass sich beide Verfahren stützen und kontrollieren, dass sie miteinander „im Gespräch" bleiben.

---

1 Zum Verhältnis beider Vorschriften zueinander *Luttermann*, EWiR § 320 b AktG 1/2000, 701, 702.
2 IDW Standard S 1 Tz. 143, WPg 2000, 839.
3 LG Nürnberg-Fürth, AG 2000, 89.
4 IDW Standard S 1 Tz. 13, WPg 2000, 827.
5 *Henze*, FS Lutter, S. 1101, 1111.

VII. Marktenge/Manipulation

Das Bundesverfassungsgericht verlangt nicht, dass der Börsenkurs „stets allein maßgeblich sein müsse".[1] Es sei verfassungsrechtlich unbedenklich ihn zu überschreiten. Er könne auch unterschritten werden, wenn er „ausnahmsweise nicht den Verkehrswert der Aktie widerspiegelt".[2] So könne bei der Eingliederung nach § 320 AktG „eine Marktenge entstehen, weil 95 % der Aktien unverkäuflich sind".[3] Eine „Marktenge" verhindert nicht sogleich eine Veräußerung durch einzelne Aktionäre.[4] Das kann so, muss aber nicht so sein.[5]

Der Börsenkurs ist also nur dann Wertmaßstab, wenn er tatsächlich erzielbar gewesen wäre, wenn die Markverhältnisse einen Verkauf der Aktien am Stichtag erlaubt hätten.[6] Eine dafür ausreichende Liquidität besteht im Allgemeinen bei Werten in den großen Indixen, wie DAX, M-DAX, Smax und Nemax, Stoxx und EuroStoxx. Wenn allerdings längere Zeit kein Handel war, ist Zurückhaltung geboten.[7]

In dem vom Bundesverfassungsgericht entschiedenen Fall kam das Oberlandesgericht Düsseldorf nach Zurückverweisung zu dem Ergebnis, dass eine Veräußerung am Stichtag nicht möglich gewesen sei. Es habe nur an ganz vereinzelten Tagen einen Handel gegeben, auch lagen weniger als 5 v. H. der Aktien im Streubesitz.[8] Dem hat der Bundesgerichtshof widersprochen. Auch er stellt auf den Börsenwert dann nicht ab, wenn „über einen längeren Zeitraum mit Aktien der Gesellschaft praktisch kein Handel stattgefunden hat", wenn der außenstehende Aktionär „aufgrund der Marktenge... nicht in der Lage ist eine Aktie zum Börsenpreis zu veräußern".[9] Man könne aber nicht schematisierend ein Mindesthandelsvolumen von 3 v. H. bis 5 v. H. fordern und einen Handel an mindestens jedem zweiten Tag im Monat. Der Referenzzeitraum dürfe nicht länger sein als drei Monate.[10]

Der Börsenkurs gilt ferner nicht, wenn er „manipuliert worden ist".[11]

---

1 BVerfG, JZ 1999, 942, 945.
2 BVerfG, JZ 1999, 942, 945.
3 BVerfG, JZ 1999, 942, 945.
4 *Busse von Colbe*, FS Lutter, S. 1053, 1064.
5 *Behnke*, NZG 1999, 934.
6 OLG Düsseldorf, NZG 2000, 1074.
7 *Behnke*, NZG 1999, 934.
8 OLG Düsseldorf, NZG 2000, 1074.
9 BGH, DB 2001, 969, 971.
10 BGH, DB 2001, 969, 973.
11 BGH, DB 2001, 969, 971.

VIII. Mindestwert

1. Rechtsprechung

Das Bayerische Oberste Landesgericht hatte in Anlehnung an Stimmen in der Literatur[1] diskutiert, ob der Börsenkurs die Untergrenze der Abfindung sei, ließ das aber dahin gestellt[2] sein. Das Bundesverfassungsgericht gab eine klare Antwort:

„Der Vermögensverlust, den der Minderheitsaktionär durch den Unternehmensvertrag oder die Eingliederung erleidet, stellt sich für ihn als Verlust des Verkehrswertes der Aktie dar. Dieser ist mit dem Börsenkurs der Aktien regelmäßig identisch.[3] Da der Verkehrswert aber die Untergrenze der ´wirtschaftlich vollen Entschädigung` bildet, die Art. 14 Abs. 1 GG für die Entwertung der Aufgabe der Anteilsrechte fordert, steht es mit diesem Grundrecht grundsätzlich nicht in Einklang im aktienrechtlichen Spruchstellenverfahren eine Barabfindung festzusetzen die niedriger ist als der Börsenkurs. Sonst erhielten die Minderheitsaktionäre für ihre Aktien weniger, als sie ohne die zur Entschädigung verpflichtende Intervention des Mehrheitsaktionärs bei einem Verkauf erlöst hätten."[4]

Es sei anzunehmen, dass die Börsenpreise „jedenfalls bis zur Bekanntmachung des beabsichtigten Unternehmensvertrages" den „echten Verkehrswert" der Aktien darstellen. Der Abfindungsverpflichtete könne jedoch darlegen und beweisen, dass der Kurs nicht dem Verkehrswert entspricht. Das könne etwa so sein, wenn es längere Zeit keinen Handel in den Aktien gegeben habe.[5] Wie erwähnt[6] zog das Oberlandesgericht Düsseldorf daraus den Schluss, dass der Börsenkurs nur dann den Verkehrswert wiedergebe, wenn er „tatsächlich erzielbar gewesen wäre".[7]

Der Bundesgerichtshof[8] fasst das Ergebnis so zusammen: Der Minderheitsaktionär sei „unter Berücksichtigung des Verkehrswertes der Aktie abzufinden, wenn dieser Wert höher ist als der Schätzwert. Ist jedoch der Schätzwert höher als der Börsenwert, steht dem Aktionär der höhere Betrag des quotal auf die Aktie bezogenen Schätzwerts zu".[9]

---

1 *Ammon*, FGPrax 1998, 121, 122 m. w. Nachw.
2 BayObLG, JZ 1999, 942; NZG 1999, 946, 948.
3 BVerfG, JZ 1999, 942, 944.
4 BVerfG, JZ 1999, 942, 944.
5 BVerfG, JZ 1999, 942, 945.
6 Oben S. 188.
7 OLG Düsseldorf, NZG 2000, 1074.
8 BGH, DB 2001, 969, 971 m. Anm. *Meilicke/Heidel*.
9 Vgl. IDW Standard S 1 Tz. 16, WPg 2000, 838.

2. Stellungnahme

Der Ansatz als Mindestwert ist problematisch. Das zeigen die Überlegungen zur „efficient capital market hypothesis". Chaotische Vorgänge lassen sich nicht punktgenau für ein bestimmtes Unternehmen (punktgenau nach Zeit und Objekt) erfassen[1] Es gilt auch: Hätten die Minderheitsaktionäre alle am Stichtag verkauft, wäre der Kurs vielleicht „ins Bodenlose" gerutscht.

Zu denken gibt der Fall Lernout & Hauspie Speech Products NV aus Belgien.[2] Dieses führende europäische Unternehmen für elektronische Spracherkennung und -vermittlung hatte im März 2000 einen Börsenwert von fast 10 Milliarden $, Mitte Dezember lag er bei $1/70$ = 145 Millionen $. Bei Überprüfungen durch die Securitys and Exchange Commission hatten sich „Schwächen" in der Rechnungslegung gezeigt. Entscheidend war ein Fehler bei der koreanischen Tochtergesellschaft: Sie hatte Barbestände von 100 Millionen $ ausgewiesen, vorhanden waren nur 5 Millionen $.

Wir sehen daran: Die Börse ist jedenfalls nicht punktgenau effizient. Der Weg von den Zeichen zur Wirklichkeit braucht „Quellzeit", besonders auf globalen Märkten: Kulturelle Sichten und Übermittlungsprobleme können den schnellen Fluss von Informationen hindern. Es gibt bisher weder eine einheitliche „legal semiotic" noch eine einheitliche „legal logistic".[3] Im Fall Lernout & Hauspie musste die Securitys and Exchange Commission (pax americana!) eingreifen, also ein externer Prüfer. Die Märkte hatten sich längere Zeit irreführen lassen. Nach dem rasanten Absturz des Neuen Marktes während der Jahre 2000/2001 werden viele auch in Deutschland so denken. Das Misstrauen gegenüber Märkten müssen wir in die Frage nach dem Inhalt der Konvention für die Bewertung einbeziehen.

Deshalb bleibt die Basis für die Annahme eines Mindestwertes unklar.[4] Es ist jedenfalls sicherzustellen, dass er auf zutreffenden, veröffentlichten Infomationen beruht. Daher geht es auch hier – entgegen der Meinung des Bundesverfassungsgerichts – im Allgemeinen nicht ohne Gutachter.[5]

---

1 Oben S. 184, 194 Fn. 3.
2 Dazu *Maremont/Carreyrou*, L & H Internal Probe Reveals Widespread Accounting Fraud, The Wall Street Journal Europe, 19. 12. 2000, S. 1.
3 *Großfeld*, CyberCorporation Law: Comparative Legal Semiotics/Comparative Legal Logistics, 35 International Lawyer (2001), erscheint demnächst.
4 *Henze*, FS Lutter, S. 1101, 1111.
5 IDW Standard S 1 Tz. 13, WPg 2000, 827.

Das zurzeit der Euphorie am Neuen Markt verkündete „Erkenntnis" des Bundesverfassungsgericht gibt daher keine dauerhafte „Erkenntnis" (mit Verfassungsrang!). Die Wirklichkeit von Vermögenswerten lässt sich nicht aus der Verfassung ableiten.[1] Dazu bedarf es einer breiteren Erfahrung mit den Unwägbarkeiten von Märkten.

IX. Höchstwert

1. Allgemeines

Der Börsenkurs ist keine Höchstgrenze. Denn die Begutachtung kann Einsichten bringen, die der Markt (noch) nicht kennt oder die er noch nicht verarbeitet hat.[2] *Busse von Colbe* stellt darauf ab, ob die Unternehmensleitung Informationen unterdrückt oder verfälscht hat – sonst sei der Börsenkurs bindend, weil der Minderheitsaktionär nur Inhaber des Aktieneigentums sei, nicht aber „quotaler Träger" des Unternehmens.[3] Das ist nicht haltbar: Die Aktie repräsentiert einen „Anteil am Grundkapital" (§ 8 Abs. 4 AktG) und damit an der Gesellschaft! Deshalb sind nach § 305 Abs. 3 Satz 2 AktG „die Verhältnisse der Gesellschaft" für die Höhe der Abfindung zu „berücksichtigen".

2. Verschmelzungsrelation

Der Börsenwert der beherrschenden Gesellschaft ist auch bei Verschmelzungen von Verfassungs wegen nicht die Obergrenze des Wertes dieser Gesellschaft: „Etwa bei schlechter Verfassung der Kapitalmärkte" (was ist das?) könne das herrschende Unternehmen mehr wert sein als der Börsenwert.[4]
Die Durchbrechung der Obergrenze kann aber die Minderheitsaktionäre des abhängigen Unternehmens belasten.[5] Die herrschende Gesellschaft mag ebenfalls Minderheitaktionäre haben, die leiden, wenn der Börsenkurs als Obergrenze nicht eingehalten wird; der Übernahmepreis könnte

---

[1] *Großfeld*, NJW 1998, 3544. Vgl. *Tushnet*, Taking the Constitution Away from the Courts, 1999.
[2] Cede & Co. V. Technicolour, Inc., 542 A.2 d 1182,1187 Fn. 2 (Del. 1988). Einzelheiten bei *Thompson*, Exit, Liquidity, and Majority Rule: Appraisal's Role in Corporate Law, 84 Georgetown L. J. 1, 37 (1988).
[3] *Busse von Colbe*, FS Lutter, S. 1064.
[4] BVerfG, JZ 1999, 942, 945. Dazu *Großfeld*, BB 2000, 261, 269.
[5] *Behnke*, NZG 1999, 934.

dann zu hoch sein. *Henze* meint indes, dass sie schon durch den „Windschatten" des Großaktionärs hinreichend geschützt seien.[1] Das denken die Kleinaktionäre bei Daimler/Chrysler wohl nicht mehr. Die Ankündigung von Übernahmen senkt zudem oft den Börsenkurs.

3. Verkehrswert

Der Bundesgerichtshof sieht im Börsenwert des herrschenden Unternehmens jetzt grundsätzlich den Verkehrswert.[2] Er bestimmt ihn nach denselben Regeln wie für die beherrschte Gesellschaft. Vom Börsenwert sei nur abzuweichen, wenn besondere Umstände dargelegt und bewiesen seien.[3] Eine „schlechte Verfassung der Kapitalmärkte" müsse sich zum Beispiel „nicht nur im Börsenkurs des herschenden Unternehmens, sondern auch in den Kursen der Indizes (z. B. DAX 30, DAX 100, NEMAX, Euro Stoxx 50) niedergeschlagen haben".[4]

4. Stellungnahme

Busse von Colbe verlangt grundsätzlich, dass „dieselbe Methode" (Maßgeblichkeit des Börsenkurses) wie bei der abhängigen Gesellschaft anzuwenden sei.[5] Er will also die „Mechanik" des „effizienten" Marktes[6] nach allen Seiten wirken lassen. Diese Mechanik trifft aber unterschiedliche Interessenlagen. Eine feste Grenze scheint mir hier ebenfalls unangemessen; jedoch ist das „Gespräch" mit dem Börsenkurs sorgfältig zu führen.

X. Volatilität

1. Durchschnittskurs

Der Referenzkurs muss einem Missbrauch beider Seiten begegnen. Das Bayerische Oberste Landesgericht will daher den Börsenkurs am Stichtag nicht „unbesehen ... zum alleinigen Maßstab" machen. Vielmehr sei

---

[1] *Henze*, FS Lutter, S. 1101, 1111.
[2] Oben S. 183.
[3] BGH, DB 2001, 969, 972 m. Anm. *Meilicke/Heidel*.
[4] BGH, DB 2001, 969, 973.
[5] *Busse von Colbe*, FS Lutter, S. 1067.
[6] Vgl. Basic Inc. V. Levinson, 485 U.S. 224, 246 (1988).

flankierend zu ermitteln „ die Entwicklung der Aktienkurse in der Vergangenheit bis zum Stichtag allgemein und im Besonderen für die zu bewertende Aktie".[1]

Ähnlich sieht es das Bundesverfassungsgericht:[2] Untergrenze sei nicht notwendig der Börsenkurs am Bewertungsstichtag. Jedenfalls während der mindestens einmonatigen Frist zur Einberufung der entscheidenden Hauptversammlung sei es ja möglich den Kurs auf Kosten des Mehrheitsaktionärs in die Höhe zu treiben. Daher könne man auf einen Durchschnittskurs vor Bekanntgabe des Unternehmensvertrages zurückzugreifen. Das dürfte im Allgemeinen der Tag der Ad hoc-Mitteilung nach § 15 WpHG sein.[3] Zu den maßgeblichen Verhältnissen am Stichtag gehöre nicht nur der Tageskurs sondern auch ein auf den Stichtag bezogener Durchschnittskurs.[4] Der Bundesgerichtshof schließt sich dem an, stellt also ab auf den Durchschnittskurs.[5]

Das halte ich für richtig, weil sonst die Gefahr einer Manipulation groß ist. Man denke nur an langfristig geplante Stützungskäufe. Sie sind gang und gäbe vor Kaptialerhöhungen – könnten sie in unseren Fällen auch passieren?[6] Jede Fixierung ist unerkennbar ausbeutbar.[7]

Das entspricht der Vorstellung des Gesetzes : Bei Unternehmensvertrag und bei Eingliederung muss der Vorstand einen schriftlichen Bericht erstatten und darin die Angemessenheit der Abfindung erläutern (§§ 293 a Abs.1, 320 Abs. 1, 319 Abs. 3 AktG). Auch ein Vertrags- oder Eingliederungsprüfer muss die Angemessenheit der Abfindung prüfen (§§ 293 b, 293e, 320 Abs. 3 AktG). Das geht nicht, wenn die Abfindung erst am Tag der Hauptversammlung bestimmbar wird.[8]

2. Stichtagskurs

Bilda plädierte dagegen für den „mittleren Tageskurs des Stichtages".[9] Das Oberlandesgericht Düsseldorf wollte ebenfalls auf den Kurs am Stichtag abstellen, wenn er nicht „einen Missbrauch der am Kapitalmark bestehen-

---

1 BayObLG, NZG 1998, 946, 949.
2 BVerfG, JZ 1999, 945 m. Anm. *Luttermann*.
3 *Behnke*, NZG 1999, 934.
4 BVerfG, JZ 1999, 945.
5 BGH, DB 2001, 969, 971 m. Anm. *Meilicke/Heidel*.
6 *Behnke*, NZG 1999, 934.
7 *Weber*, NZG 2000, 113.
8 *Wilm*, NZG 2000, 1070, 1072 f.
9 *Bilda*, NZG 2000, 296, 299; zustimmend *Patrick Bauer*, NZG 2001, 891, 892.

den Möglichkeiten darstellt". Das soll sich aus dem Kursverlauf erkennen lassen.[1] Wegen der Abweichung von der Meinung des Oberlandesgericht Stuttgart hatte das Oberlandesgericht Düsseldorf die Sache dem Bundesgerichtshof vorgelegt, der dann für den Durchschnittskurs entschied.[2]

Der „punktuelle" Ansatz ist in der Tat abzulehnen.[3] Das Leben verläuft nicht punktuell (Zeit ist nicht „gepunktet");[4] die Wahrheit kommt nicht zum Stichtag ans Licht.[5] Wir haben es zu tun mit dem "power of the continuum", das sich mit den traditionellen mathematisch-geometrischen Weltsichten unserer Rechtsschablonen (mos geometricus")[6] nicht erfassen lässt.[7] Ein „Zeitpunkt"-genauer, statischer Vertrauensschutz ist daher nicht angebracht. Vielmehr ist abzstellen auf dynamische Verläufe, auf „Strömungstechniken".

3. Referenzzeitraum

Der Bundesgerichtshof wählt wegen „der größtmöglichen Nähe" zum Stichtag „einen relativ kurzen Zeitraum" zur Ermittlung des Durchschnittskurses. Er hält für „erforderlich, aber auch ausreichend" einen Zeitraum von drei Monaten „unmittelbar vor der Hauptversammlung der beherrschten AG". Nicht zu berücksichtigen seien „außergewöhnliche Tagesausschläge oder sprunghafte Entwicklungen binnen weniger Tage, die sich nicht verfestigen – gleichgültig, ob es sich um steigende oder fallende Kurse handelt".[8]

Die Dauer des Referenzzeitraums wird aber noch lebhaft diskutiert. Der IDW Standard[9] verweist pauschal auf die „konkreten Gegebenheiten des Einzelfalls". Rechtsprechung und Literatur diskutieren ein bis drei Jahre.[10]

---

1 OLG Düsseldorf, NZG 2000, 1075, 1076. Kritisch *Wilm*, NZG 2000, 1070.
2 BGH, DB 2001, 969, 272.
3 Der Begriff „Zeitpunkt" stammt von den „gepunkteten" Gebetszeiten der Benedictiner Zisterzienser innerhalb einer geometrisierten Umwelt (Architektur „more geometrico"). Dazu Landes Revlution in Time, London 2000, S. 58: „Nothing was as important as the punctulaity of the collective prayer circle".
4 *Großfeld*, Zauber des Rechts, S. 258.
5 *Großfeld*, Lawyers and Accountants: A Semiotic Competition, Wake Forest Law Review 36 (2001), 167, 177.
6 *Großfeld*, Zeichen und Zahlen im Recht, 2. Aufl. 1997.
7 *Aczel*, The Mystery of the Aleph, New York 2000.
8 BGH, DB 2001, 969, 972 = NZG 2001, 603; BayObLG, EWiR § 304 AktG 1/2001, 1027, 1028 (*Luttermann*). Ablehnend *Patrick Bauer*, NZG 2001, 891, 892.
9 IDW Standard S 1 Tz. 16, WPg 2000, 828.
10 BayObLG, ZIP 1998, 1876; *Luttermann*, ZIP 1999, 45, 51. Ausführlich jetzt LG Dortmund, NZG 2001, 1145, 1146 (m. Anm. *Bauer*).

Das Oberlandesgericht Stuttgart ließ unter den besonderen Umständen des Falles einen Zeitraum von ca. acht Monaten genügen, hielt aber grundsätzlich einen Zeitraum von zwei Jahren vor Abschluss des Unternehmensvertrages für „wünschenswert".[1] *Luttermann* hält weniger als ein Jahr „für wenig sinnvoll".[2]

Der Durchschnittskurs nimmt dem Börsenkurswert nicht seine Problematik. Es gibt keine rationale Methode um die Dauer der Beobachtungszeit festzulegen. Es gibt keine fixe Zahl, die für jeden Titel, für jeden Markt oder für jede Börsenphase ein stabile Größe sein könnte.[3]

4. Vorwirkung der Abfindung

Oft verändern sich die Kurse nach oben oder nach unten, wenn der Markt von einer bevorstehenden Abfindung „Wind bekommen hat" oder wenn es eine Ad hoc-Mitteilung nach § 15 WpHG ergangen ist. Der Bundesgerichtshof schießt diese Effekte in den Durchschnittskurs ein: Die Aktionäre dürften nicht weniger erhalten als sie bei einer Veräußerung am Stichtag erlangt hätten. Der Bundesgerichtshof lässt dahingestellt, ob echte Verbundvorteile[4] allgemein zu erfassen sind. Habe der Markt sie aber berücksichtigt (was im beurteilen Fall nicht auszuschließen war), so zählten sie zum Börsenwert: Abfindungsspekulationen seien nur dann nicht zu beachten, wenn sie auf „Börsenkursmanipulationen beruhen":

„Entwickeln sich jedoch höhere Börsenpreise aufgrund der Erwartung der Marktteilnehmer infolge des Abschlusses des Unternehmensvertrages eine günstige Abfindung erreichen zu können beruht das einmal auf dem Marktgesetz, dass Angebote und Nachfrage die Preise bestimmen, zum anderen darauf, dass darin die Einschätzung des Marktes über die zu erwartenden unechten und echten Synergieeffekte zum Ausdruck kommt."[5]

Das entspricht nicht der jetzigen Konvention. Die Regeln der Börsen zum „Delisting"[6] sehen das anders, vor allem aber das geplante Wertpapiererwerbs- und Übernahmegesetz.[7] Es stellt ab auf den gewichteten durchschnittlichen Börsenkurs in den letzten drei Monaten vor Anzeige des Kon-

---

1 OLG Stuttgart, NZG 2000, 744, 745 m. Anm. *Hüffer/Koch* = EWiR § 305 AktG 2/2000, 209 (*Luttermann*).
2 *Luttermann*, AG 2000, 459, 463. Weitere Nachweise bei *Wilm*, NZG 2000, 1070, 1072 Fn. 26.
3 *Cortes*, (schweizerische) Finanz und Wirtschaft, 22. 11. 2000 Nr. 93 S. 51.
4 Oben S. 64.
5 BFH, DB 2001, 969, 972 m. Anm. *Meilicke/Heidel*.
6 Oben S. 9.
7 *Rühland*, NZG 2001, 448.

trollerwerbs oder vor Veröffentlichung der Angebotsabsicht. *Meilicke/Heidel* rügen auch zu Recht, dass beim Vorgehen des Bundegerichtshofs risikolos zulasten des beherrschenden Unternehmens spekuliert werden könne. Es komme zu einem „circulus vitiosus", weil die Abfindung von einem Börsenkurs abhängig wird, der sich seinerseits nach der Abfindung entwickelt.[1] Dem herrschenden Unternehmen müsse man daher raten eine Abfindung weit unter dem Börsenkurs anzubieten, weil dieser dann im Allgemeinen einbricht.[2] In jedem Fall wird die Abfindung zur Lotterie.

Das Ergebnis ist damit: Abzustellen ist auf Börsenkurse, die nicht beeinflusst sind vom Bekanntwerden des Abfindungsangebotes für die Strukturveränderung. Der Referenzzeitraum muss daher *vor* dem Bekanntwerden des Abfindungsangebots liegen.[3]

5. Mehrere Börsenplätze[4]

Viele Aktiengesellschaften sind an mehreren Börsen notiert. Dann ergeben sich evtl. Probleme aus Zeitverschiebung und anderem regulatorischen Umfeld. Der Bundesgerichtshof[5] will den Durchschnittskurs aller Notierungen errechnen. *Patrick Bauer* plädiert für den Börsenplatz mit dem höchstem Umsatz[6] – was zufällig ist. Folgt man dem Bundesgerichtshof, so muss man den gewichteten Durchschnitt der mittleren Tageskurse an den Börsen ermitteln.[7]

XI. Abfindung durch Aktien/Ausgleich

Das Bundesverfassungsgericht und der Bundesgerichtshof wenden die Grundsätze über die Barabfindung auch an für die Verschmelzungsrelation oder das Umtauschverhältnis bei der Abfindung durch Aktien (§§ 320 b Abs. 1 Satz 2 AktG) und bei der Bestimmung des variablen Ausgleichs (§ 304 Abs. 2 Satz 2 AktG). Der Börsenwert sei in beiden Fällen ebenfalls der Mindestwert.[8]

---

1 *Meilicke/Heidel*, DB 2001, 973, 975.
2 *Meilicke/Heidel*, DB 2001, 973, 975.
3 IDW Standard S 1 Tz. 16, WPg 2000, 828; *Meilicke/Heidel*, DB 2001, 973.
4 Dazu *Patrick Bauer*, NZG 2001, 891, 893.
5 NZG 2001, 603.
6 NZG 2001, 893.
7 *Bungert*, BB 2001, 1166.
8 BGH, DB 2001, 969, 970 m. Anm. *Meilicke/Heidel*.

XII. Gesamtwürdigung

Die Wende zum Börsenwert wirft eine Reihe von Fragen auf, auf die wir bisher nur vorläufige Antworten haben. Es verbietet sich auch hier jede Euphorie – der Börsenwert gibt uns nicht die Sicherheit, die wir suchen.

1. Andere Märkte

Das gilt für Abfindungsfälle schon deshalb, weil es bei ihnen – anders als an der Börse –, *fast immer* um langfristige Investitionen handelt, die sich nicht schnell rückgängig machen lassen. Das Börsenmotto lautet dagegen vielfach „schnell rein, schnell raus!". Die Börse ist – statistisch relevant („statistisches Rechtsdenken) – weithin ein Markt der „day trader". Ihnen genügen eher kurzfristige und oberflächliche Informationen. Auf sie vertraut bei Langfristanlagen aber niemand; denn dort reagiert man langsamer auf neue Informationen. Einen leichten und schnellen Ausstieg gibt es nicht. Die Entscheidungen lassen sich oft nur schwer korrigieren. Es handelt sich um in mancherlei Hinsicht unterschiedliche Märkte.

2. Abstützung

Fehlerhaft wäre es daher für die hier erörterten Vorgänge im Börsenwert den „echten" und „einzigen" Verkehrswert der Anteile zu sehen. Dagegen stehen die weltweite Meinung der Praxis und der Wissenschaft:[1] Wenn man den Börsenwert zu *dem* Maßstab machte, bedürfte es bei börsennotierten Gesellschaften weder eines Ertragswert- noch eines DCF-Verfahrens, es bedürfte nicht der Suche nach dem Beta-Faktor[2] und nicht eines Due Diligence-Verfahren bei Unternehmenskäufen. Wir stünden gegen den Rest der Welt.[3]

3. Gesetzesbindung

Das gilt auch für den Mindestwert. Die Meinung des Bundesverfassungsgerichts hierzu deckt sich nicht mit § 305 Abs. 3 Satz 2 AktG und § 30 Abs. 1 Satz 1 UmwG, wonach „die Verhältnisse der Gesellschaft" oder

---
1 *Schäfer*, Entschädigungsstandard, S. 145 ff.
2 Oben S. 136.
3 *Großfeld*, NJW 1998, 3544 = *ders.*, Urteilsverfassungsbeschwerde, S. 17.

des „übertragenden Rechtsträgers" zu berücksichtigen sind. Das entspricht dem Grundsatz, dass jede Schätzung ansetzen muss bei der konkreten Beschaffenheit und Ausstattung des Anteils.[1] Außerdem verlangt § 287 ZPO, die Beachtung „aller Umstände" – nicht nur des Börsenwertes.

4. Fazit

Klar ist jedenfalls, dass Börsenkurse Plausibilitätshilfen und als solche heranzuziehen sind.[2] Mögliche besondere Einflüsse auf den Börsenkurs sind zu analysieren und darzustellen (z. B. geringe Marktbreite, besondere Marktlage). Bei nicht erklärlichen Differenzen sind die Ausgangsdaten und Prämissen des Bewertungsverfahrens zu überprüfen (z. B. andere Einschätzung durch den Markt).

Ebenso wenig wie dem Mythos der Berechenbarkeit dürfen wir dem Mythos des Börsenkurses verfallen. Im Verschmelzungsbericht von VEBA/VIAG heißt es:[3]

„Die Unternehmensbewertungen von VEBA und VIAG wurden dementsprechend übereinstimmend nicht auf der Basis der aktuellen Börsenkurse von VEBA und VIAG vorgenommen. Die hier durchgeführten Bewertungen basieren – in Übereinstimmung mit der in der Rechtsprechung und Literatur herrschenden Meinung – auf einer detaillierten Analyse von Vergangenheitsdaten und Unternehmensplanungen, die bis hin zu einzelnen Geschäft bereichen aufgegliedert sind. Diese öffentlich nicht zugänglichen Informationen wurden von den Bewertungsgutachtern aufbereitet, mit den Verantwortlichen in den Teilkonzernen plausibilisiert und in einem Bewertungsmodell, das dem Kapitalmarktkalkül folgt, verarbeitet.

Die Börsenwerte der zu verschmelzenden Gesellschaften sind nur zur Plausibilitätsbeurteilung der nach den vorstehenden Grundsätzen ermittelten Unternehmenswerte herangezogen worden... Der Umstand, dass der Unternehmenswert der VIAG deren Börsenkapitalisierung in stärkerem Maße übersteigt als dies bei der VEBA der Fall ist, hat die Bewertungsgutachter zu einer kritischen Überprüfung der Unternehmensbewertungen veranlasst. Anhaltspunkte für eine Revision der Unternehmensbewertungen haben sich dabei nicht ergeben."

Die Gewichte haben sich seitdem zum Börsenwert verschoben – aber ganz falsch sind die Überlegungen auch heute nicht.

---

[1] BFH, BStBl. II 1999 S. 811, 812; vgl. § 9 Abs. 2 BewG.
[2] IDW Standard S 1 Tz. 14 ff., WPg 2000, 827 f.
[3] S. 139.

XIII. Bindung

Da die fortdauernde Diskussion dieser Zentralfragen der Unternehmensverfassung (Corporate Governance) wichtig ist, kommt es darauf an, wie weit der Beschluss des Bundesverfassungsgerichts reicht. Das regelt § 31 BVerfGG, einschlägig ist dessen Abs.1. Danach sind die Verfassungsorgane des Bundes und der Länder sowie alle Gerichte und Behörden an die Entscheidungen des Bundesverfassungsgerichts gebunden. Das gilt jedoch nur für den Streitgegenstand, über den das Gericht entschieden hat: Künftige gleich gelagerte Fälle sollen gleich entschieden werden. Welche Fälle vergleichbar sind, ist nicht leicht zu beurteilen.[1]

Die Frage ist vor allem wichtig für die Festlegung des Börsenwertes als Mindestwert. Angesichts des chaotisch-nichtlinearen Charakters der Börsenbewegungen wird die an geometrischer Festigkeit haftende Gläubigkeit des Bundesverfassungsgericht und des Bundesgerichtshofs („mos mathematicorum", „deus geometra")[2] erheblichen Tests ausgesetzt sein.[3] „Tatsächlichkeit" lässt sich selbst auf Verfassungsebene mit Wörtern nicht ein für allemal festlegen – zumal nach den Erfahrungen mit dem „Absturz" des Neuen Marktes und des Nasdaq. Das könnte der Anlass zu einer Überprüfung sein.

XIV. Intertemporales Bewertungsrecht

Die Entscheidung des Bundesverfassungsgerichts erfasst grundsätzlich nur Gerichtsentscheidungen die nach dem maßgeblichen Beschluss[4] ergehen.[5] Bis dahin ist die Nichtbeachtung des Börsenkurses nach Ansicht des Bundesverfassungsgerichts „keine grobe Verkennung des durch ein Grundrecht gewährten Schutzes" oder ein „geradezu leichtfertiger Umgang mit grundrechtlich geschützten Positionen".[6] Es kann anders sein, wenn die Nichtbeachtung des Börsenkurses den Aktionär

---

1 BFH, BStBl. II 1999, 771, 773 = JZ 2000, 346 m. Anm. *Wieland*. Dazu *List*, BB 2000, 745.
2 *Großfeld*, Zeichen und Zahlen im Recht, S. 38.
3 Vgl. BVerfG, JZ 2000, 356 m. Anm. *Wieland*; *List*, BB 2000, 745.
4 BVerfG, JZ 1999, 942 m. Anm. *Luttermann*.
5 BVerfG, NZG 2000, 420. Zum Ganzen *Großfeld/Irriger*, JZ 1988, 531; *Rauscher*, RabelsZ 65 (2001), 126. Vgl. aber EuGH, NZG 2001, 1078, 1080.
6 BVerfG, NZG 2000, 420.

„existenziell" betrifft, wenn die Entscheidung für ihn „von existenzieller Bedeutung" ist.[1] Fraglich ist aber, ob die Festschreibung des Börsenkurses als Mindestwert auch Sachverhalte erfasst aus der Zeit vor der Entscheidung des Bundesverfassungsgerichts, die aber erst danach zu beurteilen sind. Das Oberlandesgericht Düsseldorf bejaht das und meint, dass das Rechtsstaatsprinzip (Vertrauensschutz) dem nicht entgegenstehe.[2] Dem ist der Bundesgerichtshof gefolgt; die „unechte Rückwirkung" könne „zugemutet werden"; sie sei nicht „existenzbedrohend".[3]

XV. Methodenwechsel

Durch die Beachtung des Börsenwertes bei der Anteilsbewertung weichen wir von der bisherigen Methode bei der Bewertung von Aktien ab. Bisher gehen wir aus vom Verkehrswert des Unternehmens, den wir dann auf die Anteile aufteilen.[4] Beim Börsenkurs setzen wir aber nicht an beim Unternehmen sondern beim Verkaufswert des einzelnen Anteils für den Aktionär.[5] Wir betonten also stärker die Eigenschaft der Aktie als selbstständig handelbaren Vermögensgegenstand – als welche sie ja geschaffen wurde. Das kann zu unterschiedlichen Werten führen.[6] Dem folge ich. Es bleibt aber festzuhalten, dass nach § 305 Abs. 2 Satz 3 AktG und § 30 Abs.1 Satz 1 UmwG die Verhältnisse der Gesellschaft zu berücksichtigen sind. Diese gesetzlichen Regelungen gelten auch für das Bundesverfassungsgericht und den Bundesgerichtshof (Art. 97 Abs.1 GG).

XVI. Erwerb außerhalb der Börse

1. Rechtsprechung

Unbeachtlich sollen Preise sein, die das erwerbende Unternehmen außerhalb der Börse gezahlt hat,[7] selbst dann, wenn damit Antragsteller „ausge-

---

1 BVerfG, NZG 2000, 420.
2 OLG Düsseldorf, NZG 2000, 1074, 1077.
3 BGH, DB 2001, 969, 973 m. Anm. *Meilicke/Heidel*.
4 Unten S. 227.
5 *Wilm*, NZG 2000, 234, 240 Fn. 52.
6 BGH, DB 2001, 969, 971.
7 BVerfG, JZ 1999, 942; LG Nürnberg-Fürth, AG 2000, 89; OLG Düsseldorf, AG 1998, 236, 237; OLG Celle, NZG 1998, 987; OLG Düsseldorf, WM 1995, 757, 760. Vgl. *Altmeppen*, ZIP 1998, 1853.

kauft" wurden.¹ Das soll nicht gegen § 53 a AktG verstoßen. Die Vorschrift treffe nur die Beziehung der Aktiengesellschaft zu ihren Aktionären, gelte aber nicht für das Verhältnis von Mehrheits- zu Minderheitsaktionär.² Die Frage stellt sich ähnlich, wenn der Mehrheitsaktionär Aktien über die Börse zukauft, um den Zusammenschluss zu „erleichtern". Das Landgericht Nürnberg-Fürth will so entstehende „Höherbewertungen" nicht beachten. Sie hätten mit einer „marktgerechten Bewertung nichts mehr zu tun".³
Dem stimmt das Bundesverfassungsgericht zu:
„Nach diesen Maßstäben begegnet es von Verfassungs wegen keinen Bedenken, wenn von dem herrschenden Unternehmen tatsächlich gezahlte Preise für Aktien der abhängigen Gesellschaft bei der Bewertung des Anteilseigentums unberücksichtigt bleiben.

Der Preis, den ein Mehrheitsaktionär an die Minderheitsaktionäre für Aktien der gemeinsamen Gesellschaft zu zahlen bereit ist, hat zu dem ‚wahren' Wert des Anteilseigentums in der Hand des Minderheitsaktionärs regelmäßig keine Beziehung. In ihm kommt der Grenznutzen zum Ausdruck, den der Mehrheitsaktionär aus den erworbenen Anteilen ziehen kann. Dieser ist vielfach dadurch bestimmt, dass der Mehrheitsaktionär mithilfe der erworbenen Aktien ein Stimmenquorum erreicht, das aktien- oder umwandlungsrechtlich für bestimmte gesellschaftsrechtliche Maßnahmen erforderlich ist. Deshalb ist der Mehrheitsaktionär zumeist bereit, für die Aktien, die ihm noch für ein bestimmtes Quorum fehlen einen ‚Paketzuschlag' zu zahlen.

Auch zu dem Verkehrswert des Aktieneigentums haben außerbörslich gezahlte Preise regelmäßig keine Beziehung. Im Vorfeld und zur Vorbeitung einer gesellschaftsrechtlichen Maßnahme akzeptiert der Mehrheitsaktionär deshalb einen bestimmten (überhöhten) Preis für die ihn für ein erforderliches Quorum noch fehlende Aktien, weil ihm sonst die beabsichtigte Konzernierungsmaßnahme unmöglich wäre. Eine solche Erwägung ist aber nur für den Mehrheitsaktionär bestimmend, während sie für Dritte keine Bedeutung hat. Aus der Sicht des Minderheitsaktionärs ist der vom Mehrheitsaktionär außerbörslich bezahlte (‚überhöhte') Preis mithin nur erzielbar, wenn es ihm gelingt gerade seine Aktien an den Mehrheitsaktionär zu veräußern. Darauf hat er aber verfassungsrechtlich keinen Anspruch."⁴

2. Übernahmegesetz

Die Frage ist neu zu überdenken wegen des „Übernahmegesetzes".⁵ Danach muss der Wert der Leistung mindestens dem durchschnittlichen

---
1 OLG Düsseldorf, WM 1992, 986, 990. Zum Ganzen *Seetzen*, WM 1999, 565, 571.
2 OLG Düsseldorf, WM 1995, 757, 760 f.; OLG Düsseldorf, WM 1992, 986, 989; OLG Celle, NZG 1998, 987.
3 LG Nürnberg-Fürth, AG 2000, 89
4 BVerfG, JZ 1999, 942, 944 m. Anm. *Luttermann*.
5 Oben S. 8.

gewichteten Börsenpreis während der vergangenen sechs Monate entsprechen. Hat der Bieter jedoch innerhalb dieser Zeit einen höheren Börsenpreis bezahlt, so ist grundsätzlich dieser Preis maßgeblich. Abschläge bis zu 15 v. H. sind zulässig, soweit dadurch der eben erläuterte Durchschnittspreis nicht unterschritten wird.

3. Stellungnahme

Der Meinung der Rechtsprechung ist angesicht dieser gesetzlichen Wertung in ihrer Allgemeinheit nicht zu folgen. Wenn außerhalb der Börse gehandelt wird, u. U. mit „Paketen", entsteht ein Marktpreis; soweit Profis beteiligt sind, ist der Preis dem Unternehmenswert mindestens so nahe wie der Börsenwert.[1] Auch er gehört zu „allen Umständen", die nach § 287 Abs. 2 ZPO zu würdigen sind. Woher wissen wir besser als die Partner, was ein „überhöhter" Preis ist? Woher kennen wir die Absichten des Erwerbers? Ist die Chance des Verkaufs an ihn auch ein Bestandteil des Anteilswerts?

Das Bayerische Oberste Landesgericht hatte wohl um Angaben darüber gebeten „zu welchem Preis die B-AG vor Abschluss des Unternehmensvertrages Aktien oder ein Aktienpaket der A-AG außerhalb der Börse käuflich erworben hat".[2] Der Hauptrechtsausschuss des deutschen Anwaltsvereins folgt dieser Linie, wenn ein Hauptaktionär das Recht erhalten soll die restlichen Aktien zu erwerben. Erwerbspreis soll dann mindestens der Betrag sein, den der Hauptaktionär innerhalb der letzten zwölf Monate für eine Aktie bezahlt oder vereinbart hat.[3]

Die Sache hat allerdings einen Haken: Der gezahlte Preis bezieht sich wohl auch auf echte Verbundvorteile (Synergieeffekte), welche die Rechtsprechung möglicherweise[4] nicht ansetzen will.[5] Dafür sind evtl. Abschläge zu machen, was aber kein Anlass ist die Preise ganz außer Acht zu lassen.

---

1 *Busse von Colbe*, FS Lutter, S. 1053, 1061, 1063; *Behnke*, NZG 1999, 934; *Welf Müller*, FS Bezzenberger, S. 705, 714, 717.
2 BayObLG, NZG 1998, 946, 948.
3 ZIP 1999, Heft 6 VIII; voller Text http://www.rws-verlag.de/volltexte S. 5. Zustimmend *Welf Müller*, FS Bezzenberger, S. 705, 717.
4 Einzelheiten oben S. 177.
5 Oben S. 64.

Q. Liquidationswert

I. Allgemeines

Der Liquidationswert ist die Summe der Preise, die sich erzielen lasssen, wenn die Gegenstände des Unternehmens veräußert, wenn also Vorräte, Maschinen, Patente, Warenzeichen, Gebäude oder Grundstücke verkauft werden (Summe der Einzelveräußerungspreise). Nach Abzug der Schulden, der Liquidationskosten und evtl. entstehender Ertragsteuern ergibt sich dann der Liquidationsnettowert.[1] Zu den Kosten zählt auch ein Sozialplan nach § 112 BetrVerfG.[2] Der Liquidationswert ist der Wert des Absatzmarktes, für ihn gilt nicht der Grundsatz der Bewertungseinheit. Er ist aber ebenfalls zukunftsbezogen; denn man stellt ab auf die bestmögliche Verwertung des Gesellschaftsvermögens in der Zukunft. Wir fingieren eine Abwicklung.

Der Liquidationswert hängt ab von mancherlei Umständen, vor allem davon, ob mehrere Gegenstände als Einheit veräußert werden oder nicht (Zerschlagungsintensität) und wie schnell liquidiert wird (Zerschlagungeschwindigkeit. Tochterunternehmen wird man oft als Einheit ansehen können. Falls die Liquidationserlöse erst in Zukunft anfallen, sind sie abzuzinsen auf den Bewertungsstichtag.

Für die Ermittlung des Liquidationswertes gilt auch zeitlich das Gebot von Treu und Glauben. Ein vorübergehender Preisanstieg oder Preisrückgang am Stichtag ist nicht zu beachten:

„Denn ein vorübergehender Preisrückgang ist bei einem Vermögensgegenstand, der nicht zum Verkauf ansteht, auf den ‚wirklichen' Wert ohne Einfluss."[3]

II. Ansatz

Der Liquidationswert ist die untere Grenze des Unternehmenswertes.[4] Er ist ein Verkaufs- oder Zerschlagungswert.[5] Er scheidet im Allgemei-

---
1 IDW Standard S 1 Tz. 142, WPg 2000, 839. Zu den Liquidationskosten BGH, JZ 1985, 39 m. Anm. *Medicus*
2 OLG Hamburg AG 1980, 163, 164. Zu Pensionsrückstellungen und zu Sanierungskosten: LG Dortmund, DB 1993, 1916.
3 BGH, BB 1986, 91; IDW Entwurf Standard ES 1 Tz. 132, WPg 1999, 213.
4 IDW Standard S 1 Tz. 141, WPg 2000, 838; HansOLG Hamburg, NZG 2001, 471, 473; LG Berlin, AG 2000, 284, 286; OLG Düsseldorf, AG 1999, 321, 324; BayObLG, AG 1995, 509; LG Frankfurt, AG 1996, 187, 188.
5 IDW Standard S 1 Tz. 171, WPg 2000, 841.

Q. Liquidationswert

nen aus, wenn es sich noch lohnt das Unternehmen fortzuführen.[1] Der Veräußerer will dann gerade den (höheren) Wert eines lebenden Unternehmens (einschließlich des Geschäftswertes) erlösen, der Erwerber ein lebendes Unternehmen erhalten.[2] Der Liquidationswert greift so im Regelfall nur bei absehbar „ertragsschwachen" Unternehmen.[3]

Das ist gegeben, wenn die Überschüsse nicht mehr genügen und der Liquidationserlös den Fortführungswert übersteigt. Es ist dann vernünftig das Unternehmen zu liquidieren. Der Liqidationswert ist daher grundsätzlich die Wertuntergrenze, er ist der Mindest-Unternehmenswert.[4]

Man vergleicht den Wert des fortgeführten Unternehmens mit dem Liquidationswert und setzt den höheren der beiden Werte an:

„Liegt der Liquidationswert über dem Gesamtwert, dann wird er deshalb als Wertuntergrenze bezeichnet, weil er tatsächlich eben durch Liquidation zu erzielen ist."[5]

Der Liquidationswert ist daher als Alternativwert zu ermitteln, es sei denn, dass er offensichtlich niedriger ist als der Fortführungswert.

III. Diskussion

Die traditionalle Lehre vom Liquidationswert als Mindestwert gilt nicht mehr umstritten. Sie geht aus von der „selbstverständlichen" Annahme, dass das aus der Sicht des Unternehmens „Vernünftige" auch getan werden kann. Dieser „Herr im Hause"-Standpunkt ist aber so nicht haltbar – ihm stehen entgegen Mitbestimmung der Arbeitnehmer und Sozialpolitik. Der Wandel des „Selbstverständlichen" verändert die Bewertungslehre.

Der Bundesgerichtshof erklärte im Zusammenhang mit dem Pflichtteil nach § 2311 BGB, dass der höhere Liquidationswert nur gelte, wenn der verbleibende Gesellschafter verpflichtet sei, zu liquidieren oder das Unternehmen tatsächlich liquidationsreif sei.[6] Der Bundesgerichtshof berücksicht aber eine Auflösung, die erst nach drei Jahren eintritt.[7] Andere meinen, dass ein Wert ausscheide, den kein Beteiligter ralisieren

---

1 HansOLG Hamburg, NZG 2001, 471, 472.
2 Vgl. BGH, BB 1986, 91; IDW Standard S 1 Tz. 141, WPg 2000, 838.
3 LG Berlin, AG 2000, 284, 286.
4 BGH, NJW 1973, 509, 510.
5 BGH, NJW 1973, 509, 510.
6 BGH, NJW 1973, 509, 510.
7 BGH WM 1982, 692.

wolle.[1] Eine Pflicht besteht jedoch bei Personengesellschaften wegen §§ 736, 737 BGB, §§ 138, 140 (Fortbestehen der Gesellschaft unter den verbleibenden Gesellschaftern), § 142 HGB (Übernahmerecht) nur ausnahmsweise, bei Kapitalgesellschaften fast nie. Danach käme man kaum je zum Liquidationswert.

Dem Bundesgerichtshof ist jedoch für gesellschaftsrechtliche Abfindungen nicht zu folgen. Der Ansatz des Liquidationswertes zwingt nicht zur Liquidation: Der Liquidationswert ist kein realer sondern ein fiktiver Wert, ist das Ergebnis einer hypothetischen Überlegung. Er gibt einen Wertmaßstab, keine Verhaltensnorm. Auch besteht oft kein Zwang zur Auflösung. Das Geld kann häufig anders aufgebracht werden; allenfalls ist ein Teil zu liquidieren, u. U. nur das neutrale Vermögen. Der Wertansatz ist deshalb von der Auflösung zu unterscheiden. Das tut auch das Gesetz, wenn es beides getrennt behandelt: In § 738 BGB den Wert, in §§ 736, 737 BGB das tatsächliche Geschehen.

Setzt man den Liquidationswert nicht oder nur ausnahmsweise an, so ist bei fehlenden Erfolgsaussichten oft keine Abfindung zu zahlen – selbst bei hohem Liquidationswert. Es bleibt dann nur die Untergrenze einer vagen Angemessenheit ohne nachprüfbare Maßstäbe. Vielleicht fällt allein den verbliebenen Gesellschaftern die Chance eines Liquidationserlöses zu. Das verstößt gegen das Prinzip der Gleichbehandlung: Die Chance würde vorweg einseitig verteilt. Kein Gesellschafter hätte sich auf eine solche Lösung eingelassen.

Man muss daher tiefer ansetzen: Die in der Zukunft zu erwartenden Überschüsse bestimmen den Wert des Unternehmens; zu den Überschüssen gehört auch der Liquidationserlös. Es ist zu prüfen, ob eine Liquidation möglich ist und einen Erlös bringen wird. Entscheidend ist also nicht der Wille der Verbleibenden, sondern die Aussicht auf den Liquidationserlös.

Ist eine Liquidation unsicher, so scheidet der volle Liquidationswert als Untergrenze aus (es bleibt allenfalls ein Teilliquidationswert). Der Liquidationserlös ist dann durch eine mehrwertige Prognose zu erfassen und mit Wahrscheinlichkeiten zu gewichten. Dabei ist wegen der „Risikoscheu"[2] ein Abschlag zu machen, der nach den Umständen zu schätzen ist. Aus der Kombination mit dem Fortführungswert folgt dann der Unternehmenswert.[3]

---

[1] OLG Hamm in: Koppenberg, S. 99.
[2] Oben S. 123.
[3] Zur besonderen Lage beim „angemessenenAusgleich" nach § 304 Abs. 2 Satz 1 AktG siehe BayObLG, WM 1995, 1580, 1585: Es besteht dann kein Anspruch auf einen festen Ausgleich. Eine angemessene Verzinsung des Liquidationswertes scheidet als Untergrenze aus.

IV. Ausnahmen

Das gilt nicht, wenn aus rechtlichen oder tatsächlichen Zwängen das Unternehmen fortzuführen ist. Dann bleibt es beim Fortführungswert[1] – u. U. ist aber der Barwert eines aufgeschobenen Liquidationswertes anzusetzen[2]. Evtl. sind auch Alternativen „durchzuspielen".

Gleiches gilt, wenn keine Verpflichtung zur Liquidation besteht und das Unternehmen fortgeführt wird. Das entscheidet der Unternehmer, nicht das Gericht.[3] Eine Auflösung muss daher nicht nur rechtlich und tatsächlich möglich,[4] sondern auch wirtschaftlich sinnvoll[5] sein (wirtschaftliche Liquidationsreife).[6] Wirtschaftlich sinnvoll ist die Auflösung, wenn auf Dauer keine Erträge zu erzielen sind.

Letztlich kommt es darauf an, ob der Ansatz des Liquidationswertes zu „sachgerechten Ergebnissen führt".[7] Das gilt selbst, wenn die Veräußerung z. B. wertvoller Betriebsgrundstücke mehr bringen könnte als den Überschusswert. Denn der Gesellschafter soll erhalten, was seine Beteiligung am arbeitenden Unternehmen wert ist;[8] die Abfindungsregelung soll ja gerade die Auflösung vermeiden.

V. Höhe

Der Liquidationswert ist der Nettoerlös aus der Veräußerung der Vermögensgegenstände nach Abzug der Schulden, der Kosten und der Ertragsteuern.[9] Auszugehen ist von einer sofortigen Liquidation.[10] Dabei sind die Marktverhältnisse zu beachten und der Wert des Kundenstammes (z. B. bei Bierlieferungsverträgen auch deren unsichere Übertragbarkeit).[11] Es kann

---

1 BGH, NJW 1973, 509; IDW Standard S 1 Tz. 141, WPg 2000, 838.
2 U.E.C.-Empfehlung Abschnitt 61.
3 BGH, NJW 1973, 509, 510; OLG Düsseldorf, AG 1999, 321, 324.
4 OLG Celle, NZG 1998, 989 m. Anm. *Bungert*.
5 IDW Standard S 1 Tz. 141, WPg 2000, 838.
6 OLG Düsseldorf, AG 1999, 321, 324.
7 OLG Düsseldorf, AG 1999, 321, 324 mit Ausführungen zur besonderen Lage in der Zuckerindustrie (keine Aufgabe der „Existenzgrundlage").
8 *Seetzen*, WM 1999, 565, 570 f.
9 IDW Standard S 1 Tz. 142, WPg 2000, 839.
10 OLG Stuttgart, NZG 2000, 744 = EWiR § 305 AktG 2/2000, 209 (*Luttermann*)
11 NZG 1998, 987, 989 m. Anm. *Bungert*

sein, dass die Liquidation zu einem Steuererstattungsanspruch führt; der ist dann hinzuzurechnen.[1]

Kosten für die Abwicklung sollen nach einigen Autoren nicht anzusetzen sein, weil der Liquidationswert nur ein fiktiver Wert ist; tatsächlich wird das Unternehmen ja weiter geführt.[2] Das lässt sich aber bezweifeln, weil dem Ausscheidenden vielleicht hohe Werte vorenthalten werden.[3]

Bei einer dauernd ertragslosen Gesellschaft entfällt ein Ausgleich nach § 304 Abs. 2 Satz 1 AktG. Auch eine marktübliche Verzinsung des Liquidationswertes scheidet aus. Denn die Aktie verspricht eben nicht eine feste Verzinsung.[4]

VI. Latente Ertragsteuern

Der Bundesgerichtshof will die auf den stillen Rücklagen ruhende latente Ertragsteuer mit ihrem Barwert absetzen. Er hat diese Meinung für den Pflichtteil (§ 2311 BGB) entwickelt[5] und dann übertragen auf Abfindungen[6] und den Zugewinnausgleich.[7] Dem folgt der IDW Standard.[8] Die Frage ist ähnlich zu beurteilen wie beim neutralen Vermögen[9] und beim Substanzwert.[10] Bei der Liquidation von Kapitalgesellschaften können Ansprüche auf Steuererstattung entstehen; sie erhöhen den Wert.[11]

VII. Vertragsauslegung

Der Liquidationswert kann als Mindestwert entfallen, wenn die Parteien es so gewollt haben, wenn also nicht liquidiert werden soll.

---

1 IDW Standard S 1 Tz. 142, WPg 2000, 839.
2 BayObLG, WM 1995, 1580, 1583.
3 OLG Düsseldorf, AG 1999, 321, 324.
4 BayObLG, WM 1995, 1580, 1585 f.; OLG Düsseldorf, WM 1998, 2058.
5 BGH, DB 1972, 1229; BGHZ 983, 389.
6 BGH, NJW 1973, 509.
7 BGH, WM 1991, 283, 289. Dabei soll es dort nicht ankommen auf eine geplante Veräußerung.
8 IDW Standard S 1 Tz. 142, WPg 2000, 839.
9 Oben S. 172.
10 Unten S. 226.
11 IDW Standard S 1 Tz. 142, WPg 2000, 839.

Q. Liquidationswert

Der Vertrag mag etwa erkennen lassen, dass das Unternehmen durch die Abfindung zum Liquidationswert nicht gefährdet werden soll. Man kann u. U. die Fortsetzungsklausel nach §§ 736, 737 BGB, §§ 138, 140 HGB so auslegen. Soll sie den Fortbestand der Gesellschaft auch wirtschaftlich sichern? Im Allgemeinen wohl nicht, weil das eine „Arme-Leute-Strategie" der verbleibenden Gesellschafter herausfordert.

Anders mag es sein bei Gesellschaften, die von Struktur und Geschichte her (Familientradition) auf Dauer angelegt sind[1] – aber selbst dort wohl nur bei ererbten oder geschenkten Anteilen. Es besteht immer die Gefahr, dass die Verbleibenden die Familientradition nur „auf Zeit" zulasten des Ausscheidenden hochhalten.

---

1 Vgl. *Großfeld/Gersch*, JZ 1988, 937.

R. Besonderheiten bei bestimmten Unternehmen

Grundsätzlich ermitteln wir den Wert unabhängig von der Größe und der Art des Unternehmens. Immer suchen wir nach der Fähigkeit entziehbare finanzielle Überschüsse zu erzielen. Im Übrigen kann aber Besonderes zu beachten sein.[1]

I. Wachstumsstarke Unternehmen[2]

Sie sind geprägt durch Innovationskraft, durch hohe Investitionen, erhebliche Vorleistungen in den Ausbau, wachsenden Kapitalbedarf und durch steigende Umsätze. Sie müssen nicht schon ertragstark sein; denken Sie an Amazon, Yahoo, Qualcom oder Vodafon. Die Vergangenheit zählt bei diesen Umbruchunternehmen wenig, verleiht uns nicht genug Erfahrung für Schätzungen und Plausibilitäten.[3] Es ist schwer zu beurteilen, ob die Dynamik anhält oder ob ein Gleichgewichts- und Beharrungszustand erreicht ist. Börsenwerte geben wegen der z.T. hohen Volatilität (vgl. Neuer Markt) weniger Anhaltspunkte. Das mahnt zur Vorsicht.[4]

Zu schauen ist daher besonders auf die nachhaltige Markt- und Wettbewerbsfähigkeit, die Verfügbarkeit von Ressourcen, die Disziplin der inneren Struktur und die Finanzierbarkeit. Aber das allein tut es nicht. Das Gericht muss sich ein Bild verschaffen von den Wachstumschancen des Marktes, etwa bei Hightec, Internet oder Intranet.[5] Das verlangt mehr als Zahlen- und Bücherkunde.

Die Risikoprämie[6] und der Wachstumsabschlag[7] müssen die Besonderheiten dieser Unternehmen ebenfalls beachten.[8] Sie sind umfassend zu würdigen. Vor Euphorie und vor dem Glauben an neue „Marktgesetze" ist zu warnen.

---

1 IDW Standard S 1 Tz. 146, WPg 2000, 839.
2 IDW Standard S 1 Tz. 147, WPg 2000, 839.
3 IDW Standard S 1 Tz. 148, WPg 2000, 839.
4 *Großfeld*, 35 CyberCorporation Law: Comparative Legal Semiotics/Comparative Legal Logistics, International Lawyer (2001), erscheint demnächst.
5 *Großfeld/Hoeltzenbein*, NZG 2001, 779; IDW Standard S 1 Tz. 149, WPg 2000, 839.
6 Oben S. 122.
7 Oben S. 143.
8 IDW Standard S 1 Tz. 149, WPg 2000, 839.

R. Besonderheiten bei bestimmten Unternehmen

II. Ertragsschwache Unternehmen[1]

Das können an sich auch wachstumsstarke Unternehmen sein. Im Allgemeinen bezieht man sich aber auf Unternehmen, die ihr Kapital nachhaltig geringer verzinsen als der Kapitalisierungszinssatz ist. Das kann zu Zahlungsunfähigkeit und Überschuldung und damit zu Insovenz führen (§§ 17–19 InsO).[2] Deshalb ist zu prüfen, ob statt der Fortführung mit einer Wertminderung oder Zerschlagung in der Insolvenz zu rechnen ist. Der Zerschlagungswert (Liquidationswert) ist dann die untere Grenze des Wertes.[3] Eine Mindestverzinsung kann nicht verlangt werden.[4]

Bejaht man eine Fortführung, so ist vor allem zu beachten wie sie gestaltet werden kann. Nur zum Stichtag bereits eingeleitete Maßnahmen sind zu beachten und auf ihre Realisierbarkeit zu prüfen;[5] alles andere ist zu leicht „nuda spes". Der Gutachter muss die Pläne prüfen auf Plausibilität und darauf die Prognose der künftigen finanziellen Überschüsse gründen.[6]

Immer ist zu fragen, worauf die Ertragslosigkeit beruht, ob dahinter die Unternehmenspolitik eines Mehrheitsgesellschafters „steckt". Dann muss der gesetzliche Schutzgedanke zugunsten der Minderheit gelten.[7]

III. Kleine und mittlere Unternehmen[8]

1. Allgemeines

Hier ist zu achten auf die Abgrenzung des Bewertungsobjektes, den Unternehmerlohn und auf die Zuverlässigkeit der Informationen.[9]

---

1 IDW Standard S 1 Tz. 150, WPg 2000, 839; *Rodewald*, GmbHR 1996, 736.
2 IDW Standard S 1 Tz. 150, WPg 2000, 839. Einzelheiten in IDW Stellungnahme: Empfehlungen zur Überschuldungsprüfung bei Unternehmen, FN-IDW 1996, 523; *ders.*, Empfehlungen zur Prüfung eingetretener oder drohender Zahlungsunfähigkeit bei Unternehmen, FN-IDW 1999, 85.
3 IDW Standard S 1 Tz. 151, WPg 2000, 839; oben S. 203.
4 OLG Düsseldorf, DB 1998, 1454 = EWiR § 304 AktG 2/1998, 677 (*Luttermann*).
5 IDW Standard S 1 Tz. 152, WPg 2000, 839.
6 IDW Standard S 1 Tz. 152, WPg 2000, 839.
7 OLG Düsseldorf, DB 1998, 1454 = EWiR § 304 AktG 2/1998, 677 (*Luttermann*).
8 *Helbling*, in: *Peemöller*, (Hrsg.), Handbuch der Unternehmensbewertung, S. 187; *Behringer*, Unternehmensbewertung der Mittel- und Kleinbetriebe, 2. Aufl. 2001.
9 IDW Standard S 1 Tz. 157, WPg 2000, 840.

2. Management

Bei diesen Unternehmen gibt es oft kein auch nur einigermaßen selbstständiges Management; daher ist die unternehmerische Kraft des Eigners sehr wichtig.[1] Von seinem Kenntnissen, Fähigkeiten und Beziehungen hängt fast alles ab. Der Unternehmerlohn muss dem angemessen sein und die personenbezogenen Wertfaktoren erfassen.[2]

3. Abgrenzung

Die Abgrenzung vom Privatbereich ist zu beachten. Teile des Anlagevermögens (vor allem Patente und Grundstücke) liegen häufig im Privatvermögen. Steuerliche Sonderbilanzen geben dafür Hinweise. Diese Bestandteile sind dann in die Bewertung einzubeziehen oder es sind Nutzungsentgelte anzusetzen. Es ist auch darauf zu achten, dass alle Aufwendungen und Erträge betrieblich veranlasst und vollständig im Rechnungswesen erfasst sind.[3]

4. Eigenkapital

Zu prüfen ist, ob das Eigenkapital für die Zukunft ausreicht. Dabei ist zu berücksichtigen eine oft bestehende persönliche Haftung. Zu bedenken ist, dass kein Zugang besteht zum Kapitalmarkt und die Finanzierung schwieriger sein kann.[4] Das Eigenkapital kann gestärkt werden durch Sicherheiten aus dem Privatbereich (z. B. Hypothek oder Bürgschaft); dann sind Provisionen anzusetzen.[5]

5. Rechnungslegung

Die Jahresabschüsse kleiner und mittlerer Unternehmen sind oft steuerlich ausgerichtet (Steuerbilanz, § 5 Abs. 2 EStG), was zu größeren Korrekturen führen kann. Häufig wird nicht regelmäßig investiert sondern in großen Abständen. Die Gewinn- und Verlustrechnungen spiegeln dann die durchschnittlichen Ergebnisse nicht richtig wider und sind zu korrigieren.[6]

---

1 IDW Standard S 1 Tz. 155, WPg 2000, 840.
2 IDW Standard S 1 Tz. 161, WPg 2000, 840.
3 IDW Standard S 1 Tz. 158, WPg 2000, 840.
4 IDW Standard S 1 Tz. 158, WPg 2000, 840.
5 IDW Standard S 1 Tz. 160, WPg 2000, 840.
6 IDW Standard S 1 Tz. 162, WPg 2000, 840.

6. Analyse

Häufig fehlen Pläne für die Zukunft; es gibt nur allgemeine Vorstellungen. Der Gutachter muss dann eine Planung von ein bis fünf Jahren verlangen und kritisch überprüfen.[1] Oft werden aber nur allgemeine Vorstellungen über die zukünftige Entwicklung bestehen. Falls konkrete Anhaltspunkte fehlen, ist der Gutachter nur auf Ergebnisse der Vergangenheit verwiesen. Die Überschussprognose ist dann recht unsicher. Allein das Fehlen einer Planungsrechnung oder Mängel darin erlauben aber keinen Abschlag von den finanziellen Überschüssen und auch keinen Zuschlag beim Kapitalisierungszinssatz.[2] Das würde kleine und mittlere Unternehmen systematisch benachteiligen.

7. Kritik

Mitunter wird kritisiert, dass die Übertragung der allgemeinen Bewertungsregeln hier zu „formelhaft" sei.[3] Daher findet man auch Verfahren zu einer vereinfachten Preisfindung.[4] Darauf komme ich zurück.[5]

IV. Junge Unternehmen

Die traditionellen Bewertungsverfahren setzen voraus, dass das Unternehmen eine Geschichte hat aus der sich Erwartungen für die Zukunft ableiten lassen. Dies „Sicherheitspolster" fehlt bei jungen Unternehmen; das sind heute beispielhaft die Unternehmen des Internet-Bereichs. Bei ihnen ergibt sich der Wert nicht aus schon erzielten Erträgen oder Cashflows, sondern zuerst aus den Wachstumschancen – für die aber Erfahrungen fehlen.[6]

---

1 IDW Standard S 1 Tz. 163, WPg 2000, 840.
2 Vgl. IDW Standard S 1 Tz. 163, WPg 2000, 840.
3 *Westerfelhaus*, DStR 2000, 1449.
4 IDW Standard S 1 Tz. 165 ff., WPg 2000, 840 f.
5 Unten S. 217.
6 *Achleitner*, BB 2001, 927; vgl. dazu *Eberhart*, BB 2001, 1840.

1. Cap-Sales-Ratio

Daher erprobt man Hilfslösungen, die sich an den Einnahmequellen der Unternehmen orientieren.[1] Man fragt etwa nach der Cap-Sales-Ratio, nämlich danach, wie viel derzeit für einen Euro-Umsatz gezahlt wird. Dafür teilt man die Marktkapitalisierung (Cap) durch den Umsatz (Sales). Ergibt sich dadurch z. B. die Kennziffer 50, so heißt das, dass der gezahlte Preis in 50 Jahren durch Umsätze gedeckt wird – bei sonst unveränderten Bedingungen. Ein Überschuss ist dann noch nicht erzielt. Je niedriger die Kennziffer ist, umso billiger ist das Unternehmen. Bei der Cap-Customer-Ratio setzt man die Marktkapitalisierung (Cap) in ein Verhältnis zur Zahl der Kunden (Customer) innerhalb eines Zeitraums. Jeder Kunde steht für eine Gewinnchance.

Vor allem bei Anbietern von Werbung im Internet ermittelt man, das Kundenpotenzial (Reichweite); dafür untersucht man, wie viel Nutzer (unique visitors) die Homepages innerhalb eines Zeitraums anklicken und wie lange sie darauf verweilen; dabei vermeidet man Doppelzählungen. Man teilt dann die Marktkapitalisierung durch die Zahl der Nutzer. Man kann aber auch ansetzen bei der Zahl der Zugriffe auf die Homepage. Der Ansatz bei Nutzer und Verweildauer lässt sich kombinieren durch die Cap-Stick-Ratio: Man teilt die Marktkapitalisierung durch das Produkt aus Zahl der Nutzer und durchschnittlicher Nutzungsdauer.

Diese Verfahren geben u. U. einen Vergleichsmaßstab zu ähnlichen Unternehmen. Sie haben aber alle die Schwäche, dass der Schluss auf Überschüsse unsicher bleibt. Die Zahl der Nutzer oder der Zugriffe lässt sich durch Lockangebote leicht steigern, z. B. durch Prämien für „Anklicken". In jedem Fall ist es wichtig auf Umsatz- und Marktanteilsverlauf zu achten. Dem Marktführer muss man u. U. einen Bonus gewähren (Gorilla-Theorie).

2. Realoptionsmodell

Diesen Schwächen sucht man zu begegnen mit dem Realoptionsmodell, das ausgeht von den Überlegungen der Nobelpreisträger von 1997 *Myron Scholes* und *Fischer Black*. Man sieht in dem Anteil eine Option auf zukünftige Geldzuflüsse. Die Unsicherheiten bei Umsatzentwicklung und Kundenzahl werden nach mathematisch-statistischen Verfahren gewichtet, wobei das Risiko einer Insolvenz ausdrücklich angesetzt

---

1 Zum Folgenden: Für einen Gorilla ist man auch bereit mehr zu zahlen FAZ vom 7. 3. 2000, Nr. 56 S. 31.

wird. Die Methode soll große Über- oder Unterbewertungen am Aktienmarkt aufzeigen und sich zur Plausibilitätskontrolle eignen. Man weiß aber nicht so recht, inwieweit Vermögensgegenstände und Chancen als Optionen gelten können.[1] Die Methode ist bisher wenig erprobt und leidet zudem am „Blackbox Syndrom": Sie wird leicht komplex und undurchsichtig.[2]

V. Vorgesellschaften[3]

Wir begegnen einem Musterbeispiel dafür, wie der rechtliche Zusammenhang die Bewertung prägt.

Für die Vorbelastungsbilanz bei einer Gesellschaft mit beschränkter Haftung greift der Bundesgerichtshof zurück auf die Ertragswertmethode.[4] *Hennrichs* hält das für bedenklich wegen der Vorbelastungshaftung. Die Ertragswertmethode sei „Prophetie":[5] „Die Zahlenwelt der finanzmathematischen Rentenrechnung gaukelt eine Sicherheit vor, die tatsächlich nicht vorhanden ist".[6] Das sei bei Vorgesellschaften umso gravierender, als es Vergangenheitszahlen nicht gebe, sodass „nur die reine Zukunftsbetrachtung" gelte. Man solle deshalb aus Gründen des Gläubigerschutzes (effektive Kapitalaufbringung) bei einer „substanzbezogenen Sichtweise bleiben".[7] Ein („angeblicher") Firmenwert des neuen Unternehmens sei nicht zu berücksichtigen. Es ist ein selbstgeschaffener Firmenwert, der an sich nicht angesetzt wird (§ 255 Abs. 54 HGB)

Die Auffassung des Bundesgerichtshof erscheint angemessen. Gewiss hat die Ertragswertmethode Schwächen, aber sie stellt die Wertungsgesichtspunkte richtig heraus und erzwingt eine geordnete Diskussion. Substanzbezogene Sichtweisen sind dagegen ein „Sprung ins Dunkle" – ohne Netz. Das gilt vor allem für den Substanzwert,[8] sodass allenfalls der Liquidationswert[9] bliebe. Das mag für die Vorbelastungsbilanz im Hin-

---

1 *Copeland/Koller/Murrin*, Valuation, S. 395.
2 *Dermine/Wildberger*, Blase am Neuen Markt ist eine Folge des Bewertungsansatzes, FAZ 5. 1. 2001.
3 *Hennrichs*, ZGR 1999, 837.
4 BGH, ZIP 1998, 2151.
5 *Hennrichs*, ZGR 1999, 850 Fn. 58.
6 AaO 851
7 BGH, ZIP 1998, 2151.
8 Unten S. 220.
9 Oben S. 203.

blick auf die Kapitalaufbringung angemessen sein. Zu bedenken ist aber, dass die Vorgesellschaft in der Zukunft fortgeführt wird und ihr Wert auf der kreativen Kraft der Gründer beruht, die wir – von Juristen oft verkannt – dringend gebrauchen und die das wichtigste Gründungskapital ist. Eine konsequente Kapitalaufbringungslehre verschiebt die Risiken einseitig zulasten neuer Ideen und junger Menschen, behindert das Entstehen einer „new economy". Ein „Silicon Valley" entsteht so nicht. Die Ertragswertmethode bietet einen Kompromiss; die Zwecke der Vorbelastungsbilanz können berücksichtigt werden durch das Vorsichtsprinzip, welches im Bilanzrecht gilt (§ 252 Abs. 1 Nr. 4 HGB).

VI. Gemeinnützige Unternehmen

Man nennt sie im Fachjargon auch „Unternehmen mit Leistungserstellungszwecken„ – „Non Profit-Unternehmen". Sie erfüllen vor allem Aufgaben der öffentlichen Daseinsvorsorge (z. B. Wohnungen, Stadtentwicklung, Verkehr) oder dienen karitativen Zwecken. Für sie ist nicht der Zukunftserfolgswert maßgeblich sondern der Rekonstruktionswert: Was würde es kosten, wenn man die Voraussetzungen der „guten Werke" am Stichtag erstellte?[1] Das ist schon deshalb „weich", weil es auch einen Goodwill an den Märkten für Finanzierung und Absatz „guter Werke" gibt und viele dieser Unternehmen Arbeitsplätze sichern (die zuerst finanziert werden). Falls die Ziele durch eine weniger aufwändige Struktur erreicht werden können, ist der Rekonstruktionswert geringer. Hier gibt es viel verbalen Spielraum! Hinzuzufügen ist stets der Liquidationswert des nicht betriebsnotwendigen Vermögens.[2]

Selbst bei unzureichender Ertragskraft scheidet eine Liquidation vielfach aus – falls man den Finanzzufluss (z. B. durch Spenden oder Subventionen) als hinreichend sicher ansieht. Aber auch hier kann sich die „Marktlage" ändern. Zu fragen ist dann nach den Aufwendungen für eine anderweitige Investition außerhalb des zu bewertenden Unternehmens.[3]

---

1 IDW Standard S 1 Tz. 153, WPg 2000, 839.
2 IDW Standard S 1 Tz. 153, WPg 2000, 839.
3 IDW Standard S 1 Tz. 154, WPg 2000, 839 f.

R. Besonderheiten bei bestimmten Unternehmen

VII. Gesellschaften in den neuen Bundesländern

Diese Gesellschaften wurden in der Vorauflage noch näher erörtert.[1] Inzwischen haben sich aber die Verhältnisse angeglichen; immerhin mögen noch Fragen aus der Vergangenheit auftauchen. Daher nur ganz kurz:

Es fehlten vergleichbare Vergangenheitsergebnisse. Daher ließen sich nur plausible Annahmen machen, was zu betonen war. Entscheidend waren auch hier die Leistungspotenziale wie Ertrag, Marktstellung und Verbundeffekte sowie die Chance einen Marktzugang zu eröffnen. Obergrenze waren die Mehrausgaben, die entstehen, wenn man das Unternehmen selbst errichtet, anstatt es zu kaufen.[2]

---

1 *Großfeld*, Unternehmens- und Anteilbewertung im Gesellschaftsrecht, 3. Aufl. 1994, S. 137.
2 *Sieben*, FS Busse von Colbe, S. 67, 82.

S. Vereinfachte Verfahren[1]

I. Einführung[2]

Um die Dinge zu vereinfachen, greift die Praxis bei kleinen und mittleren Unternehmen gelegentlich zurück auf Vervielfältiger von Ergebnis, Umsatz oder Produktionsmenge.[3] Der Wert des Unternehmens ergibt sich dann daraus, dass man ein als repräsentativ angesehenes Ergebnis vor Abzug von Steuern mit einem branchen- oder unternehmensspezifischen Faktor multipliziert.[4]

II. Jahrkauf[5]

Beim Jahrkauf setzt man den letzten Jahresüberschuss vor Steuern als nachhaltigen Jahresüberschuss an und multipliziert ihn mit einem branchen- oder unternehmensspezifischen Faktor (Ergebnismultiplikator). Er soll ausdrücken die aktuellen Kapitalkosten, die Risikoneigung möglicher Erwerber und das Verhältnis von Angebot und Nachfrage. Oft nimmt man das 10- oder 12,5-fache als Unternehmenswert. Nach der Formel

$$\frac{\bar{E}}{i}$$

enspricht das einem Kapitalisierungssatz von 10 oder 8 v. H. Diese Multiplikatormethode ist grob aber einfach. Sie entspricht der Kurs/Gewinn-Methode der Börsenanalytiker.

III. Umsatzmethode/Produktmengenmethode[6]

Man nutzt sie besonders für kleinere Dienstleistungsunternehmen und für freiberufliche Praxen. Deren Wert liegt vor allem in einem übertrag-

---

1 Siehe dazu *Kames*, Unternehmensbewertung durch Finanzanalysten als Ausgangspunkt eines Value Based Mesurement, 2000.
2 Einzelheiten bei *Löhnert/Böckmann*, in Peemöller (Hrsg.), Handbuch der Unternehmensbewertung, S. 401.
3 IDW Standard S 1 Tz. 144, WPg 2000, 839; *Behringer*, Unternehmensbewertung.
4 IDW Standard S 1 Tz. 166, WPg 2000, 840.
5 IDW Standard S 1 Tz. 166, WPg 2000, 840.
6 IDW Standard S 1 Tz. 167, WPg 2000, 840 f.

S. Vereinfachte Verfahren

baren Kundenstamm, z. B. bei einem Freiberufler[1] im Mandantenstamm.[2] Man vermutet, dass der Anteil des Gewinns am Jahresumsatz bei all solchen Unternehmen ähnlich ist. Deshalb werden Umsatz oder Produkte mit einem je nach Branche unterschiedlichen Vervielfältiger angesetzt. Bei einigen Freiberuflern soll z. B. der Gewinn regelmäßig ein Drittel des Umsatzes betragen. Einige halten bei städtischen Anwaltspraxen 50 bis 100%, maximal 150 % des Jahresumsatzes für üblich.[3] Er gilt jedoch als flüchtig, weil so viel von der Fähigkeit des Arztes oder des Rechtsanwalts abhängt.[4] Der Ertragswert liegt dann bei 100 bis 120 % des Jahresumsatzes.

Beispiel:

Umsatz: 300 000   Gewinn: 100 000

$$\frac{\overline{E}}{i} = \frac{100\,000 \times 100}{30} = 333\,000 \text{ DM} = 111\,\% \text{ des Umsatzes.}$$

Dem ersten Anschein nach eignen sich diese Verfahren nicht für Publikumsgesellschaften. Dennoch orientieren sich die Preise für solche Unternehmen *auch* am Umsatz, nämlich beim Kauf von Marktanteilen und beim Markteintritt. Das spielt dann in die Bewertung hinein.[5]

IV. Reichweite[6]

Der Bundesgerichtshof akzeptiert diese Verfahren für freiberufliche Praxen im Rahmen des Zugewinnausgleichs und des Erbrechts.[7] Im Allgemeinen ersetzen sie zwar eine Unternehmensbewertung nicht;[8] sie kommen aber in Betracht, wenn sie vereinbart sind, und wenn und soweit sich ihre wesentlichen Prämissen auch ableiten lassen aus den analysie-

---

1 *Ahrens*, FS Geiß, S. 219; *Friedrich-Wilhelm Meyer*, Unternehmensbewertung; *von Borstel/Schoor*, Steuerberaterpraxis; *Englert*, Bewertung von WP- und Steuerberatungspraxen; *ders.*, BB 1997, 142; *Wollny*, Unternehmens- und Praxisübertragungen, dazu *Moxter*, BB 1995, 1518.
2 Zu dessen Bewertung BGH, WM 1995, 837.
3 Berichtend *Seetzen*, Spruchverfahren, S. 571; Einzelheiten bei *Eich*, Bewertung von Anwaltspraxen, S. 21; *Frielingsdorf*, Praxiswert. Siehe auch OLG Schleswig, NZG 2001, 65 und *Hülsmann*, NZG 2001, 625.
4 Zum Ganzen *Friedrich-Wilhelm Meyer*, Zugewinnausgleich.
5 A. A. *Seetzen*, Spruchverfahren, S. 571.
6 IDW Standard S 1 Tz. 159, WPg 2000, 840.
7 BGH, WM 1973, 308, 311; FamRZ 1977, 38, 40; WM 1991, 283, 284 f.
8 IDW Standard S 1 Tz. 145, WPg 2000, 839.

renden Verfahren. Das gilt für den Kapitalisierungszinssatz, die Lebensdauer des Unternehmens, für die branchentypische Überschuss- und Rentabilitätsentwicklung sowie für die zeitliche Verteilung der finanziellen Überschüsse.[1] Im Gutachten ist stets anzugeben, ob und wie Preise vereinfacht gefunden wurden.[2]

V. Plausibilitätskontrolle

Die vereinfachten Verfahren können auch herangezogen werden um die Plausibilität der Ergebnisse aus Ertragswert- oder DCF-Verfahren zu kontrollieren.[3] Falls sich nämlich Differenzen zeigen, sollte man die herangezogenen Größen, die Ausgangsdaten und die Prämissen überprüfen und u. U. korrigieren.[4]

---

1 IDW Standard S 1 Tz. 170, WPg 2000, 841.
2 IDW Standard S 1 Tz. 170, WPg 2000, 841.
3 IDW Standard S 1 Tz. 144, WPg 2000, 839; S 1 Tz. 168, WPg 2000, 841.
4 IDW Standard S 1 Tz. 168, WPg 2000, 841.

T. Substanzwert

I. Begriff[1]

Er ist der Gebrauchswert der betrieblichen Substanz und ergibt sich als Rekonstruktions- oder Wiederbeschaffungswert aller im Unternehmen vorhandenen materiellen und immateriellen Werte. Er ist damit Barwert der in Zukunft ersparten Investitions-, Reinvestitions- und Betriebsausgaben für alle materiellen und immateriellen Werte abzüglich Schulden (Nettosubstanzwert).[2] Er drückt vorgeleistete Ausgaben aus, die dadurch erspart bleiben, dass man auf den Aufbau eines identischen Unternehmens verzichtet.

Dem Alter der Substanz trägt man Rechnung durch Abschläge vom Neuwert. Die Abschläge ergeben sich aus dem Verhältnis von Rest- zu Gesamtnutzungszeit oder aus dem Verhältnis des Rest- zum Gesamtnutzungspotenzials (Rekonstruktionszeitwert).[3]

Es ist indes äußerst schwierig, wenn nicht unmöglich solche Daten zu ermitteln für nicht bilanzierungsfähige (z. B. originärer Geschäftswert) oder immaterielle Werte (z. B. selbst erstellte Patente). Deshalb sieht die Praxis davon ab; das führt zu einen (Netto-)Teilrekonstruktionszeitwert.[4]

II. Bedeutung

Wie wir sahen, ist der Substanzwert grundsätzlich nicht maßgeblich für die Höhe der Abfindung.[5] Es fehlt jeder direkte Bezug zu den künftigen finanziellen Überschüssen. Er ist weder Bestandteil des Überschuss- noch des Liquidationswerts. Daher hat er keine eigenständige Bedeutung.[6]

Gelegentlich nutzt man ihn noch als Hilfs- oder Kontrollwert: Ein Überschusswert über dem Substanzwert sei erhöhten Risiken ausgesetzt,

---

1 IDW Standard S 1 Tz. 171 ff., WPg 2000, 841.
2 IDW Standard S 1 Tz. 171, WPg 2000, 841; *Busse von Colbe*, Stromversorgungsanlagen, S. 24.
3 IDW Standard S 1 Tz. 171, WPg 2000, 841.
4 IDW Standard S 1 Tz. 171, WPg 2000, 841.
5 IDW Standard S 1 Tz. 172, WPg 2000, 841; *Moxter*, Die sieben Todsünden, S. 253, 255. Siehe aber BGH, ZIP 1998, 1161 und oben S. 215.
6 IDW Standard S 1 Tz. 172, WPg 2000, 841. Ausnahme oben S. 215 bei gemeinnützigen Unternehmen.

weil ein vergleichsweise hoher Überschuss Wettbewerber anlocke. Das lässt sich indes nicht generell sagen und ist zudem schon bei der Überschussschätzung bedacht. Der Substanzwert soll auch hinweisen auf die künftige Finanzstruktur, den Finanzbedarf und die Finanzierbarkeit: Die Finanzkraft aus der Substanz erleichtere eine Fremdfinanzierung und helfe Krisen zu überwinden.[1] Der Substanzwert beeinflusse so Chancen und Risiken. Als Kontrollwert führe er zu der Frage: Was müsste man zahlen, wenn man ein vergleichbares Unternehmen aufbauen wollte? (Ohne Goodwill = Teilrekonstruktionswert). Die „Liebe zum Substanzwert" entspringt auch einem Misstrauen gegenüber dem Überschusswert: Die dort verlangte Einschätzung der Zukunft gilt als scheingenau, sie laufe nur auf Faustregeln hinaus. Das „sitzt" oft – aber die Sicherheit ist beim Substanzwert noch geringer[2] (vor allem beim Goodwill).

III. Kritik

Die Lehre vom Hilfs- oder Kontrollwert ist abzulehnen.[3] Die Begriffe sind unscharf; sie sind „Ansätze zum Aussuchen". Gewiss machen sie die Unternehmensbewertung „sehr elastisch"[4] (was sie ohnehin ist) – aber unscharfe Begriffe schwächen den Sinn für Disziplin, lassen die Grenzen zwischen Elastizität und Manipulation verschwimmen.

Schon der Ausgangspunkt ist falsch: Der Substanzwert erfasst nicht den Goodwill (Teilrekonstruktionswert) und sagt deshalb nicht, was ein vergleichbares Unternehmen kosten würde. Dafür muss man auch investieren in die Geschäftsführung, in das Personal, das Know-how, das Marketing, in den goodwill, kurz: in den immateriellen Bereich.[5] Er fällt beim Substanzwert „unter den Tisch".

Gewiss muss man die Substanz kennen, weil sie Daten liefert für den künftigen Überschuss und für den Finanzbedarf.[6] Sie erlaubt Schlüsse auf Chancen, Abschreibungen und Zinsen, auf die Kreditfähigkeit (Sicherheiten!).[7] Deshalb muss man aber die Gegenstände nicht zu einen Substanzwert zusammen-

---

1 IDW Stellungnahme HFA 2/1983, WPg 1983, 479.
2 *Busse von Colbe*, Stromversorgungsanlagen, S. 317, 328.
3 Moxter, FS Loitlsberger, S. 409, 419.
4 *Zehner*, DB 1981, 2109, 2116.
5 Moxter, FS Loitlsberger, S. 409, 423.
6 LG Frankfurt, AG 1996, 187, 188.
7 LG Frankfurt, WM 1987, 559, 561.

fassen – darauf kann man getrost verzichten.[1] Es enstehen dann keine falschen „Zungenschläge" keine unkontrollierbaren „Elastizitäten".

IV. Mindestwert

Einige empfehlen den Substanzwert als Mindestwert bei unrentablen Unternehmen. Der Liquidationswert als untere Wertgrenze genüge dort nicht, weil eine Zerschlagung den Wert des Unternehmens mindere. Ein Käufer werde aber „auf die erheblichen Werte der Substanz" achten und versuchen sie „optimal und eben nicht durch Liquidation" zu nutzen.[2] Das spricht aber nicht für den Substanzwert: Die künftigen Überschüsse werden ja beim Überschusswert erfasst, beim neutralen Vermögen[3] und u. U. bei den Verbundvorteilen.[4]

Der Substanzwert taugt selbst als Mindestwert nicht. Niemand zahlt für einen Nachbau, der sich nicht lohnt, ob er sich lohnt hängt aber ab von den erhofften Überschüssen.[5] Anders ist es nur, wenn das Unternehmen ohne Rücksicht auf Überschüsse betrieben wird, z. B. unter Umständen Krankenhäuser oder öffentliche Verkehrsbetriebe.

V. Ausnahmen

Auf die Ausnahme im Hinblick auf ein landwirtschaftliches Sachwertdenken wurde schon hingewiesen.[6]

VI. Vereinbarter Substanzwert

1. Auslegung

Der Substanzwert ist auch deshalb noch wichtig, weil Gesellschaftsverträge gelegentlich vorsehen[7] (bei Aktiengesellschaften steht § 23 Abs. 5

---

1 OLG Düsseldorf, WM 1990, 1982; *Busse von Colbe*, Stromversorgungsanlagen, S. 317, 327; *Moxter*, FS Loitlsberger, S. 409, 424.
2 *Beyerle*, Unternehmensbewertung, S. 247, 257.
3 Vgl. oben S. 168.
4 Oben S. 63.
5 *Moxter*, Grundsätze, S. 44 f.
6 BGH, ZIP 1998, 1161, 1166. Dort auch zu den dann anwendbaren Methoden.
7 Vgl. BGH, WM 1986, 709.

Satz 2 AktG entgegen), dass zum Substanzwert abzufinden sei.[1] Doch ist vor allem bei älteren Verträgen zu prüfen, ob die Parteien damit nur das damals als sachgerecht geltende Verfahren meinten, sodass darunter jetzt das heute geltende Verfahren verstanden werden kann. Das muss man oft annehmen. Selbst bei neuen Verträgen kann der Begriff aus „verstaubten Vorgängen" stammen und deshalb eine „falsa demonstratio" sein. Zweifel sind angebracht, weil die Parteien kaum etwas wollten, was zurzeit des Ausscheidens als sachwidrig gilt und der dann geltenden Auslegung des § 738 Abs. 1 Satz 2 BGB widerspricht.[2]

Es mag aber auch sein, dass nach dem Gesellschaftsvertrag ein „Goodwill" nicht berücksichtigt werden soll. Es muss sich dann ergeben, dass der ausscheidende Gesellschafter an den künftigen Überschüssen nicht teilhaben soll. Dann bleibt nur der Substanzwert übrig. Es sind also für das Vermögen Wiederbeschaffungswerte anzusetzen und die Schulden abzuziehen.[3] Unter Umständen kann auch ein Bruttosubstanzwert (ohne Abzug von Schulden) gemeint sein.[4]

2. Niedrigerer Überschusswert

Die Wahl des Substanzwertes führt zu weiteren Fragen: Soll ein *niedrigerer* Überschusswert den höheren Substanzwert verdrängen – wie es die „Mittelwertmethode" annimmt?.[5] Oder wollte man die Diskussion über den Überschuss gerade vermeiden? Das lässt sich nur aus dem Vertrag heraus beantworten.[6] Im Allgemeinen muss man annehmen, dass der Überschusswert dann vorgeht. Er entspricht der Prämisse, dass das Unternehmen fortgeführt wird; sonst würden ja mehr Mittel entzogen als gemäß seiner Wirtschaftkraft.[7] Das deckt sich mit der der Auffassung, dass der Auseinandersetzungsanspruch sich bei niedrigen Überschüssen mindert.[8]

---

1 *Sieben/Lutz*, DB 1983, 1989.
2 *Ludewig/Ludewig-Husheer*, FS Großfeld, S. 713, 719.
3 *Ludewig/Ludewig-Husheer*, FS Großfeld, S. 722.
4 *Busse von Colbe*, Stromversorgungsanlagen, S. 26.
5 Oben S. 42.
6 *Reinicke/Tiedke*, DB 1984, 703.
7 *Ludewig/Ludewig-Husheer*, FS Großfeld, S. 713, 720, 723. A. A. *Reinicke/Tiedke*, DB 1984, 703.
8 BGH, DB 1978, 974.

3. Reinvermögen

Bleibt es ausnahmsweise doch beim Substanzwert,[1] so meinen die Parteien damit wohl das Reinvermögen des Unternehmens. Es ist der Saldo aus dem Wert der Gegenstände und der Schulden, der Teilrekonstruktionswert (ohne Goodwill); er erfasst, was ein Erwerber zahlen müsste um ein gleichartiges Unternehmen aufzubauen, also alle Gegenstände anzuschaffen.

4. Ermittlung

Falls der Substanzwert gewollt ist, gelten für seine Ermittlung die allgemeinen Grundsätze.[2] Stichwörter sind: Bewertungseinheit, mittlere Erwartungen (kein Vorsichtsprinzip), gesonderte Bewertung des nicht betriebsnotwendigen Vermögens, Stichtagsprinzip und Nachvollziehbarkeit.[3]

Für den Wert der Gegenstände geht man aus von der Bilanz; aber auch darin nicht genannte Werte sind zu beachten,[4] z. B. selbstgeschaffene Patente (§ 248 Abs. 2 HGB). Sind immaterielle Werte vertraglich ausgeschlossen, so gilt das grundsätzlich allein für Gegenstände, die sich „nur mit allen Risiken einer Fehleinschätzung" bewerten lassen.[5] Es ist zu prüfen, ob einzelne Werte einer Partei zukommen sollen.[6] Es gilt die Annahme des „Going-concern"; der Substanzwert ist ein Fortführungswert.

Statt der Buchwerte erscheinen die Zeitwerte einer Wiederbeschaffung; man orientiert sich also am Beschaffungsmarkt.[7] Bei Grundstücken schaut man auf Vergleichswerte,[8] bei Gebäuden auf die Neubaukosten abzüglich altersbedingter Minderungen (Reproduktionskosten). Die nicht betriebsnotwendigen Gegenstände erscheinen mit den Veräußerungspreisen.[9] Da der Wert des Unternehmens für den Eigentümer gesucht wird, ist das Fremdkapital abzuziehen (Netto-Methode).[10] Ein negatives Kapitalkonto ist keine Schuld.[11]

---

1 Vgl. oben S. 215.
2 IDW Standard S 1 Tz. 173, WPg 2000, 841.
3 IDW Standard S 1 Tz. 173, WPg 2000, 841.
4 BGH, WM 1986, 709.
5 BGH, WM 1986, 709, 710.
6 BGH, WM 1986, 709, 711.
7 *Welf Müller*, JuS 1974, 558, 559.
8 Oben S. 177.
9 *Busse von Colbe*, Bewertung von Gesellschaftsanteilen, S. 317, 327.
10 *Münstermann*, S. 94.
11 BGH, WM 1986, 234.

Bei Immobilien kann man einen Mittelwert wählen zwischen Sach- und Überschusswert.[1] Vorübergehende Preisschwankungen sind unerheblich, wenn der Gegenstand nicht verkauft werden soll (vgl. § 253 Abs. 2 Satz 3 HGB).[2]

VII. Steuerrecht

Bei der Vereinbarung des Substanzwertes mögen die Parteien gedacht haben an Parallelen zur steuerlichen Einheitsbewertung des Betriebsvermögens (§§ 10, 98a BewG). Das Steuerecht hält hier nämlich fest an der Einzelbewertung der Wirtschaftsgüter des Betriebsvermögens; eine Gesamtbewertung scheitere „an den fehlenden Grundlagen für eine sichere Schätzung der zukünftigen Ertrags- und Wachstumschancen und der Aussonderung des Unternehmerlohns".[3] Damit ist die Ertragskraft unbeachtlich.

VIII. Naturalrestitution

Der Substanzwert kann auch eine Rolle spielen, wenn für die Zerstörung eines Unternehmens Schadensersatz zu leisten ist. Nach § 249 Abs. 1 Satz 1 BGB ist dann der Zustand vor der Schädigung wieder herzustellen (Naturalrestitution); nach § 249 Abs. 1 Satz 2 BGB kann der Gläubiger „statt der Herstellung den dazu erforderlichen Geldbetrag verlangen". Das gilt aber nur, wenn die Herstellung noch möglich ist, was bei einer nicht vertretbaren Sache (§ 91 BGB) verneint wird.[4] Eine Unternehmensanlage ist im Allgemeinen nichtvertretbar. Es bleibt der Anspruch aus § 251 Abs. 1 BGB, der nur den u. U. niedrigeren Wertersatz gewährt. Das führt zum Wiederbeschaffungswert und damit zum Überschusswert. Deshalb gibt es keinen Zu- oder Abschlag, wenn die Betriebsergebnisse nachhaltig über oder unter einer angemessenen Verzinsung des Eigenkapitals liegen. Eine nachhaltige Unrentabilität wird erst berücksichtigt, wenn das Unternehmen konkrete Maßnahmen trifft den Betrieb sobald wie möglich aufzulösen oder stillzulegen. Ohne diese objektiv nachprüfbaren Voraussetzungen gibt es keine Ermäßigung.[5]

---

1 BGH, WM 1986, 234, 236.
2 BGH, WM 1986, 234, 236 f.
3 BR-Drucks. 140/72, S. 102 zu Nr. 21.
4 BGH, JZ 1985, 39 m. Anm. *Medicus*.
5 BFH, BStBl. II 1999, 160, 161.

IX. Latente Ertragsteuern

Ähnlich wie beim neutralen Vermögen[1] war auch hier umstritten, wie latente Ertragsteuern zu behandeln sind. Das Problem liegt darin: Wenn man Buchwerte auf die Werte der Wiederbeschaffung „hochschreibt", deckt das stille Rücklagen auf; diese sind mit latenten Ertragsteuern belastet. Die Last übernimmt der Erwerber. Daher soll – wie beim neutralen Vermögen – die latente Steuer mit ihrem Barwert abzuziehen sein.

---

[1] Oben S. 172.

U. Anteilsbewertung

I. Ausgangslage

Der Anteilswert ist grundsätzlich ein abgeleiteter Unternehmenswert:[1] Der Wert des Anteils ist danach eine Quote vom Gesamtwert des Unternehmens.[2] Deshalb gelten zunächst dieselben Regeln wie für die Unternehmensbewertung (quotaler Unternehmenswert).[3] Der Ausscheidende soll gestellt werden wie er stünde, wenn ihm der Anteil verbliebe.

Der quotale Wert ist aber nur Grundlage des Anteilswertes, nicht mit ihm identisch. Zu beachten ist auch, ob der Anteil besonderen Einfluss auf die Unternehmensführung vermittelt und welche Synergieeffekte sich erwarten lassen. Der § 305 Abs. 3 Satz 2 AktG deutet das dadurch an, dass die Barabfindung die Vermögens- und Ertragslage des Unternehmens „berücksichtigen" muss. Besondere Eigenschaften des Anteils sind also ergänzend zu erfassen.

II. Börsenkurs

Diese Ausgangslage hat sich bei der Bewertung von an einer Börse gehandelten Aktien verschoben.[4] Der Börsenkurs spielt dort für „Gesprächspartner" eine wichtige Rolle, wie oben Seite 187 dargelegt wurde. Die Bewertung der Aktie erhält also einen stärker eigenständigen Charakter.

III. Gleichbehandlung

Die Forderung nach Gleichbehandlung gilt auch für die Anteilsbewertung:[5] Jeder Gesellschafter ist bei gleichen Voraussetzungen grundsätzlich gleich zu behandeln; eine Abweichng muss sachlich berechtigt und

---

1 Oben S. 31.
2 Vgl. Pascill Corp. v. Alcoma Corp., 747 A. 2 d 549 (Delaware 2000); Ausnahme oben S. 34.
3 Besonderes gilt beim Eintritt in eine Gesellschaft gegen Einlage. Denn der Eintretende trägt fortan mit seiner Einlage zu den Überschüssen bei. Dazu *Nonnenmacher*, WPg 1980, 31; *ders.*, Anteilsbewertung, S. 40 ff.
4 Oben S. 180.
5 BGH, GmbHR 1992, 257, 261.

willkürfrei sein.[1] Wenn nicht Gesetz, Vertrag oder Satzung anderes sagen, haben Gesellschafter die gleichen Wertbeziehungen zur Gesellschaft. Das verlangt einen einheitlichen Anteilswert.[2]

Unterschiedliche Gestaltungen sind vom jeweiligen Rechtsverhältnis her zu beurteilen. Die Folgen müssen vereinbar sein mit dem Rechtsverhältnis, aus dem die Pflicht zur Gleichbehandlung entspringt.[3] So kommt es ewa bei der Aktiengesellschaft grundsätzlich nicht an auf die Individualität des Aktionärs;[4] das führt dort zu einem typisierten Anteilswert. Aktionäre mit gleichen Anteilen erhalten die gleiche Abfindung. Bei einer Personengesellschaft oder bei einer Gesellschaft mit beschränkter Haftung kann das anders sein.

IV. Treuepflicht[5]

Zu beachten ist die gesellschaftliche Treuepflicht. Sie verlangt, dass die Abfindung nicht durch den Großaktionär „gelenkt" wird und dass der Ausscheidende einen „full and fair price" erhält.[6]

V. Vollausschüttung

Oft hört man, bei Minderheitsanteilen sei nur auf die gezahlten Gewinne (Dividenden) zu schauen oder auf den Börsenkurs. Das ist jedoch für Abfindungen falsch;[7] denn die Bewertung muss für alle Gesellschafter verhältnismäßig gleich sein. Auch bei Minderheitsanteilen ist daher abzustellen auf die „künftigen maximal möglichen Durchschnittausschüttungen". Anteil ist grundsätzlich gleich Anteil (vgl. §§ 11 Satz 2, 60 Abs. 1 AktG), für alle gilt die Vollausschüttungsthese.[8] Es ist zwar realistisch, bei einflusslosen Anteilen eine teilweise Thesaurierung des Gewinns anzunehmen – aber das ist nicht rechtsgerecht: Die einbehaltenen Gewinne schaffen künftig mehr Ausschüttungen; an ihnen nähme

---
1 LG Köln, BB 1980, 1288. Vgl. aber BGH, AG 1983, 188.
2 Siehe aber unten S. 251.
3 LG Köln, BB 1980, 1288.
4 LG Köln, BB 1980, 1288.
5 *Ziemons/Jaeger*, AG 1996, 358.
6 BNE Mass. Corp. v. Sims, 588 N.E. 2d 14, 19 (Mass. App. Ct 1992).
7 *Geßler*, Gesprächsbeitrag, S. 121, 149.
8 Oben S. 68.

die Minderheit teil, wenn sie nicht ausschiede. Sie verliert die jetzigen und die höheren späteren Ausschüttungen.

VI. Abschlag/Zuschlag

In der Praxis und auch in der steuerlichen Bewertung (§ 11 Abs. 3 BewG)[1] sind Minderheitsab- und Mehrheitszuschläge verbreitet.

1. Problem

Die Praxis bewertet nämlich Minderheits- und Mehrheitsanteile oft unterschiedlich. Gleichartige Anteile sollen nur deshalb mehr oder weniger wert sein, weil sie zu einem größeren oder kleineren Anteilsbesitz gehören. Damit will man erfassen den unterschiedlichen Einfluss auf die Geschäfts- und Gewinnverteilungspolitik: Je geringer der Einfluss umso größer der Abschlag und je größer der Einfluss umso höher der Zuschlag. Dabei unterscheidet man folgende Stufen:
– einfache Minderheit,
– qualifizierte Minderheit (Sperrminorität),
– einfache Mehrheit,
– qualifizierte Mehrheit (satzungsändernde),
– Alleinbeteiligter.

2. Praxis/Steuerrecht

Abschläge und Zuschläge sind realitätsgerecht. Beim Erwerb konntrollierender Beteiligungen oder von Sperrminoritäten werden „Paketzuschläge" gezahlt. Es leuchtet ein, dass u. U. ein einzelner Anteil mehr wert sein kann als ein anderer ebenso ausgestatteter Anteil. Man denke an den *einen* Anteil, der an einer qualifizierten Minderheit oder Mehrheit fehlt oder an den *einen* Anteil für ein Vetorecht (wenn Einstimmigkeit verlangt ist). Der Paketzuschlag kann sich dann auf diesen einen Anteil konzentrieren und erstaunliche Höhen erreichen. Ein Minderheitsabschlag ist das Gegenstück dazu. So sieht es auch das Steuerrecht (§ 11 Abs. 3 BewG; R. 101 ErbStR).

---

1 *Pyszka*, AG 1997, 461.

3. Normwert

Dem ist aber bei Abfindungen nicht zu folgen.[1] Denn hier kommt es nicht an auf das im Verkehr Übliche, sondern auf die Sicht der Rechtsordnung, auf das was nach dem Rechtsverhältnis richtig und erforderlich ist (vgl. § 276 Abs.1 BGB).[2] Das ist der Normwert. Ein Minderheitsabschlag verstößt gegen die Pflicht zur Gleichbehandlung;[3] er würde die verbleibenden Gesellschafter zu Unrecht bereichern.[4] Ein Minderheitsabschlag ist deshalb unzulässig.[5] Das gilt für alle Gesellschaftsformen:

„Only in this fashion can minority stockholders be assured that insiders in control of a company, burdened by conflicting interests, may not purchase the enterprise at a price less than that obtainable in the marketplace of qualified buyers and avoid paying a full and fair price to the minority."[6]

Ein Paketaufschlag kann umgekehrt die Chance widerspiegeln Minderheitsgesellschafter zu übervorteilen. Das Ergebnis ist klar: Minderheitsabschläge und Paketzuschläge sind bei Abfindungen unzulässig.[7]

Die Haltung des Steuerrechts ist demgegenüber ohne Belang. Das Steuerrecht will den Steuerpflichtigen nach seinen tatsächlichen Möglichkeiten belasten. In unserem Fall geht es jedoch nicht um den tatsächlichen Einfluss sondern um den rechtlich zulässigen.

4. Minderheitsaufschlag

Gelegentlich hört man, dass ein Minderheitsaufschlag zu machen sei:[8] Der Übernehmer müsse das Ausscheiden gegen Widerstand erkaufen.

---

1 *Kort*, ZGR 1999, 402, 413.
2 *Meincke*, Nachlassbewertung, S. 149.
3 *Biedenkopf/Koppensteiner*, in Zöller, Kölner Kommentar zum AktG, § 305 AktG Rz. 15.
4 OLG Köln, NZG 1999, 1222, 1227.
5 *Biedenkopf/Koppensteiner* in Kölner Kommentar AktG, § 305 AktG Rz. 13; OLG Düsseldorf, WM 1973, 1087; AG 1963, 162; KG, AG 1964, 219; Ebenso: In re Valuation of Common Stock McLoon Oil Co., 565 A 2d 997, 1005 (Me. 1988); Lawson Mardon Wheaton, Inc. v. Smith, 734 A. 2 d 738, 748 (New Jersey 1999). Zum Ganzen *Thompson*, Exit, Liquidity, and Majority Rule: Appraisal's Role in Corporate Law, 84 Georgetown L. J. 1, 38 (1995).
6 *Sims*, 588 N.E. 2d 14, 19 (Mass. App. Ct 1992); zum Ganzen *Thompson*, Exit, Liquidity, and Majority Rule: Appraisal's Role in Corporate Law, 84 Georgetown L. J. 1, (1995), S. 38 ff.
7 Statt vieler OLG Düsseldorf, WM 1973, 1087; vgl. Lawson Mardon Wheaton, Inc. v. Smith, 734 A. 2 d 738, 748 (New Jersey 1999).
8 OLG Hamm, in Koppenberg, S. 90, 106, 123, 145 f.

Grundsätzlich sei niemand verpflichtet Anteile aufzugeben – selbst bei vollem Wertersatz. Es bedürfe oft eines höheren Aufwandes um den „Willen zum Behalten" zu brechen (Preis der Privatautonomie).

Das ist abzulehnen.[1] Bei § 12 UmwG, §§ 305, 320 AktG fehlt es schon an einer freiwilligen Entscheidung (vgl. § 293 Abs. 1 AktG). Das Gesetz hat den Aktionär in eine Zwangslage versetzt; es geht nur noch um die Folgen eines bereits getroffenen Urteils; ein „Preis für Privatautonomie" entfällt.[2] Gleiches gilt, wenn der Gesellschafter kündigte (die Privatautonomie ist dann „verbraucht") oder wenn ihm gekündigt wurde. Ein „lästiger" Gesellschafter kann keine gleichheitswidrige Behandlung erzwingen.[3] Gleiches gilt bei Austritt und Ausschluss aus einer Gesellschaft mit beschränkter Haftung.

VII. Niedrigerer Wert für Übernehmer

Die Bereicherung des Übernehmers kann geringer sein als der Verlust des Ausscheidenden, wenn er z. B. anderwärts sein Geld besser anlegen kann; er zahlt dann für den Erwerb des weiteren Anteils zu viel. Das ist aber unbeachtlich, weil der Grenzpreis des Ausscheidenden die Untergrenze der Abfindung ist.[4]

VIII. Höherer Wert für Übernehmer

Die Anteile können für den Übernehmer auch wertvoller sein, weil er anderwärts mehr bezahlen müsste. Er erspart etwa Verwaltungskosten oder muss keinen Abhängigkeitsbericht (§ 312 AktG) mehr erstellen.[5]

IX. Kosten des Ausscheidens/der Wiederanlage

Die Abfindung wird nicht vermindert durch Nachteile, denen die Abfindung gerade begegnen will.[6] Maßgebend ist der Wert der Aktien vor dem

---

1 OLG Hamm, in Koppenberg, S. 83, 95 f.; BB 1961, 66.
2 *Kort*, ZGR 1999, 403, 412.
3 Vgl. HansOLG Hamburg, NZG 2001, 471, 473.
4 BayObLG, NZG 2001, 1033, 1034.
5 Vgl. BGH, DB 1974, 572.
6 OLG Celle, Az. 9 W 2/77, insoweit nicht abgedruckt in AG 1979, 230; vgl. OLG Hamm, DB 1963, 444.

U. Anteilsbewertung

Abschluss des Unternehmensvertrages. Die Kosten des Ausscheidens (z. B. Eintragung in das Handelsregister, Ermittlung des Unternehmenswertes) muss der Übernehmer tragen, weil er das Ausscheiden veranlasst. Demgegenüber sind dem Ausscheidenden die typischen Kosten der Wiederanlage zu ersetzen.[1]

X. Atypische Anteile[2]

1. Problem

Bisher erörterten wir Anteile mit normaler Ausstattung. Es gibt aber atypische Gestaltungen. Bei Personengesellschaften sind das z. B. Beschränkungen bei der Gewinnentnahme, verminderte Abfindungen und Verfügungsbeschränkungen bei Vererbung und Veräußerung. Bei Gesellschaften mit beschränkter Haftung ist hinzuweisen auf § 15 Abs. 5 GmbHG. Bei Aktiengesellschaften finden wir etwa Aktien besonderer Gattung (§§ 11, 60 Abs. 2, 271 Abs. 2 AktG; vgl. §§ 29 Abs. 2 Satz 2, 72 Satz 2 GmbHG), Vorzugsaktien ohne Stimmrecht (§§ 12 Abs. 1 Satz 2, 139–141 AktG), Mehrstimmrechtsaktien (§ 12 Abs. 2 Satz 2 , § 5 EG AktG) und vinkulierte Namensaktien (§§ 68 Abs. 2, 180 Abs. 2 AktG). Wie sind sie zu bewerten?

2. Methode

Auch hier entscheidet das Rechtsverhältnis. *Soll* die unterschiedliche Ausstattung zu einer anderen Abfindung führen? Bei Personengesellschaften ergibt sich die Antwort aus der Zusammenschau von §§ 738, 734 BGB, dem Parteiwillen und aus der „Angemessenheit", bei Gesellschaften mit beschränkter Haftung weiterhin aus § 72 GmbHG. § 305 AktG verweist auf die Angemessenheit und auf das Gebot der vollen Abfindung. Der Werteinfluss der besonderen Faktoren ist zu ermitteln aus der Sicht der Personen, die am Rechtsverhältnis beteiligt sind (parteienbezogener Wert, Normwert).

3. Gleichbehandlung

§ 53 AktG fordert eine Gleichbehandlung nur „unter gleichen Voraussetzungen". Daher sind hier Differenzierungen erlaubt und geboten. Das

---
1 OLG Hamm, in Koppenberg, S. 99, 106.
2 Vgl. R 106 ErbStR.

Gebot der „vollen Abfindung" verlangt die andersartige Ausstattung zu berücksichtigen. Dem steht nicht entgegen, dass nach § 306 AktG die Abfindung einheitlich festzustellen ist. Eine Unterscheidung nach Aktiengattungen (vgl. § 11 Satz 2 AktG) entspricht einer typisierten Abfindung; das Rechtsverhältnis bestimmt die Typik.

4. Gleiche Beschränkungen

Häufig gibt es gleiche Beschränkungen für alle Gesellschafter, etwa beim Entnahmerecht oder bei der Veräußerung oder Vererbung der Anteile. Sie rechtfertigen keine Abschläge; denn sie können sich nachteilig und vorteilhaft auswirken – je nachdem, wer gerade kündigt.[1] Chancen und Risiken gleichen sich aus.[2] Der Bundesfinanzhof gewährt keinen Abschlag.[3] Zur steuerlichen Sicht (§ 9 Abs. 3 BewG) heißt es in dem Erlass des Niedersächsischen Finanzministeriums vom 25. 5. 1994:[4]

„..., dass auch bei Familiengesellschaften die genannten Beschränkungen grundsätzlich nicht zu Abschlägen führen können, wenn alle Gesellschafter nach dem Gesellschaftsvertrag den gleichen Beschränkungen unterworfen sind."

Diese Sicht entspricht der herkömmlichen Meinung bei Einschränkungen im Gesellschaftsvertrag. So kann eine Schenkung vorliegen, wenn nur bei einem Gesellschafter die Abfindung ausgeschlossen ist; trifft das jedoch alle, so entfällt eine Schenkung: Der Ausschluss des einen ist der Preis für den Ausschluss des anderen. Vorteil und Nachteil gleichen sich aus.[5]

Das gilt auch, wenn die Mehrheit die Beschränkung aufheben kann. Der Gleichheitssatz verbietet es, dass wegen des größeren faktischen Einflusses die Anteile der Minderheit niedriger bewertet werden.

5. Vinkulierte Namensaktien

Bei vinkulierten Namensaktien wird wegen der Vinkulierung oft ein Abschlag gemacht.[6] Das hängt aber davon ab, ob die vinkulierten Aktien Einfluss geben auf das Organ, dass der Übertragung zustimmen kann

---

1 BGH, JZ 1980, 105, 106.
2 Vgl. BFH, BStBl. II 1994, 503, 504; BStBl. II 1973, 489, 492.
3 BFH, BStBl. II 1994, 503, 504.
4 BB 1994, 1205.
5 Vgl. BGHZ 22, 186, 194; 78, 177.
6 Vgl. BGH, JZ 1980, 105, 106; § 9 Abs. 3 BewG.

U. Anteilsbewertung

(§ 68 Abs. 2 Satz 2 u. 3 AktG). Ist der Einfluss genügend stark, so wird die Vinkulierung für den betreffenden Aktionär bedeutungslos; sie vermindert dann den Wert seiner Aktien nicht. Dieses Ergebnis verstößt aber gegen § 53 a AktG und den Grundsatz der Gleichbehandlung, weil Aktionäre derselben Gattung untereinander gleichstehen sollen. In ihrem Verhältnis zueinander ist daher ein Abschlag nicht angebracht. Der Bundesfinanzhof lehnt einen Fungibilitätsabschlag ab.[1]

Ähnlich ist es bei Personengesellschaften (§ 719 Abs. 1 BGB) und Gesellschaften mit beschränkter Haftung (§ 15 Abs. 5 GmbHG). Auch dort ist im Verhältnis der betroffenen Gesellschafter untereinander der volle Wert anzusetzen.[2]

6. Mehrstimmrechte

Sie sind heute bei Aktiengesellschaften nicht mehr erlaubt (§ 12 Abs. 2 AktG), sind aber bei Gesellschaften mit beschränkter Haftung häufig. Gelegentlich hört man, dass unterschiedliche Stimmrechte weder Zuschlag noch Abschlag rechtfertigen:

„Wird ein Unternehmen aufgelöst, so ist das mit Auszahlung des letzten Liquidationserlöses weggefallene Stimmrecht wertlos. Insofern stellt es ... lediglich eine Chance dar, deren letzte Verwertungsmöglichkeit mit der Nichtverhinderung des Eingriffs weggefallen ist."[3]

Das überzeugt schon deshalb nicht, weil das Unternehmen fortgeführt werden soll. Für Stimmrechte wird dann im Verkehr ein Preis gezahlt;[4] das ist für die Bewertung zu beachten.

7. Stammaktien

Sie sind mit einem Stimmrecht verbunden (§ 12 Abs. 1 Satz 1 AktG). Wie wir sahen,[5] ist der Börsenkurs bei der Abfindung zu berücksichtigen.

---

1 BFH, BStBl. II 1994, 394. Ebenso Paskill Corp. v. Alcoma Corp., 747 A. 2 d 549 (Delaware 2000).
2 BGH, GmbHR 1992, 257, 261.
3 *Meilicke*, Barabfindung, S. 131 unter Berufung auf LG Dortmund (nicht veröffentlicht). Aus anderen Gründen aufgehoben durch OLG Düsseldorf, DB 1973, 1391.
4 Dazu allgemein: *Großfeld*, Management and Control of Marketable Share Companies, in: International Encyclopedia of Comparative Law, Vol. XIII, 4. Kap. (1973).
5 Oben S. 180.

Gelegentlich werden aber nur die Vorzugsaktien[1] (ohne Stimmrecht) einer Gesellschaft gehandelt. Vorzugzaktien gewähren kein Stimmrecht, geben aber einen Vorteil bei der Gewinnverteilung.[2] Dann ist zu prüfen, ob sich aus deren Kurs etwas entnehmen lässt für die Stammaktien, ob sich daraus also „etwas" für deren Wert „ableiten" lässt.[3] Das Stimmrecht der Stammaktie ist ein werterhöhendes, die geringere Dividendensicherheit ein wertminderndes Merkmal.

Oft sind die Stammaktien wertvoller.[4] Der Kurs der Stammaktien liegt im Allgemeinen über dem der Vorzugsaktien, zumindest liegt er in der Regel nicht darunter.[5] Deshalb kann man bei Stammaktien regelmäßig mindestens von dem Wert der Vorzugsaktien ausgehen. Ein höherer oder niedrigerer Wert lässt sich nicht pauschal ableiten aus den durchschnittlichen Wertrelationen der beiden Aktiengattungen. Er muss sich ergeben aus den konkreten Verhältnissen der Gesellschaft.[6]

8. Vorzugsaktien (stimmrechtslose Aktien)

Sie gibt es nach 12 Abs. 1 Satz 2 AktG nur als „Vorzugsaktien ohne Stimmrecht" d. h. als Aktien, „die mit einem nachzuzahlenden Vorzug bei der Verteilung des Gewinns ausgestattet sind" (§ 139 Abs. 1 AktG); im Übrigen gewähren sie gleiche Rechte (§ 140 Ab. 1 AktG). Zum Nachteil beim Stimmrecht tritt ein Vorteil bei der Gewinnverteilung;[7] beide können sich ausgleichen, müssen es aber nicht. Die Zu- und Abschläge lassen sich nicht genau ermitteln, sondern nur schätzen; dabei sind die konkrete Ausstattung der Aktien und die Verhältnisse der Gesellschaft zu beachten.[8] Der Börsenkurs ist auch hier beachtlich. Wie schon angedeutet zeigt die Erfahrung, dass diese Aktien doch niedriger bewertet werden, weil sie bei Übernahmen keinen Einfluss verschaffen (keine Prämie für Kontrolle).[9] Das ist beachtlich.[10] § 140 Abs. 1 AktG steht dem nicht entgegen;[11] denn alle Aktionäre können einen wertgemäßen Ausgleich verlangen.

1 Unten S. 235.
2 Unten S. 235.
3 BFH, BStBl. II 1999, 811, 812; NZG 2000, 109, 110.
4 BFHE 173, 561.
5 BFHE 173, 561.
6 BFH, BStBl. II 1999, 811, 812 = NZG 2000, 109, 110.
7 BFHE 183, 224.
8 BFH, BStBl. II 1999, 811, 812 = NZG 2000, 109, 110; BFHE 173, 561.
9 BFH, BStBl. II 1999, 811, 812 = NZG 2000, 109, 110; BFHE 173, 561.
10 OLG Düsseldorf, WM 1973, 1085; LG Frankfurt, AG 1987, 315.
11 Anders *Meilicke*, Barabfindung, S. 131 f.

9. Nicht notierte Aktien

Mitunter sind nur Aktien einer Gattung an der Börse notiert. Der Bundesfinanzhof leitet dann den Wert der nichtnotierten von den notierten Aktien ab.[1]

XI. Eigene Aktien

Nach § 71 b AktG kann die Gesellschaft aus eigenen Aktien keine Rechte ausüben. Sie hat dafür auch keine Ansprüche auf den nach § 271 AktG zu verteilenden Abwicklungserlös. Der Nennbetrag der eigenen Aktien bleibt dann bei der Verteilung unter den anderen Aktionären außer Betracht. Das Oberlandesgericht Düsseldorf konnte dahinstehen lassen, ob das auch gilt bei der Abfindung nach § 12 UmwG (a. F.).[2]

XII. Abweichender Verteilungsschlüssel

Bei Personengesellschaften ist der Schlüssel für die Verteilung des Gewinns (§§ 738, 734 BGB) auch heranzuziehen für die Abfindung (ebenfalls im Rahmen des § 155 Abs. 1 HGB), doch kann anderes vereinbart sein. Für die Gesellschaft mit beschränkter Haftung sei auf § 72 Satz 2 GmbHG verwiesen, für die Aktiengesellschaft auf §§ 11 Satz 1, 60 Abs. 3 AktG. Das berührt auch die Bewertung.[3]

XIII. Abfindungsbeschränkungen[4]

Bei Personengesellschaften und Gesellschaften mit beschränkter Haftung kann der Vertrag den Abfindungsanspruch in gewissen Grenzen herabsetzen (Klauselwert). Das ist beachtlich selbst außerhalb der Gesellschafterbeziehung, z. B. beim Zugewinnausgleich (§§ 1363 Abs. 2 Satz 2; 1373 BGB). Doch geschieht es auch dort nicht, wenn die Abfindung bei allen Gesellschaftern beschränkt ist.[5] Das Risiko, weniger zu erhalten

---

1 BFH, BStBl. II 1994, 394.
2 OLG Düsseldorf, AG 1999, 321, 324.
3 Vgl. BFH, BStBl. II 1982, 2; *Wagner/Nonnenmacher*, ZGR 1981, 675.
4 BGHZ 123, 281; *Ulmer/Schaefer*, ZGR 24 (1995), 134.
5 Oben S. 233.

wird ausgeglichen durch die Chance beim Ausscheiden eines anderen zu gewinnen.[1] Doch muss der Gesellschafter evtl. Liquidität beschaffen – diese Kosten sollte er nicht alleine tragen. Ist schon gekündigt, so ist Wert der Beteiligung der dadurch entstandene Abfindungsanspruch.[2]

XIV. Unterschiedlicher Liquidationserlös

Bei Personengesellschaften ist § 734 BGB auch abdingbar für den Liquidationserlös; der dann vereinbarte Schlüssel wirkt in die Abfindung hinein. Ähnlich ist es bei der Gesellschaft mit beschränkter Haftung (§ 72 Satz 2 GmbHG).

Bei der Aktiengesellschaft kann der Liquidationserlös anders verteilt werden als der laufende Ertrag (§ 11 Satz 1, 271 Abs. 2 AktG); das kann den Wert des Anteils steigern oder mindern. Bei Unternehmen mit begrenzter Lebensdauer ist dann der Barwert des zukünftigen Liquidationserlöses gesondert aufzuteilen. Bei unbegrenzter Lebensdauer tendiert der Wert für den Liquidationserlös in „unendlicher Ferne" (über 30 Jahre) gegen null;[3] das spricht dafür, ihn nicht zu beachten. Doch ist das kaum realitätsgerecht; denn das Leben richtet sich nicht nur nach Mathematik. Es ist anzunehmen, dass der abweichende Liquidationsschlüssel doch in Preise eingeht nach dem Motto: „Man kann nie wissen" – wann liquidiert wird und was dabei herauskommt.

---

1 *Piltz/Wissmann*, NJW 1985, 2673, 2683.
2 BGH, JZ 1980, 105, 106; BGHZ 75, 195; DB 1986, 2427.
3 Oben S. 109.

V. Muttergesellschaften

I. Anteile an Tochtergesellschaften

Die Bewertung hängt davon ab, ob das Mutterunternehmen die „einheitliche Leitung" (§ 290 HGB) ausüben kann. Ist das zu bejahen, so bewerten wir den Anteil nach den allgemeinen Regeln, abgeleitet aus dem Überschusswert des Tochterunternehmens.[1] Fehlt die „einheitliche Leitung" so werden nur die erwarteten künftigen Ausschüttungen kapitalisiert. Ein Anteil ohne Einfluss ist stärker risikobehaftet, was den Risikozuschlag erhöhen mag.

II. Verfahren

Die Bewertung von Muttergesellschaften mit vielen Tochter- und Enkelgesellschaften kann schwierig und Zeit raubend sein. Daher liegt es nahe nur die Überschusswerte der Tochterunternehmen unter „einheitlicher Leitung" genau zu ermitteln. Kleine Tochterunternehmen mag man prima facie ansetzen nach den einheitlich gebildeten (§ 308 HGB) Ansätzen im Konzernabschluss; sie finden sich im „Jahresabschluss II", der dem Konzernabschluss vorangeht.[2] Dann ist bei den genau bewerteten Tochterunternehmen zu ermitteln das durchschnittliche Verhältnis von Überschusswerten zu den Ansätzen im „Jahresabschluss II". Dieses Verhältnis ist auf die anderen Beteiligungen zu übertragen. Auch die bilanziellen Wertansätze der Beteiligungen sind vergleichend heranzuziehen.[3]

Bei Beteiligungen ohne „einheitliche Leitung" (assoziierte Unternehmen – §§ 311 f. HGB) sieht man sich die großen genauer an und geht vor wie bei den anderen nach dem Verhältnis der Ansätze im Jahresabschluss II.

III. Wertansätze

Auch hier ist maßgeblich der Stichtag. Spätere Ereignisse sind nach der Wurzeltheorie[4] nur beachtlich, wenn sie eine schon am Stichtag latent

---

1 *Hennrichs*, GmbHR 1989, 342.
2 *Großfeld*, Bilanzrecht, S. 215 Rz. 593.
3 EWiR § 253 HGB 1/1995 (*Großfeld*).
4 Oben S. 59.

vorhandene Lage offen legen. Wird z. B. der Anteil später veräußert, so ist der Erlös nicht maßgeblich, es sei denn am Stichtag sei die Veräußerung konkret geplant und ein bestimmter Preis absehbar gewesen.[1]

---

1 Vgl. OLG München, DB 1994, 269.

W. Internationale Unternehmensbewertung[1]

I. Ausgangslage

Die hier auftretenden Fragen werden angesichts globaler Konzerne[2] und grenzüberschreitender Verschmelzungen (z. B. zur Bildung einer Europäischen Aktiengesellschaft) immer wichtiger. Auch hier müssen wir unterscheiden zwischen Bewertungen, die außerhalb einer bestehenden Rechtsbeziehung einen Erwerb oder eine Veräußerung vorbereiten sollen und einer Bewertung innerhalb einer bestehenden Rechtsbeziehung (Normwert). Die wirtschaftswissenschaftliche Literatur behandelt den Normwert bisher nicht; sie ist also für unser Problem nur begrenzt nutzbar.

In unserem Zusammenhang taucht das Problem in drei Fällen auf:

1. Ein ausländisches Unternehmen ist zu bewerten um die Höhe einer Abfindung zu ermitteln.
2. Eine inländische Muttergesellschaft mit ausländischen Töchtern ist für die Höhe der Abfindung zu bewerten.
3. Gesellschaften sollen über die Grenze hinweg verschmolzen werden.

II. Anlegersicht

Bei inländischen Bewertungen setzen wir stillschweigend voraus, dass die Unternehmenseigner ansässig sind im Sitzstaat des zu bewertenden Unternehmens.[3] Aus dieser Sicht beurteilten wir die typisierte Steuerbelastung, die Verhältnisse am Kapitalmarkt und die Aussichten für Risiko und Wachstum. Wir ermitteln so den Wert eines inländischen Unternehmens, typisiert für die inländischen Eigner. Entsprechend gehen wir vor bei der Bewertung von Abfindungen im Ausland. Wir typisieren für den

---

1 *Kengelbach*, Unternehmensbewertung bei internationalen Transaktionen, 2000; *Großfeld*, Global Valuation: Geography and Semiotics, 55 SMU L. Rev. (2001) erscheint demnächst; *ders.*, BB 2001, 1836; *Suckut*, Unternehmensbewertung für internationale Acquisitionen, 1992; *Peemöller/Kunowski/Hiller*, WPg 1999, 621; *Großfeld*, Liber Amicorum Buxbaum, S. 205; *ders.*, WPg 2001, 129.
2 *Hoffmann*, NZG 1999, 1077; *Großfeld*, Gedächtnisschrift Lüderitz, S. 233.
3 IDW Standard S 1 Tz. 52, WPg 2000, 830 f.

im ausländischen Sitzstaat ansässigen Unternehmenseigner.[1] Im Einzelnen müssen wir aber bei den drei Fällen unterscheiden.

III. Abfindung im Ausland

1. Internationales Gesellschaftsrecht

Bei der Abfindung suchen wir den Normwert.[2] Dafür zuständig ist das Gesellschaftsstatut (Heimatrecht der Gesellschaft); es regelt die Bewertung und damit die Höhe der Bewertung.[3] Das Gesellschaftsstatut bestimmen wir gemäß dem Internationalen Gesellschaftsrecht bisher nach der Sitztheorie:[4] Es ist das Recht am Ort der Hauptverwaltung (Sitz).[5] Dieses Recht entscheidet über die Bewertungsmethode und über die Bewertungsfaktoren. Der Fortbestand der Sitztheorie ist allerdings ungewiss wegen des Centros-Urteils des Europäischen Gerichtshofes.[6] Die Lage ist unklar.[7]

2. Kulturunterschiede[8]

Zu beachten sind Kulturunterschiede zwischen den Staaten. Mathematische Formeln dürfen das nicht verdecken; denn Bewertung ist immer „mathematics in context". Das beginnt beim „Bild" der Gesellschaft als dem Rechtsprodukt einer bestimmten Kultur. Sieht das ausländische Recht das Gebilde als „Unternehmen an sich" oder als ganz Eignerbezogen an (Shareholder-Value), gibt es neben den Eignern noch andere „Stakeholder" (z.B Arbeitnehmer oder Kommune)? Die Fragen setzen sich fort über das Bilanzrecht – selbst innerhalb Europas[9] – und

---

1 IDW Standard S 1 Tz. 52, WPg 2000, 830 f.
2 Oben S. 27.
3 *Großfeld* in Staudinger, Internationales Gesellschaftsrecht, Rz. 369; *ders.*, FS Havermann, S. 183; *Großfeld/Loppuch*, Schlussreferat, S. 96.
4 BGH, WM 1999, 1085, 1086.
5 *Großfeld* in Staudinger, Internationales Gesellschaftsrecht, Rz. 20.
6 JZ 1999, 669. Zu nachfolgenden Entscheidungen deutscher Gerichte siehe *Großfeld/Hoeltzenbein*, NZG 2001, 779. Beachte auch EuGH, NZG 2001, 1027. Vgl. jetzt auch die Stellungnahme des Generalanwalts in EuGH – Rs. 208/00, DB 2001, 2642.
7 Siehe jetzt LG Salzburg, NZG 2001, 459 m. Anm. *Leible*; *Ebke*, JZ 1999, 656; *Luttermann*, EWS 2000, 375; *Sandrock*, BB 1999, 1337; *Walden*, Kollisionsrecht. Zu den Gründen *Großfeld*, NZG 1999, 1143.
8 *Großfeld*, Unternehmensbewertung und Rechtskultur, Liber Amicorum Richard Buxbaum, 2000, S. 205.
9 *Großfeld*, AG 1995, 112 = *ders.*, Zauber des Rechts, S. 39.

gehen weiter zu Traditionsverhaftung und Zukunftserwartungen.[1] Überschüsse sind Ergebnisse einer lokalen Kultur, Prognosen hängen ab von unterschiedlichen Zeitvorstellungen;[2] Status- oder Gesichtsverlust mögen finanziell erfasst werden. Vom Inland her ist das kaum zuverlässig zu ermitteln.[3]

3. „Messlatten"

All das begründet Vorlieben für die eine oder die andere Bewertungsmethode. Maßgeblich ist, welche „Messlatte" eine Kultur anlegt, wie weit und wie tief diese reicht. Wird der Shareholder- oder der Stakeholder-View bevorzugt, die langfristige vor der kurzfristigen Betrachtung?[4] Sieht man in Unternehmen vergängliche Marktteilnehmer oder dauernde soziale Institutionen? Eine „Bewertung" solcher Bewertungen fällt schwer. Die Globalisierung der Märkte, vor allem über das Internet, wird auch hier Sichten einander angleichen und den Marktaspekt sowie die Vergänglichkeit von Unternehmen zur CyberLex erheben.[5]

4. Bewertungsfaktoren

Das Gesellschaftsstatut bestimmt die Bewertungsmethode, z. B. über Ertragswert- oder Cashflow-Verfahren. Es entscheidet ob die Steuerbelastung zu beachten und wie sie zu ermitteln ist. Dabei mag es nur die eigenen Steuern, nicht die unseren im Auge haben; u. U. ist dann anzupassen.[6]

Das Gesellschaftsstatut befindet auch über die Gleichbehandlung. Abweichungen dürfen nicht verstoßen gegen Art. 7 Abs. 1 EGV (Verbot der Diskriminierung aus Gründen der Staatsangehörigkeit) oder gegen

---

1 *Großfeld*, FS Buxbaum, S. 205.
2 *Großfeld/Wessels*, ZVglRWiss 4 (1990), 498.
3 *Großfeld*, Kernfragen der Rechtsvergleichung, S. 289; *ders.*, FS Lukes, S. 657; *ders.*, Comparative Law as a Comprehensive Approach, 1 Richmond Journal of International Law and Business 1 (2000).
4 *Stewart*, Whose Corpoation is It, Anyway? The Contrasting Models of Corporate Control in Pennsylvania and Delaware Viewed through „Poison Pill" Jurisprudence, Ohio Northern University Law Review 27 (2000) 97.
5 *Großfeld/Hoeltzenbein*, NZG 2001, 779; *Großfeld*, Global Corporate Actors and Global Corporate Governance: Where Internet Meets Geography, 34 International Lawyer 34 (2000), 963.
6 *Großfeld*, WPg 1998, 297.

europäische und deutsche Grundrechte; dann greift Art. 6 EGBGB ein (ordre public). Er mag auch greifen, wenn ein Gesellschafter nur deshalb benachteiligt wird, weil er nicht dem Sitzstaat angehört.

5. Bilanzansätze

Wie angedeutet, ist auf sie kaum Verlass, weil wir über ihre „Einbettung" nur wenig wissen[1] und immer wieder ein anderer Lebenshintergrund zu beachten ist;[2] das gilt wegen der vielen Staatenwahlrechte selbst innerhalb Europas. Die Internationalen Standards der Rechnungslegung (IAS, GAAP) mögen das etwas verbessern – abwarten![3] Buchstaben sind international viel weniger „stabil" („der Aussage, dem Inhalt nach") wie die national verengte „Buchstabenseligkeit" der Juristen ihnen und anderen vorgaukelt.[4] Zum Mindestwert gilt das oben Gesagte.[5]

6. Kapitalisierungszinssatz[6]

Er richtet sich nach dem Gesellschaftsstatut; das gilt für den Basiszinssatz wie für den Risikozuschlag. Das Gesellschaftsstatut bestimmt also den „Bezugsmarkt".[7] Danach richtet sich das „ob überhaupt" und „wie" der typisierten Steuerbelastung. Darauf stellen wir auch ab für die Beurteilung von Kapitalmarkt, Risiko und Wachstum.[8] Wir betrachten das Unternehmen eben aus seinem Umfeld heraus und von den für seine Eigner realisierbaren Alternativwerten her.[9] Wir gelangen so zum dort relevanten „Wertbild".

---

1 *Großfeld*, AG 1995, 112.
2 *Großfeld*, NZG 1999, 1143.
3 *Großfeld*, NZG 1999, 1143.
4 *Großfeld*, Comparative Law as a Comprehensive Approach, 1 Richmond J. of Law and Economics 1 (2000).
5 *Großfeld*, Comparatists and Languages, in Legrand/Munday (eds.), Cambridge 2002, erscheint demnächst; *ders.*, Rechtsvergleichung, S. 33 ff.
6 Dazu allgemein BayObLG, AG 1996, 178; NZG 1998, 946, 948.
7 IDW Standard S 1 Tz. 52, WPg 2000, 830 f.
8 IDW Standard S 1 Tz. 52, WPg 2000, 830.f.
9 *Richter*, FS Moxter, S. 1477; *Neuheuser*, Die Bewertung von Beteiligungen an ausländischen Kapitalgesellschaften für Zwecke der Besteuerung, 1995; *Prüfer*, NZG 1998, 86; *Wietek* (Hsrg.), Unternehmensbewertung in Frankreich.

7. Gutachter

Ohne einen Gutachter „vor Ort" geht es nicht; inländischer und ausländischer Gutachter müssen zusammenwirken.[1] Falls eine deutsche Zuständigkeit gegeben ist, liegt die Letztkontrolle auch für den ausländischen Teil beim Gericht. Der Satz „iura novit curia" gilt ebenfalls für ausländisches „Recht" (vgl. § 293 ZPO), selbst wenn private Organisationen die Standards aufstellen.[2]

IV. Einbeziehung ausländischer Töchter

1. Ausländische Überschüsse

Ist bei der Bewertung einer inländischen Muttergesellschaft eine ausländische Tochergesellschaft einzubeziehen, so ist zunächst zu prüfen, ob abzustellen ist auf die tatsächlich ausgeschütteten oder auf die ausschüttbaren Überschüsse.

Das hängt davon ab, ob das Mutterunternehmen die Ausschüttung erzwingen kann (Grundlage der Vollausschüttungsannahme). Die Antwort gibt das Gesellschaftsstatut, welches wir auch hier nach den oben[3] genannten Regeln des Internationalen Gesellschaftsrechts finden.

Damit ist es aber nicht getan. Es ist weiter zu prüfen, ob der Wert der Überschüsse aus der Sicht des Mutterunternehmens zu suchen ist oder aus der Sicht der Anteilseigner.[4] Das richtet sich nach deutschem Recht als dem Gesellschaftsstatut des Mutterunternehmens. In inländischen Abfindungsfällen ist die Antwort klar: Entscheidend sind die Überschüsse, die bei den Anteilseignern ankommen. Auf deren Sicht kommt es an; deren persönliche Verhältnisse sind (u. U. typisierend) zu beachten.[5] Auch der Kaptialisierungssatz ist zu suchen aus der Sicht der Eigner der Muttergesellschaft.[6]

---

[1] *Großfeld*, WPg 2001, 129; *ders.*, Lawyers and Accountants: A Semiotic Competition, 36 Wake Forest Law Journal 167 (2001).
[2] *Großfeld*, FS Lutter, S. 47.
[3] S. 241.
[4] Dazu *Peemöller/Kunowski/Hiller*, Wpg 1999, 621, 623 ff.
[5] *Kengelbach*, Unternehmensbewertung, S. 176.
[6] So richtig *Kengelbach*, S. 176. Z. T. anders *Neuheuser*, S. 322; *Copeland/Koller/Murrin*, Methoden und Strategien, S. 305; *Gebhardt*, DB 1995, 2225, 2226.

2. Inlandswert

Hat man so die künftigen Überschüsse aus dem ausländischen Unternehmen geschätzt, so ist alsdann zu prüfen, mit welchem Zufluss die Eigner des heimischen Mutterunternehmens rechnen können.

a) Auslandsrisiko

Überschüsse in einem ausländischen Unternehmen sind nicht gleichwertig denen in einem deutschen Unternehmen. Das beginnt bei möglichen Informationsbarrieren.[1] Sowohl die Ermittlung in einer fremdem Umwelt wie die Durchsetzung eines Anspruchs sind weniger sicher. Dafür sorgen schon die selbst innerhalb Europas noch „holperigen Rechtswege".[2] Die Risiken sind von Land zu Land anders.

b) Länderrisiko/Währungsrisiko

Hinzu kommen unwägbare Transferrisiken aufgrund einer Devisenbewirtschaftung o. Ä. oder aufgrund politischer Interventionen (z. B. Embargos). Die dadurch aufgeworfenen Fragen sind nicht einmal ansatzweise gelöst.

Da die Überschüsse außerhalb von Euroland in fremder Währung anfallen, sind sie in Euro umzurechnen. Es entsteht ein Wechselkursrisiko, zudem ist zu fragen, zu welchem Stichtag umgerechnet wird. Man wird sich wie beim Basiszinssatz für die Entwicklung des Wechselkurses auf Marktwerte beziehen, auch soweit sie künftige Entwicklungen ausdrücken (z. B. bei Derivaten). Hier mündet die Unternehmensbewertung in die internationale Finanzwissenschaft.

c) Internationales Steuerrecht

Ferner ist aufgrund des ausländischen und des deutschen (eischließlich) des internationalen Steuerrechts zu prüfen, welche ausgeschütteten Überschüsse bei der Muttergesellschaft ankommen und welche schließlich den Anteilseigner bei Vollausschüttung durch das Mutterunternehmen erreichen. Das ist nach Art des ausländischen Unternehmens, nach Bestand oder Nichtbestand eines Doppelbesteuerungsabkommen

---

[1] *Maul*, NZG 1999, 741.
[2] *Gessner*, FS Reich, S. 263.

und nach der Sonderregelung für ausländische Einkünfte unterschiedlich.[1]

3. Wahrscheinlichkeitsreihen

Ähnlich wie bei alternativen Überschussreihen[2] ist die Unsicherheit deutlich zu machen. Deshalb sind unterschiedliche Reihen ausländischer Überschüsse aufzubauen und nach Wahrscheinlichkeiten zu gewichten.[3]

Es kann stattdessen (nicht daneben) zweckmässig sein Alternativen für Risikozuschläge anzusetzen.[4] Es liegt nahe, sich zu orientieren am Risikomanagement einer Großbank und an den Sätzen der Hermes Kredit-Versicherung.

V. Grenzüberschreitende Verschmelzungen

Die Überlegungen zum Bezugsmarkt[5] wirken sich auch aus bei grenzüberschreitenden Verschmelzungen.[6] Hier werden für das Umtauschverhältnis zwei Werte ermittelt: Den Wert des inländischen Unternehmens finden wir typisiert für dessen, den Wert des ausländischen Unternehmens typisiert für dessen Eigner.[7] Die Regeln dazu geben uns die Gesellschaftsstatute der beiden Gesellschaften.[8] Anders als es der IDW Standard annimmt,[9] kommt es nicht darauf an, wo die Unternehmenseigner anssässig sind.

Die Aufsplitterung in zwei Geselfschaftsstatute kann zu Schwierigkeiten führen bei der Ermittlung des relativen Wertverhältnisses, das ja nur auf einer gemeinsamen Wertungsebene gefunden werden kann. Bisher haben wir aber kein übergreifendes Statut für Verschmelzungen. Da bleibt nur sich in dem Bereich zu halten, in dem die Wertsichten sich überschneiden („Schnittmenge") oder „anzupassen", d. h. die nationalen

---

1 Dazu eingehend *Kengelbach*, S. 31 ff.
2 Oben S. 96.
3 Vgl. *Kengelbach*, S. 216.
4 *Kengelbach*, S. 211.
5 Oben S. 243.
6 *Großfeld*, Gedächtnisschrift Lüderitz, S. 233.
7 IDW Standard S 1 Tz. 52, WPg 2000, 830 f.
8 Oben S. 241.
9 IDW Standard S 1 Tz. 52, WPg 2000, 830 f.

Normen auf die Besonderheiten des Grenzüberschreitenden zuzuschneiden.[1] Wenn ein Gesellschaftstatut eine grenzüberschreitende Verschmelzung erlaubt (Deutschland bisher nicht),[2] kann man darin die Erlaubnis zur Anpassung sehen.[3]

---

1 Vgl. *Kropholler*, Internationales Privatrecht, S. 228.
2 *Großfeld* in Staudinger, Internationales Gesellschaftsrecht, Rz. 626 ff.; OLG Düsseldorf, BB 2001, 901 m. Anm. *Emde*; OLG Hamm, BB 2001, 744.
3 *Großfeld*, WPg 1998, 297.

X. Gutachten

I. Stil

Neben der Unabhängigkeit des Gutachters ist entscheidend, dass er/sie diszipliniert-methodisch vorgeht. Die Arbeitspapiere müssen es einem sachkundigen Dritten erlauben die Folgen der Annahmen abzuschätzen und das Bewertungsergebnis nachzuvollziehen.[1]

Das Gutachten muss einen eindeutigen Unternehmenswert nennen oder eine Wertspanne.[2] Es muss klar aufgebaut und formuliert sein (so, dass „Bäckermeister Lehmann" es in den Grundannahmen verstehen kann). Es muss durchsichtig und plausibel sein. Unnötige Wörter und Formeln sowie Fachjargon, aber auch substantivische und passive Wendungen sind zu meiden; Adjektive sind sparsam zu benutzen.

II. Beschreibung

Der Gutachter muss sein Vorgehen angemessen berschreiben. Er muss eingehen auf das von ihm gewählte Bewertungsverfahren und auf seine Überlegungen zu Prognose und Abzinsung der finanziellen Überschüsse. Die benutzten Daten, die Annahmen und Schätzungen sind deutlich zu machen. Vereinfachungen sind ebenfalls zu erörtern.[3]

III. Börsenkurse

Die Heranziehung von Börsenkursen zur Plausibilitätsbeurteilung ist eigens darzustellen und kritisch zu würdigen. Wenn der Börsenkurs als Mindestwert von Aktien infrage kommt, muss man auf seine Eignung im konkreten Fall und auf seine Ermittlung eingehen.[4]

---

1 IDW Standard S 1 Tz. 175, WPg 2000, 841.
2 IDW Standard S 1 Tz. 176, WPg 2000, 841.
3 IDW Standard S 1 Tz. 178, WPg 2000, 841.
4 IDW Standard S 1 Tz. 179, WPg 2000, 841.

IV. Aufbau

Im Wesentlichen soll das Gutachten umfassen:[1]

Bewertungsaufgabe
- Auftraggeber
- Bewertungsanlass
- Aufgabe der Bewertung

Unternehmen
- Rechtliche Grundlagen
- Wirtschaftliche Grundlagen
- Steuerliches Umfeld

Informationen
- Zugrunde gelegte Annahmen
- Planungsrechnungen
- Zugang zu und Qualität von Ausgangdaten (einschließlich Gutachten Dritter)
- Plausibilitätsbeurteilung der Planungen
- Hinweis auf und Verantwortung für übernommene Auskünfte

Betriebsnotwendiges Vermögen
- Verfahren
- Kapitalisierungszinssatz
- Nicht betriebsnotwendiges Vermögen

U. U. Liquidationswert

Plausibilitätsbeurteilung des Ergebnisses

Abschließende Feststellung

V. Muster

Peemöller/Popp/Kunowski[2] benutzen in ihrem Muster eines Bewertungsgutachtens nach der Ertragswertmethode folgende Gliederung:

A. Auftrag und Auftragsdurchführung

1. Gegenstand des Bewertungsauftrages
2. Angaben über herangezogene Unterlagen und Informationsquellen

---
1 IDW Standard S 1 Tz. 180, WPg 2000, 841 f.
2 BilanzWert, Unternehmensbewertung am PC, Version 2.0, 2001.

X. Gutachten

B. Zusammenfassung der Ergebnisse

1. Ertragswert der Muster
2. Annahmen zur Muster-GmbH

C. Bewertung

1. Methodische Vorbemerkungen und Darstellung des Unternehmens
   1.1. Methode
      1.1.1 Vorbemerkung
      1.1.2 Bewertungsmethode
         1.1.2.1 Ertragswert
         1.1.2.2 Substanzwert
         1.1.2.3 Börsenkurs
   1.2. Darstellung der Muster-GmbH
      1.2.1. Gegenstand des Unternehmens
      1.2.2. Wesentliche Verträge der Muster
2. Ertragswert der Muster auf Basis der Jahresergebnisse
   2.1 Ermittlung der Kapitalisierungsgröße
   2.2 Ermittlung des Kapitalisierungszinssatzes
      2.2.1 Basiszinssatz
      2.2.2 Risikozuschlag
      2.2.3 Kapitalisierungszinssatz nach Steuern
   2.3 Kapitalisierungszinssatz bei DCF-Verfahren
   2.4 Ermittlung des Ertragswertes

D. Würdigung des Ergebnisses und Schlussbemerkung

Es folgen der Anhang mit den Rechenunterlagen und die Allgemeinen Auftragsbedingungen.

VI. Vertraulichkeit

Es kann wegen der Vertraulichkeit geboten sein bestimmte Zahlen geheim zu halten. Dann muss des Gutachten aber verbal die wesentlichen Grundsätze darstellen, ferner die Grundlagen und Annahmen, das Vorgehen und das Bewertungsergebnis. Das geheim zu haltende Material bleibt in einem getrennten Anhang.[1]

---

1 IDW Standard S 1 Tz. 181, WPg 2000, 842.

Y. Abfindungsklauseln[1]

Die Bewertung eines Unternehmens und die Ermittlung einer angemessenen Abfindung sind unsicher; das legt es nahe die Abfindung im Gesellschaftsvertrag festzulegen (Abfindungsklauseln). Wir betreten damit ein schwieriges Gebiet.[2] In der Praxis herrschen vor Abfindungen zum handels- oder steuerrechtlichen Buchwert sowie zum Substanzwert,[3] mit Abstand folgen steuerlicher Einheitswert[4] und Stuttgarter Verfahren.[5]

I. Allgemeines

Eine Abfindungsklausel soll im Allgemeinen den Bestand der Gesellschaft schützen und/oder die Berechnung erleichtern. Sie ist bei Personengesellschaften und bei der Gesellschaft mit beschränkter Haftung grundsätzlich zulässig.[6]

Sie kann nur mit Zustimmung aller Gesellschafter in den Vertrag aufgenommen oder geändert werden; denn es geht um einen Kernbestandteil der Mitgliedschaft.[7] Bei der Gesellschaft mit beschränkter Haftung folgt das aus § 34 Abs. 2 GmbHG.[8] Ein Mehrheitsbeschluss ist bei einer Personengesellschaft nichtig, bei einer Gesellschaft mit beschränkter Haftung anfechtbar (analog § 243 AktG).[9]

Die Klausel betrifft gegenwärtige und künftige Gesellschafter, sie berührt auch die Gläubiger. Daher ist sie objektiv (wie eine Satzung) auszulegen.[10]

---

1 *Mark,* Abfindungsklauseln; *Mecklenbrauck,* Die Abfindung zum Buchwert beim Ausscheiden eines Gesellschafters, 1999.
2 Zum Ganzen *Baumbach/Hopt,* Handelsgesetzbuch, § 131 HGB Anm. 58–73.
3 Oben S. 220.
4 Oben S. 51.
5 Oben S. 52.
6 BGHZ 116, 359, 368; BGH, WM 1993, 1412, 1413.
7 BGHZ 116, 359, 368.
8 BGHZ 116, 359, 368.
9 BGHZ 116, 359, 368.
10 BGHZ 116, 359, 361.

II. Rechtsproblem

1. Allgemeines

Diese Klauseln finden seit längerer Zeit das Interesse der Juristen,[1] zumal nachteilige Klauseln den beratenden Anwalt zu Schadensersatz verpflichten können.[2] Oft klammerten solche Klauseln allerdings die Frage nach der Zweckmäßigkeit aus und hielten sich stattdessen an Sicherheit suggerierende technische Formeln. Das geht heute nicht mehr, weil sich die Zweckmäßigkeit auf die Angemessenheit und damit auf die Zulässigkeit auswirkt. Der Bundesgerichtshof lässt nämlich Abfindungsklauseln nur als angemessen gelten, wenn sie

„den Sinn haben Streit über Bewertungsmethoden zu vermeiden, aber dennoch den Anteil des Ausscheidenden möglichst richtig zu erfassen."

Er nimmt dann bei „nicht zu kleinlicher kaufmännischer Schätzung" eine „vertretbare Abgeltung" an.[3] Entscheidend ist also das „möglichst richtige" Erfassen, was erneut den Rechtscharakter der Bewertung belegt. Die bei Juristen oft beliebte Formelmathematik weicht einem „true and fair view" (vgl. § 264 Abs. 2 Satz 1 HGB). Das lässt die Unternehmensbewertung in einen internationalen „mainstream" münden und fordert Rechtsvergleichung heraus.

2. Personengesellschaften

Abfindungsklauseln sind im Allgemeinen zulässig bei Personengesellschaften; dort sind sie weit verbreitet. Bei einer Verringerung der Abfindung muss man unterscheiden ob ein Gesellschafter ausscheidet, weil er einen wichtigen Grund hat in den Verhältnissen der Gesellschaft oder der anderen Gesellschafter oder ob er sein Austreten selbst zu vertreten hat. Im ersten Fall ist kritisch zu prüfen, ob eine Beschränkung der Abfindung angemessen ist, im zweiten Fall ist eine Beschränkung eher hinzunehmen. Man darf die Fälle nicht schematisch gleichbehandeln.[4]

---

1 Siehe nur BGH, WM 1993, 1413; BGHZ 116, 359, 368; *Dauner-Lieb*, ZHR 158 (1994), 271; *dies.*, GmbHR 1994, 835; *Kort*, DStR 1995, 1961; *Rasner*, ZHR 158 (1994), 292; *Schöne*, Jahrbuch junger Zivilrechtswissenschaftler 1995, S. 117.
2 BGH, DB 1994, 873, 875.
3 BGH, WM 1984, 31, 32.
4 BGH, NJW 1975, 1835, 1837.

Bei der Europäischen Wirtschaftlichen Interessenvereinigung darf die Abfindung nicht „im Voraus pauschal bestimmt werden" (Art. 33 Abs. 2 EWIV-VO).[1]

3. Kapitalgesellschaften

Abfindungklauseln sind wichtig, für den Preis, zu dem z. B. GmbH-Anteile übertragen werden sollen.[2] Es kann etwa vereinbart werden, dass ein Mitglied seinen Anteil zuvor den anderen Mitgliedern der Gesellschaft zu einem bestimmten Preis anbieten muss.[3] Streitig ist, ob die Abfindung eingeschränkt werden darf bei einem Austritt aus wichtigem Grund[4] Das ist jedenfalls zu verneinen, wenn der Ausscheidende *nicht selbst* den wichtigen Grund gesetzt hat.[5] Das Statut einer Aktiengesellschaft kann dagegen die Abfindung nicht regeln (§ 23 Abs. 5 AktG).

III. Wirksamkeit[6]

Rechtssprechung und Lehre fordern eine angemessene Abfindung und beurteilen danach, ob die Abfindungsklausel im Einzelfall wirksam ist.[7]

Dafür sind zwei Zeitpunkte zu unterscheiden:[8] Bei ihrer Vereinbarung kann die Abfindungsklausel gegen § 138 BGB verstoßen, wenn sie „grob unbillig" ist.[9] Später kann sie unwirksam werden, wenn sie aufgrund der wirtschaftlichen Entwicklung „in unvertretbarer Weise" das Recht eines Gesellschafters beschränkt aus wichtigem Grund zu kündigen (§ 723 Abs. 3 BGB, § 133 Abs. 3 HGB). Maßgeblich ist, ob im Zeitpunkt der Kündigung ein „grobes Missverhältnis" besteht zwischen dem vertraglichen und dem vollen wirtschaftlichen Wert des Anspruch. Das ist zu beja-

---

1 V. 25. 7. 1985, Abl.EG L. 199/1. Deutsches Ausführungsgesetz v. 14. 4. 1988, BGBl. I 514.
2 *Otto*, GmbHR 1996, 16.
3 BGH, WM 1994, 1523.
4 OLG Köln, NZG 1999, 1222, 1223.
5 OLG Köln, NZG 1999, 1222, 1224.
6 *Baumbach/Hopt*, Handelsgesetzbuch, § 131 HGB Rz. 58 ff.; *Heß*, NZG 2001, 648; *O. Lange*, NZG 2001, 635.
7 BGH, GmbHR 1992, 257.
8 OLG Naumburg, NZG 2000, 698.
9 BGHZ 116, 359, 368; 126, 231 ff.; 123, 281.

Y. Abfindungsklauseln

hen, wenn erstens es für den Fortbestand der Gesellschaft nicht nötig ist die Abfindung so weitgehend zu beschneiden[1] und zweitens der Verkehrswert des Anteils den Klauselwert erheblich übersteigt, „möglicherweise ein Vielfaches des Nennwertes ausmacht".[2] Eine starre Wertgrenze gibt es indes nicht.[3]

Die Klausel kann treuwidrig werden (§ 242 BGB), wenn die beiden Werte später in außergewöhnlichem Maße und unvorhersehbar auseinander fallen und der Klauselwert dem Gesellschafter unter Berücksichtigung berechtigter Interessen „nicht mehr ohne weiteres zugemutet werden kann".[4] Das hängt von den Umständen ab,[5] u. a. von der Dauer der Mitgliedschaft und des Beitrags zum Aufbau und Erfolg des Unternehmens. Die Rechtsprechung legt sich nicht fest auf ein Verhältnis zum Verkehrswert. Die Länge der Auszahlungsfrist ist ebenfalls beachtlich.[6] Die Beweislast für das Missverhältnis trägt der Abzufindende.[7] All das gilt grundsätzlich auch für die GmbH gilt.[8]

An die Angemessenheit sind besonders strenge Anforderungen zu stellen, wenn missbräuchliches Verhalten der Mehrheit das Ausscheiden veranlasst hat. Eine erheblich Verringerung der Abfindung würde dann die Mehrheit für ihr Fehlverhalten belohnen.[9]

Eine Klausel kann auch unwirksam sein, wenn sie Gläubiger diskriminiert, z. B. bei Pfändung eines Gesellschaftsanteils.[10]

Eine Abfindungsklausel darf Gesellschafter verschieden behandeln, wenn das sachlich berechtigt, nicht willkürlich ist,[11] z. B. wenn die Anteile unterschiedlich ausgestattet sind. Man darf auch die Dauer der Mitgliedschaft beachten und die Zahlung derAbfindung entsprechend der Höhe nach und zeitlich staffeln.[12]

---

1 Zu den Besonderheiten bei „DDR-Einrichtungen" BGH, WM 1994, 1925.
2 BGHZ 116, 359.
3 BGHZ 126, 226, 243.
4 BGHZ 126, 226, 242; 123, 281.
5 OLG Schleswig, NZG 2001, 658.
6 OLG Dresden, NZG 2000 1042.
7 OLG Naumburg, NZG 2001, 658.
8 BGH, NZG 2000, 1028 (dort auch zur analogen Anwendung von § 242 Abs. 2 AktG); OLG Naumburg, NZG 2000, 698; einschränkend OLG München, NZG 2001, 662
9 OLG Köln, NZG 1222, 1224.
10 BGH, NZG 2000, 1027, 1028.
11 BGHZ 116, 359, 378.
12 BGHZ 116, 359, 378.

IV. Folgen der Unwirksamkeit

Ist die Klausel unwirksam, so ist die Lücke zu schließen durch eine ergänzende Auslegung des Vertrages in Richtung auf einen „zumutbaren Interessenausgleich", *nicht* nach § 738 BGB[1] (geltungserhaltende Reduktion); zu beachten sind auch die Grundsätze über Wegfall der Geschäftsgrundlage.[2] Zu suchen ist eine „noch zuzumutende" Abfindung. Sie bemisst sich nach den Zielen der Klausel, nach dem bei Vertragsabschluss gelegten Maßstab und den zwischenzeitlichen Veränderungen bei Ertrags- und Vermögenslage:[3]

„In einem solchen Fall sind Abfindungsmaßstab und Abfindungsbetrag durch ergänzende Vertragsauslegung nach den Grundsätzen von Treu und Glauben unter Berücksichtigung aller Umstände des Einzelfalles entsprechend den veränderten Verhältnissen neu zu ermitteln...".

Mit dieser Rechtsprechung wird ein den geänderten Verhältnissen angepasster, angemessener Interessenausgleich zwischen ausscheidenden und verbleibenden Gesellschaftern unter Berücksichtigung der mit der vertraglichen Abfindungsregelung verfolgten Zwecke angestrebt. Es soll verhindert werden, dass der Ausscheidende durch eine von der Entwicklung überholte Abfindungsregelung unangemessen benachteiligt und dass die Fortsetzung der Gesellschaft durch die verbleibenden Gesellschafter durch eine schematische Regelung gefährdet wird.[4]

V. Ideelle Ziele

Die geschilderten Beschränkungen der Vertragsfreiheit gelten grundsätzlich nicht bei Gesellschaften mit ideellen Zielen. Die Beteiligung daran beruht auf altruistischen Vorstellungen; eine Abfindung für den ausscheidenden Gesellschafter passt dazu nicht. Anzupassen durch ergänzende Vertragsauslegung ist jedoch auch hier, wenn nach Auszahlung der geringen Abfindung das beträchtliche Vermögen an einen einzigen Gesellschafter fallen könnte.[5]

---

1 BGHZ 116, 359, 378; 123, 281, 287; OLG Naumburg, NZG 2000, 698.
2 BGHZ 126, 226; JZ 1994, 1123 m. Anm. *Mark*.
3 BGHZ 126, 226, 242 f.
4 BGHZ 126, 226, 243 f.
5 BGH, NZG 1998, 25, 26 m. Anm. *Notthoff*.

VI. Buchwert der Handelsbilanz

1. Allgemeines[1]

Diese Klausel ist zu korrigieren, wenn sie erheblich vom Verkehrswert abweicht.[2] Einen festen Prozentsatz gibt es dafür nicht.[3] Es wird aber beanstandet, wenn die Klausel nur den halben Buchwert vorsieht.[4] Besonders kritisch sind diese Klauseln bei Publikumsgesellschaften, weil dort ohnehin strengere Maßstäbe gelten.[5]

2. Zweckmäßigkeit

Die Buchwertklausel ist auch deshalb rechtlich gefährdet, weil sie unzweckmäßig ist:[6] Sie trifft – wie alle dem Substanzwert verpflichtete Formeln – nur zufällig den Verkehrswert; er kann höher oder niedriger sein.[7] Die Klausel bezieht sich ja auf ein Zahlenwerk, das auch im Zeitalter globaler Rechnungslegung „gestaltbar" bleibt. Die Handelbilanz spiegelt schon wegen ihres Ansatz bei historischen Kosten den Wert eines Unternehmens nicht wider; sie enthält nur ausnahmsweise immaterielle Vermögensgegenstände. Die Buchwerklausel kann ausscheidende wie verbleibende Gesellschafter böse überraschen.

3. Niedriger Wert

Die Klausel benachteiligt den Ausscheidenden vor allem, wenn die Gesellschaft Grundbesitz hat oder selbst erstellte Patente und Marken (vgl. § 248 Abs. 2 HGB). Gleiches gilt, wenn sie hohe Erträge erwirtschaftet und einen hohen Geschäftswert besitzt. Florierende Unternehmen schreiben oft möglichst viel ab oder bewerten am unteren Rande – das

---

1 OLG Naumburg, NZG 2000, 698.
2 OLG Naumburg, NZG 2001, 658. Vgl. aber BGH, WM 1988, 1370, 1371. Das gilt jedoch nicht für einen typischen stillen Gesellschafter, OLG München, WM 1993, 2126, wohl aber für einen atypischen stillen Gesellschafter, OLG München, WM 1995, 1277.
3 BGH, NJW 1993, 2101.
4 BGH, NJW 1989, 2685 = WM 1989, 783.
5 Zur Abfindung „gemäß Jahresüberschuss der Handelsbilanzen" siehe BGH, DB 1994, 1919.
6 *Haack*, GmbHR 1994, 437.
7 BGH, NJW 1985, 192, 193.

schafft einen niedrigen Buchwert. Mehrheitsgesellschafter können so die Abfindung vorausschauend selbst festlegen. Im Einzelnen ist aber zwischen Personengesellschaft und Gesellschaft mit beschränkter Haftung zu unterscheiden.

4. Personengesellschaft

Hier mahnt zur Vorsicht vor allem § 253 Abs. 4 HGB, der Abschreibungen „außerdem im Rahmen vernünftiger kaufmännischer Beurteilung" zulässt (sog. „weitere Abschreibungen"). Diese Vorschrift kam in das Gesetz unter dem Druck einer Lobby, die auf niedrige Abfindungen bei der Unternehmensnachfolge zielte. Die Regelung löst leicht einen „Wettlauf nach unten aus" mit labilen Untergrenzen.[1] Ein sehr (niedriger) Wert darf selbst dann beibehalten werden, wenn die Gründe für die Herabsetzung nicht mehr bestehen (§ 253 Abs. 5 HGB). Spielraum geben auch schwer überprüfbare Aufwandsrückstellungen (§ 249 Abs. 2 HGB). Die „umgekehrte Maßgeblichkeit" (§ 254 HGB) schafft weitere Freiräume.

Die Buchwertklausel ist so manipulierbar und führt oft zu willkürlichen Ergebnissen. Sie wirft mehr Fragen auf als sie zu beantworten vermag. Sie tendiert oft in Richtung Enteignung, was nicht hinzunehmen ist.[2]

Falls man sie doch vereinbart, sollte man Grundstücke zu Verkehrswerten ansetzen, „weitere Abschreibungen" nach § 254 Abs. 4 HGB ausschließen und steuerliche Sonderabschreibungen bereinigen. Aber das macht die einfach erscheinende Buchwertklausel doch schwierig.

5. Gesellschaft mit beschränkter Haftung

Hier sieht es für den Ausscheidenden besser aus. § 253 Abs. 4 HGB gilt nicht (§ 279 Abs. 1 Satz 1 HGB); „weitere Abschreibungen" sind also nicht erlaubt. Abschreibungen sind rückgängig zu machen, wenn der Wert wieder gestiegen ist (§ 280 HGB). Auch die Forderung nach einem „den tatsächlichen Verhältnissen entsprechenden Bild" mag mildern, seitdem sie als Ausdruck des europäischen Wahrheitsgrundsatzes[3] anerkannt ist. Die Internationalen Grundsätze der Rechnungslegung (§ 292 a Abs. 2 Nr. 2a; § 264 Abs. 3 HGB) mögen ebenfalls hilfreich sein – aber

---

1 *Großfeld*, WPg 1987, 698.
2 Siehe oben S. 50.
3 EuGH, WM 1996, 1263 – Rs. C-234/94 Tomberger/Gebrüder von Wettern.

Y. Abfindungsklauseln

sicher ist das nicht. Man denke nur an einen „merger of equals", bei dem bis vor kurzem ein erworbener Geschäftwert „wundersam" verschwand.[1] Es bleibt Raum fürs „Wundern", wenn es Ernst wird!

6. Hoher Wert

Die Buchwertklausel mag den verbleibenden Gesellschaftern als ideal erscheinen, als eine Chance, den Ausscheidenden teilweise zu enteignen zu Bedingungen, die man selbst festlegen kann. Aber Vorsicht! Eine ehemals „günstige" Klausel kann sich gegen ihre „Förderer" richten. Auf die Dauer bewährt sich nur ein angemessener Interessenausgleich: „Wer andern eine Grube gräbt...".

Die Buchwertklausel kann zu einem Betrag über dem Verkehrswert führen, weil viele Belastungen in der Bilanz nicht erscheinen. Dazu gehören fehlende oder ungenügende Pensionsrückstellungen (vgl. § 28 EGHGB) und deren unvorhersehbaren Anpassungen; dazu rechnet ein Sozialplan (§ 112 BetrVerfG). Bilanzierungshilfen und ein erworbener Geschäftwert (§ 254 Abs. 4 HGB) können die Aktiva überhöhen.

Bei Verlusten entsteht ein negativer Geschäftswert, der sich nicht ohne Weiteres im Buchwert niederschlägt:

„Wir haben... zahlreiche Fälle erlebt, in denen unrentable Unternehmen... buchstäblich „verschenkt" wurden, weil die bisherigen Inhaber entweder aus Prestigegründen nicht liquidieren konnten oder weil die voraussichtlichen Schließungskosten (insbesondere der Sozialplan) den Liquidatonserlös aufgezehrt oder sogar überstiegen haben."[2]

Dem ist nichts hinzuzufügen.

7. Schwebende Geschäfte

Bei der Buchwertklausel sind „schwebende Geschäfte" (§ 740 BGB) zu bedenken.[3] Sollen deren Ergebnisse in den Wert eingehen? Sie sind schwierig zu schätzen und verursachen so das Problem, das man mit der Buchwertklausel vermeiden will. Deshalb wird empfohlen die schwebenden Geschäfte aus praktischen Gründen auszuklammern. Das vergrößert aber erneut den Abstand zum Verkehrswert.

---

1 *Großfeld*, Gedächtnischrift Lüderitz, S. 233; *ders.*, Cross-Border Mergers: Corporate Accounting/Corporate Valuation.
2 *Hennerkes/Binz*, DB 1983, 2669.
3 *Rolf/Vahl*, DB 1983, 1964, 1968.

VII. Buchwert der Steuerbilanz

Oft gilt der Buchwert der Steuerbilanz als verlässlicher Maßstab. Die Steuerbilanz betont über den Teilwert stärker die Wertuntergrenze (§ 6 Abs.1 Nr. 1 Satz 3 EStG). Sie übernimmt nicht die so gefährlichen „weiteren Abschreibungen" nach § 253 Abs. 4 HGB; sie kennt keine Rückstellungen für drohende Verluste aus schwebenden Geschäften (vgl. 249 Abs. 2 HGB mit § 5 Abs. 4a EStG) und für gewisse Aufwandsrückstellungen (§ 249 Abs. 2 Satz 3), sie schränkt auch im Übrigen Rückstellungen ein (§ 5 Abs. 3–4b EStG). Es gibt keine Rückstellung für einen Ausgleichsanspruch nach § 89 b HGB oder für eine Pensionszusage an den Ehegatten eines Gesellschafters.

Aber das beruhigt den Ausscheidenden nicht; denn steuerliche Sonderabschreibungen können die Teilwertgrenzen beliebig nach unten durchstoßen. Umgekehrt müssen die Verbleibenden u. U. zu einem überhöhten Wert abfinden. Es gilt somit Ähnliches wie bei der handelsrechtlichen Buchwertklausel: Vorsicht!

VIII. Substanzwert

Den Substanzwert erkannten wir schon als ungeeignet.[1] Er kann zu hoch sein bei überschussschwachen, zu niedrig bei überschussstarken Unternehmen. Er ist nicht so einfach zu finden wie oft geglaubt wird, namentlich bei immateriellen Vermögensgegenständen. Immerhin bietet er den Vorteil, dass der Ausscheidende seinen Anteil an stillen Rücklagen erhält.

Der Substanzwert ist nicht schon dadurch vertraglich berufen, dass die Klausel von „Teilwert" spricht. Es mag nur den anteiligen Wert der Beteiligung ansprechen oder auf den steuerlichen Teilwert verweisen.[2]

Vereinbart man den Substanzwert, so kann es zu einen Abfindung über dem Verkehrswert kommen. Daher sollte man den Überschusswert (plus neutrales Vermögen) als Obergrenze festlegen.[3] Sonst besteht ein Anreiz zum Aussteigen; die zu hohe Abfindung kann die Gesellschaft gefährden. Damit bleibt von der angeblichen „Einfachheit" nichts.

---

[1] Oben S. 220.
[2] OLG Köln, NZG 1999, 1222, 1224.
[3] *Reinicke/Tiedtke*, DB 1984, 703.

IX. Teilwert

Ist der Teilwert i. S. v. § 6 Abs. 1 Nr. 3 EStG vereinbart, so ist damit nicht ohne Weiteres der Subtanzwert gemeint.[1] Denn der Teilwert ist der Betrag, „den ein Erwerber des ganzen Betriebs im im Rahmen des Gesamtkaufpreises" für die Beteiligung „ansetzen würde".[2] Dabei spielen auch Überschüsse eine Rolle, das gilt vor allem für Beteiligungen.[3] Wir vereinfachen also nichts.

X. Einheitwert

Der Einheitswert des Betriebsvermögens ist ebenfalls trügerisch.[4] Bei Gewerbetreibenden bildet er sich aus den Steuerbilanzwerten der Wirtschaftsgüter (§ 109 Abs. 1 BewG). Auch hier hat die Abfindung nur eine zufällige Beziehung zum Verkehrswert; das kann beide Parteien „treffen". Wenn der Wert unter dem Buchwert liegt, ist er wohl oft „unangemessen".

XI. Stuttgarter Verfahren

1. Allgemeines

Bei nicht börsennotierten Anteilen setzen manche ihre Hoffnung auf das Stuttgarter Verfahren.[5] Weil es in den Erbschaftsteuerrichtlinien[6] geregelt ist und als „mathematisiert" erscheint, gilt es als zuverlässig. Doch mahnt sogleich zur Vorsicht, dass das Stuttgarter Verfahren ausgeht vom Wert des Betriebsvermögens (§ 11 Abs. 2 BewG), der bei Gewerbetreibenden den Steuerbilanzwerten entspricht (§ 109 Abs. 1 BewG). Die Ertragsaussichten werden nur teilweise erfasst.[7]

---

1 OLG Düsseldorf, NZG 1999, 1222, 1224.
2 Einzelheiten BFH, BStBl. II 1991, 342; *Großfeld*, Bilanzrecht, S. 85 Rz. 218.
3 OLG Köln, NZG 1999, 1222, 1224.
4 Vgl. aber BGH, WM 1993, 1412, 1414.
5 Oben S. 52.
6 R 96 ff. ErbStR.
7 Oben S. 52.

2. Niedrigerer Wert

Beginnen wir beim Vermögenswert. Das Stuttgarter Verfahren setzt an bei den Steuerbilanzwerten, es hat schon deshalb keinen Bezug zum Verkehrswert. Die Erträge treten zurück. Beides zusammen kann zu „besonders absurden Ergebnissen" führen.[1] Man kann u. U. gegensteuern, indem man etwa die Grundstücke zum „wahren" Wert ansetzt oder den Zins senkt (je niedriger der Zinssatz umso höher der Ertragsteil!). Aber das ist ein Sprung ins Dunkle!

3. Hoher Wert

Es kann zu überhöhten Abfindungen kommen, weil z. B. die Risiken (auch eines Sozialplans – § 112 BetrVerfG) nicht genügend beachtet sind. Das zählt vor allem bei überschussschwachen Unternehmen. Das Stuttgarter Verfahren belohnt dann den, der „das vom Sturm bedrohte Schiff verlässt und durch Kapitalentzug evtl. sogar zum Sinken bringt".[2]

4. Ergebnis

Das Stuttgarter Verfahren ist eine Fahrt zwischen Scylla und Charybdis; es kann alle Parteien unangenehm überraschen. Das mag erstaunen, weil es sich angeblich im Steuerrecht „bewährt" hat. Seine Schwächen lassen sich dort eher hinnehmen; denn sie wirken sich „nur" aus auf die prozentualen Steuersätze. Bei Abfindungen geht es aber um das Ganze; hier wächst jeder Fehler in eine andere Dimension.

Die Hoffnung, dass das Stuttgarter Verfahren in der Zukunft einen angemessenen Ausgleich schafft, steht auf tönernen Füßen. Auch darüber schwebt das Damoklesschwert der Unwirksamkeit.[3] Man sollte den Überschusswert als Ober-, den Liquidationswert als Untergrenze vereinbaren – aber was bleibt dann von der Vereinfachung?

Wenn man dennoch das Stuttgarter Verfahren wählt, sollte man klären, dass der Ausscheidende nicht teilnimmt an dem Ergebnis der schwebenden Geschäfte i. S. v. § 740 BGB. Es kann lange dauern den Wert festzustellen (Ausschöpfung aller Rechtsmittel); deshalb sollte man Abschlagszahlungen vorsehen, die sich am Buchwert orientieren.

---

1 *Moxter*, Grundsätze, S. 71.
2 *Sieben*, BFuP 1985, 200, 209.
3 Vgl. BGH, WM 1986, 1384, 1385.

XII. Liquidationswert

Dieser Wert[1] bietet sich an, wenn man eine Beteiligung am Geschäftswert vermeiden und nicht auf den – manipulierbaren – Buchwert ausweichen will. Der Liquidationswert kann höher sein als der Buchwert, wenn stille Rücklagen aufgelöst werden. Er kann auch niedriger sein, weil der Buchwert ein Fortführungswert ist (§ 252 Abs. 1 Nr. 2 HGB). Der oft zu berücksichtigende Sozialplan (§ 112 BetrVerfG) mindert den Liquidationswert evtl. stark. Man erhält ein relativ niedriges Ergebnis, wenn das Unternehmen wenig Substanz hat aber gute Überschüsse.

XIII. Mischmethode

Die Praxis hilft sich gelegentlich so: Die Grundstücke werden angesetzt zum Verkehrswert, für das Umlaufvermögen gilt der steuerliche Teilwert (§ 6 Abs. 1 Nr. 1 EStG), alles andere „läuft" zum Buchwert. Doch bleibt die Beziehung zum Verkehrswert des Unternehmens zufällig; beide Seiten erhalten oft eine „nuda spes".

XIV. Multiplikationsmethode

Diese oben geschilderte Methode[2] ist nicht zu empfehlen. Der Multiplikator ergibt sich aus Schätzungen der Marktpreise anderer Unternehmen. Sie sind ohnehin unsicher und lassen sich kaum in die Zukunft projizieren. Wer weiß, was morgen unter veränderten Verhältnissen vergleichbar ist? Gleiches gilt für die Umsatzmethode.[3]

XV. Überschussmethode

1. Allgemeines

Wir sehen: Es gibt keinen „Königsweg", d. h. keinen leichten Weg zu einer angemessenen Abfindung. Sie liegt in einer ungewissen Zukunft, ist stichtagsabhängig. Sie lässt sich nicht einfangen durch Schablonen,

---
1 Oben S. 203.
2 Oben S. 217.
3 Oben S. 217.

deren Inhalt oft unklar oder deren Reichweite nicht erkannt ist. Die Rhetorik der Kautelarjurisprudenz sprachverliebter Juristen reicht nicht – sie müssen schon etwas von der Technik der Bewertung verstehen und von deren Fußangeln. Verbreiten wir keine Scheinsicherheit.

Ausziselierte Klauseln erweisen sich im Ernstfall mitunter als widersprüchlich und verwirrend, gelegentlich als unverständlich. Es geht kein Weg vorbei an den Schwierigkeiten einer sachgerechten Bewertung, an Ertrag, Cashflow, Börsenkurs und Kapitalisierung. Man kann sich allenfalls darüber unterhalten, ob die Bestandteile der Bewertung vereinfacht ermittelt werden sollen.[1] Zentral sind der Zukunftsertrag oder Zukunftscashflow sowie der Kapitalisierungszinssatz.

2. Zukunft

Man mag die Erfahrungen der künftigen(!) Vergangenheit für die weitere Zukunft nutzen: Statt eines Rückgriffs auf die Zahlen in Handels- oder Steuerbilanz sollte man dafür heranziehen das bereinigte Ergebnis der fünf Jahre vor dem Ausscheiden. Die Jahre mag man gewichten.[2] Bei Personengesellschaften ist der Unternehmerlohn auszuscheiden, ebenso verfährt man mit Sondereinflüssen. Es empfiehlt sich § 253 Abs. 4 und 5 HGB auszuschließen ebenso die §§ 254, 279 HGB (steuerliche Sonderabschreibungen). Man kann wählen zwischen dem jeweils höheren Ergebnis aus Handels- oder Steuerbilanz. Für das Risiko eines Sozialplanes kann man die Beweislast dem Ausscheidenden aufbürden.

3. Kapitalisierung

Der Kapitalisierungszinssatz lässt sich schwer im Voraus schätzen. Koppelt man ihn an den jeweiligen Diskontsatz, bringt das zufällige Ergebnisse. Deshalb sollte man ihn nicht zahlenmäßig festlegen. Man kann heranziehen die Durchschnittsrendite öffentlicher Anleihen oder Anleihen der höchsten Sicherheitsstufe („triple A") mit zehnjähriger Laufzeit. Dabei stellt man ab auf ein Jahr vor und nach dem Stichtag. Man mag einen Risikozuschlag festlegen; dann ist zu beachten, dass ein hoher Zinssatz eine niedrige, ein niedriger Zinssatz eine hohe Abfindung ergibt.

---

1 Zum Folgenden *Ulmer*, FS Quack, S. 477, 490.
2 Oben S. 79.

4. Nicht betriebsnotwendiges (neutrales) Vermögen

Es kann schwierig sein das neutrale Vermögen vom betriebsnotwendigen zu trennen und dessen Veräußerungswert zu ermitteln. Deshalb mag man es außer Acht lassen – wenn das nicht spürbar verfälscht (doch wer weiß das für die Zukunft?). Ein Ansatz zu handels- oder steuerrechtlichen Buchwerten hilft wenig. Besser ist die Abgrenzung und Bewertung durch ein Schiedsgutachten (§§ 317 bis 319 BGB).[1]

XVI. Personenbezogene Ergebnisse

Prägt ein Gesellschafter den Erfolg der Gesellschaft, so endet das mit seinem Tod. Man kann dann den Barwert der Zukunftserträge ansetzen für die geschätzte Lebensdauer als zeitlich begrenzte Rente.[2] Das ist durchsichtiger als die Anhebung des Zinssatzes, weil der Zinsverlauf schwierig zu erfassen ist.

XVII. Begrenzungen

Man mag die so ermittelte Abfindung auf einen Teil begrenzen, der jedoch nicht unter 50 % liegen sollte[3]. Man hält besser einen Sicherheitsabstand, was für 70 bis 80 % spricht.

XVIII. Stundung

Die Abfindung darf die Liquidität der Gesellschaft nicht zu stark belasten; daher sollte man Ratenzahlungen vereinbaren (gegebenenfalls mit grundbuchrechtlicher Absicherung); grundsätzlich ist das nicht zu beanstanden. Denn wenn der Bewertung der Fortbestand der Gesellschaft zugrunde liegt, ist es sachgerecht diesen Fortbestand bei der Durchführung zu beachten. Doch ist vor zu langen Fristen zu warnen. Eine überlange Auszahlungsfrist wird selbst durch eine angemessene Verzinsung nicht ausgeglichen – weil der Gesellschafter sich wirtschaftlich doch

---

1 Zur Überprüfung durch das Gericht BGH, WM 1996, 408.
2 Oben S. 108.
3 *Ulmer*, FS Quack, S. 477, 500.

nicht ganz lösen kann. Das gilt vor allem, wenn der Ausgleichsanspruch nicht genügend gesichert ist.[1]

Der Bundesgerichtshof hat eine Ratenzahlung für zehn Jahre akzeptiert, aber vielleicht nur, weil der Kläger keine kürzere Zeit verlangte.[2] Das Bayerische Oberste Landesgericht ließ sechs Jahre gelten.[3] In der Literatur gibt es Bedenken gegen mehr als fünf Jahre.[4] Ich halte bis zu zehn Jahre für vertretbar, wenn alles andere (Höhe und Zinsen) „stimmt.

XIX. Verzinsung

Die gestundete Abfindung ist angemessen zu verzinsen, d. h. mit dem Kapitalisierungszinssatz. Angemessen ist aber auch eine Verzinsung mit zwei Prozent über dem jeweiligen Diskontsatz (vgl. § 305 Abs. 3 Satz 3 AktG).

Wie eben angedeutet besteht ein Zusammenhang zwischen Höhe der Abfindung, Verzinsung und Auszahlungszeit. Der Wert der Abfindung sinkt mit niedrigen Zinsen und langen Fristen. Die Bedenken verstärken sich, wenn der Ausscheidende ohnehin nicht die volle Abfindung erhält.

XX. Verfahren

Ohne eine Verfahrensregelung geht es nicht. Man muss nicht gleich an ein Schiedsgericht denken – das kritisch beurteilt werden mag.[5] Man kann das Schiedgericht aber auf eine Plausibilitätskontrolle festlegen. Es empfiehlt sich indes, für einzelne Punkte ein Schiedsgutachten i. S. d. §§ 317 bis 319 BGB zu vereinbaren.[6]

Man kann all das auf den Fall beschränken, dass eine erhebliche Abweichung vom Verkehrswert (20 bis 25 %) glaubhaft gemacht wird. Das könnte Gegenstand eines *eigenen* Schiedsgutachtens sein.

---

1 Vgl. OLG Dresden, NZG 2000, 1042.
2 BGH NJW 1989, 2685, 2686. Zweifelnd RGZ 162, 388, 393.
3 WM 1983, 248, 249.
4 Z.B. bei *Ulmer*, FS Quack, S. 477, 500.
5 *Jaggenburg*, FS Oppenhoff, S. 147; *Timm/Schöne*, FS Kropff, S. 315.
6 Dazu *Roth*, FS Nagel, S. 318; vgl. OLG Hamm, NZG 2001, 652.

Y. Abfindungsklauseln

XXI. Beispiel

1. Allgemeines

In Anlehnung an einen Vorschlag von *Ulmer*[1] könnte die Formel für das Ertragwertverfahren so lauten (eine Zauberformel ist das nicht!):

„1. Beim Ausscheiden eines oder mehrer Gesellschafter erhalten sie eine Abfindung von 75 % des Wertes ihres Anteils zu Zeit des Ausscheidens. Die Abfindung ist zu zahlen in drei gleichen Jahresraten; die erste Rate wird fällig sechs Monate nach dem Ausscheiden. Die Abfindung ist sogleich in der jeweils verbleibenden Höhe zu verzinsen mit 2 % über dem jeweiligen Diskontsatz.

Die Abfindung berechnet sich vom anteiligen Unternehmenswert. Ihm liegen zugrunde der Durchschnitt der Jahresüberschüsse der letzten fünf Geschäftsjahre, die beim Ausscheiden abgeschlossen sind. Die Handelsbilanz muss ein den tatsächlichen Verhälnissen entsprechendes Bild i. S. des § 264 Abs. 2 Satz 1 HGB vermitteln.

Abschreibungen nach §§ 253 Abs. 4, 254 und 279 Abs. 2 HGB sind auszuscheiden. Der Unternehmerlohn ist abzusetzen. Das außerordentliche Ergebnis bleibt außer Ansatz, soweit es weniger als 10 % des Jahresüberschusses beträgt. Spätere Ergebnisse einer Steuerprüfung sind zu berücksichtigen.

Der Kapitalisierungszinssatz ergibt sich aus der Durchschnittsrendite von Euro-Anleihen der höchsten Bewertungsstufe mit zehnjähriger Laufzeit zwei Jahre vor und nach dem Ausscheiden. Es ist ein Risikozuschlag von 2 % zu machen.

Das neutrale Vermögen ist zu Veräußerungswerten anzusetzen. Hierauf entfallende Erträge und Aufwendungen sind beim Durchschnittsertrag auszuscheiden.

Ausgeschiedene Gesellschafter können ein Schiedsgutachten (§ 317 Abs. 1 BGB) einholen. Einigen sich die Parteien nicht innerhalb von drei Monaten auf den Gutachter, so ernennt ihn auf Antrag einer Partei der Präsdent der Industrie- und Handelskammer in...

Weicht das Gutachten um 20 % oder mehr von der angebotenen Abfindung nach Abs. 1–4 ab, so tritt es an deren Stelle; alle Kosten trägt der Antragsgegner. Weicht das Gutachten um weniger als 20 % ab, so bleibt es beim Angebot; die Kosten trägt dann der Antragsteller."

2. Schwebende Geschäfte

Es empfiehlt sich folgender Zusatz:

„Der ausgeschiedene Gesellschafter nimmt am Ergebnis schwebender Geschäfte nicht teil. Er kann nicht verlangen von der Haftung für Gesellschaftsschulden freigestellt zu werden."[2]

---

1 *Ulmer*, FS Quack, S. 477, 501.
2 *Ulmer*, FS Quack, S. 477, 502.

3. Zwei-Personen-Gesellschaft

Bei Gesellschaften mit zwei Gesellschaftern bietet sich eine interne Versteigerung an. Sie lässt sich so vereinbaren:

„Jeder Gesellschafter kann bei der Kündigung seine Abfindungsforderung festsetzen. Innerhalb einer bestimmten Zeit (z. B. drei Monate) hat der andere Gesellschafter ein Wahlrecht: Er kann die Forderung annehmen, dann scheidet der kündigende Gesellschafter aus. Er kann erklären, dass er für den geforderten Betrag selbst ausscheidet; dann muss der kündigende Gesellschafter die von ihm genannte Abfindung zahlen. Er scheidet dann aus zu dem Stichtag, zu dem der zunächst kündigende Gesellschafter ausgeschieden wäre."

Das kann man sich noch verfeinern:

„Die Gesellschaft wird bei Beendigung nicht liquidiert, wenn einer der Partner an den anderen seinen Anteil nach folgenden Regeln verkauft:

Spätestens drei Wochen vor Beendigung bietet eine Partei (P1) der anderen (P2) den Kauf zu einem bestimmten Preis an. Innerhalb von drei Wochen nach Zugang muss P2 seinen Anteil zum angebotenen Preis verkaufen oder von P1 verlangen, dass er seinen Anteil zu diesem Preis an P2 verkauft. Verlangt P2 das, so muss P1 innerhalb von drei Wochen nach Zugang seinen Anteil an P2 verkaufen oder selbst ein neues Kaufangebot machen, das mindestens 5 % höher ist. Innerhalb drei Wochen nach Zugang dieses neuen Angebots muss P2 seinen Anteil zu dem neuen Preis an P1 verkaufen oder von P1 verlangen, dass er seinen Anteil zu diesem Preis an P2 verkauft. Verlangt P2 das, so muss P1 innerhalb von drei Wochen nach Zugang seinen Anteil an P2 verkaufen oder selbst ein neues Kaufangebot machen, das wieder mindestens 5 % höher ist als das vorherige.

Dieses Verfahren wird so lange fortgesetzt, bis eine Partei ihren Anteil an die andere verkauft hat."[1]

---

[1] Mitgeteilt von RA Dr. *Treeck*, Frankfurt/M.

Z. Schluss

Die hier vorgestellten Unternehmensbewertungen sind mehr oder weniger unzulängliche Hilfsverfahren. Sie sind „methodisch stets anfechtbare Schätzungen".[1] Von „höherer" Mathematik und von Zahlenmassen lasse man sich nicht bluffen; sie verschleiern oft die Unsicherheit des Gutachters vor der Wirklichkeit. Zahlen können eine Genauigkeit vortäuschen, die der Sache nicht entspricht („Scheingenauigkeit").[2] Die „Messgenauigkeit" ist dann „größer" als die Daten hergeben. Die mathematisch-geometrische Methode der Juristen stößt früh an Grenzen.[3] Mehr Daten und mehr Verfeinerung der Prognosen bringen nicht mehr Zuverlässigkeit. *Moxter* mahnt zurecht:[4]

„Bewertungsverfahren, die extrem differenziert sind, mit denen (angeblich) alle Determinanten der Unternehmensentwicklung samt Determinanteninterdependenzen erfasst werden, lassen sich nicht verwirklichen, geschweige denn zu Grundsätzen ordnungsmäßiger Unternehmensbewertung erheben. Die Notwendigkeit ziemlich drastischer Komplexitätsreduktion ist unbestritten: Den Grundsätzen ordnungsmäßiger Unternehmensbewertung wird, jedenfalls auf absehbare Zeit, Genüge getan, wenn Grobplanungen erfolgen, deren Kern Umsatzschätzungen und Zuordnungen entsprechender Aufwendungen darstellen. Bei diesen Prognosen sind Globalisierungen ganz unvermeidlich... Die Grundsätze ordnungsgemäßer Unternehmensbewertung zu beachten heißt also, die Willkür von Surrogatverfahren ebenso zu vermeiden wie die Scheingenauigkeit von Detailplanungsmodellen: Die Wahl der Bewertungsmethodik ist eine Frage des rechten Maßes."

Einzelfragen werden gelegentlich ausführlich erörtert, obgleich sie wenig bedeuten angesichts der unsicheren Ausgangsdaten und Prognosen.[5] Die Unternehmensbewertung kann nur begrenzte Aussagen machen. Die Zukunft bleibt dunkel, die Fähigkeiten der Geschäftsleitung sind schwer zu schätzen, ebenso wenig der Einfluss von Persönlichkeiten und technischen Neuerungen. Der Wert eines Unternehmens lässt sich nicht „auf

---

1 *Seetzen*, Spruchverfahren, S. 574.
2 LG Dortmund, ZIP 2001, 739, 743.
3 *Großfeld*, Rechtsvergleichung, S. 49 ff. Zu den geschichtlichen Grundlagen *Richard Southern*, The Making of the Middle Ages, 1953.
4 *Moxter*, FS Loitlsberger, S. 409, 427.
5 *Helbling*, S. 149 sagt: „Ist es sinnvoll, wenn der Kolhlenhändler eine Apothekenwaage benutzt? Diese gibt zwar ein genaueres Maß, doch ist die beispielsweise in den Naturwissenschaften übliche Regel, dass die Rechenmethode der möglichen Messgenauigkeit angemessen zu sein hat, nicht eingehalten."

Heller und Pfennig" berechnen.[1] Immerhin gibt uns die Bewertungsmethodik einen geordeneten Rahmen für die Diskussion; die Argumente lassen sich einschätzen und Kompromisse finden.

---

1 *Kropff*, DB 1962, 158.

Literatur

Achleitner: Start-up-Unternehmen: Bewertung mit der Venture-Capital-Methode, BB 2001, 927

Aczel: The Mystery of the Aleph, New York 2000

Aha: Aktuelle Aspekte der Unternehmensbewertung im Spruchstellenverfahren, AG 1997, 26

Ahrens: Der Abfindungsanspruch des ausgeschiedenen Rechtsanwaltspersonengesellschafters, in: FS Geiß, 2000, S. 219

Ammon: Rechtliche Anforderungen an die Unternehmensbewertung, in: Institut der Wirtschaftsprüfer (Hrsg.), Kapitalmarktorientierte Unternehmensüberwachung, 2001, S. 303

Arendt/Leber: Rating in der privaten Krankenversicherung, Versicherungswirtschaft 2000, 923

Arnoldussen: Bonitätsprüfung von Rückversicherungsunternehmen, Versicherungswirtschaft 2000, 306

Aurnhammer: Die Abfindung von BGB-Gesellschaftern, 1999

Baetge (Hrsg.): Unternehmensbewertung im Wandel, 2001

Baetge/Niemeyer/Kümmel: Darstellung des Discounted Cashflow-Verfahren (DCF)-Verfahren mit Beispiel, in: Peemöller (Hrsg.), Praxishandbuch der Unternehmensbewertung, 2001, S. 263

Baetge/Richter: Wie lassen sich die „Risiken der künftigen Entwicklung" eines Unternehmens objektiv messen?, in: FS Loitlsberger, 2001, S. 1

Baetge/Thiele: Zur Berücksichtigungs von Synergieeffekten bei der Bewertung von Beteiligungen in der Handelsbilanz, in: FS Großfeld, 1999, S. 49

Ballwieser: Ertragswert örtlicher Stromnetze – Anmerkungen zur aktuellen BGH – Rechtsprechung, BB 2001, 1519

Ballwieser: Unternehmensbewertung, Marktorientierung und Ertragswertverfahren, in: FS Loitlsberger, 2001, S. 17

Ballwieser: Verbindungen von Ertragswert- und Discounted Cash Flow-Verfahren, in: Peemöller (Hrsg.), Praxishandbuch der Unternehmensbewertung, 2001, S. 361

Ballwieser: Zur Ermittlung des Ertragswertes von örtlichen Stromnetzen, 2001

Barthel: Unternehmenswert: Die vergleichsorientierten Bewertungsverfahren, DB 1996, 149

Bauer, Patrick: Anmerkung, NZG 2001, 891

Baumbach/Hopt: Handelsgesetzbuch, 30. Aufl. 2000

Baums/Frick: Co-Determination in Germany: The Impact on the Value of the Firm, Arbeitspapier 1997

Behringer: Cashflow und Unternehmensbewertung, 2001

Behringer: Unternehmensbewertung der Mittel- und Kleinbetriebe, 2. Aufl. 2001

Beyerle: Die Unternehmensbewertung im gerichtlichen Verfahren in: fünfzig Jahre Wirtschaftsprüferberuf, 1981, S. 247

Bilda: Zur Dauer der Spruchstellenverfahren, NZG 2000, 296

Bleymüller/Gehlert/Gülicher: Statistik für Wirtschaftswissenschaftler, 12. Auf., 2000

Böcking/Nowak: Der Beitrag des Discounted Cash Flow-Verfahren zur Lösung der Typisierungsproblematik bei Unternehmensbewertungen. Eine Warnung vor einer naiven Übertragung modelltheoretischer Erkenntnisse auf die Bewertungspraxis, DB 1998, 685

Böcking: Betriebswirtschaftliche versus rechtliche Unternehmensbewertung, 1993

von Borstel/Schoor: Kauf und Bewertung einer Steuerberatungspraxis, 2000

Brandes: Die Rechtsprechung des Bundesgerichtshof zur Personengesellschaft, WM 1998, 261

Braunhofer: Unternehmens- und Anteilsbewertung zur Bemessung von familien- und erbrechtlichen Ausgleichsansprüchen, 1995

Buchner/Englert: Die Bewertung von Unternehmen auf der Basis des Unternehmensvergleichs, BB 1994, 1574

Bungert: DTA/Atlanta: Der BGH gibt der Praxis Rätsel auf, BB 2001, 1163

Busse von Colbe: Berücksichtigung von Synergien versus Stand-alone-Prinzip bei der Unternehmensbewertung, ZGR 1994, 595

Busse von Colbe: Bewertung von örtlichen Stromversorgungsanlagen bei einem Wechsel der Versorgungszuständigkeit, 1994

Busse von Colbe: Der Vernunft eine Gasse: Abfindung von Minderheitsaktionären nicht unter dem Börsenkurs ihrer Aktien, in: FS Lutter, 2000, S. 1053

Busse von Colbe: Die Bewertung von Gesellschaftsanteilen als Kreditsicherheit, in: Hadding/Schneider (Hrsg.), Gesellschaftsanteile als Kreditsicherheit, 1979, S. 317

Busse von Colbe: Gesamtwert der Unternehmung, in: Busse von Colbe/Coenenberg, Unternehmensakquisition und Unternehmensbewertung, 1992, S. 55

Copeland/Koller/Murrin: Methoden und Strategien für eine wertorientierte Unternehmensführung, 2. Aufl. 1998

Copeland/Koller/Murrin: Valuation. Measuring and Managing the Value of Companies, 3. Aufl. 2000

Csik: Substanzwert als Funktion der Ertragserwartungen, DB 1985, 1901

Cunningham: From Random Walks to Chaotic Crashes: The Linear Genealogy of the Efficient Market Hypothesis, George Washington Law Review 62 (1994) 546

Dauner-Lieb: Abfindungsklauseln bei Personengesellschaften, ZHR 158 (1994), 271

Dauner-Lieb: Angemessenheitskontrolle privatautonomer Selbstbindung des Gesellschafters, GmbHR 1994, 835

Decher, Rechtsfragen des grenzüberschreitenden Merger of Equals, in: FS Lutter, 2000, S. 1209

Diederichsen: Die Erfassung des „good will" bei der Bewertung wirtschaftlicher Unternehmen in der familiengerichtlichen Praxis des Zugewinnausgleichs, in: FS Großfeld, 1999, S. 142

Dörfler/Gahler/Unterstraßer/Wirichs: Probleme bei der Wertermittlung von Abfindungsangeboten, BB 1994, 156

Drukarczyk/Richter: Unternehmensgesamtwert, anteilseignerorientierte Finanzentscheidungen und APV-Ansatz, Die Betriebswirtschaft 1995, 559

Drukarczyk: Unternehmensbewertung, 3. Aufl. 2001

Eberhart: Bewertung von Start-up-Unternehmen, BB 2001, 1840

Ebke: Das Schicksal der Sitztheorie nach dem Centros-Urteil des EuGH, JZ 1999, 656

Ebke: Der Deutsche Standardisierungsrat und das Deutsche Rechnungslegungs Standards Committee: Aussichten für eine professionelle Entwicklung von Rechnungslegungsgrundsätzen, ZIP 1999, 1193

Ebke: Unternehmenskontrolle durch Gesellschafter und Markt, in: Sandrock/Jäger (Hrsg.), Internationale Unternehmenskontrolle und Unternehmenskultur, 1994, S. 7

Egger: Kann durch die IAS die Vergleichbarkeit internationaler Jahresabschlüsse hergestellt werden?, in: FS Loitlsberger, 2001, S. 79

Eich: Die Bewertung von Anwaltspraxen, 1995

Englert: Die Bewertung freiberuflicher Praxen mithilfe branchentypischer Wertfindungsmethoden, BB 1997, 142

Englert: Die Bewertung von Wirtschaftsprüfer- und Steuerberatungspraxen, 1996

Erb: Der Gegenstandswert der Anwaltsgebühren im aktienrechtlichen Spruchstellenverfahren nach §§ 306 VII AktG, 30 I KostO, NZG 2001, 161

Fischer, Helmut: Bewertung, in: Hölters (Hrsg.), Handbuch des Unternehmens- und Beteiligungskaufs, 4. Aufl. 1996, S. 63

Forst: Zur Bemessung der Sicherung außenstehender Aktionäre gemäß §§ 304, 305 AktG unter besonderer Berücksichtigung von Reinvestitionsrate und angemessener Abschreibung, AG 1994, 321

Forster: Zur angemessenen Barabfindung, in: FS Claussen, 1994, S. 91

Frielingsdorf: Leitfaden Praxiswert, 1995

Frielingsdorf: Praxiswert, 1989

Galison: The Suppressed Drawing: Paul Dirac's Hidden Geometry, 72 Represenations 145 (2000)

Gebhardt: Marktwertorientiertes Beteiligungscontrolling im internationalen Konzern, DB 1995, 2225

Geßler: Gesprächsbeitrag, in: Goetzke/Sieben, Moderne Unternehmensbewertung und Grundsätze ihrer ordungunsgemäßen Durchführung, GEBERA-Schriften, Bd. 1, 1977, S. 121

Gessner: Europas holperige Rechtswege – Die rechtskulturellen Schranken der Rechtsverfolgung im Binnenmarkt, in: FS Reich, 1997, S. 263

Götz: Entschädigung von Aktionären abseits der Kapitalmarktbewertung?, DB 1996, 259

Gratz: Bewertung von Freiberufler-Praxen bei Veräußerung und Auseinandersetzung, DB 1987, 2421

Groh: Shareholdervalue und Aktienrecht, DB 2000, 2153

Großfeld: Aktiengesellschaft, Unternehmenskonzentration und Kleinaktionär, 1967

Großfeld: Bilanzrecht, 3. Aufl. 1997

Großfeld: Bilanzziele und kulturelles Umfeld, WPg 1994, 795

Großfeld: Börsenkurs und Unternehmenswert, BB 2000, 261

Großfeld: Brückenbauer, in: Gedächtnisschrift für Lüderitz, 2000, S. 233

Großfeld: Comparatists and Languages, in: Legrand/Munday (eds) (Cambridge 2002), (erscheint demnächst)

Großfeld: Comparative Accounting, Texas International L. J. 28 (1993) 233

Großfeld: Comparative Law as a Comprehensive Approach, 1 Richmond J. of Global Law. and Business 1 (2000)

Großfeld: Comparative Legal Semiotics: Numbers in Law, South African L. J. (2002), (erscheint demnächst)

Großfeld: Cross Border Mergers: Corporate Accounting/Corporate Valuation, ZVglRWiss 101 (2002), 1

Großfeld: CyberCorporation Law: Comparative Legal Semiotics/Comparative Legal Logistics, International Lawyer 35 (2001) (erscheint demnächst)

Großfeld: Die Abfindung bei der Ausschließung aus einer Personengesellschaft, ZGR 1982, 141

Großfeld: Europäisches und Internationales Unternehmensrecht, 2. Aufl. 1995

Großfeld: Europäisches Unternehmensrecht und internationaler Wettbewerb, in: FS Havermann, 1995, S. 183

Großfeld: „Gelber Faden" im Bilanzrecht, BB 2000, 1475

Großfeld: Global Accounting: Where Internet Meets Geography, American Journal of Comparative Law 48 (2000) 261

Großfeld: Global Valuation: Geography and Semiotics, SMU L. Rev. 55 (2001), (erscheint demnächst)

Großfeld: Haftungsverschärfung, Haftungsbeschränkung, Versicherung, Umverteilung, in: FS Coing, Band 2, 1982

Großfeld: in Bogs (Hrsg.), Urteilsverfassungsbeschwerde zum Bundesverfassungsgerichts, 1999, S. 17 = NJW 1998,

Großfeld: Internationale Standards der Rechnungslegung, NZG 1999, 1143

Großfeld: Internationale Standards und internationales Kollisionsrecht, WPg 1998, 297

Großfeld, Internationale Unternehmensbewertung, BB 2001, 1836

Großfeld: Lawyers and Accountants, 36 Wake Forest Law Review 167 (2000)

Großfeld: Loss of Distance: Global Corporate Actors and Global Corporate Governance. Internet v. Geography, The International Lawyer 34 (2000) 963

Großfeld: Management and Control of Marketable Share Companies, in: International Encyclopedia of Comparative Law, Vol. XIII, 4. Kap. (1973)

Großfeld: Rechtsvergleichende Zeichenkunde: Gottesname/Gotteszahl, ZVglRWiss 100 (2001), 90

Großfeld: Rechtsvergleichung, 2001

Großfeld: Rücklagenbildung und Minderheitenschutz bei Personenhandelsgesellschaften, WPg 1987, 698

Großfeld: in Staudinger, Kommentar zum Bürgerlichen Gesetzbuch, Internationales Gesellschaftsrecht, 1998

Großfeld: „Unsterblichkeit" und Jurisprudenz, in: FS Kummer, 1980, S. 3

Großfeld: Unternehmensbewertung und Rechtskultur, in: Liber Amicorum Richard Buxbaum, 2000, S. 205

Großfeld: Wirtschaftsprüfer und Globalisierung: Zur Zukunft des Bilanzrechts, WPg 2001, 129

Großfeld: Zeichen und Zahlen im Recht, 2. Aufl. 1995

Großfeld: Zeit und Ewigkeit im Recht, in: Großfeld, Zauber des Rechts, 1999, S. 258

Großfeld: Zivilrecht als Gestaltungsaufgabe, 1977

Großfeld: Zur Stellung des Bundesverfassungsgerichts im Grundgesetz, NJW 1998, 3544

Großfeld/Diekmann: Rechtskultur und Internationales Gesellschaftsrecht, ZvglRWiss 91 (1992) 351

Großfeld/Egert: Cash Flow in der Unternehmensbewertung, in: FS Ludewig, 1996, S. 365

Großfeld/Hoeltzenbein: CyberLex als Unternehmensrecht, NZG 2000, 779

Großfeld/Irriger: Intertemporales Unternehmensrecht, JZ 1988, 531

Großfeld/Loppuch: Schlussreferat, in: Witz/Schmidt/Zierau (Hrsg.), Unternehmenserwerb in Frankreich, 1992, S. 96

Großfeld/Wessels: Zeit, ZVglRWiss 4 (1990), 498

Günther: Unternehmensbewertung: Ermittlung des Ertragswertes nach Einkommensteuer bei Risiko- und Wachstum, DB 1998, 382

Günther: Unternehmensbewertung: Kapitalisierungszinssatz nach Einkommensteuer bei Risiko und Wachstum im Phasenmodell, BB 1998, 1834

Günther: Unternehmensbewertung: Steuerparadoxe Ertragswerte bei Risiko und Wachstum?, DB 1999, 2425

Günther: Zur Berücksichtigung der persönlichen Einkommensteuer bei der Unternehmensbewertung nach der Ertragswertmethode, 1997

Haack: Renaissance der Abfindung zum Buchwert?, GmbHR 1994, 437

Hafner: Unternehmensbewertung bei mehrfacher Zielsetzung, BFuP 40 (1988), 485, 498

Halm: „Squeeze-Out" heute und morgen: Eine Bestandsaufnahme nach dem künftigen Übernahmerecht, NZG 2000, 1162

Handschin/Kind: Rechnungslegung zwischen Realität und Vorsicht, Schweizerischer Juristenverein, Referate und Mitteilungen 2000 Heft 1 S. 94

Hartung: Unternehmensbewertung von Versicherungsgesellschaften, 2001

Helbling: Unternehmensbewertung und Steuern, 9. Aufl. 1998

Hemmelrath & Partner (Hrsg.): Gestaltung und Analyse in der Rechts-, Wirtschafts- und Steuerberatung von Unternehmen, 1998, S. 51

Hennerkes/Binz: Die Buchwertabfindung – ein Fossil unserer Zeit, DB 1983, 2669

Hennrichs: Unternehmensbewertung und persönliche Ertragsteuern aus (aktien-)rechtlicher Sicht, ZHR 164 (2000), 453

Hennrichs: Vorbelastungshaftung und Unternehmensbewertung nach der Ertragswertmethode, ZGR 1999, 837

Hennrichs: Wahlrechte im Bilanzrecht der Kapitalgesellschaften, 1999

Henselmann/Kniest: Unternehmensrechnung und Unternehmenswert, 2. Aufl., 2002

Henze: Die Berücksichtigung des Börsenkurses bei der Bemessung von Abfindung und variablem Ausgleich im Unternehmensvertragsrecht, in: FS Lutter, 2000, S. 1101

Herwarth/Westerfelhaus: IDW-Unternehmensbewertung verkennt Anforderungen an die Praxis, NZG 2001, 673

Herzig: Substanzsteuerliche Folgen der Börseneinführung stimmrechtsloser Vorzugsaktien, AG 1989, 221

Heß: Intertemporales Privatrecht, 1999

Heurung: Berücksichtigung von Ertragsteuerwirkungen in Unternehmensbewertungsmodellen im Rahmen von Verschmelzungstatbeständen, DB 1999, 1225

Hill: Why Financial Appearances Might Matter, Delaware Journal of Corporate Law, 22 (1997), 141

Hiller/Großfeld: Comparative Legal Semiotics and the Divided Brain: Are We Educatins Half-Brained Lawyers?, American J. Comp. L. 49 (2002), (erscheint demnächst)

Hirschauer/Forstner: Die Auswirkungen von Altschulden auf den Wert von Unternehmensbeteiligungen, ZfgG 51 (2001), 17

Hodrick/Zhang: Evaluating the Specification Errors of Pricing Models, 62 Journal of Financial Economics, 327 (2001)

Hoffmann, Jochen: Die Bildung der Aventis S. A. – ein Lehrstück des europäischen Gesellschaftsrechts, NZG 1999, 1077

Hommelhoff (Hrsg.): Gesellschaftsrecht, Rechnungslegung, Steuerrecht: FS Welf Müller, 2001

Hülsmann: Anwaltssozietät: Rechtsprechungsreport zu Austrittsfolgen, NZG 2001, 625

Hüttemann: Unternehmensbewertung als Rechtsproblem, ZHR 162 (1998), 563

Institut der Wirtschaftsprüfer (IDW): IDW Standard: Grundsätze zur Durchführung von Unternehmensbewertungen, Fachnachrichten (FN) des IDW Nr. 8, 2000, S. 415

Ireland: Visions and Revisions of the Sharholder, Modern Law Review 62 (1999), 32

Jaggenburg: Schiedsgerichtsbarkeit zwischen Wunsch und Wirklichkeit, in: FS Oppenhoff, 1985, S. 147

Jahndorf: Zur Schätzung des gemeinen Werts von nichtnotierten Anteilen an Kapitalgesellschaften für Zwecke des Ertragsteuerrechts – Bindungswirkung des Stuttgarter Verfahrens auch für Ertragsteuern?, StuW 1999, 271

Jakobs: Die Berücksichtigung steuerlicher Verlustvorträge bei der Bestimmung des Umtauschverhältnisses zu verschmelzender Gesellschaften, in: Haarmann, Hemmelrath & Partner (Hrsg.), Gestaltung und Analyse in der Rechts-, Wirtschafts – und Steuerberatung von Unternehmen, 1998, S. 51

Kames: Unternehmensbewertung durch Finanzanalysten als Ausgangspunkt eines Value Based Management, 2000

Kengelbach: Unternehmensbewertung bei internationalen Transaktionen, 2000

Kleindiek: Abfindungsbezogene Informationsmängel und Anfechtungsausschluss, NZG 2001, 552

Klostermann: Der Auftragsbestand als Wirtschaftsgut, 2000

Kohl/Schulte: Ertragswertverfahren und DCF-Verfahren, WPg 2000, 1147

Koppenberg: Bewertung von Unternehmen, 1964

Kort: Ausgleichs- und Abfindungsrechte (§§ 304, 305 AktG) beim Beitritt eines herrschenden Unternehmens zu einem Beherrschungsvertrag, ZGR 1999, 402

Kort: Die neuere Entwicklung im Recht der Abfindungsklauseln, DStR 1995, 1961

Kossmann: Ausschluss („Freeze-out") von Aktionären gegen Barabfindung, NZG 1999, 1198

Kramer: True and Fair View in der Konzernrechnungslegung, 1999

Kraus-Grünewald: Gibt es einen objektiven Unternehmenswert?, BB 1995, 1839

Kropff: Aktiengesetz, 1965

Kropff: Rechtsfragen der Abfindung ausscheidender Aktionäre, DB 1962, 155

Kropholler: Internationales Privatrecht, 4. Aufl. 2001

Kruschwitz/Löffler: Unendliche Probleme bei der Unternehmensbewertung, DB 1998, 1041

Kruschwitz: Barwerte – Gelöste, ungelöste, unlösbare Fragen der Investitionsrechnung, in: FS Loitlsberger, 2001, S. 157

Kruse: Gerichtliche Kontrolle des obligatorischen Aktienkaufangebots beim börsenrechtlichen Delistingverfahren?, NZG 2000, 1112

Künnemann: Objektivierte Unternehmensbewertung, 1985

Küting: Der Geschäfts- oder Firmenwert – ein Spielball der Bilanzpolitik in deutschen Konzernen, AG 2000, 97

Kupisch: Der Gedanke „als ob". Zur wirtschaftlichen Betrachtungsweise bei der Anweisung, romanistisch und zivilistisch, in: FS Seiler, 1999, S. 431

Lacher/Popper: Unternehmenskauf nach der Methode des rationalisierten Ertragswertes, DB 1988, 1761

Landes: Revolution in Time, London 2000

Lange, Knut Werner: Virtuelle Unternehmen, 2001

Lange, Oliver: Neues zu Abfindungsklauseln, NZG 2001, 635

Liebscher: Das Übernahmeverfahren nach dem neuen Übernahmegesetz, ZIP 2001, 853

List: Der Halbteilungsgrundatz und der Bundesfinanzhof – ein Missverständnis, BB 2000, 745

Lutter/Bezzenberger: Für eine Reform des Spruchverfahrens im Aktien- und Umwandlungsrecht, AG 2000, 433

Lutter/Drygela: Wie fest ist der feste Ausgleich nach § 304 Abs. 2 Satz 1 AktG?, AG 1995, 49

Luttermann: Bewertungsrecht im Internetzeitalter, AG 2000, 459

Luttermann: Bilanzrecht in den USA und internationale Konzernrechnungslegung, 1999

Luttermann: Der „durchnittliche" Börsenkurs bei Barabfindung von Aktionären und Verschmelzungsrelation, ZIP 2001, 869

Luttermann: Kurzkommentar, EWiR § 305 AktG 2/2001, 699

Luttermann: Rechts- und Parteifähigkeit, EWS 2000, 375

Luttermann: Verordnungsvorschlag der EU-Kommission über die Anwendung internationaler Rechnungslegungsgrundsätze, Internationale Wirtschaftsbriefe 6 (2001) 309

Luttermann: Zum Börsenkurs als gesellschaftsrechtliche Bewertungsgrundlage, ZIP 1999, 45

Maier-Reimer/Kolb: Verfassungsrecht v. Aktienrecht, in: FS Welf Müller, 2001, S. 93.

Malkiel: A Random Walk Down Wall Street, 7. Aufl. 1999

Mandl/Rabel: Unternehmensbewertung, 1997

Mandl/Rabel: Zur Abfindung von Minderheitsaktionären: Die Auswahl des Bewertungsverfahrens, in: FS Loitlsberger, 2001, S. 205

Mark: Zweckmäßige Abfindungsklauseln für Personengesellschaften und Gesellschaften mit beschränkter Haftung, Diss. Münster 1996

Martens: Die Bewertung eines Beteiligungserwerbs nach § 225 Abs. 2 AktG. Unternehmenswert kontra Börsenkurs, in: FS Bezzenberger, 2000, S. 267

Matschke: Der Arbitrium- oder Schiedsspruchwert der Unternehmung, BFuP 1971, 508

Matschke: Der Entscheidungswert der Unternehmung, 1975

Matschke: Der Gesamtwert der Unternehmung als Entscheidungswert, BFuP 1972, 146

Matschke: Funktionale Unternehmensbewertung, Bd. 2, Der Arbitriumwert der Unternehmung, 1979, S. 305

Maul: Probleme im Rahmen von grenzüberschreitenden Unternehmensverbindungen, NZG 1999, 741

Mecklenbrauck: Die Abfindung zum Buchwert beim Ausscheiden eines Gesellschafters, 1999

Meilicke: Die Barabfindung für den ausgeschlossenen oder ausscheidungsberechtigten Minderheits-Kapitalgesellschafter, 1975

Meincke: Das Recht der Nachlassbewertung im BGB, 1973

Metzler: Wertorientierte Jahresabschlussanalyse von Schaden- und Unfallversicherungsunternehmen in Deutschland, 2000

Meyer, Friedrich-Wilhelm: Unternehmensbewertung im Zugewinnausgleich bei freiberuflicher Praxis, 1995

Moxter: Besprechung zu: Schlegelberger, Kommentar zum Handelsgesetzbuch, ZfbF 1968, 699

Moxter: Das „Stuttgarter Verfahren" und die Grundsätze ordnungsmäßiger Unternehmensbewertung, DB 1976, 1585

Moxter: Die sieben Todsünden des Unternehmensbewerters, in: Goetzke/Sieben (Hrsg.), Moderne Unternehmensbewertung und die Grundsätze ihrer ordnungsgemäßen Durchführung, GEBERA – Schriften, Bd. 1, 1977, 253

Moxter: Grundsätze ordnungsmäßiger Unternehmensbewertung, 1. Aufl. 1976, 2. Aufl. 1993

Moxter: Unternehmens- und Praxisübertragungen, BB 1995, 1518

Moxter: Wirtschaftsprüfer und Unternehmensbewertung, in: FS Loitlsberger, 1981, S. 409

Muche: Unternehmensbewertung unter Einbezug von Steuer- und Handelsrecht, 2000

Müller, Welf: Der Wert der Unternehmung, JuS 1973, 603, 745; 1974, 147, 288, 424, 558; 1975, 489, 553

Müller, Welf: Die Unternehmensbewertung in der Rechtsprechung, in: FS Bezzenberger, 2000, S. 705

Münchener Kommentar, Handelsgesetzbuch, Bd. 4, 2001

Münstermann: Wert und Bewertung der Unternehmen, 3. Aufl. 1970

Murakami: Recht und Fiktion, in: FS Gerold Stoll, 1990, S. 299

Neuhaus: Unternehmensbewertung und Abfindung, 1990

Neuheuser: Die Bewertung von Beteiligungen an ausländischen Kaptialgesellschaften für Zwecke der Besteuerung, 1995

Nimmerrichter: Unternehmensbewertung direkt – Vorbereitete Schemata zur schnellen Unternehmensbewertung (Software), 2001

Nonnenmacher: Anteilsbewertung bei Personengesellschaften, 1981

Nonnenmacher: Eintritt in eine Personengesellschaft, WPg 1980, 31

Otto: Die Verteilung der Kontrollprämie bei Übernahme von Aktiengesellschaften, AG 1994, 167

Otto: Gesellschafterstreit und Anteilsfungibilität in der gesellschaftsrechtlichen Vertragspraxis, GmbHR 1996, 16

Peemöller (Hrsg.): Praxishandbuch der Unternehmensbewertung, 2001

Peemöller/Kunowski/Hiller: Ermittlung des Kapitalisierungszinssatzes für internationale Mergers & Acquisitions bei Anwendung des Discounted Cash Flow-Verfahrens (Entity-Ansatz), WPg 1999, 621

Peemöller/Schlenker/Kunowski: BilanzWert, Unternehmensbewertung am PC, Version 2.0, 2001

Peemöller: Unternehmensbewertung in Deutschland, WPg 1994, 741

Peemüller/Popp/Kunowski: BilanzWert, Unternehmensberwertung am PC, Version 2.0, Benutzeranleitung

Pensel: Bemerkungen zur Bewertung von Grundstücksunternehmen, WPg 1993, 365

Peter: Die Bewertung eines Beteiligungserwerbs nach § 225 Abs. 2 AktG, Unternehmenswert kontra Börsenkurs, in: FS Bezzenberger, 2000, S. 267

Piltz/Wissmann: Unternehmensbewertung beim Zugewinnausgleich nach Scheidung, NJW 1985, 2673

Plein: Sachgerechte Bewertung von Immoblienvermögen bei der Unternehmensbewertung, BB 1999, 463

Popp: Unternehmensbewertung bei Verlustvorträgen v. Bewertung von Verlustvorträgen, BB 1999, 1154

Prasse: Die Barabfindung ausscheidender Minderheitsgesellschafter bei der Umwandlung von Kapital- in Personengesellschaften im Spannungsfeld des Zivil- und Steuerrechts, 2000

Prüfer: Rechtliche Besonderheiten bei Unternehmenskäufen im deutschfranzösichen Kontext (Teil II), NZG 1998, 86

Pyszka: Paketzuschlag nach § 11 Abs. 3 BewG bei der Bewertung von wesentlichen Beteiligungen an börsennotierten Aktiengesellschaften, AG 1997, 461

Rappaport: Shareholdervalue, 2. Aufl. 1999

Rasner: Abfindungsklauseln bei Personengesellschaften, ZHR 158 (1994), 292

Rauscher: Bespr. Heß, RabelsZ 65 (2001), 126

Reimann: Gesellschaftsvertragliche Abfindung und erbrechtlicher Ausgleich, ZEV 1994, 7

Reinicke/Tiedtke: Die Ausschließung der Ertragswertmethode bei der Berechnung des Auseinandersetzungsguthabens eines ausscheidenden Gesellschafters, DB 1984, 703

Reinke: Moderne Unternehmensbewertung, in: Institut der Wirtschaftsprüfer (Hrsg.), Weltweite Rechnungslegung und Prüfung, Bericht über die Fachtagung 1997, 1998, S. 235

Richter, Horst: Die Bewertung von Versicherungsunternehmen aus der Sicht des Wirtschaftsprüfers, in: FS Moxter, 1994, S. 1457

Riegger: Der Börsenkurs als Untergrenze der Abfindung, DB 1999, 1889

Rodewald: Abfindungsprobleme bei Unternehmen in der Sanierungsphase – Beispiel GmbH-Satzung, GmbHR 1996, 736

Rolf/Vahl: Die Beteiligung eines Gesellschafters am Ergebnis schwebender Geschäfte, DB 1983, 1964

Rössler/Langner/Simon/Kleiber: Schätzung und Ermittlung von Grundstückswerten, 7. Aufl. 1996

Roth: Schiedsgutachtenklauseln in Gesellschaftsverträgen, in: FS Nagel, 1987, S. 318

Rühland, Der Squeezeout nach dem RefE zum Wertpapiererwerbs- und Übernahmegesetz v. 12. 3. 2001, NZG 2001, 448

Schäfer, Martin: Entschädigungsstandard und Unternehmensbewertung bei Enteignungen im allgemeinen Völkerrecht, 1997

Schikowski: Das Appraisal Right und Probleme der Unternehmensbewertung in den USA und Deutschland, 2000

Schlosser: Wirtschaftsprüfervorbehalt und prozessuales Vertraulichkeitsinteresse der nicht primär beweis- und substanziierungsbelasteten Prozesspartei, in: FS Großfeld, 1999, 997

Schmidt, Karsten: Gesellschaftsrecht, 4. Aufl. 1999

Schmidt/Terberger-Stoy: Grundzüge der Investitions- und Finanzierungstheorie, 4. Aufl. 1997

Schneider, Dieter: Unternehmensdimensionierung und Unsicherheitsverringerung, in: Bühner u. a. (Hrsg.), Die Dimensionierung des Unternehmens, 1995, S. 45

Schöne: Wirksamkeits- und Angemessenheitskontrolle von Abfindungsklauseln bei Personen(handels)gesellschaften und GmbH, Jahrbuch junger Zivilrechtswissenschaftler 1995, S. 117

Schuhmann, Helmut: Abfindung von Gesellschaftern, 1996

Schüler: Unternehmensbewertung und Halbeinkünfteverfahren, DStR 2000, 1531

Schulze, Wolfgang: Methoden der Unternehmensbewertung, 2001

Schulze-Osterloh: Auseinandersetzungsguthaben des ausscheidenden Gesellschafters einer Personengesellschaft nach § 738 Abs. 1 S. 2 BGB, ZGR 1986, 546

Schüppen: Übernahmegesetz ante portas!, WPg 2001, 958

Schütze: Rechtsverfolgung im Ausland, 2. Aufl. 1998

Schwenk: Valuation Problems in Appraisal Remedy, 16 Cardozo L. Rev. 649 (1994)

Schwetzler: Zinsänderung und Unternehmensbewertung: Zum Problem der angemessenen Barabfindung nach § 305 AktG, DB 1996, 1961

Schwetzler: Zinsänderungsrisiko und Unternehmensbewertung: Das Basiszinsfuß-Problem bei der Ertragswertermittlung, 66 ZfB 1081 (1996)

Seetzen: Das „Kochs Adler"-Schiedsgutachten, ZIP 1994, 331

Seetzen: Die Bestimmung des Verschmelzungsverhältnisses im Spruchstellenverfahren, WM 1994, 45

Seetzen: Spruchverfahren und Unternehmensbewertung im Wandel, WM 1999, 565

Shiller: Irrational Exuberance, 1999

Sieben: Abfindungsklauseln in Gesellschaftsverträgen, BFuP 1985, 200

Sieben: Unternehmensbewertung: Discounted Cash Flow – Verfahren und Ertragswertverfahren: Zwei völlig unterschiedliche Ansätze?, in: FS Havermann, 1995, S. 713

Sieben: Wesen, Ermittlung und Funktionen des Substanzwertes als „vorgeleistete Ausgaben" in: Gebhard (Hrsg.), Beiträge anlässlich eines Syposiums zum 70. Geburtstag von Busse von Colbe, 1999, S. 67

Siegel, Stanley: Die Praxis der Unternehmensbewertung in den USA, in: Institut der Wirtschaftsprüfer (Hrsg.), Kapitalmarktorientierte Unternehmensüberwachung, 2001, S. 319

Siegel, Theodor: Paradoxa in der Unternehmensbewertung und ihre Erklärung, in: Jens Poll (Hrsg.) Bilanzierung und Besteuerung von Unternehmen, 2000, S. 391

Siegel, Theodor: Steuern in der Unternehmensbewertung bei Wachstum und Risiko, DB 1997, 2389

Siegel, Theodor: Wesen, Ermittlung und Funktionen des Substanzwertes als „vorgeleistete Ausgaben", in: Busse von Colbe/Coenenberg (Hrsg.), Unternehmensakquisition und Unternehmensbewertung, 1992, S. 67, 82

Siepe/Dörschell/Schulte: Der neue IDW Standard: Grundsätze zur Durchführung von Unternehmensbewertungen, WPg 2000, 946

Siepe: Die Berücksichtigung von Ertragssteuern bei der Unternehmensbewertung, WPg 1997, 1, 37

Siepe: Kapitalisierungszinssatz und Unternehmensbewertung, WPg 1998, 325

Steinhauer: Der Börsenpreis als Bewertungsgrundlage für den Abfindungsanspruch von Aktionären, AG 1999, 299

Stewart: Whose Corporation is It, Anyway? The Contrasting Models of Corporate Control in Pennsylvania and Delaware Viewed through „Poison Pill" Jurisprudence, Ohio Northern University Law Review 27 (2000), 97

Ströfer: Schadensersatz und Kommerzialisierung, 1982

Suckut: Unternehmensbewertung bei internationalen Acquisitionen, 1992

Thompson, Robert B.: Accounting in a Global Market and in an Electronic Age, in: FS Großfeld, 1999, S. 1243

Thompson, Robert B.: Exit, Liquidity, and Majority Rule: Appraisal's Role in Corporate Law, 84 Georgetown L. J. 1 (1995)

Thompson, Samuel C.: A Lawyer's Guide to Modern Valuation Techniques in Mergers and Acquisitions, Iowa Corporate Law Journal 21 (1996), 457

Timm/Schöne: Abfindung in Aktien: Das Gebot der Gattungsgleichheit – Bericht über ein aktienrechtliches Schiedsverfahren, in: FS Kropff, 1997, S. 315

Timm: Der Verschmelzungsbericht der „Hypothekenbank-Schwestern", ZIP 1990, 270

Ulmer/Schäfer: Die rechtliche Beurteilung von Abfindungsbeschränkungen, ZGR 1995, 134

Ulmer: Abfindungsklauseln in Personengesellschafts- und GmbH-Verträgen, in: FS Quack, 1991, S. 477

Vetter: Börsenkurs und Unternehmensbewertung, DB 2001, 1347

Wagner, F.: Das Ausscheiden eines Gesellschafters aus einer OHG – Ein Beitrag zur Theorie der Unternehmensbewertung, 1971

Wagner, Franz W.: Theoretische und praktische Probleme von Besteuerungswirkungen auf den Unternehmenswert im Licht der Shareholder-Value-Konzeption, in: FS Stehle, 1998, S. 201

Wagner, Franz W./Rümmele: Ertragsteuern in der Unternehmensbewertung: Zum Einfluss in von Steuerrechtsänderungen, WPg 1995, 433

Wagner, Wolfgang: Unternehmensbewertung unter Berücksichtigung persönlicher Ertragsteuern – Aspekte für die Bewertungspraxis, in: Jens Poll (Hrsg.), Bilanzierung und Besteuerung der Unternehmen, 2000, S. 425

Wagner/Nonnenmacher: Die Abfindung bei der Ausschließung aus einer Personengesellschaft, ZGR 1981, 675

Walden: Das Kollisionsrecht der Personengesellschaften im deutschen, europäischen und US-amerikanischen Recht, 2001

Weber, Martin: Kursmanipulationen am Wertpapiermarkt, NZG 2000, 113

Weise: Aufbruch in ein neues Zeitalter. Wirtschaft und Gesellschaft im Netz der Logistik, 2001

Weiss: Die Berücksichtigung des nicht betriebsnotwendigen Vermögens bei der Bestimmung von Abfindung und Ausgleich im aktienrechtlichen Spruchstellenverfahren, in: FS Semler, 1993, S. 631

Werner: Die Behandlung von Verbundeffekten bei Abfindungen nach den §§ 305 und 320 AktG, in: FS Steindorff, 1990, S. 1055

Westerfelhaus: Unternehmensbewertung mit starrer Regelung und Standard IDW ES 1 auf dem richtigen Weg?, DStR 2000, 1449

Wiedemann: Das Abfindungsrecht – ein gesellschaftsrechtlicher Interessenausgleich, ZGR 1978, 477

Literatur

Wietek (Hrsg.): Unternehmensbewertung und Bilanzierung in Frankreich, 1990

Wilm: Abfindung zum Börsenkurs – Konsequenzen der Entscheidung des BVerfG, NZG 2000, 234

Wilm: Nochmals: Abfindung zum Börsenkurs, NZG 2000, 1070

Wollny: Rechtsprechung zum „Streit um den Wert von Unternehmen", BB 1991, Beilage 17

Wollny: Unternehmens- und Praxisübertragungen, 3. Aufl. 1994

v. Wysocki: Kapitalflussrechnungen nach dem Standard DRS 2 des Deutschen Rechnungslegungs Standards Committee (DRSC), in: Poll (Hrsg.), Bilanzierung und Besteuerung der Unternehmen, 2000, S. 465

Zehner: Unternehmensbewertung im Rechtsstreit, DB 1981, 2109

Zetzsche: Reguläres Delisting und deutsches Gesellschaftsrecht, NZG 2000, 1065

Ziemons/Jaeger: Treuepflichten bei der Veräußerung einer Beteiligung an einer Aktiengesellschaft, AG 1996, 358

Zippel: Abfindungsklauseln in Gesellschaftsverträgen, in: Poll (Hrsg.), Bilanzierung und Besteuerung von Unternehmen, 2000, S. 485

Zöllner (Hrsg.): Kölner Kommentar zum Aktiengesetz, 1988 ff.

Stichwortregister

Abfindungsbeschränkungen 236 f.
Abfindungsklauseln 251 ff.
Abschlussanalyse 81
Abschreibungen 156 f.
Adjusted-Present-Value-Ansatz 165 f.
Aktiengesellschaft 6 f.
Aktienrendite 121
Alleinstellung 56 f.
„Als ob"-Wert 22
Alternative Überschussreihen 96 ff.
Amtsermittlung 11
Angepasster Barwert 165 f.
Anteilsbewertung 227 ff.
Anteilswert 31 ff.
Atypische Anteile 232 ff.
Aufwendungen 155 f.
Ausgangszinssatz 117 ff.
Auskunftsanspruch 13
Ausländische Töchter 244 ff.
Ausländische Überschüsse 244
Ausland 241 ff.
Auslandsrisiko 245
Ausscheiden 90 f.

Barwert 22 f., 168 ff.
Basiszinssatz 117 ff., 131, 145
Begrenzte Lebensdauer 108 f.
Beschränkungen, gleiche 233
Besonderheiten bei bestimmten Unternehmen 209 ff.
Beta-Faktor 136 f.
Betriebssteuern 100
Betriebsvermögen 51 f.
Bilanzwert 179
Börseneffizienz 183 ff.

Börsenwert 98, 180 ff.
Branchenüblicher Zinssatz 121 f.
Buchwert 50 f., 256 ff.

CAPM 134 ff.
Capital Asset Pricing Model 134 ff.
Cashflow 36 ff.
Cap-Sales-Ratio 213
Chaos-Theorie 184

Delisting 9
Direkte Methode 34 f.
Discounted Cashflow-Verfahren 47 f., 159 ff., 165 f.
Disziplin 63
Durchschnittskurs 192 f.

Echte Verbundvorteile 64 ff.
Eigene Aktien 236
Eigenkapital 86, 140, 211
Eigenständigkeit 56 f.
Eignerebene 101 ff.
Einheitswert 260
Einigungswert 25 ff.
Einlage 10
Einnahmeüberschusswert 40 ff.
Einstufige Kapitalisierung 107
Einzelanalyse 82
Entscheidungswert 25 ff.
Equity-Ansatz 166
Erträge 39
Ertrag 36 ff.
Ertragsschwache Unternehmen 210
Ertragssteuern 100 f., 158
Ertragssteuern, persönliche 141 ff.

Ertragswert 39 f.
Ertragswertverfahren 47, 152 ff.
Erwerb außerhalb der Börse
 200 ff.
Euroland 120
Ewige Rente 109 f., 115

Finanzierbarkeit 70, 158
Finanzierung der Abfindung 90
Finanzplanung 86 f., 157 f.
Free Cashflow 162 f.
Freier Cashflow 162 f.
Freiberufler 218
Fremdkapital 86, 140

Geldentwertung, Abschlag für
 146 ff.
Gemeinnützige Unternehmen
 215
Gesamtbewertung 55 f.
Gesamtwert 141
Gesellschaft mit beschränkter
 Haftung 5 f.
Gewogene Kapitalkosten
 161 ff.
Gleichbehandlung 30 f., 120 f.
Globale Finanzmärkte 103
Going concern 80
Grenzüberschreitende
 Verschmelzungen 246 f.
Grenzwerte 25
Gutachten 248 ff.
Gutachter 3, 30

Halbeinkünfteverfahren 103
Höchstwert 191 f.
Homogenitätsprinzip 141 f.

Immobilitätszuschlag 132 f.
Indirekte Methode 32 f.
Insiderverhalten 184 f.

Internationale Unternehmens-
 bewertung 240 ff.
Internationales Gesellschaftsrecht
 241
Internationales Steuerrecht 245 f.
Internationale Tendenzen 42
Interner Zinssatz 121
Intertemporales Bewertungsrecht
 105 f, 199 f.

Jahrkauf 217
Junge Unternehmen 212 ff.

Kapitalflussrechnung 41
Kapitalisierung 107 ff.
Kapitalisierungszinssatz 114 ff.,
 243
Kapitalpreisbildungsmodell 134 ff.
Kleine Unternehmen 210 ff.
Kombinationsmethode 95 f.
Kosten 12 f.
Kosten des Ausscheidens 231 f.
Kosten der Wiederanlage 231 f.

Länderrisiko 245
Landesüblicher Zinssatz 117 f.
Latente Ertragssteuern 207, 226
Laufzeitäquivalenz 118 f.
Liquidationserlös,
 unterschiedlicher 237
Liquidationswert 73, 203 ff., 262

Manipulation 188
Märkte, unterschiedliche 185
Marktenge 188
Managergeleitete Unternehmen
 71
Mathematik 2 f.
Mehrstimmrechte 234
Mehrstufige Kapitalisierung
 107 f.

Methodenwahl 96, 123 f.
Methodische Grundlagen 54 ff.
Minderheitsaufschlag 230 f.
Mindestwert 189 ff.
Mittlere Erwartungen 73
Mittlere Unternehmen 210 ff.
Mitbestimmung, unternehmerische 134
Multiplikationsmethode 262
Muttergesellschaften 238 f.

Nachteile aus Leitungsmacht 88 f.
Naturalrestitution 225
Neue Bundesländer 216
Neues Eigenkapital 89
Neutrales Vermögen 74, 168 ff.
Nicht betriebsnotwendiges Vermögen 74, 168 ff.
Nichtfinanzieller Nutzen 175 f.
Nicht notierte Aktien 236
Noise-Theorie 184
Nominalrechnung 83
Normwert 27 ff.

Objektiver Wert 24 f., 29 f.

Parteienbezogener Wert 26 f.
Pauschalmethode 92 f.
Personengesellschaft 101, 105
Perspektive 87
Personenbezogene Ergebnisse 264
Personenbezogene Unternehmen 71
Pflichtteil 10 f.
Phasenmethode 93, 110 ff.
Plandaten 82 f.
Plausibilität 62, 98 f.
Plausibilitätskontrolle 219
Politische Risiken 127
Praktikermethoden 42 f.

Produktmengenmethode 217 f.
Prognose 163
Prognoseverfahren 91 ff.

Quellzeit 184 f.

Rating 130
Realoptionsmodell 213 f.
Realrechnung 83
Rechenformel 108 ff.
Rechtsverhältnis 19
Referenzzeitraum 194 f.
Reinvestitionsraten 156 f.
Residualwert 164
Risikoaversion 123
Risikozuschlag 122 f., 124

Schätzung 76
Schiedsgericht 265
Schiedsgutachten 265
Schwebende Geschäfte 87 f., 258, 266
Selbsteinschätzung 177 ff., 180 f.
Sonderfälle 46
Spruchverfahren 6
Stammaktien 234 f.
Steuern 100 ff.
Stichtagskurs 193 f.
Stichtagsprinzip 57 ff.
Stichtagsbezogenheit 58 f.
Stimmrechtslose Aktien 235
Stundung 264 f.
Stuttgarter Verfahren 52 f., 260 f.
Substanz 36 ff.
Substanzbezogenheit 56
Substanzerhaltung 69 f., 74
Substanzwert 220 ff., 259
Substanzwert, vereinbarter 222 ff.
Synergieeffekte 63 ff.

Stichwortregister

Teilwert 260
Tochtergesellschaften, Anteile an 238
Treuepflicht 228
Typisierung 29 f.

Übernahmegesetz 8, 201 f.
Überschüsse, durchschnittliche 78
Überschüsse, einzelne 84 ff.
Überschussmethode 262 ff.
Überschussreihen, alternative 96 ff.
Übertragende Auflösung 8 f.
Umsatzmethode 217 f.
Umwandlungsgesetz 7 f.
Unbegrenzte Lebensdauer 109 f.
Unechte Verbundvorteile 66
Untaugliche Wertansätze 50 ff.
Unternehmensanalyse 81 f.
Unternehmensleistung 71 ff.

Verbundnachteile 68, 88 f.
Verbundvorteile 63 ff.
Verfahren, gerichtliches 11 ff.
Verfassungsrecht 18, 31
Vereinfachte Verfahren 217 ff.
Verfahrensdauer 14 f.
Vergangenheitsanalyse 77 ff.
Vergleichspreise 177 f.
Vergleichswerte 177 ff.
Verhalten der Beteiligten 178 f.
Verkehrswert 192
Verlustvortrag 173 ff.
Verrechnungspreise 79
Verschmelzungen, grenzüberschreitende 246 f.
Verschmelzungsprüfer 12

Verschmelzungsrelation 191 f.
Versteigerung, interne 267
Verteilungsschlüssel, abweichender 236
Vertragsauslegung 207 f.
Vertragsprüfer 12
Vertraulichkeit 250
Verzinsung 265
Vinkulierte Namensaktien 233 f.
Volatilität 183 f., 192 ff.
Vollausschüttung 68 ff., 228 f.
Vorgesellschaften 214 f.
Vorsichtsprinzip 73
Vorzugsaktien 235

WACC 139 ff., 161 ff.
Wachstumsabschlag 143 ff.
Wachstumsstarke Unternehmen 209
Währungsrisiko 245
Wahrscheinlichkeitsreihen 246
Weighted Average Cost of Capital 139 ff., 161 ff.
Wirtschaftswissenschaft 15 f., 42
Wurzeltheorie 59 ff.

Zeichenwirkungen 185 f.
Zinsprognose 119 f.
Zugewinnausgleich 10 f.
Zukunftsanalyse 80 ff.
Zukunftserfolgswert 22 f.
Zukunftsertrag 100 ff.
Zukunftsüberschusswert 38 f.
Zukunftswert 55
Zuschlagsmethode 124 f.
Zwei-Personen-Gesellschaft 267

Centrale für GmbH (Hrsg.)

GmbH-Handbuch

Gesellschaftsrecht – Rechnungswesen – Steuerrecht – Arbeits- und Sozialversicherungsrecht – Verträge und Formulare

Herausgegeben von der Centrale für GmbH Dr. Otto Schmidt. Teil 1 (Gesellschaftsrecht) von RA Dr. *Harald Kallmeyer*; Teil 2 (Rechnungswesen) von WP/StB Dipl.-Volksw. Dr. *Paul J. Heuser*; Teil 3 (Steuerrecht) von RA, FASt Prof. Dr. *Bert Tillmann*, Teil 4 (Arbeits- und Sozialversicherungsrecht) von RA Dr. *Wilhelm Moll*, LL.M., und Präsident des Landessozialgerichts Dr. *Jürgen Brand*; Teil 5 (Verträge und Formulare) von RA/StB Dr. *Lambertus J. Fuhrmann* und RA Dr. *Harald Kallmeyer*. Loseblattausgabe, 15. Auflage, 5800 S. DIN A 5, in 4 Ordnern incl. CD, 199,– €. Ergänzungslieferungen erscheinen etwa viermal jährlich. ISBN 3-504-32150-4

Alles, was Sie als Berater über die GmbH wissen müssen, finden Sie im GmbH-Handbuch. Kompakt und übersichtlich in vier handlichen Ordnern: Gesellschaftsrecht, Steuerrecht, Bilanzrecht, Rechnungswesen, Arbeitsrecht, Sozialversicherungsrecht, Verträge und Formulare – alle auch zur besseren Verwertung auf CD. Auf rd. 5.800 Seiten beantworten Ihnen namhafte Beratungspraktiker im Handumdrehen alle relevanten Fragen. Von der Gründung bis zur Beendigung der Gesellschaft.

Verlag Dr. Otto Schmidt · Köln

Hölters (Hrsg.)

Handbuch des Unternehmens- und Beteiligungskaufs

Grundfragen – Bewertung – Finanzierung – Steuerrecht – Arbeitsrecht – Vertragsrecht – Kartellrecht – Börsenrecht – Vertragsbeispiele

Herausgegeben von RA Dr. *Wolfgang Hölters*. Bearbeitet von RA Dr. *Jobst-Hubertus Bauer*, RA Dr. *Wolfgang Hölters*, RA *Jochim Sedemund*, RA Dr. *Franz-Jörg Semler*, RA Dr. *Jürgen van Kann*, RA Dr. *Robert von Steinau-Steinrück*, Dipl.-Volksw. Dr. *Michael Weiss*, WP und StB Dipl.-Kfm. *Bernd Widmann* und StB Dr. *Wolfgang Zieren*. 5. völlig überarbeitete und erweiterte Auflage 2002, 927 Seiten Lexikonformat, gbd., 124,– €. ISBN 3-504-45554-3

Der Markt für Unternehmens- und Beteiligungskäufe befindet sich weiterhin im Aufwärtstrend. Der „Hölters" bietet eine zuverlässige Analyse der rechtlichen und steuerlichen Risiken sowie eine klare und interessengerechte Hilfe bei Vertragsgestaltungen für erfolgreiche M&A Transaktionen. Aktuelle Tendenzen in der Unternehmenspraxis und Literatur sowie die neueste Rechtsprechung werden in der 5. Auflage ebenso berücksichtigt wie die zahlreichen aktuellen, insbesondere steuerrechtlichen Gesetzesänderungen in den letzten Jahren. Erweitert wurde das Werk um das neu aufgenommene Kapitel „Unternehmenskauf über die Börse". Checklisten, taktische und strategische Hinweise sowie Vertragsbeispiele vermitteln das notwendige Know-how und Praxiswissen und sichern erfolgreiche Transaktionen

Verlag Dr. Otto Schmidt · Köln